Zur Lage der Verwaltungsrechtswissenschaft

D1922633

DIE VERWALTUNG

Zeitschrift für Verwaltungsrecht
und Verwaltungswissenschaften

Herausgegeben von

Gabriele Britz, Martin Burgi,
Michael Fehling, Stefan Fisch,
Klaus Ferdinand Gärditz, Johannes Masing,
Matthias Ruffert, Friedrich Schoch,
Helmuth Schulze-Fielitz

Beiheft 12

Zur Lage der Verwaltungsrechtswissenschaft

Herausgegeben von

Martin Burgi

Duncker & Humblot · Berlin

Bibliografische Information der Deutschen Nationalbibliothek

Die Deutsche Nationalbibliothek verzeichnet diese Publikation in der Deutschen Nationalbibliografie; detaillierte bibliografische Daten sind im Internet über http://dnb.d-nb.de abrufbar.

Alle Rechte, auch die des auszugsweisen Nachdrucks, der fotomechanischen Wiedergabe und der Übersetzung, für sämtliche Beiträge vorbehalten
© 2017 Duncker & Humblot GmbH, Berlin
Satz: Konrad Triltsch GmbH, Ochsenfurt
Druck: MEDIALIS Offsetdruck GmbH, Berlin
Printed in Germany

ISSN 0946-1892

ISBN 978-3-428-15324-4 (Print)
ISBN 978-3-428-55324-2 (E-Book)
ISBN 978-3-428-85324-3 (Print & E-Book)

Gedruckt auf alterungsbeständigem (säurefreiem) Papier entsprechend ISO 9706 ♾

Internet: http://www.duncker-humblot.de

Vorwort

Der Titel unseres Symposiums erinnert an die berühmte „State of the Union Address“, die einmal jährlich (nicht aber bereits im Jahr des Amtsantritts) durch den US-Präsidenten gehalten wird und wiederum das Vorbild für die im Jahr 2009 eingeführte „Rede zur Lage der Union“ des Präsidenten der Europäischen Kommission vor der Plenarsitzung des Europäischen Parlaments bildete. Die Verwendung dieses Titels stellt in mindestens zweifacher Weise eine Anmaßung dar, weil selbstverständlich weder die Verwaltungsrechtswissenschaft ein Staat oder eine Union ist noch die Herausgeber der Zeitschrift „Die Verwaltung“ ein Mandat für entsprechende Reden verliehen bekommen haben. In der Summe verfügen sie aber immerhin über nunmehr im fünften Jahrzehnt gewonnene Einblicke in Forschungsthemen, -inhalte sowie methodische Zugriffe, die das Vorhaben eines Symposiums, das Bestandsaufnahme und Blick in die Zukunft verbinden soll, rechtfertigen mögen. Allein der über viele Jahre in den Händen von *Helmuth Schulze-Fielitz* liegende Rezensionsteil deckt jedenfalls die meisten wichtigen Monographien zur Verwaltungsrechtswissenschaft ab.

Anlässe für die Durchführung dieses Symposiums gibt es – neben dem Erreichen des Jubiläumsjahrgangs – mehrere. Zum Ersten ist es natürlich die Begeisterung für die gemeinsame Sache, zum Zweiten aber auch der nicht immer sorgenfreie Blick auf den wissenschaftlichen Nachwuchs und dessen Zukunftsperspektiven. Zudem kann an frühere Beihefte angeknüpft werden, die sich in vergleichbarer Weise mit Stand und Perspektiven des Faches beschäftigt haben, nämlich die im Beiheft 2 versammelten Beiträge unter dem Titel „Die Wissenschaft vom Verwaltungsrecht“[1] sowie die als Beiheft 7 erschienenen Beiträge zum Thema „Staatsrechtslehre als Wissenschaft“[2]. Zumindest aus den Augenwinkeln heraus haben die Herausgeber der Zeitschrift „Die Verwaltung“ natürlich auch wahrgenommen, dass die Staatsrechtslehre[3], die Grundlagenfächer[4] oder gleich die Rechtswissenschaft als Ganzes[5] in jüngerer

[1] Werkstattgespräch aus Anlass des 60. Geburtstags von Prof. Dr. *Eberhard Schmidt-Aßmann*, 1999.

[2] Hrsg. *Schulze-Fielitz*, 2007.

[3] Vgl. insoweit neben dem in FN 2 zitierten Band *Funke/Lüdemann* (Hrsg.), Öffentliches Recht und Wissenschaftstheorie, 2009, sowie natürlich *Schulze-Fielitz* (Hrsg.) Staatsrechtslehre als Mikrokosmos, 2013, sowie aus der Arbeit der Staatsrechtslehrervereinigung die Vorträge auf der Jahrestagung 2007 unter dem Generalthema „Die Leistungsfähigkeit der Wissenschaft des Öffentlichen Rechts“ (VVDStRL 67 (2008)).

[4] Vgl. *Funke/Krüper/Lüdemann* (Hrsg.), Konjunkturen in der öffentlich-rechtlichen Grundlagenforschung, 2015.

Zeit wiederholt Gegenstand von um Selbstreflexion bemühten Sammelbänden gewesen sind. Schließlich bildet einen weiteren Anlass der Umstand, dass die Mitherausgeber *Friedrich Schoch* und *Helmuth Schulze-Fielitz* nach jahrzehntelanger gleichermaßen gestaltungsfreudig wie tatkräftig ausgeübter Herausgeber- und Geschäftsführungstätigkeit zum Ende dieses Jahres ihren Rückzug angekündigt haben. Das erklärt auch, warum (terminlich bedingt mit nur einer Ausnahme) alle Vortragenden aus diesem Kreis kommen – Zeichen der Verbundenheit und Dankesgabe zugleich. Der Vortrag von *Gabriele Britz* zum Thema „Verfassungsrechtliche Prozeduralisierung und Rationalisierungsanforderungen an die Gesetzgebung – Aus der neueren Rechtsprechung des Bundesverfassungsgerichts" ist in Heft 3 des laufenden Jahresgangs unserer Zeitschrift abgedruckt.

Eine gewisse strukturelle Besonderheit unseres Symposiums ist die intensive Beteiligung von Nachwuchswissenschaftlerinnen und Nachwuchswissenschaftlern. Im Diskurs mit ihnen soll in gleichsam biografisch fundierter Zukunftsorientiertheit ein möglichst großer Ertrag für das Fach und alle ihm Nahestehenden erzielt werden. Thematisch gibt es zahlreiche Überschneidungen zwischen den einzelnen Vorträgen, die eher der guten Ordnung halber in vier Abschnitte untergliedert sind: Herausforderungen und Perspektiven, die „Neue Verwaltungsrechtswissenschaft" – Problem oder Lösung? sowie Historische und rechtsvergleichende Vergewisserung. Der abschließende Beitrag „Rezensierte (Verwaltungs-)Rechtswissenschaft" stellt gleichermaßen Bilanz und Klammer dar. Entsprechend der (wie wir glauben) guten Praxis der Zeitschrift bei der Zusammenstellung der einzelnen Hefte soll es auch in dieser Diskussion möglichst aufgeschlossen, unbefangen und uneitel zugehen.

Ein Vorhaben dieser Art benötigt an mehreren Stellen tatkräftige Unterstützung. So ist vor allem *Helmuth Schulze-Fielitz* und dem Verleger *Florian Simon* für die Ermöglichung des Symposiums in Würzburg unter Einbeziehung einer wissenschaftsfördernden Stiftung auch in finanzieller Hinsicht sehr zu danken. *David Kuch* vom Lehrstuhl *Dreier* sind wir zu Dank für tatkräftige Unterstützung bei der Organisation vor Ort verpflichtet. *Christoph Krönke*, *Daniel Wolff* und *Patrick Zimmermann* von meinem Münchener Lehrstuhl haben sich um die Drucklegung des Bandes verdient gemacht.

München, im Juni 2017 *Martin Burgi*

---

[5] Vgl. *Engel/Schön* (Hrsg.), Das Proprium der Rechtswissenschaft, 2007; *Jestaedt/Lepsius* (Hrsg.), Rechtswissenschaftstheorie, 2008; *Hilgendorf/Schulze-Fielitz* (Hrsg.), Selbstreflexion der Rechtswissenschaft, 2015.

Inhaltsverzeichnis

Inhaltsverzeichnis

I. Herausforderungen und Perspektiven

II. Die „Neue Verwaltungsrechtswissenschaft“ – Problem oder Lösung?

III. Historische und rechtsvergleichende Vergewisserung

IV. Abschluss

I. Herausforderungen und Perspektiven

Verwaltungsrechtswissenschaft zwischen Theorie und Praxis

Von Friedrich Schoch, Freiburg i. Br.

I. Herausforderung: Theorie versus Dogmatik

1. Grundkonflikt im rechtswissenschaftlichen Diskurs

„Rechtswissenschaft zumindest ist systematisch oder sie ist nicht." Dieses bekannte Diktum von *Hans Julius Wolff* (aus dem Jahre 1952)[1] steht exemplarisch für das ausgeprägte Systemdenken der deutschen Rechtswissenschaft[2]. Systematik im Recht, nicht selten eine Frucht dogmatischen Arbeitens[3], ist die Grundlage für Dogmenbildung, Stabilisierungsleistung, aber auch Innovation. Dieser Zugang zum Recht ist von der Überzeugung getragen, dass nur eine systematisch arbeitende Rechtswissenschaft ihre Aufgaben (Schaffung eines Ordnungsrahmens, Gewährleistung von Rechtssicherheit und Gleichheit, Einbeziehung relevanter Realfaktoren etc.) bewältigen kann[4] und für Erkenntnisfortschritte theoriefähig ist[5]. Dieses Credo stützt sich auf Tradition und reklamiert zugleich Zukunftsfähigkeit[6].

Das überkommene Konzept rechtswissenschaftlicher Forschung in Deutschland hat der Wissenschaftsrat (im Jahre 2012) mit dem Einwand konfrontiert, der Dogmatik werde ein zu hoher Stellenwert eingeräumt; in den vergangenen Jahrzehnten hätten sich bei einer Gegenüberstellung von Dogmatik und Grundlagenorientierung Tendenzen herausgebildet, die sich bei einem Vergleich von theoretischer und an-

---

[1] *Hans J. Wolff*, Studium Generale 1952, S. 195 (205); relativierend hingegen *Möllers*, in: Hoffmann-Riem/Schmidt-Aßmann/Voßkuhle (Hrsg.), Grundlagen des Verwaltungsrechts, Band I, 2. Aufl. 2012, § 3 Rn. 36.

[2] Dazu ausführlich *Hilbert*, Systemdenken in Verwaltungsrecht und Verwaltungsrechtswissenschaft, 2015, insbes. S. 63 ff.

[3] *Brohm*, in: FS Maurer, 2001, S. 1079 (1083 f.): Dogmatik tendiere unausweichlich zum System; zum Systembezug der Verwaltungsrechtsdogmatik *Waldhoff*, in: G. Kirchhof/Magen/K. Schneider (Hrsg.), Was weiß Dogmatik?, 2012, S. 17 (34 f.).

[4] *Schmidt-Aßmann*, in: FS Püttner, 2006, S. 3 (7).

[5] *Scherzberg*, in: Trute/Groß/Röhl/Möllers (Hrsg.), Allgemeines Verwaltungsrecht – Zur Tragfähigkeit eines Konzepts, 2008, S. 837 (849 ff.).

[6] *Brohm*, VVDStRL 30 (1972), S. 245 (251).

wendungsbezogener Forschung „zunehmend als dysfunktional erweisen“[7]. Diese Einschätzung hat teilweise Zustimmung erfahren[8], teilweise aber auch (heftige) Kritik geerntet[9]. Der Wissenschaftsrat empfiehlt auf Grund seiner Analyse insbesondere eine Akzentuierung hin zur Grundlagenforschung und eine Verstärkung der Interdisziplinarität in der rechtswissenschaftlichen Forschung[10].

2. Widerstreitende Konzepte zum Öffentlichen Recht

In der Wissenschaft vom Öffentlichen Recht wird indes seit geraumer Zeit kritisiert, durch die Dogmatik gehe der spezifisch wissenschaftliche Erkenntnisanspruch der Rechtswissenschaft verloren[11]. Der dogmatische Zugriff auf das Recht prämiere naturgemäß das Vorhandene, sei wenig innovationsoffen und stehe in der Gefahr, interessenblind und dadurch ideologisch zu werden[12]. Insbesondere wird die Rechtsdogmatik dafür verantwortlich gemacht, wegen einer (zu) starken Ausrichtung auf die Rechtspraxis für die (gewünschte) Interdisziplinarität hinderlich zu sein[13].

Dieser Kritik wird die These entgegengesetzt, dass in unserem Rechtssystem eine theoriesensible Dogmatik alternativlos sei[14]. Es kann in der Tat gezeigt werden, dass ein aufgeklärtes Verständnis von Rechtsdogmatik mitnichten einen Störfaktor für die Interdisziplinarität darstellt[15]. Fehl gehen auch die Zweifel an der Wissenschaftlichkeit unserer Rechtsdogmatik[16]. Wer einen unterkomplexen, reduzierten Begriff von „Rechtsdogmatik“ verwendet, ist mit seiner Kritik (zu) schnell bei der Hand[17].

---

[7] *Wissenschaftsrat (WR),* Perspektiven der Rechtswissenschaft in Deutschland – Situation, Analysen, Empfehlungen, 2012, S. 35.

[8] *Grundmann,* JZ 2013, S. 693 (695 f.); *Gutmann,* JZ 2013, S. 697 f.

[9] *Lorenz,* JZ 2013, S. 704 (706 f.); *Rixen,* JZ 2013, S. 708 (709 ff.).

[10] *WR,* Perspektiven der Rechtswissenschaft (FN 7), S. 36 f.; dazu *Hillgruber,* JZ 2013, S. 700 (701): Stärkung der Grundlagendisziplinen durch Wiederherstellung ihrer Verbindung mit der Rechtsdogmatik; skeptisch dazu *Stürner,* AcP 214 (2014), S. 7 (33, 35), der allenfalls partielle Verknüpfungen für realistisch hält.

[11] *Lepsius,* in: Jestaedt/Lepsius (Hrsg.), Rechtswissenschaftstheorie, 2008, S. 1 (19).

[12] *Lepsius,* in: Hilgendorf/Schulze-Fielitz (Hrsg.), Selbstreflexion der Rechtswissenschaft, 2015, S. 53 (75).

[13] *Jestaedt,* JZ 2014, S. 1 (3); *Möllers,* in: GVwR I (FN 1), § 3 Rn. 42 (mit der Andeutung differenzierender Entwicklungsmöglichkeiten).

[14] *Rixen,* JZ 2013, S. 708 (710).

[15] *Gutmann,* in: Selbstreflexion (FN 12), S. 93 (96 f.).

[16] *Möllers,* in: Rechtswissenschaftstheorie (FN 11), S. 151 (167); *Eifert,* in: Was weiß Dogmatik? (FN 3), S. 79 (91 f.); *Rottleuthner,* in: Selbstreflexion (FN 12), S. 207 (213 f.); ausführlich – auch zu den historischen Debatten um die Wissenschaftlichkeit der Rechtsdogmatik *Bumke,* Rechtsdogmatik – Eine Disziplin und ihre Arbeitsweise, einschließlich einer Studie über das rechtsdogmatische Arbeiten Friedrich Carl von Savignys, 2017, S. 3, 28 ff., 37 f.

[17] Deutliche Antikritik bei *Kersten,* Rescriptum – Münchner studentische Rechtszeitschrift 2012, S. 67 (68): „Dogmatik wird pejorativ auf die Falllösung reduziert, als repetitorenver-

3. Anschlussfähigkeit der deutschen Rechtswissenschaft

Eine besondere Herausforderung für die deutsche (Verwaltungs-)Rechtswissenschaft wird, um einleitend einen letzten Aspekt zu erwähnen, in ihrer internationalen Anschlussfähigkeit gesehen. Die in Deutschland praktizierte spezifisch dogmatische Forschungsperspektive wird – im Verbund mit der Staatsexamensprägung der juristischen Ausbildung an den Rechtsfakultäten – als „Sonderweg" beschrieben, der sich vor allem im Blick auf die Common-Law-Systeme als Rezeptionshindernis erweise[18]. Auch in weiten Teilen Europas sei die deutsche Rechtswissenschaft nicht export- und diskursfähig; sie dürfe „nicht in Gefahr geraten, in dogmatischer Schönheit europäisch zu sterben"[19].

Dass der Europäisierungsdiskurs auch ganz anders gelesen werden kann, wird zu zeigen sein[20]. Die internationale Anschlussfähigkeit der deutschen (Verwaltungs-)Rechtswissenschaft sollte breiter diskutiert und nicht auf die Common-Law-Systeme verengt werden, zumal über den dort zu zahlenden Preis für die Abkehr von der juristischen Praxis noch zu reden sein wird[21]. Der Wissenschaftsrat hat – nach Anhörungen von internationalen Sachverständigen – festgestellt, die „besondere Form der wissenschaftlichen Bearbeitung von Recht in Deutschland hat sich als transferfähig herausgestellt und wird beispielsweise in Ländern Ostasiens, Südamerikas und Osteuropas intensiv rezipiert"[22]. Dies zeigt, dass bei Pauschalaussagen Vorsicht geboten ist. Unabhängig davon bleibt das Sprachenproblem. Die Amtssprache ist deutsch, ebenso die Gerichtssprache[23]. Die deutsche (Verwaltungs-)Rechtswissenschaft kommuniziert und publiziert (grundsätzlich) in deutscher Sprache. Darin liegt bekanntlich – völlig unabhängig von der konzeptionellen, methodischen und inhaltlichen Ausrichtung der Forschung – im internationalen Diskurs ein gewisses Rezeptionshindernis[24]. Damit ist indes auf eine andere Thematik aufmerksam gemacht[25].

---

mitteltes Bulimiewissen verspottet, als unreflektiertes Kommentar- und Lehrbuchniveau herabgesetzt und schließlich sogar als ‚verfassungswidrig' angesehen: ‚Dogmatiker' schwängen sich zum ‚eigentlichen' Gesetzgeber auf und achteten damit den parlamentarischen Gesetzgeber nicht."

[18] *Jestaedt*, JZ 2012, S. 1 (9 f.); *Lepsius*, in: Was weiß Dogmatik? (FN 3), S. 39 (46, 47 f., 60 f.).

[19] *Lepsius*, in: Selbstreflexion (FN 12), S. 87.

[20] Vgl. dazu unten IV. 2.

[21] Dazu unten II. 2. – *Schünemann*, in: Selbstreflexion (FN 12), S. 222 (226), konstatiert für das Strafrecht als „Preis" einen Niveauverlust der deutschen Strafrechtswissenschaft.

[22] *WR*, Perspektiven der Rechtswissenschaft (FN 7), S. 35.

[23] § 23 Abs. 1 VwVfG, § 19 Abs. 1 SGB X (mit Ausnahmen), § 87 Abs. 1 AO; § 184 GVG.

[24] *v. Bogdandy*, in: Selbstreflexion (FN 12), S. 133 (141 f.); speziell zur Strafrechtswissenschaft *J. Vogel*, JZ 2012, S. 25 (27 f.).

[25] Der Wissenschaftsrat sieht in der „Sprachlichkeit des Rechts" eine eigenständige Forschungsaufgabe; *WR*, Perspektiven der Rechtswissenschaft (FN 7), S. 70 ff.

II. Alternative: Disziplinäre Relevanz versus disziplinäre Belanglosigkeit

1. Rechtswissenschaft als Jurisprudenz

Institutionell ist die Rechtswissenschaft in Deutschland bekanntermaßen durch eine intradisziplinäre Arbeitsteilung gekennzeichnet. Auf der einen Seite stehen die „Grundlagendisziplinen" (Rechtsgeschichte, Rechtsphilosophie, Rechtstheorie, Rechtssoziologie, Methodenlehre), auf der anderen Seite die Materien des geltenden Rechts (Bürgerliches Recht, Strafrecht, Öffentliches Recht). Diese werden traditionell durch die Rechtsdogmatik (als zwischen Rechtswissenschaft und Rechtspraxis vermittelnde Teildisziplin) erfasst und bearbeitet; dabei geht es um die „Herstellung eines gleichermaßen theorie- und praxistauglichen Ordnungszusammenhangs zwischen den Begriffen, Prinzipien und Instituten des positiven Rechts"[26]. Gestützt wird diese Perspektive von der Einsicht, dass das Recht in der Moderne als „ein zentrales gesellschaftliches Steuerungsmedium" fungiert; seine wesentlichen Funktionen umschreibt der Wissenschaftsrat als Konfliktregelung, Verhaltenslenkung und Verwirklichung von Leitideen (z. B. Gerechtigkeit, Freiheit, Menschenwürde, Solidarität)[27].

Damit ist ein zentraler Punkt in der kontroversen Debatte um die konzeptionelle Ausrichtung der deutschen Rechtswissenschaft und speziell der Wissenschaft vom Öffentlichen Recht aufgeworfen. Die überkommene Doktrin favorisiert die anwendungsorientierte Perspektive rechtswissenschaftlicher Forschung, „weil dem Recht eine potentielle Lösung von praktischen Konflikten eigentümlich ist"[28]. Der Rechtsdogmatik wird – in Abgrenzung zu einer sozialwissenschaftlichen oder moralphilosophischen Rechtsbetrachtung – die Produktion jenes Wissens zugeschrieben, „das für die Funktion des Rechtssystems relevant ist"[29]. Theorietauglich und zugleich praxistauglich ist danach eine Jurisprudenz, die nach ihrem traditionellen Selbstverständnis die „Rechtswissenschaft" und die „Rechtspraxis" umfasst[30].

2. Kreation disziplinärer Belanglosigkeit

Der Gegenentwurf zur dogmatisch geprägten rechtswissenschaftlichen Forschung plädiert für die Überwindung des Systemdenkens, die Entwicklung einer durch Historisierung und Kontextualisierung getragenen problemorientierten Rechtswissenschaftstheorie, um ein „Recht" freizulegen, dessen Ursprünge politisch

---

[26] *Gröschner*, ARSP-Beiheft 116 (2009), S. 131 (138), mit ergänzenden Akzentuierungen zur Praxistauglichkeit und zur Theorietauglichkeit des Ordnungszusammenhangs.

[27] *WR*, Perspektiven der Rechtswissenschaft (FN 7), S. 25 ff. – Eindringlich zur Funktion des Rechts als Element sozialer Steuerung *Waldhoff*, in: Was weiß Dogmatik? (FN 3), S. 17 ff.

[28] *Schulze-Fielitz*, in: JöR n. F. 50 (2002), S. 1 (13).

[29] *Somek*, JZ 2016, S. 481 (482).

[30] *Gröschner*, ARSP-Beiheft 116 (2009), S. 131 (137).

sind; an die Stelle rechtsdogmatisch produzierter Ergebnisse mit Beständigkeit und Zeitlosigkeit hätten diffizile Arrangements von Rechtsbindung und Entscheidungsfreiheit zu treten, um dem Recht der pluralistischen Demokratie, das eine interne Dynamik aufweise, wissenschaftlich gerecht werden zu können[31].

Die Ergebnisse dieses Wissenschaftskonzepts für unser Fach sind in der jüngeren Vergangenheit am Beispiel Frankreichs und der USA mehrfach beschrieben worden. Für Frankreich wird konstatiert, dass der Einfluss der Wissenschaft auf die Praxis „marginal“[32] bzw. „schlicht irrelevant“ sei[33]. Für die USA wird konstatiert, dass die dogmatikferne Ausrichtung rechtswissenschaftlicher Forschung mit einem betont interdisziplinären Zugang („law and economics“, „law and literature“, „law and gender“, „law and robotics“ etc.) die Rechtspraxis nicht interessiere[34]. Der sog. Rechtsrealismus habe eine – nicht mehr zeitgemäße – Demontage der Rechtswissenschaft ausgelöst[35]. Der Hinweis darauf, die großen Rechtswissenschaftler sähen sich als „public intellectuals“ mit interdisziplinär inspirierter Innovationsfreude, die die dogmatisch arbeitende Rechtswissenschaft unter Druck setze[36], wird mit der These gekontert, auf Grund des Fehlens von Rechtsdogmatik gebe es in den USA gar keine Rechtswissenschaft[37].

Unabhängig von der Bewertung im Detail sind die übereinstimmend festgestellten Resultate zur praktischen (Ir-)Relevanz rechtswissenschaftlicher Forschung in Frankreich und in den USA aufschlussreich. Für die Wissenschaft vom Öffentlichen Recht kommt hinzu, dass in jenen Ländern die Unerheblichkeit der eigenen Disziplin durch die oftmals anzutreffende (strikte) Trennung von Verfassungsrecht und Verwaltungsrecht[38] zusätzlich befördert wird. Für Kritiker der vorherrschenden rechtswissenschaftlichen Forschung in Deutschland liegen die Konsequenzen für eine modern(isiert)e Rechtswissenschaft gleichwohl auf der Hand: Der status quo muss überwunden werden, denn „Rechtsdogmatik wird auch weiterhin in den Händen von Praktikern gut aufgehoben sein“[39].

[31] *Lepsius*, in: Rechtswissenschaftstheorie (FN 11), S. 40 ff.; *ders.*, in: Selbstreflexion (FN 12), S. 65 ff. und S. 81 ff.

[32] *A.-B. Kaiser*, DVBl. 2014, S. 1102 (1104); für das Strafrecht gleichsinnig *Schünemann*, in: Selbstreflexion (FN 12), S. 222 (227).

[33] *F. Mayer*, JZ 2016, S. 857 (865).

[34] *Hilgendorf/Schulze-Fielitz*, in: Selbstreflexion (FN 12), S. 1 (4 ff.).

[35] *Somek*, JZ 2016, S. 481 (484).

[36] *v. Bogdandy*, in: Selbstreflexion (FN 12), S. 133 (142).

[37] *Somek*, JZ 2016, S. 481 (482): „Die normative Orientierung muss von woanders her kommen, etwa – wie zumeist – von der Moral.“

[38] Vgl. *Ruffert*, in: Schmidt-Aßmann/Hoffmann-Riem (Hrsg.), Methoden der Verwaltungsrechtswissenschaft, 2004, S. 165 ff. (allg.), S. 172 ff. (England), S. 178 ff. (Frankreich).

[39] *Lepsius*, in: Selbstreflexion (FN 12), S. 90.

3. Exkurs: Unerheblichkeit von Disziplinen in Nachbarwissenschaften

Die – politische, gesellschaftliche, ökonomische (etc.) – Belanglosigkeit der eigenen Wissenschaftsdisziplin kann stichwortartig anhand einiger Nachbarwissenschaften aufgezeigt werden. Dabei werden die Kontroversen zum Teil öffentlich ausgetragen; dies könnte auf Zustände hindeuten, die in der jeweiligen Disziplin als besonders unbefriedigend empfunden werden:

– In den Wirtschaftswissenschaften (VWL, BWL) werden öffentlich die in den letzten Jahren erfolgte Abkehr von der gesellschaftlichen Wirklichkeit und der mittlerweile dominierende „unaufgeklärte Glaube an Gleichgewichte (oder Ungleichgewichte)" sowie an „mechanistisch-rechenhafte Verfahren" beklagt[40]. Ökonomen müssten „raus aus theoretischen Elfenbeintürmen […] und der Öffentlichkeit stärker vermitteln, welche Relevanz ihre Theorien und Modelle für die reale Welt haben"[41]. Mahnend wird indessen betont: „Ökonomen haben fast für jedes Phänomen ein passendes Modell – und auch für das Gegenteil. Allein auf Basis theoretischer Überlegungen ist die Frage, was eigentlich die relevanten Probleme sind und welche Erklärungsmodelle zur Lösungsfindung nützlich sind, nicht zu beantworten. Ohne Realitätscheck geht es nicht"[42].
– In der Politikwissenschaft haben arrivierte Fachvertreter jüngeren Politologen öffentlich vorgeworfen, „eine zunehmende Selbstreferentialität und Kleinteiligkeit, mit der sich das Fach gesellschaftlich und politisch marginalisiert hat", habe zur Dominanz eines methodischen und theoretischen „l'art pour l'art" in der Zunft geführt[43]. Die Replik betont, davon seien nicht nur jüngere Politikwissenschaftler betroffen; richtig sei allerdings die Beobachtung, „dass der Politikwissenschaft […] fast jede Lebendigkeit und Kreativität abhanden gekommen ist", zudem habe in der Lehre die Umstellung der Studiengänge auf Grund der Bologna-Reform „in vielen Fällen zu einer drastischen Absenkung des intellektuellen Niveaus geführt"[44].

---

[40] *Goldschmidt*, FAZ Nr. 195 vom 22.08.2016, S. 20; ähnlich *Plickert*, FAZ Nr. 223 vom 23.09.2016, S. 17: „mathematisch-abstrakte Modellwelt" ohne erkennbare „Relevanz für reale Probleme" mit dem Resultat einer „Sinnkrise" von Ökonomen und Ökonomie; *ders.*, FAS Nr. 39 vom 02.10.2016, S. 26: Rückzug der VWL in eine „mathematikzentrierte Theoriewelt", realitiätsfernes Menschenbild des „Homo oeconomicus".

[41] Bericht zum Jahreskongress des VfS (Ökonomenverband „Verein für Socialpolitik") in FAZ Nr. 209 vom 07.09.2016, S. 17 (mit Replik – Hinweis auf in Gang kommende Veränderungen – von *Müller/Püplichhuysen/Winter*, FAZ Nr. 215 vom 14.09.2015, S. 6); ferner z. B. *T. Mayer*, FAS Nr. 36 vom 11.09.2016, S. 32; *Plickert*, FAZ Nr. 277 vom 26./27.11. 2016, S. C3.

[42] *Ockenfels*, FAZ Nr. 302 vom 27.12.2016, S. 18.

[43] *Decker/Jesse*, FAZ Nr. 92 vom 20.04.2016, S. N4.

[44] *Bethke*, FAZ Nr. 98 vom 27.04.2016, S. N4. – Eine weitere Replik betont, die Lage der Politologie könne nicht losgelöst vom gegenwärtigen Bildungssystem beurteilt werden und müsse im Internetzeitalter auch die Verlagerung wissenschaftlicher Debatten auf digitale

– Innerhalb der Jurisprudenz diskutiert die Strafrechtswissenschaft die Zukunft des Fachs. Gesprochen wird von einer Wegscheide: Entweder öffne sich die deutsche Strafrechtswissenschaft der Internationalisierung und Europäisierung oder sie verharre weiterhin in selbstbewusster Provinzialität[45]. Die Kritik an der Lage des eigenen Faches wird vornehmlich auf drei Gründe gestützt: Für die Praxis folgenlos bleibe eine dogmatisch überzüchtete Strafrechtswissenschaft[46], das gezielte Vermeiden einer Nähe zur Praxis führe zu einem „strafrechtsaristokratischen Diskurs“[47], die Folge seien „Überschätzungs-, Beharrungs- und Verweigerungstendenzen“ in der deutschen Strafrechtswissenschaft[48].

Die Entkoppelung von Rechtswissenschaft und Rechtspraxis kann man selbstverständlich für erstrebenswert erachten; über die Konsequenzen sollte allerdings Klarheit herrschen[49]. Wer in der Verbindung von Wissenschaft und Praxis hingegen einen Vorzug sieht[50], wird für eine Weiterentwicklung der Rechtsdogmatik eintreten.

III. Konzept: Stärkung einer aufgeklärten Rechtsdogmatik

1. Verständnis von Rechtsdogmatik

„Rechtsdogmatik“ ist kein Gesetzesbegriff; es handelt sich vielmehr um eine rechtswissenschaftliche Begriffsschöpfung. Folglich kann in disziplinärer Eigenständigkeit über den Gehalt der Begrifflichkeit befunden werden. Auch wenn sich ein allgemein anerkannter Begriffskern ermitteln lässt[51], variiert das jeweilige Begriffsverständnis nach den Funktionen, die die „Rechtsdogmatik“ im rechtswissen-

---

Plattformen berücksichtigen (Wissenschaftsblogs als integraler Bestandteil der akademischen Gemeinschaft); *Huhnholz*, FAZ Nr. 104 vom 04.05.2016, S. N4.

45 *Ambos*, Goltdammer's Archiv für Strafrecht (GA) 2016, S. 177; zustimmend (aus Sicht der Praxis) *Strate*, NJW-aktuell 22/2016, S. 7.

46 *Hassemer*, in: Was weiß Dogmatik? (FN 3), S. 3 (11 f.); zur schwindenden Bedeutung der Strafrechtsdogmatik für die Entwicklung des Strafrechts *Frisch*, in: Stürner (Hrsg.), Die Bedeutung der Rechtsdogmatik für die Rechtsentwicklung, 2010, S. 169 (185 ff.).

47 *Ambos*, GA 2016, S. 177 (181).

48 *J. Vogel*, JZ 2012, S. 25.

49 *Schünemann*, in: Selbstreflexion (FN 12), S. 222 (227), berichtet (zum Strafrecht), die Arbeiten der führenden französischen Strafrechtlerin *Delmas-Marty* stellten „durchweg schöngeistige, in hohen Abstraktionssphären mit dem Appell an das Gute und Edle arbeitende Betrachtungen dar, die zum großen Teil gar nicht dem Strafrecht, sondern einer vor-analytischen Rechtsphilosophie zuzuordnen sind“.

50 *Waldhoff*, in: Was weiß Dogmatik? (FN 3), S. 31, spricht von einer „Stärke von Rechtswissenschaft […], die von beiden der beteiligten Seiten nicht leichtfertig aufs Spiel gesetzt werden sollte“.

51 *Bumke*, Rechtsdogmatik (FN 16), S. 1: „Rechtsdogmatik“ lasse sich – weithin konsentiert – „als eine Disziplin beschreiben, die das positive Recht durchdringen und ordnen will, um die rechtliche Arbeit anzuleiten, und jene Fragen zu beantworten sucht, die die Rechtspraxis aufwirft“ (mit einer Flut von Nachweisen in Fn. 1).

schaftlichen Diskurs zu erfüllen vermag: Die deskriptiv-empirische Dimension steht im Dienste der Erkenntnis des positiv geltenden Rechts, die logisch-analytische Dimension widmet sich der begrifflich-systematischen Durchdringung des geltenden Rechts (Analyse von Grundbegriffen, Entdeckung und Offenlegung von Strukturen, Vernetzungen von Normen etc.), die normativ-praktische Dimension zielt auf die Anleitung und Kritik der Rechtspraxis (unter Einschluss rational begründeter Antworten auf Wertungsfragen, die von dem autoritativ vorgegebenen rechtlichen Material offengelassen weden)[52].

Vor diesem Hintergrund liegt es nahe, eine exakte Definition von „Rechtsdogmatik" erst gar nicht anzustreben, sondern sich mit einer Umschreibung zu begnügen[53]. Diese gerät umso präziser, je stärker man sich auf eine bestimmte Funktion konzentriert[54]. Nicht ohne Risiko, aber wissenschaftlich doch vertretbar ist eine begriffliche Umschreibung, die sowohl die logisch-analytische als auch die normativ-praktische Dimension der „Rechtsdogmatik" zu umfassen versucht. Danach kann „Rechtsdogmatik" verstanden werden als ein „aus der Gesamtheit der Rechtsordnung zu erarbeitendes und erarbeitetes Gefüge juristischer Begriffe, Institutionen, Grundsätze und Regeln, die unabhängig von einer speziellen gesetzlichen Fixierung allgemein Anerkennung und Befolgung beanspruchen und so als ratio iuris die ratio legis der einzelnen gesetzlichen Regelungen übergreifen"[55].

In dieser Umschreibung klingt die Dogmatisierung (d. h. der Prozess der Gewinnung rechtsdogmatischer Aussagen) mit an; im vorliegenden Zusammenhang interessiert jedoch primär das „Produkt" der rechtswissenschaftlichen Arbeit, also das Ordnungsgefüge[56]. Rechtsdogmatik ist in jedem Fall durch ihren Bezug zur Norm oder zu einem Normenkomplex dem geltenden Recht (als dem unhintergehbaren „Dogma") verschrieben[57]; leitend für die Wissenschaftlichkeit des Umgangs mit dem „Dogma" ist der Systemgedanke[58].

---

[52] *Alexy*, Theorie der Grundrechte, 1985, S. 23 f., 25; *ders.*, Theorie der juristischen Argumentation, 3. Aufl. 1996, S. 307 ff.; im Anschluss daran erläuternd *Waldhoff*, in: Was weiß Dogmatik? (FN 3), S. 26.

[53] Einen Überblick zu den Ansätzen im rechtswissenschaftlichen Schrifttum gibt *Waldhoff*, in: Was weiß Dogmatik? (FN 3), S. 22 ff.

[54] Anschaulich dazu *Eifert*, in: Was weiß Dogmatik? (FN 3), S. 79 (80 ff.), zur funktionalen Betrachtung von Dogmatik im Vermittlungszusammenhang zwischen Rechtsnorm und Rechtsanwendung.

[55] *Brohm*, in: FS Maurer (FN 3), S. 1082.

[56] Die Mehrdimensionalität eines Begriffs ist nicht ungewöhnlich, wie z. B. das Verständnis von „Information" als Zustand, Gut oder Vorgang zeigt; dazu *Schoch*, IFG, 2. Aufl. 2016, § 2 Rn. 21.

[57] *Bumke*, Rechtsdogmatik (FN 16), S. 56 ff., 109. – Dem Postulat von *Jestaedt*, in: Was weiß Dogmatik? (FN 3), S. 117 (135), ist damit Rechnung getragen. – Unhaltbar und unvereinbar mit Art. 20 Abs. 3 GG ist die in der Zivilrechtswissenschaft beobachtete Attitüde, den parlamentarischen Gesetzgeber – da er teilweise „lästig, unfähig und unwillig" sei – „den zeitlosen Weisheiten der Dogmatik zu unterwerfen", was in der Tat nur als – vermeintliches –

Die Abstraktionsleistung der Rechtsdogmatik besteht nicht etwa in der Etablierung eines auf formalen Begriffskonstruktionen beruhenden Ordnungsgefüges[59]. Rechtsdogmatik zielt auf ein teleologisches, den Realbereich einbeziehendes System: rechtlicher und sozialer Wandel werden rezipiert, Rechtsdogmatik ist entwicklungsfähig, maßgebliche Aussagen werden nur dem Regelfall zugeschrieben und damit Versteinerungen vorgebeugt[60]. Es greift deshalb zu kurz, wenn das Verständnis von Rechtsdogmatik auf die Aufbereitung des konkreten Rechtsfalles zum Zwecke der Herstellung von Dogmatik verengt wird[61]. Die mit der rechtsdogmatischen Arbeit verknüpfte Systembildung ist eben auch Grundlage für die Rechtsfortbildung und für die Kodifizierung von Recht. Zur Fortbildung des Rechts[62] sei hier nur an ungeschriebene Institute des Staatshaftungsrechts erinnert[63]; so ist z. B. der Folgenbeseitigungsanspruch (in seinem Entstehungszeitpunkt) das Produkt einer vom Systemgedanken getragenen rechtsdogmatischen Innovation (gewesen)[64]. Die mit dem VwVfG erbrachte Kodifikationsleistung[65] findet in rechtsdogmatischen Vorarbeiten ihre wesentlichen Grundlagen[66]. Wer sich jemals an dem Ausformulieren von (potentiellen) Gesetzestexten beteiligt hat[67], der weiß, dass ein solches Unterfangen ohne feste Verankerung in der Dogmatik und ohne Systemkenntnis von vornherein zum Scheitern

„Überleben dogmatischen Hochgefühls gegenüber dem parlamentarischen Gesetzgeber" karikiert werden kann; *Stürner*, AcP 214 (2014), S. 7 (21).

[58] *Hain*, JZ 2002, S. 1036 (1037). – Zur Unterscheidung zwischen Dogmatik und Systembildung *Möllers*, in: GVwR I (FN 1), § 3 Rn. 36.

[59] Anders *Jestaedt*, in: Was weiß Dogmatik (FN 3), S. 117 (131 f.), der meint, die Versuchung des Dogmatismus sei im modus operandi der Rechtsdogmatik angelegt, daraus entstehe disziplinärer Autismus.

[60] *Schoch*, in: Stürner (Hrsg.), Die Bedeutung der Rechtsdogmatik für die Rechtsentwicklung, 2010, S. 91 (99 f.); *Wahl*, ebd., S. 121 (131); *Waldhoff*, in: Was weiß Dogmatik? (FN 3), S. 27 f. – Zum Zivilrecht *Stürner*, JZ 2012, S. 10 (17, 23); *ders.*, AcP 214 (2014), S. 7 (43 ff.).

[61] So z. B. *Jestaedt*, JZ 2012, S. 1 (3); *ders.*, in: Was weiß Dogmatik? (FN 3), S. 117 (118).

[62] Als Auftrag der Rechtsprechung gesetzlich verankert: § 11 Abs. 4 und § 12 Abs. 1 S. 1 VwGO, § 132 Abs. 5 GVG, § 45 Abs. 4 ArbGG, § 41 Abs. SGG, § 11 Abs. 4 FGO; ferner z. B. explizit § 543 Abs. 2 Nr. 2 ZPO und § 115 Abs. 2 Nr. 2 FGO; zudem Verankerung in der „grundsätzlichen Bedeutung" einer Rechtssache, z. B. § 132 Abs. 2 Nr. 1 VwGO. – *Hassemer*, in: Was weiß Dogmatik? (FN 3), S. 3 (8), betont, Richterrecht sei eine Quelle von Rechtsdogmatik, seinerseits indes auf eine funktionierende Dogmatik angewiesen; ähnlich *Eifert*, in: Was weiß Dogmatik? (FN 3), S. 79 (83): Dogmatik als zentraler Arbeitsmodus der Rechtsprechung.

[63] Vgl. dazu *Grzeszick*, in: Was weiß Dogmatik? (FN 3), S. 97 (99, 103 f., 104, 106).

[64] *Schoch*, VerwArch 79 (1988), S. 1 ff.

[65] *Stolleis*, Geschichte des öffentlichen Rechts in Deutschland, 4. Band, 2012, S. 519, spricht von einem wissenschaftsgeschichtlich markanten Wendepunkt im deutschen öffentlichen Recht.

[66] *Eifert*, in: Was weiß Dogmatik? (FN 16), S. 79 (82). – Zusammenfassend zu den kodifikatorischen Vorarbeiten *Ule*, in: Jeserich/Pohl/v. Unruh (Hrsg.), Deutsche Verwaltungsgeschichte, Band 5, 1987, S. 1162 (1168 ff.).

[67] Vgl. *Schoch/Kloepfer*, Informationsfreiheitsgesetz (IFG-ProfE), 2002; *Schoch/Kloepfer/Garstka*, Archivgesetz (ArchG-ProfE), 2007.

verurteilt ist[68]; umgekehrt vermag ein entsprechend aufbereiteter Gesetzesvorschlag die praktische Gesetzgebung zu inspirieren[69].

2. Aufgabe von Rechtsdogmatik

Eine auf der Höhe der Zeit befindliche Rechtsdogmatik erfüllt also rationalisierende, steuernde und entlastende Funktionen[70], getragen (zumindest) von einer analytischen, einer empirischen und einer normativen Dimension der Arbeit am Rechtsstoff[71]. Zusammenfassend ist es als Aufgabe der Rechtsdogmatik bezeichnet worden, „die nötigen Verarbeitungsleistungen zu übernehmen und der Rechtsanwendungspraxis damit mögliche Entscheidungsprämissen unter Berücksichtigung der Strukturen des Realbereichs und der involvierten Interessen zur Verfügung zu stellen, an die dann – bei methodisch korrekter Zurechnung zu den Rechtsnormen – von den Entscheidungsinstanzen angeknüpft werden kann und zur Vermeidung von Fehlern auch angeknüpft werden muss“[72].

Diese – auf die Entscheidungssituation bezogene – Ausrichtung von Rechtsdogmatik verdeutlicht, dass entscheidungsanleitende Gründe in methodengerechter, aber auch in praxistauglicher Weise durch Analyse der Rechtsordnung und ihrer Wirkbedingungen zu etablieren sind und durch Unterscheidungen sowie Systematisierung für künftige Entscheidungssituationen abrufbar gehalten werden müssen[73]. In dieser Perspektive liefert die Rechtsdogmatik dem unter Entscheidungszwang stehenden Rechtsanwender (Richter) eine unentbehrliche Erkenntnisquelle. Drei Beispiele mögen den Befund verdeutlichen:

---

[68] *Eifert*, in: Was weiß Dogmatik? (FN 3), S. 79 (83), betont „die unhintergehbare grundsätzliche Abhängigkeit des Gesetzgebers von einer bestehenden Dogmatik“. Näher zur Arbeitsteilung *Würtenberger*, in: Stürner (Hrsg.), Die Bedeutung der Rechtsdogmatik für die Rechtsentwicklung, 2010, S. 3 (8): Die Gesetzgebung beschränke sich auf die Regelung im Grundsätzlichen, dem Richterrecht und der Rechtsdogmatik werde die zeit- und sachadäquate Konkretisierung und Fortentwicklung der Rechtsordnung überlassen; dieses System funktioniere, da der Gesetzgeber wisse, dass Richterrecht und Rechtsdogmatik die gesetzlichen Regelungen mit dem erforderlichen Gesetzesgehorsam konkretisierten und fortentwickelten. – Zu den Vorzügen der Rechtsdogmatik im Zivilrecht gegenüber einem case law-System *Stürner*, AcP 204 (2014), S. 7 (16 f.).

[69] Bei der Neuregelung des Bundesarchivrechts (Gesetz vom 10.03.2017, BGBl. I S. 410) hat der Gesetzgeber ausweislich der Entwurfsbegründung (BT-Drs. 18/9633, S. 27) unter anderem auf den ArchG-ProfE (FN 67) zurückgegriffen.

[70] *Kersten*, Rescriptum – Münchner studentische Rechtszeitschrift 2012, S. 67; *Wahl*, in: Rechtsdogmatik (FN 60), S. 124.

[71] Vgl. oben Text zu FN 52.

[72] *Trute*, in: Methoden der Verwaltungsrechtswissenschaft (FN 38), S. 293 (312); ausf. *Schmidt-Aßmann*, Verwaltungsrechtliche Dogmatik, 2013, S. 3 ff.; *Bumke*, Rechtsdogmatik (FN 16), S. 45 ff.

[73] *Scherzberg*, in: Allgemeines Verwaltungsrecht (FN 5), S. 847.

– Der Gebietserhaltungsanspruch im Bauplanungsrecht[74], eine Kreation der Rechtsdogmatik, reflektiert die tatsächliche Situation von Grundstückseigentümern im Planbereich bzw. in einem faktischen Baugebiet i. S. d. BauNVO, trägt der Inhaltsbestimmung des Eigentums gemäß Art. 14 Abs. 1 S. 2 GG Rechnung und stattet die „Interessen- und Schicksalsgemeinschaft" der betreffenden Grundstückseigentümer mit einem Abwehranspruch gegen gebietsfremde Nutzungen aus[75].
– Die Beseitigungsverfügung im Bauordnungsrecht gegenüber einer Vielzahl von Schwarzbauten in einem bestimmten Bereich legt die tatsächliche Lage „vor Ort" zu Grunde, nutzt die im behördlichen Ermessen verankerte Steuerungsleistung des Verwaltungsrechts und ist zur Vermeidung willkürlichen Verwaltungshandelns über den allgemeinen Gleichheitssatz (Art. 3 Abs. 1 GG)[76] rückgebunden an die Vorlage eines Konzepts seitens der zuständigen Behörde[77].
– Das Kooperationsprinzip im Versammlungsrecht integriert die tatsächliche Situation einer Versammlung unter freiem Himmel, unterwirft die zuständige Behörde einer Kooperationspflicht und den Veranstalter einer Obliegenheit zur Kooperation[78] und stellt das Übermaßverbot in den Dienst des Freiheitsschutzes, weil es nicht erforderlich ist, eine Versammlung zu verbieten, wenn ihr friedlicher Verlauf durch Absprachen zwischen Behörde und Grundrechtsträger gewährleistet werden kann[79].

Die Teilhabe der Rechtsprechung an der skizzierten Dogmenbildung ist nicht nur nicht zu kritisieren, sie belegt vielmehr die Tauglichkeit rechtsdogmatischen Denkens als Kommunikationsplattform zwischen Wissenschaft und Praxis.

3. Rezeption des Realbereichs durch Rechtsdogmatik

„Was immer in der Verwaltungsrealität Existenz besitzt, hat Anspruch darauf, von der Verwaltungsrechtswissenschaft wahrgenommen, systematisch durchdrungen

[74] Dazu *Mampel*, BauR 2003, S. 1824 ff.; *Schröer*, NVwZ 2009, S. 484 f.; *Dürr*, VBlBW 2015, S. 319 (320 f.); *Brohm*, Öffentliches Baurecht, 3. Aufl. 2002, § 19 Rn. 18 und § 20 Rn. 18; *Hoppe/Bönker/Grotefels*, Öffentliches Baurecht, 4. Aufl. 2010, § 18 Rn. 43 ff.

[75] BVerwGE 94, 151 (155 f.); 101, 364 (374, 377 f.); ferner z. B. VGH BW, BeckRS 2015, 54971 Rn. 15; OVG Hamburg, NVwZ-RR 2014, S. 719.

[76] Dazu *Ruske*, Die gleichheitsgemäße Ermessensausübung der Bauordnungsbehörden bei bauordnungsrechtlichen Maßnahmen, 2015, S. 22 ff., 36 ff., 110 ff.

[77] BVerwG, NVwZ-RR 1992, S. 360 und NVwZ-RR 1997, S. 273 (274); VGH BW, NVwZ-RR 1997, S. 465 (466) und BeckRS 2014, 51027 sowie NVwZ-RR 2016, S. 557; OVG Bremen, NVwZ 1995, S. 606 (607 f.); HessVGH, NVwZ-RR 1992, S. 346 (348); NdsOVG, NVwZ-RR 1994, S. 249; ThürOVG, ThürVBl. 2010, S. 270 (271).

[78] BVerfGE 69, 315 (356); BVerfG-K, NJW 2001, S. 1078 (1079); NVwZ 2002, S. 982; NVwZ 2007, S. 574 (575).

[79] *Gärditz*, DÖV 2017, S. 41 (50 f.): Tatsachenabhängigkeit der Verhältnismäßigkeitsprüfung.

und zu den bisherigen Erkenntnissen in Beziehung gesetzt zu werden!" So lautet das Credo in der Einleitung einer Emeritierungsvorlesung zu den Herausforderungen und Aufgaben rechtswissenschaftlicher Forschung[80]. Dieses Petitum darf auf breite Zustimmung hoffen. Nun ist die Erschließung des Realbereichs sicherlich eine Herausforderung, zumal die Rechtstatsachenforschung in Deutschland nicht gerade eine Blütezeit erlebt[81]. Mittel und Wege sind an anderer Stelle beschrieben worden[82]; darauf kann Bezug genommen werden.

Der dogmatisch angelegte Rechtsdiskurs sieht sich indessen dem Vorwurf ausgesetzt, Gesetzesauslegung werde rein normativ betrieben; um Probleme im Tatsächlichen oder um Fragestellungen mit einem sozialen Bezug gehe es nicht einmal im Praxisdiskurs; die Rede ist von der „Tatsachenabgewandtheit des dogmatischen Diskurses"[83]. Zutreffend ist für große Teile der Verwaltungsrechtswissenschaft das Gegenteil. Das konnte (unter Einbeziehung der Praxis) anhand der Beispiele zur Aufgabe von Rechtsdogmatik[84] bereits gezeigt werden. Zehn weitere Beispiele aus unterschiedlichen Rechtsgebieten mögen erhellend wirken:

- Das Recht der Bauleitplanung wird – insbesondere mit Blick auf das Gebot der Konfliktbewältigung – seit jeher unter starker Einbeziehung von Fakten und (konfligierenden) Interessen (vgl. § 1 Abs. 6 und 7 BauGB) erörtert[85].
- Der rechtsdogmatische Diskurs zur Veränderungssperre im Baurecht (§ 14 BauGB) und zur Zurückstellung von Baugesuchen (§ 15 BauGB) lebt geradezu von der Steuerung des tatsächlichen Geschehens „vor Ort"[86].
- Die ausgeklügelte Dogmatik zum Bauen im Außenbereich (§ 35 BauGB) erörtert z. B. Realfaktoren von Anlagen der Windenergienutzung[87] und Bedingungen zur Steuerung von Biogasanlagen durch Ausweisung von Konzentrationszonen[88].

---

[80] *Schmidt-Aßmann*, Der Staat 45 (2006), S. 315.

[81] Einen Hinweis darauf liefert der (Zu-)Stand der Lehrbuchliteratur zur Verwaltungswissenschaft; vgl. etwa *Bogumil/Jann*, Verwaltung und Verwaltungswissenschaft in Deutschland, 2. Aufl. 2009; *Püttner*, Verwaltungslehre, 3. Aufl. 2000; *Schuppert*, Verwaltungswissenschaft, 2000; *Thieme*, Verwaltungslehre, 4. Aufl. 1984.

[82] *Schoch*, in: Schulze-Fielitz (Hrsg.), Staatsrechtslehre als Wissenschaft, Die Verwaltung Beiheft 7, 2007, S. 177 (193 f.).

[83] *Lepsius*, in: Selbstreflexion (FN 12), S. 57; ähnlich zuvor bereits *ders.*, in: Rechtswissenschaftstheorie (FN 11), S. 25.

[84] Vgl. oben Text zu FN 74 bis FN 79.

[85] Dazu – stellvertretend – *Brohm*, NJW 1981, S. 1689 ff.; *Hoppe*, DVBl. 1994, S. 1033 ff.; *Ziekow*, BayVBl. 2000, S. 325 ff.; *Hoppe*, in: FS Bartlsperger, 2006, S. 321 ff.; *Waechter*, DVBl. 2006, S. 465 ff.; *H.-J. Koch*, in: FS Dolde, 2014, S. 401 ff.

[86] *Hill*, BauR 1981, S. 523 ff.; *Hager/Kirchberg*, NVwZ 2002, S. 400 ff.; *Schäling*, NVwZ 2003, S. 149 ff.; *N. Jarass*, BayVBl. 2010, S. 129 ff.; *Schmidt-Eichstaedt*, BauR 2011, S. 1754 ff., mit Erwiderung *Frank*, BauR 2012, S. 1 ff., und Replik *Schmidt-Eichstaedt*, BauR 2012, S. 729 ff.

[87] *Kirste*, DVBl. 2005, S. 993 ff.; *Middeke*, DVBl. 2008, S. 292 ff.; *Erbguth*, DVBl. 2015, S. 1346 ff.

- Im Immissionsschutzrecht wird sogar die rechtliche Durchdringung des Betriebs nicht genehmigungsbedürftiger Anlagen (§§ 22 ff. BImSchG) in hohem Maße von der Einbeziehung tatsächlicher Umstände geprägt, wie die Diskussion um die Privilegierung des Kinderlärms zeigt[89].
- Im Abfallrecht wird die (zum Teil erbittert geführte) Diskussion um die Zulässigkeit gewerblicher und gemeinnütziger Abfallsammlungen (§§ 17, 18 KrWG) stark in den Fokus ökonomischer Interessen gestellt[90].
- Die kontroverse, rechtsdogmatisch geprägte Debatte um die Vergabe von Konzessionen für Energieleitungen (§ 46 EnWG) hat den kartellrechtlichen Ansatz um kommunalrechtliche Aspekte erweitert, um mit der Deutung der Energieversorgung als Aufgabe der örtlichen Gemeinschaft z. B. ökologische und sonstige Anliegen zur Geltung bringen zu können[91].
- Bei der dogmatischen Durchdringung der Kategorien „Gemeingebrauch" und „Sondernutzung" im Straßenrecht wirken die soziale Dimension der damit aufgeworfenen Abgrenzungsproblematik („kommunikativer Verkehr") sowie die Realfaktoren in Bezug auf das Ermessen bei der Sondernutzungserlaubnis geradezu stilbildend[92].
- Im Recht der Gefahrenabwehr kann die juristische Einordnung der Figuren „Gefährder" und „Gefährderansprache" überhaupt nur bei Einbeziehung des Realbereichs geleistet werden[93].
- Im Sozialverwaltungsrecht zeigt die Debatte um den Rechtsanspruch auf Kindertagesbetreuung für ein- bis dreijährige Kinder (§ 24 Abs. 2 SGB VIII)[94], dass die Forderung nach Aufwendungsersatz für einen selbstbeschafften Krippenplatz nur

---

[88] *Berwanger*, NVwZ 2013, S. 116 ff.; *Kremer*, NVwZ 2014, S. 1430 ff.

[89] *Laubinger*, in: FS Riedel, 2013, S. 535 ff.

[90] *Säcker/Schmitz*, AbfallR 2012, S. 217 ff.; *Bickenbach*, LKRZ 2012, S. 222 ff.; *Knopp/Piroch*, UPR 2012, S. 343 ff., mit Erwiderung *Webersinn*, UPR 2012, S. 436 ff.; *Dippel/Hamborg*, AbfallR 2014, S. 30 ff.; *Petersen*, AbfallR 2015, S. 202 ff.; *Beckmann/Gesterkamp*, AbfallR 2016, S. 66 ff.

[91] *Lecheler*, NVwZ 2014, S. 917 ff.; *Weiß*, NVwZ 2014, S. 1415 ff.; *Kupfer*, NVwZ 2017, S. 428 ff.

[92] *Laubinger*, VerwArch 81 (1990), S. 583 ff.; *Steinberg/Hartung*, JuS 1990, S. 795 ff.; *Enders*, VerwArch 83 (1992), S. 527 ff.; *Lorenz*, JuS 1993, S. 375 ff.; *Fehling*, JuS 2003, S. 246 ff.; *Pache/Knauff*, JA 2004, S. 47 ff.; *Ingold*, GewArch 2010, S. 89 ff.; *Mager/Sokol*, Jura 2012, S. 913 ff.; *Siegel*, NVwZ 2013, S. 479 ff.; *Schoch*, Jura 2013, S. 911 ff.; *Burgi*, NVwZ 2017, S. 257 ff.

[93] *Hebeler*, NVwZ 2011, S. 1364 ff.; *Kießling*, DVBl. 2012, S. 1210 ff.; *Kreuter-Kirchhof*, AöR 139 (2014), S. 257 ff.

[94] Aus der Praxis höchstrichterlich BVerwGE 148, 13 (m. Bespr. *Schübel-Pfister*, NJW 2014, S. 1216); BGH, NJW 2017, S. 397 (m. Anm. *Rixen*) = JZ 2017, S. 369 (m. Anm. *Hartmann*).

unter Einbeziehung des sozialen (familiären) Hintergrundes erörtert werden kann[95].

– Die rechtsdogmatische Konstruktion des sozialrechtlichen Herstellungsanspruchs wurzelt im Realgeschehen unterlassener, unzureichender oder unzutreffender Aufklärung, Beratung bzw. Auskunft Betroffener (§§ 13 bis 15 SGB I)[96].

Die Beispiele zeigen, dass die Rezeption von Realfaktoren geradezu Programm einer aufgeklärten Rechtsdogmatik ist. Wird die Verwaltungswirklichkeit ausgeblendet, ist dies kein Defizit der Rechtsdogmatik, sondern Ausweis einer wenig ambitionierten Wissenschaft.

4. Transferleistung von Rechtsdogmatik

Es ist bereits angedeutet worden, dass der rechtsdogmatische Diskurs den Kommunikationsrahmen für Wissenschaft und Praxis zu bilden vermag. Diese Überlegung ist zuzuspitzen und um zwei Facetten zu erweitern.

Was zunächst die Pointierung anbelangt, muss das Bewusstsein dafür geweckt werden, dass der Dialog mit der Praxis ein Alleinstellungsmerkmal der Rechtsdogmatik ist[97]; eine rein theoretisch ausgerichtete Rechtswissenschaft könnte das Gespräch mit der Praxis fruchtbringend kaum führen[98]. Das sollte sich klar machen, wer den Verzicht auf die erwähnte intradisziplinäre Arbeitsteilung (s. o. II. 1.) predigt und eine (mehr oder weniger) komplett theoretische Ausrichtung der Rechtswissenschaft in Deutschland fordert. Behält die Rechtsdogmatik ihren Stellenwert, bleibt es (im Vergleich zu anderen Rechtssystemen) bei dem „bemerkenswerten Einfluss" der deutschen Verwaltungsrechtswissenschaft auf die Rechtsprechung[99]. Ergänzend sei erwähnt, dass eine jüngst erschienene verwaltungswissenschaftliche Studie die Vermutung einer „Verwissenschaftlichung" der deutschen Rechtspraxis[100] für die Verwaltung bestätigt; die starke Gesetzesbindung der Verwaltung bedinge, dass – anders als in vergleichbaren Staaten – die Steuerungsfunktion des Rechts im Verwaltungsalltag eine dominierende Rolle spiele[101].

---

[95] *Rixen*, NJW 2012, S. 2839 ff.; *Schübel-Pfister*, NVwZ 2013, S. 385 ff.; *Pauly/Beutel*, DÖV 2013, S. 445 ff.; *Kümper*, NVwZ 2015, S. 1739 ff.

[96] *Brugger*, AöR 112 (1987), S. 389 ff.; *Kreßel*, SGb 1987, S. 313 ff.; *Wallerath*, DÖV 1994, S. 757 ff.; *Hase*, SGb 2001, S. 593 ff.; *Felix*, SGb 2014, S. 469 ff.; *Grötschel*, Der (sozialrechtliche) Herstellungsanspruch, 2015, S. 12 ff.

[97] *Voßkuhle*, in: Was weiß Dogmatik? (FN 3), S. 111 (113); *Bumke*, JZ 2014, S. 641 und 650; ausf. *ders.*, Rechtsdogmatik (FN 16), S. 101 ff. – Dies anerkennend *Lepsius*, in: Was weiß Dogmatik? (FN 3), S. 39 (54); *Jestaedt*, in: Was weiß Dogmatik? (FN 3), S. 117 (119, 127, 136).

[98] *A.-B. Kaiser*, DVBl. 2014, S. 1102 (1107); gleichsinnig *Jestaedt*, JZ 2012, S. 1 (2 f.).

[99] *Möllers*, VerwArch 93 (2002), S. 22 (59).

[100] *Durner*, Die Verwaltung 48 (2015), S. 203 (204).

[101] *Seibel*, Verwaltung verstehen – Eine theoriegeschichtliche Einführung, 2016, S. 173 ff.

Kommunikation lebt vom „Gegenstromprinzip“. Doch wie steht es um die Rezeption der Rechtsprechung seitens der Verwaltungsrechtswissenschaft? Die vor ziemlich genau zehn Jahren geäußerte Kritik[102] besteht fort; die Neuauflage der „Grundlagen des Verwaltungsrechts“ hält in Teilen an der Attitüde fest, Judikatur souverän zu ignorieren. Dabei wäre es ein Missverständnis, Rechtsprechung auf die Präsentation des „pathologischen Falles“ reduzieren zu wollen. Es geht vielmehr um die Sichtung, Einordnung und Analyse vorhandenen Fallmaterials, um Konfliktfelder und Muster von Konflikten identifizieren und verstehen zu können. Die reflektierte, problembewusste und dogmatisch anspruchsvolle Rechtsprechungsanalyse ist gewiss ein mühsames Geschäft, aber sie ist für eine aufgeklärte Rechtsdogmatik unverzichtbar[103] und mitunter intellektuell durchaus bereichernd[104].

Eine Literaturgattung, die in dem erwähnten „Gegenstromprinzip“ die rechtsdogmatische Verarbeitung einschlägiger Judikatur gleichsam zurückzuspiegeln vermag, ist der Kommentar. Die Kritik an der rechtsdogmatisch arbeitenden Wissenschaft reduziert die Kommentarliteratur indes auf eine „Dienstleistung für die Rechtspraxis“, behauptet, Kommentare müssten (um ihrem Anspruch gerecht zu werden) „wissenschaftliche Leistungen zügeln“ und seien daher „notgedrungen Wissenschaft zweiter Klasse“[105]. Wird auf Pauschalurteile verzichtet, erkennt man in der Kommentarliteratur Werke unterschiedlicher Art und Güte. Wer jemals an einem Kommentar mitgewirkt oder ein solches Werk verfasst hat, weiß um die (potentiellen) Stärken von Kommentierungen: Vermittlung von Orientierungswissen durch systematischen Zugriff auf die Materie, Aufzeigen historischer und interdisziplinärer Perspektiven, Herausarbeitung „großer Linien“ der Rechtsentwicklung und vor allem Präzision der Gedankenführung und Detailgenauigkeit bei der Formulierung, die anderen Literaturgattungen nicht unbedingt eigen ist.

IV. Ertrag: Leistungsfähigkeit moderner Rechtsdogmatik

Die bisherigen Überlegungen sollten die Leistungsfähigkeit einer aufgeklärten, modernen Dogmatik bereits deutlich gemacht haben. Ein vertieftes Verständnis für die Qualität rechtsdogmatischen Denkens lässt sich gewinnen, wenn komplexe Problembereiche untersucht und dabei auch unkonventionelle Betrachtungen angestellt werden[106]. Drei Konstellationen seien nachfolgend angesprochen.

---

[102] *Schoch*, in: Staatsrechtslehre (FN 82), S. 203 f.

[103] DIE VERWALTUNG trägt dieser Erkenntnis mit einer festen Rubrik, geordnet nach Sachgebieten, Rechnung; zuletzt *Hofmann*, Die Verwaltung 50 (2017), S. 247 ff.

[104] *Möllers*, NJW-aktuell 15/2016, S. 13, bezeichnet die Rechtsprechung sogar als „einen für die Wissenschaft noch ungehobenen Schatz“ und meint, „Wir haben vielleicht noch gar nicht begriffen, was sich damit gerade im Rechtsvergleich machen lässt“.

[105] *Lepsius*, in: Selbstreflexion (FN 12), S. 74.

[106] Näher zum Wert der Dogmatik bei „schwierigen Rechtsfragen“ *Bumke*, Rechtsdogmatik (FN 16), S. 49 ff.

1. Norminterne Systembildung

Der rechtliche Zugriff auf komplexe Sachverhalte erfolgt mitunter maßgeblich durch *eine* entscheidungsleitende Norm. Bei einem eher „dürren" Gesetzestext bringt erst die rechtsdogmatische Aufbereitung des normativen Gehalts der betreffenden Bestimmung das Normprogramm in die Maßstabsfunktion, um die dem Telos entsprechende Steuerungsfunktion zu gewährleisten. Anhand konkreter Beispiele aus unterschiedlichen Rechtsbereichen kann aufgezeigt werden, wie dogmatisches Arbeiten entscheidungserhebliche Tatsachen rezipiert, konfligierende Interessen in einen Ausgleich bringt und dem rechtlichen Sollensgebot Rechnung trägt:

- Der nach Eignung, Befähigung und fachlicher Leistung gleiche Zugang zu jedem öffentlichen Amt[107] ist auf Grund verschiedener Ursachen immer wieder gefährdet[108]. Die Dogmatik zum Bewerbungsverfahrensanspruch sieht dessen Verfahrensabhängigkeit, respektiert den behördlichen Beurteilungsspielraum sowie das behördliche Ermessen und antwortet mit der Etablierung prozeduraler Vorkehrungen (Stellenausschreibung mit Festlegung des Anforderungsprofils, Sicherung eines fairen Verfahrens und Herstellung von Verfahrenstransparenz, behördliche Dokumentationspflicht zum Auswahlverfahren, Information unterlegener Bewerber vor Ernennung des ausgewählten Konkurrenten zwecks Wahrung gerichtlichen Rechtsschutzes)[109]. Kreiert wird im Ergebnis ein normbasiertes, funktionstaugliches Modell zur Einstellung und Beförderung von Bediensteten im Beamtenrecht.
- Bei der Aufstellung der Bauleitpläne sind die öffentlichen und privaten Belange gegeneinander und untereinander gerecht abzuwägen (§ 1 Abs. 7 BauGB). Ohne dogmatische Aufbereitung ist dieses gesetzliche Abwägungsgebot schlicht nicht „vollzugsfähig". Norminterpret und Rechtsanwender sehen, dass ein Bauleitplan von der Gemeinde in eigener Verantwortung aufzustellen ist (§ 2 Abs. 1 S. 1 BauGB) und eine Abwägung ohne administrative Gestaltungsbefugnis ein Widerspruch in sich wäre, andererseits jedoch in einem Verwaltungsrecht grundgesetzlicher Prägung nur eine rechtsstaatliche Planung akzeptabel ist. Diesem Spannungsverhältnis sucht die vierstufige Abwägungsdogmatik (zur Vermeidung von: Abwägungsausfall, Abwägungsdefizit, Abwägungsfehleinschätzung, Abwägungsdisproportionalität)[110] Rechnung zu tragen, indem in einem strukturierten

[107] Art. 33 Abs. 2 GG, § 9 S. 1 BBG, § 9 BeamStG.

[108] Genannt wird vornehmlich die „Ämterpatronage", vgl. etwa *Kloepfer*, in: v. Arnim (Hrsg.), Politische Klasse und Verfassung, 2001, S. 107 ff.; *Wahl*, in: v. Arnim (Hrsg.), Die deutsche Krankheit: Organisierte Unverantwortlichkeit?, 2005, S. 107 ff.; ferner z. B. *Dawin*, in: FS E. Klein, 2013, S. 399 ff.; *Herrmann*, NVwZ 2017, S. 105 (107 ff.).

[109] Rechnung getragen wird der Verfahrensabhängigkeit des Art. 33 Abs. 2 GG; vgl. z. B. BVerfG-K, NVwZ 2016, S. 237 und NVwZ-RR 2016, S. 187; ferner BVerwG, NVwZ 2013, S. 1227; BVerwGE 147, 20; BVerwG, NVwZ 2016, S. 1650.

[110] Dazu den Dialog zwischen Praxis und Wissenschaft nachzeichnend *Schulze-Fielitz*, Jura 1992, S. 201 ff.

Entscheidungsfindungsprozess eine Balance zwischen der Autonomie des örtlichen Satzungsgebers und einer sowohl sachangemessenen als auch willkürfreien Planung angestrebt wird[111].

- Die Verfahrensfehlerlehre sieht sich beim rechtswidrigen Verwaltungsakt mit der gesetzlichen Anordnung konfrontiert, dass die Aufhebung eines Verwaltungsakts nicht allein deshalb beansprucht werden kann, weil er unter Verletzung von Vorschriften über das Verfahren, die Form oder die örtliche Zuständigkeit zustande gekommen ist, wenn offensichtlich ist, dass der Rechtsverstoß die Entscheidung in der Sache nicht beeinflusst hat (§ 46 VwVfG). Die Dogmatik zu dem Relativsatz hat zum Schutz des Eigenwerts des Verfahrens absolute Verfahrensrechte entwickelt, deren Verletzung der Unbeachtlichkeitsdoktrin entzogen ist[112]; zum Kausalitätserfordernis wurde der Nachweis zur Unbeachtlichkeit eines Verfahrensfehlers in der Rechtswissenschaft – entgegen der höchstrichterlichen deutschen Rechtsprechung[113] – der Behörde auferlegt[114], was der EuGH bestätigt[115]. Im Ergebnis schafft die norminterne Systembildung den Ausgleich zwischen der Verwirklichung des materiellen Rechts und der notwendigen Dignität des Verwaltungsverfahrensrechts.

Die Beispiele zeigen, dass der auf der Metaebene geführte Angriff auf das rechtsdogmatische Denken – „Theorie versus Dogmatik" – die Herausforderungen der Rechtsordnung nur unzureichend erfasst. Man muss sich schon in die „Niederungen" des Verwaltungsrechts begeben, die dort anzutreffenden Sachprobleme genau studieren und die Antworten der Dogmatik exakt analysieren, um ernsthaft ein valides alternatives Theoriekonzept präsentieren zu können. Damit ist die zeitgenössische Kritik an der Rechtsdogmatik in Verzug – oder die Theorie interessiert sich für die bestehenden Herausforderungen im Rechtsalltag nicht, was selbstverständlich zu respektieren ist, aber konstatiert werden darf.

2. Rezeption europarechtlicher Direktiven

Die „Irritation durch Europarecht" wird, wie bereits angedeutet, als Beleg für die mangelnde Leistungsfähigkeit der Rechtsdogmatik deutscher Provenienz ange-

---

[111] *Kersten*, Jura 2013, S. 478 ff.

[112] Überblick dazu bei *Schoch*, in: Hoffmann-Riem/Schmidt-Aßmann/Voßkuhle, Grundlagen des Verwaltungsrechts, Band III, 2. Aufl. 2013, § 50 Rn. 304.

[113] BVerwG, NVwZ 2009, S. 653 Tz. 42; BVerwGE 141, 171 Rn. 18; BVerwG, BeckRS 2014, 45729 Rn. 24.

[114] *Bredemeier*, Kommunikative Verfahrenshandlungen im deutschen und europäischen Verwaltungsrecht, 2007, S. 369; *Greim*, Rechtsschutz bei Verfahrensfehlern im Umweltrecht, 2013, S. 79 f.

[115] EuGH, Urt. v. 7. 11. 2013, Rs. C-72/12, NVwZ 2014, S. 49 Tz. 52 f. – *Altrip* und Urt. v. 15. 10. 2015, Rs. C-137/14, NVwZ 2015, S. 1665 Tz. 60, 62 – *Kommission/Deutschland.*

führt[116]. Dass dies nicht zutrifft, ist längst dargelegt worden[117]. Lässt man die besondere Konstellation des Denkens in Verbundstrukturen[118] einmal beiseite und konzentriert sich auf bekannte Europäisierungsprozesse, wird die Leistungsfähigkeit der Rechtsdogmatik für die Bewältigung verschiedenartiger Konfliktfälle eindrucksvoll bestätigt:

- Die Rücknahme europarechtswidriger Verwaltungsakte kann im System des § 48 VwVfG bewältigt werden; einbezogen in diese Feststellung sind die Behandlung des Vertrauensschutzes, die europarechtskonforme Ausübung behördlichen Ermessens und die Behandlung (ggf. Außerachtlassung) der Jahresfrist[119].
- Die Kategorie des subjektiven öffentlichen Rechts hat ihre Europarechtstauglichkeit mehrfach bewiesen; die Schutznormlehre ist hinreichend flexibel, um unionsrechtlich geforderte Weiterungen individueller Rechte präsentieren zu können[120].
- Die zum Teil insuffiziente Durchsetzung klagbarer Rechte (vor allem im Umweltrecht) ist kein Problem defizitärer Dogmatik, sondern der (zu) restriktiven deutschen Gesetzgebung zuzurechnen[121].
- Die Aufwertung des Verwaltungsverfahrensrechts (z. B. durch die UVP oder im Rahmen des § 46 VwVfG) wurde bislang vornehmlich von der Praxis behindert[122], in der Dogmatik ist sie seit geraumer Zeit vollzogen[123].
- Im Staatshaftungsrecht scheitert die kompetenzgemäße und methodengerechte Verarbeitung europarechtlicher Einwirkungen (im Rahmen der nationalen Haftungsinstitute[124]) vornehmlich an der „Europarechtsblindheit" des BGH[125].

---

[116] *Lepsius*, in: Selbstreflexion (FN 12), S. 75 f.

[117] *Ruffert*, in: Axer/Grzeszick/Kahl/Mager/Reimer (Hrsg.), Das Europäische Verwaltungsrecht in der Konsolidierungsphase, Die Verwaltung Beiheft 10, 2010, S. 205 (215 ff.).

[118] Dazu grdl. *Sydow*, Verwaltungskooperation in der Europäischen Union, 2004, S. 118 ff.; ferner z. B. *Siegel*, Entscheidungsfindung im Verwaltungsverbund, 2009, S. 48 ff.; *M. Hartmann*, Europäisierung und Verbundvertrauen, 2015, S. 37 ff.

[119] *Suerbaum*, VerwArch 91 (2000), S. 169 ff.; *D. Dörr*, in: FS Rudolf, 2001, S. 137 ff.; stichpunktartig *Ludwigs*, NVwZ 2015, S. 1327 (1331).

[120] *Hong*, JZ 2012, S. 380 ff.; *Mangold/Wahl*, Die Verwaltung 48 (2015), S. 1 ff.

[121] *Ruffert*, Die Verwaltung 48 (2015), S. 547 (558 ff.); ausf. *Saurer*, Der Einzelne im europäischen Verwaltungsrecht, 2014, S. 67 ff.

[122] Als Topos fungiert die „dienende Funktion" des Verwaltungsverfahrens(rechts); vgl. z. B. BVerwGE 92, 258 (261); 117, 93 (104); 141, 171 Rn. 15; dazu Analyse und Kritik z. B. bei *Burgi*, DVBl. 2011, S. 1317 ff.; ausf. *Quabeck*, Dienende Funktion des Verwaltungsverfahrens und Prozeduralisierung, 2010, S. 7 ff. und S. 35 ff.

[123] *Wahl* und *Pietzcker*, VVDStRL 41 (1983), S. 151 ff. und S. 193 ff.; ferner z. B. *Gurlit* und *Fehling*, VVDStRL 70 (2011), S. 227 ff. und S. 278 ff.

[124] *Ruffert*, Die Verwaltung 48 (2015), S. 547 (569).

[125] Vgl. – stellvertretend – BGH, UPR 2011, S. 222; EuZW 2013, S. 194 (m. Anm. *Beyerbach*); ZLR 2014, S. 162 (m. Anm. *Gundel*).

– Die Anerkennung europarechtlich (vielleicht) geforderter administrativer Beurteilungs- und Entscheidungsspielräume im Telekommunikationsrecht kann rechtsdogmatisch bewältigt werden[126].

Der knappe Überblick zur Rezeption europarechtlicher Direktiven stellt keine inhaltliche Stellungnahme dar; angerissen ist vielmehr eine Strukturanalyse, die die Leistungsfähigkeit der Rechtsdogmatik aufzeigt. Dass dabei innerstaatliche Traditionen bisweilen einem Anpassungsprozess unterliegen, ist kaum verwunderlich und in der Sache als „Modernisierungsschub" vielfach zu begrüßen.

3. Verarbeitung informellen Verwaltungshandelns

Informelle Vorverhandlungen zwischen Behörden und späteren Verfahrensbeteiligten, insbesondere in einem Zulassungsverfahren (Genehmigung, Erlaubnis, Planfeststellung etc.), sind seit geraumer Zeit Teil der Verwaltungswirklichkeit[127]. Empirische Untersuchungen mit der Qualität einer Pionierleistung haben gezeigt, dass die Informalität ebenso unvermeidlich wie – auch aus Behördensicht – zweckmäßig erscheint, andererseits aber nicht frei von rechtsstaatlichen Risiken ist[128]. Die Rechtsdogmatik war durch das seinerzeit (in der 1970er Jahren) verstärkt auftretende Phänomen zunächst überfordert[129], der Rechtsprechung mangelte es etwas an Problembewusstsein[130]. Erinnert sei hier nur an das Gebot einer fairen Verfahrensgestaltung, d. h. der Wahrung von Distanz und Neutralität (§§ 20, 21 VwVfG)[131].

Mittlerweile hat die Rechtsdogmatik in einem „rechtsstaatlichen Netzwerk" verknüpfte Eckpunkte entwickelt, um das Unvermeidliche und Nützliche mit dem rechtsstaatlich Gebotenen in Einklang zu bringen. Unverrückbar sind der Vorrang des Gesetzes[132] und die Letztentscheidungsverantwortung der zuständigen Behörde[133]. Informelle Vorverhandlungen begründen keine rechtlichen Verbindlichkei-

---

[126] *Ludwigs*, JZ 2009, S. 290 ff.; *Franzius*, DVBl. 2009, S. 409 ff.; *Gärditz*, NVwZ 2009, S. 1005 ff.; *Eifert*, ZHR 174 (2010), S. 449 ff.; *Proelß*, AöR 136 (2011), S. 402 ff.; *Wieland*, DÖV 2011, S. 705 ff.; *Sachs/Jasper*, NVwZ 2012, S. 649 ff. – Zum Energierecht *Gärditz*, DVBl. 2016, S. 399 ff.

[127] *Bohne*, in: Jahrbuch für Rechtssoziologie und Rechtstheorie 7 (1980), S. 20 (29 ff.); *Bulling*, DÖV 1989, S. 277 ff.; *Ritter*, DÖV 1992, S. 641 ff.; *Lübbe-Wolff*, NuR 1993, S. 217 ff.; *Brohm*, DVBl. 1994, S. 123 ff.; *Tegethoff*, BayVBl. 2011, S. 644 ff.; *Bohne*, in: FS Kloepfer, 2013, S. 529 ff.; ausf. *Dose*, Die verhandelnde Verwaltung, 1997.

[128] *Bohne*, Der informale Rechtsstaat, 1981.

[129] Vgl. *Bohne*, VerwArch 75 (1984), S. 343 ff.; *Schulze-Fielitz*, DVBl. 1994, S. 657 ff.

[130] Unterkomplex BVerwGE 45, 309 (321); erläuternd *Tegethoff*, BayVBl. 2011, S. 644 (647 ff.).

[131] BVerwGE 75, 214 (230 f.); 139, 150 Rn. 24 f.; auch VGH BW, NVwZ-RR 1989, S. 59 (60).

[132] *Walkling*, Informelles Verwaltungshandeln in Deutschland und Japan, 2005, S. 99 ff.

[133] *J.-P. Schneider*, VerwArch 87 (1996), S. 38 (49); ausf. *Kautz*, Absprachen im Verwaltungsrecht, 2002, S. 197 ff.

ten[134]. Behördliche Zusicherungen und Verträge zur Herbeiführung einer Bindung der Verwaltung an informelle Vorabsprachen gelten als unwirksam[135]; zur Gewinnung eines Mindestmaßes an Rechtssicherheit ist z. B. ein Vorhabenträger auf den Vorbescheid verwiesen[136]. Der Gefahr faktischer Vorabbindungen der Behörde unter Ausschluss Drittbetroffener von den informellen Vorverhandlungen kann durch prozedurale Vorkehrungen (teilweise) begegnet werden: Dokumentation getroffener Absprachen, strenge Handhabung der Befangenheitsvorschriften, striktes Festhalten an dem Gebot der amtlichen Sachverhaltsermittlung[137]. Nur am Rande sei erwähnt, dass die Legitimität der Informalität behördlichen Handelns vom Normgeber anerkannt ist[138].

V. Perspektive: Gestaltung des Rechtskulturwandels

Eine „große Methodendebatte" hat die Wissenschaft vom Öffentlichen Recht über einen langen Zeitraum nicht geführt. Wie die „Neue Verwaltungsrechtswissenschaft" in diesem Zusammenhang einzuordnen ist, wird separat analysiert[139]. Unabhängig davon erfahren wir von einem Rechtskulturwandel, der gerade stattfinde. Gesprochen wird insbesondere davon, dass nicht zuletzt auf Grund veränderter Arbeitstechniken vor allem junger Juristen (d. h. Zugriff auf Datenbanken mit Gerichtsentscheidungen) die Rechtsfindung anhand von Präzedenzfällen befördert werde; die Vorzüge, die das Gesetzesrecht gegenüber dem Fallrecht habe, gingen dadurch verloren[140]. Für das Zivilrecht werden dafür unter anderem der zunehmende Einfluss der Rechtsvergleichung und des Europarechts verantwortlich gemacht[141]. Dem Öffentlichen Recht wird eine Tendenz zur verstärkten Theoretisierung zugeschrieben, die im Ergebnis zu einem Auseinanderdriften von Wissenschaft und Praxis führe; gerade die methodisch progressiven Systematisierungsleistungen der Rechtswissenschaft verlören an Rezeptionsfähigkeit für die Praxis[142].

Insinuiert wird mit derartigen Deutungen eine Art von Zwangsläufigkeit im rechtswissenschaftlichen Diskurs, die es so nicht gibt, jedenfalls nicht geben

---

[134] *Bohne*, Der informale Rechtsstaat (FN 128), S. 141; *Bulling*, DÖV 1989, S. 277 (279).

[135] *Jarass*, BImSchG, 11. Aufl. 2015, § 10 Rn. 21; *Roßnagel/Hentschel*, in: Führ (Hrsg.), GK-BImSchG, 2016, § 10 Rn. 113.

[136] Vgl. z. B. § 9 BImSchG, § 7a AtG und § 19 AtVfV; § 3 Abs. 1 UVPG.

[137] *Schoch*, in: Isensee/Kirchhof (Hrsg.), Handbuch des Staatsrechts, Band III, 3. Aufl. 2005, § 37 Rn. 163.

[138] Wichtig für die Praxis insbes. § 2 Abs. 2 und § 2a der 9. BImSchV; allg. § 25 Abs. 3 VwVfG.

[139] Vgl. dazu unten *Fehling*, S. 65, und *Gärditz*, S. 105 ff.

[140] *Freudenberg*, NJW-aktuell 52/2016, S. 18 ff.

[141] *Foerste*, NJW-aktuell 3/2017, S. 10; zum Gesellschaftsrecht vertiefend *Stürner*, AcP 214 (2014), S. 7 (42 ff.).

[142] *Durner*, Die Verwaltung 48 (2015), S. 203 (211, 213).

muss. Schon die („unversöhnliche") Gegenüberstellung von Rechtssystematik und Case Law konstruiert eine Antinomie, die in Deutschland weder der Rechtswirklichkeit (Rechtspraxis) entspricht noch einer aufgeklärten Rechtsdogmatik inhärent ist[143]. Bereits auf der Regensburger Staatsrechtslehrertagung 1971 ist zur „Dogmatik des Verwaltungsrechts vor den Gegenwartsaufgaben der Verwaltung" ein Konzept vorgestellt worden, das Rechtsdogmatik weder als formale Begriffskonstruktion noch als geschlossenes System begreift. Eine zeitgemäße Dogmatik verlange ein auf die Einheit der Rechtsordnung bezogenes systematisches Denken, das die teleologisch erfassbaren Zusammenhänge herausarbeite, Realfaktoren rezipiere und auf neu auftretende Interessen- und Wertungskonflikte reagiere; auf Grund ihrer systematischen Grundausrichtung diene Rechtsdogmatik der Rechtssicherheit und bringe die generalisierende Tendenz des Gerechtigkeitsgebots zum Ausdruck[144]. Wenn neuerdings verstärkt für ein reformiertes Verständnis von „Rechtsdogmatik" eingetreten wird[145], muss dem nicht widersprochen werden; es darf aber daran erinnert werden, dass wir die Aufklärung in puncto „Rechtsdogmatik" bereits erlebt haben[146].

Vor dem skizzierten Hintergrund ist abschließend der Propagierung von Untergangsszenarien, getragen von einer durch Kulturpessimismus geprägten Grundhaltung, eine Perspektive des Aufbruchs entgegenzusetzen. Privatisierung, Europäisierung und Internationalisierung haben angeblich zu einer „Demontage des Öffentlichen Rechts" geführt; Vertreter des Öffentlichen Rechts seien an dieser Entwicklung nicht ganz unschuldig, weil Realbefunde, organisationssoziologische, entscheidungstheoretische und politikwissenschaftliche Einsichten nicht an die normativen Steuerungsvorgaben angebunden und entsprechend umgesetzt worden seien[147]. Diese Diagnose ließe sich weithin Punkt für Punkt widerlegen und die pejorative Konnotation „Demontage" durch den in der Sache treffenderen Begriff „Herausforderungen" ersetzen. Deren rechtsdogmatische Bewältigung ist längst in Angriff genommen worden. Über alledem sollten wir uns aus einer verengten, dem anglo-amerikanischen Rechtskreis verhafteten Sichtweise nicht einreden lassen, „Rechtsdogmatik" beschreibe einen „deutschen Sonderweg"; neuere Untersuchungen belegen das Gegenteil[148]. Das hier zum Ausdruck gebrachte rechtswissenschaftliche Credo

---

[143] *Wahl*, in: Rechtsdogmatik (FN 60), S. 133.

[144] *Brohm*, VVDStRL 30 (1972), S. 245 (248 f., 251).

[145] *Durner*, Die Verwaltung 48 (2015), S. 203 (223 f.); *Scherzberg*, in: Allgemeines Verwaltungsrecht (FN 5), S. 852. – Für das Zivilrecht *Gutmann*, in: Selbstreflexion (FN 12), S. 93 (101); für das Strafrecht *Schünemann*, ebd., S. 222 (232). – Skeptisch zur Möglichkeit einer Fortentwicklung der Dogmatik *Lepsius*, in: Selbstreflexion (FN 12), S. 91 f.

[146] *Bumke*, Rechtsdogmatik (FN 16), S. 16 ff. (zur historischen Entwicklung); zusammenfassend *ders.*, JZ 2014, S. 641 (642 ff.).

[147] *P. M. Huber*, in: FS Stober, 2008, S. 547 ff.

[148] *Schmidt-Aßmann*, Dogmatik (FN 72), S. 5 f., sieht in der Rechtsdogmatik keinen „deutschen Sonderweg", sondern erkennt insoweit in der deutschen Rechtsordnung eine besondere Ausprägung, eingebettet in eine generelle Entwicklung in europäischen Ländern. – *Schorkopf*, in: Was weiß Dogmatik? (FN 3), S. 139 (143 ff.), sieht den dogmatischen Diskurs im EU-Recht vom Kohärenzgebot (Art. 7 AEUV) getragen.

wird denn auch am Ende dafür sorgen, dass die Verwaltungsrechtswissenschaft nicht irgendwo „zwischen“ Theorie und Praxis angesiedelt ist[149], sondern Theorie und Praxis auch weiterhin auf fruchtbare Weise verbindet[150].

Abstract

Administrative Law between Theory and Practice

As as sub-discipline of German jurisprudence, 'Rechtsdogmatik' or the doctrinal study of law has gained exceptional significance. It can be seen as a model for the productive and fruitful synthesis of the theory and practice of law. In recent years, 'Rechtsdogmatik' has been increasingly criticised for its lack of connection towards the international debate. It has been further criticised for its inability to consider and adapt to the changing conditions in the state and society due to its self-referentiality and its self-centredness.

'Rechtsdogmatik' provides for a highly efficient infrastructure. This infrastructure substantially fosters the equal and just application of the law because of its systematic and structured approach that enables the identification of general patterns and principles. Furthermore it works as a platform of discussion for the legal community and allows for an exchange between research and practice.

An enlightened 'Rechtsdogmatik' is of course capable to adapt to changing conditions in society and state and also able to affiliate to the international debate. Considering the efficiency and superiority of 'Rechtsdogmatik' in comparison to an exclusively theory based jurisprudence as well as in comparison to a case-law model of jurisprudence there is no reason to depart from 'Rechtsdogmatik'.

---

[149] Der Unterscheidung zwischen „Gebrauchsdogmatik“ und „Wissenschaftsdogmatik“ (*A.-B. Kaiser*, DVBl. 2014, S. 1102 [1105]; *Würtenberger*, in: Bedeutung der Rechtsdogmatik [FN 68], S. 5 ff.; für das Zivilrecht *Stürner*, JZ 2010, S. 10 [11 f.]; *ders.*, AcP 214 [2014], S. 7 [13 ff.]) bedarf es nicht.

[150] *Schmidt-Aßmann*, Dogmatik (FN 72), S. 4.

Intradisziplinarität und Interdisziplinarität als Perspektiven der Verwaltungsrechtswissenschaft

Von Martin Burgi, München

I. Forcierter Übergang zur (zweiten) Phase einer probleminduzierten Öffnung der Verwaltungsrechtswissenschaft

Die Beschäftigung mit dem einschlägigen Schrifttum der letzten rund 10 Jahre erweist eine beachtliche Lücke zwischen Reflexion und Theoriebildung einerseits, und Praxis (im Sinne von tatsächlich stattfindender intra- und/oder interdisziplinärer Forschung) andererseits. So stehen einer zweistelligen Zahl jeweils hunderte Seiten starker Monografien und Sammelbänden zur Wissenschaftlichkeit der Staatsrechtslehre, des Öffentlichen Rechts oder auch der Verwaltungsrechtswissenschaft vergleichsweise wenige publizierte Projekte gegenüber. Ausnahmen bilden Arbeiten zur „Verwaltungsrechtsgeschichte"[1] und vor allem zur „ökonomischen Analyse des Rechts"[2], bei denen es sich freilich bereits um sog. Grundlagenfächer, also um Teildisziplinen der Verwaltungsrechtswissenschaft (s. dazu II. 1.) handelt. Ferner zeigt sich ein deutlich asymmetrischer Verlauf zulasten der Intradisziplinarität.

Durchaus desillusionierend ist sodann der Blick in die Publikationsverzeichnisse der jeweils anderen Disziplinen. Dazu nur zwei Schlaglichter: Die Jahrestagung der Zivilrechtslehrervereinigung befasste sich 2015 unter dem Generalthema „Perspektiven des Privatrechts" u. a. mit dem Verhältnis zur Philosophie und zur Ökonomie, nicht aber mit dem Verhältnis zum Öffentlichen Recht, und in dem soeben bei Suhrkamp erschienenen, höchst lesenswerten Werk des Politikwissenschaftlers *Wolfgang Seibel* zur „Verwaltungstheorie", das den Anspruch erhebt, einen „Kanon systematischer Beschreibungen von Verwaltung" vorzulegen, taucht „unser" dreibändiges

---

[1] Genannt seien *Cancik*, Verwaltung und Öffentlichkeit in Preußen, 2007; *Mangold*, Gemeinschaftsrecht und deutsches Recht: Die Europäisierung der deutschen Rechtsordnung in historisch-empirischer Sicht, 2011.

[2] Als Gesamtdarstellungen *van Aaken*, in: Bungenberg u. a. (Hrsg.), Recht und Ökonomik, 2002, S. 1; *Towfigh/Petersen* (Hrsg.), Ökonomische Methoden im Recht, 2. Aufl. 2017. Auch *Fehling*, in diesem Band, IV. 3., erblickt hierin eine weiterhin ausbaufähige Perspektive der Verwaltungsrechtswissenschaft. Am Beispiel des Rechts der nichtsteuerlichen Abgaben hat *Magen* in dieser Zeitschrift (Die Verwaltung 46 (2013), S. 383) „Eckpunkte für einen stärker ökonomisch informierten Ansatz" in einem Teilgebiet des Verwaltungsrechts formuliert.

Werk „Grundlagen des Verwaltungsrechts" nicht einmal in der Literaturliste auf, obwohl doch in diesem intra- wie interdisziplinäre Offenheit groß geschrieben (allerdings auch nicht durchgehend praktiziert) wird[3]. Viel kluge und mühevoll erarbeitete theoretische Grundlagenarbeit ist bislang offenbar ungehört verhallt, ähnlich übrigens wie im Nachgang der in den 1970er Jahren erfolgten ersten Phase[4].

In dieser Situation versteht sich mein Beitrag als Aufruf zur verstärkten Hinwendung zu einer zweiten, durch die problemorientierte Bearbeitung konkreter Forschungsthemen geprägten Phase bei der intra- und interdisziplinären Öffnung der Verwaltungsrechtswissenschaft. Dem Aufruf folgt die Ermittlung des begrifflichen und des strukturellen Rahmens (II. und III.) für entsprechende Aktivitäten, die in den Abschnitten IV. und V. systematisch und anhand von Beispielen entfaltet werden. Dabei werden drei Stufen der Öffnung unterschieden und überdies danach differenziert, ob eine Öffnung durch den Rechtsstoff angelegt ist oder optional erfolgt. Die Perspektive der Intradisziplinarität soll durchgehend gleichgewichtig verfolgt werden, wobei die theoretischen Erkenntnisse aus der ersten, obgleich auf die Interdisziplinarität fokussierten, Phase nutzbar gemacht werden können, weil es mehrere strukturelle Gemeinsamkeiten und jedenfalls weniger überwindungsbedürftige Schwierigkeiten gibt.

All dies geschieht aus rein sachlichem, nicht etwa aus förder- oder wissenschaftspolitischem Interesse. Dabei gilt es, Scharmützel soweit wie möglich zu vermeiden. So bleibt etwa die teilweise in der Literatur, aber leider auch in der insgesamt durchaus ausgewogenen Stellungnahme des Wissenschaftsrates zu lesende Behauptung, eine „Dynamisierung der Forschung" in der Rechtswissenschaft sei (nur?) durch eine verstärkte Öffnung möglich[5], jeden Beleg schuldig und schadet dem Anliegen ihrer Urheber. Anders formuliert: Mitstreiter gewinnt man nicht durch Abqualifizierung, eher durch Überzeugungskraft mit einem Schuss Begeisterung, und im Wissen darüber, dass eine stärkere Öffnung nur *eine* mögliche Perspektive der Verwaltungsrechtswissenschaft ist. Sie muss weder von allen verfolgt werden noch verspricht sie

---

[3] Nach *Seibel*, Verwaltung verstehen, 2016, S. 28, bilden allerdings (nur) die „Klassiker der Verwaltungswissenschaft" den „Schwerpunkt der Darstellung".

[4] Im Mittelpunkt der damaligen Diskussion stand die Rolle der Sozialwissenschaften im Öffentlichen Recht; vgl. nur *Hoffmann-Riem* (Hrsg.), Sozialwissenschaften im öffentlichen Recht, 1981; aus starker verwaltungswissenschaftlicher Perspektive auch *König*, Erkenntnisinteressen der Verwaltungswissenschaft, 1970; spätere Wiederaufnahme bei *Hoffmann-Riem*, in: Die Wissenschaft vom Verwaltungsrecht, Die Verwaltung, Beiheft 2, 1999, S. 83 ff.; aus allgemeinerer rechtswissenschaftlicher Perspektive *Grimm* (Hrsg.), Rechtswissenschaft und Nachbarwissenschaften, 2. Aufl. 1976; *Rottleuthner*, Rechtswissenschaft als Sozialwissenschaft, 1973.

[5] So z.B. der Wissenschaftsrat in seinem Papier v. 9.11.2012 „Perspektiven der Rechtswissenschaft in Deutschland. Situation, Analysen, Empfehlungen", S. 8 – kritisch *Gutmann*, in: Hilgendorf/Schulze-Fielitz (Hrsg.), Selbstreflexion der Rechtswissenschaft, 2015, S. 93, der aber ebenfalls formuliert, dass sich „das genuine Potenzial der Jurisprudenz als Wissenschaft erst dort realisiert, wo sich interdisziplinärer Austausch" ereignet. Laut *Schelsky*, in: Mikat/ders., Grundzüge einer neuen Universität, 1966, S. 72 f., spiele sich wissenschaftlicher Fortschritt „vor allem an den Randbereichen, zwischen den Disziplinen" ab.

bei allen Forschungsthemen Erkenntnisgewinne. Arbeit genug liegt auch weiterhin in den „alten Provinzen" (*Lübbe-Wolff*)[6] – aber vielleicht findet sich interessante Arbeit auch in der intra- oder interdisziplinären Öffnung.

Dass dieser Vortrag nicht der ersten Phase gewidmet ist, also weder einen weiteren Beitrag zur „methodischen Art der Behandlung der Sachprobleme"[7], d. h. zur Erarbeitung der „juristischen Metaregeln"[8] leisten noch gar „Rechtswissenschaftstheorie"[9] betreiben möchte, bedeutet schließlich nicht, dass die erste Phase abgeschlossen wäre und keine „Reflexionsdefizite"[10] mehr bestünden, wohl aber, dass diese die Verwaltungsrechtswissenschaft an der intra- oder interdisziplinär orientierten Beschäftigung mit konkreten Forschungsthemen nicht mehr hindern sollten. Diese setzt freilich zunächst Klarheit über die Bedeutungsgehalte und über die Dimensionen einer Öffnung voraus:

II. Bedeutungsgehalte und Dimensionen

1. Verwaltungsrechtswissenschaft als im Kern dogmatische Disziplin

Bezugsgegenstand der nachfolgenden Überlegungen ist die Verwaltungsrechtsdogmatik als Kern der Verwaltungsrechtswissenschaft, weil insoweit die größeren Anstrengungen erforderlich sind, aber auch, weil die meisten Verwaltungsrechtswissenschaftler Verwaltungsrechtsdogmatiker sind und daher die größere Perspektive winkt. Dies geschieht im Bewusstsein darüber, dass es neben der Verwaltungsrechtsdogmatik als Kern, weitere Teildisziplinen[11] in Gestalt der auf die Verwaltung bezogenen Grundlagenfächer gibt, namentlich Verwaltungsrechtsgeschichte, Verwaltungssoziologie, ökonomische Analyse des Verwaltungsrechts und Verwaltungsrechtsvergleichung[12]. Sie sind von vornherein Orte der Begegnung mit den jeweils

---

[6] In: Engel/Schön (Hrsg.), Das Proprium der Rechtswissenschaft, 2007, S. 287 (291).

[7] Formulierung nach *Schulze-Fielitz*, in: ders. (Hrsg.), Staatsrechtslehre als Wissenschaft, Die Verwaltung, Beiheft 7, 2007, S. 11 (18). Mithin wird auch kein Beitrag zu einem „Methodenstreit" unter anderen Vorzeichen (zu ihm s. *Möllers*, in: Hoffmann-Riem/Schmidt-Aßmann/Voßkuhle (Hrsg.), Grundlagen des Verwaltungsrechts, Band I, 2. Aufl. 2012, § 3 Rn. 42) geleistet.

[8] *Augsberg*, in: ders. (Hrsg.), Extrajuridisches Wissen im Verwaltungsrecht, 2013, S. 3 (33).

[9] Damit haben sich in jüngerer Zeit u. a. die Beiträge in *Jestaedt/O. Lepsius* (Hrsg.), Rechtswissenschaftstheorie 2008; *Jestaedt*, in: Funke/Lüdemann (Hrsg.), Öffentliches Recht und Wissenschaftstheorie, 2009, S. 17 ff., befasst.

[10] s. *Morlok*, in: Beiheft 7 (FN 7), S. 49 ff.

[11] Ebenso *Gutmann*, in: Selbstreflexion (FN 5), S. 98. Zu den Kategorien s. *Jestaedt*, in: Proprium (FN 6), S. 241 (271).

[12] Im Anschluss an *Funke*, in: Funke/Krüper/Lüdemann (Hrsg.), Konjunkturen in der öffentlich-rechtlichen Grundlagenforschung, 2015, S. 37 (45 ff.); *Schulze-Fielitz*, in: Konjunkturen, ebd., S. 157 ff. Umfassend zum Kreis der Grundlagenfächer, ihrer Stellung und Be-

anderen Disziplinen, weswegen Interdisziplinarität bei ihnen nicht „Perspektive“, sondern bereits täglicher Arbeitsmodus ist; daher können sie hier einmal außer Acht bleiben.

Verwaltungsrechtsdogmatik bedeutet in der vielfach zitierten Wendung von *Brohm*[13] die „Beschäftigung mit dem und die Erarbeitung wie Weiterentwicklung des innersystematischen Gefüges juristischer Begriffe, Institutionen, Grundsätze und Regeln, die als Bestandteil der positiven Rechtsordnung unabhängig von einer gesetzlichen Fixierung allgemein Anerkennung und Befolgung beanspruchen“. Sie ist dem „strictly legal point of view“[14] gewidmet, erschöpft sich aber nicht in der bloßen Norminterpretation. Selbstverständlich bezieht sie die europa- und verfassungsrechtlichen Rahmenbedingungen ein[15]. Ihr ist längst klar, dass es nicht nur Außen-, sondern auch Innenrecht gibt und dass Verwaltung nicht nur Rechtsanwendung ist, sondern auch Rechtserzeugung sein kann[16].

Da sich lege artis betriebene Verwaltungsrechtsdogmatik nicht als eine rein praxisbezogene sog. Gebrauchsdogmatik versteht bzw. sich jedenfalls hierin nicht erschöpft[17], sondern als Teildisziplin der Rechtswissenschaft – in den Worten von *Schulze-Fielitz* zwischen der „fallbezogenen Kunstlehre“ und der metadogmatischen Selbstreflexion angesiedelt[18] – ist sie auch in der Lage, bei Bedarf nicht nur den einzelnen Sachverhalt, sondern ganze Realbereiche nebst Wirkungsorientierung[19] einzubeziehen und theoretische, internationale wie interdisziplinäre Erkenntnisse wahrzunehmen und u. U. nutzbar zu machen[20]. Auf diesen Bedeutungsgehalt sollte man

---

deutung in Forschung und Studium der Rechtswissenschaft in Deutschland *S. Lepsius*, ZDRW 2016, S. 206 (208 ff.), die überzeugend zwischen Grundlagenfächern im eigentlichen und im weiteren Sinne differenziert und überdies noch einige in Deutschland (noch) nicht als Grundlagenfächer anerkannte Disziplinen aufführt.

[13] VVDStRL 29 (1971), S. 245 (246). Vgl. zum Nachfolgenden auch *Schoch*, in diesem Band, III. 1.

[14] *Ernst*, in: Proprium (FN 6), S. 15 f.

[15] Vgl. statt vieler *Schoch*, in: Beiheft 7 (FN 7), S. 179 f.

[16] s. *Voßkuhle*, in: Bauer/Czybulka/Kahl/Voßkuhle (Hrsg.), Umwelt, Wirtschaft und Recht, 2002, S. 170 (179); *Appel*, VVDStRL 67 (2008), S. 226 (240).

[17] Dies bringt der von *Kaiser*, DVBl. 2014, S. 1102 (u. a. im Anschluss an *Stürner*, JZ 2012, S. 10 (12) m.w.N.) eingeführte Begriff der „Wissenschaftsdogmatik“ m. E. treffend zum Ausdruck (auch *Eifert*, in: Gregor Kirchhof/Korte/Magen (Hrsg.), Was weiß Dogmatik?, 2012, S. 79 (87 ff.)). Skeptisch *Schoch*, in diesem Band, V., Fn. 149, mit dem (seinerseits zutreffenden) Hinweis darauf, dass gute Verwaltungsrechtsdogmatik Theorie und Praxis stets verbindet.

[18] *Schulze-Fielitz*, in: Beiheft 7 (FN 7), S. 26 ff.

[19] s. *Voßkuhle*, in: GVwR I (FN 7), § 1 Rn. 29 ff.; *Eifert*, VVDStRL 67 (2008), S. 286 (302 ff.).

[20] Ausführlich *Möllers*, in: GVwR I (FN 7), § 3 Rn. 21 f. u. 35 f.; *Eifert*, in: Dogmatik (FN 17), S. 79 (87 ff.); *Kaiser*, DVBl. 2014, S. 169; *v. Arnauld*, VVDStRL 74 (2015), S. 39 (70) in Fn. 152. Konkret mit Blick auf die Sozialwissenschaften *Engel*, in: Proprium (FN 6), S. 205 (239). Skeptisch bis ablehnend *Jestaedt*, in: Depenheuer/Grabenwarter (Hrsg.), Verfassungstheorie, 2010, § 1 Rn. 48 ff.; *O. Lepsius*, in: Rechtswissenschaftstheorie (FN 9),

sich heute verständigen können und insoweit jedenfalls hat die Neue Verwaltungsrechtswissenschaft ein gutes Stück Selbstvergewisserung ermöglicht. In dem Maße, in dem die Verwaltungsrechtsdogmatik bei all dem erfolgreich ist, wird sie nachfolgend übrigens auch der Rechtspraxis „Such- und Strukturierungshilfen" für den dort ggf. praktizierten inter- bzw. intradisziplinären Zugriff bereitstellen können[21].

2. Dimensionen und Effekte der Öffnung: Drei Stufen

Das gemeinsame Charakteristikum der Perspektiven „Intradisziplinarität" und „Interdisziplinarität" besteht in der Öffnung der Verwaltungsrechtsdogmatik[22]. Diese Öffnung läßt sich in drei Stufen abbilden: Sie kann sich (1) erschöpfen in der bloßen Reflexion der Erkenntnisse der jeweils anderen Disziplin (z. B. des Privatrechts oder der Politikwissenschaft) oder sie kann (2) zur Rezeption jener Erkenntnisse führen.[23] Dies würde bereits ein sog. Schnittstellenmanagement erfordern[24]. Deutlich intensiver und anspruchsvoller wäre schließlich (3) die gemeinsame, also durch Vertreter der Verwaltungsrechtsdogmatik im Zusammenwirken mit Vertretern jener anderen Disziplin betriebene Entwicklung von Fragestellungen und Problemlösungen, beruhend auf gemeinsam skizzierten begrifflichen und methodischen Grundlagen[25]. Diese arbeitseilige Form der Öffnung vermeidet jedenfalls das leichthändig-leichtsinnige Einspeisen von Begriffen oder Erkenntnissen der jeweils anderen Disziplin, die dem solistischen Umgang namentlich mit Interdisziplinarität oftmals eignet[26].

Mit dem Begriff der Öffnung verbindet sich ferner eine Selbstbeschränkung. So erstreben unsere Überlegungen zur Intradisziplinariät nicht die „Einheit der Rechts-

---

S. 19 f., die die „disziplinäre Mehrsprachigkeit" (*Kaiser*, DVBl. 2014, S. 1105) nicht der Dogmatik, sondern der Theorie vorbehalten wollen.

[21] *Hoffmann-Riem*, in: Schmidt-Aßmann/Hoffmann-Riem (Hrsg.), Methoden der Verwaltungsrechtswissenschaft, 2004, S. 9 (58).

[22] Eingehend *v. Arnauld*, VVDStRL 74 (2015), S. 39 (46 f.), anknüpfend an das vom seinerzeitigen Vorstand der Staatsrechtslehrervereinigung unter dem Vorsitz des *Verf.* formulierte Begriffsverständnis.

[23] s. *Röhl*, VVDStRL 74 (2015), S. 7 (29).

[24] s. *v. Arnauld*, VVDStRL 74 (2015), S. 39 (54).

[25] Im Anschluss an *Röhl*, VVDStRL 74 (2015), S. 7 (30); ähnlich, wenngleich im Hinblick auf das intradisziplinäre Zusammenwirken *Lindner*, JZ 2016, S. 697 (699). Teilweise wird der Begriff der „Interdisziplinarität" hierauf beschränkt und werden die schwächeren Formen der Öffnung für die Erkenntnisse anderer Disziplinen als „Multidiziplinarität" bezeichnet (so *Saliger*, in: Selbstreflexion (FN 5), S. 117 (121)).

[26] Zutreffend *O. Lepsius*, in: Selbstreflexion (FN 5), S. 53 (72); zuvor bereits *Bumke*, in: Methoden (FN 21), S. 124, auch in der Auseinandersetzung mit dem Einwand des Methodensynkretismus.

wissenschaft“[27] an und bewusst ist von „Interdisziplinarität“ und nicht von „Transdisziplinarität“[28] die Rede; die Rückkehr zur „Policeiwissenschaft“ oder die Etablierung einer neuen eigenständigen Disziplin wie sie *Schuppert* mit seiner „Verwaltungswissenschaft'“ zu begründen versucht hat[29] sind weder lohnende noch erreichbare Ziele. Eine etwaige Furcht vor „Mischlehren“[30] die *Fritz Fleiner* (übrigens im Hinblick auf die „Umbildung zivilrechtlicher Institute durch das Öffentliche Recht“) beschworen hatte, ist also unbegründet und kann uns nicht davon abhalten, konkrete Forschungsthemen mit geöffnetem Horizont zu bearbeiten. Die Verwaltungsrechtsdogmatik ist hinreichend gefestigt[31], sie wird sich nicht einmal einen Zug holen, wenn sie hin und wieder ihre Fenster öffnet; unter bestimmten Voraussetzungen lässt dies aber frische Luft erwarten.

Der gleiche Effekt könnte übrigens auch die jeweils anderen Disziplinen erfassen, wenn sie sich für die Verwaltungsrechtswissenschaft öffnen. Diese bildet mithin eine Perspektive für die Privatrechts- oder die Politikwissenschaft, was naturgemäß dort ausgelotet werden muss[32], hier also nur angedeutet werden kann. Namentlich mit ihren Deutungsangeboten für das, was „Verwaltung“ sein kann und sein soll, hat unsere Fach ja viel zu bieten[33]. Die anderen Disziplinen bzw. Teildisziplinen dürften sich in dem Maße für diese Erkenntnisse interessieren, in dem sich die Verwaltungsrechtswissenschaft ihrerseits öffnet. Ähnlich wie im Welthandel verspricht eine Öffnung für Importe zugleich mehr Exporte, sprich eine Erweiterung der eigenen Rezeptionsbasis[34].

---

[27] Differenzierend zur „Einheit der Rechtswissenschaft“ als Postulat, allerdings bei weiterhin betriebener zivil-, straf- und öffentlich-rechtlicher Methodik und Dogmatik (und daher m.E. mit dem Begriff „Einheit“ Missverständnisse auslösend) *Lindner*, JZ 2016, S. 697 (698 ff).

[28] Zu den verschiedenen Begriffen und der Unterscheidung von Inter- und Transdisziplinarität *Czada*, in: Bizer/Führ/Hüttig (Hrsg.), Responsive Regulierung, 2002, S. 23; *Taekema/van Klink*, in: van Klink/Taekema (Hrsg.), Law and Method, 2011, S. 7; ferner *Voßkuhle*, in: GVwR I (FN 7), § 1 Fn. 208.

[29] *Schuppert*, Verwaltungswissenschaft, 2000. Kritisch zu dem darin erhobenen Anspruch, die Grundlage für eine „interdisziplinäre Verwaltungswissenschaft zu liefern“ die Rezension des Politikwissenschaftlers *Benz*, Die Verwaltung 34 (2001), S. 575. Zu dem hier zugrunde gelegten Verständnis von „Verwaltungswissenschaft“ s. unten II. 4. c).

[30] *Fleiner*, Ueber die Umbildung zivilrechtlicher Institute durch das öffentliche Recht, 1906, S. 8; fortführend *Krebs*, in: Beiheft 2 (FN 4), S. 127 f.

[31] So statt vieler *Bumke*, in: Methoden (FN 21), S. 128.

[32] Dazu, dass über die „Anschlussfähigkeit“ der Rechtswissenschaft nicht diese selbst befinden kann, vgl. *Jestaedt*, in: Proprium (FN 6), S. 281.

[33] Ebenso *Möllers*, in: GVwR I (FN 7), § 3 Rn. 49.

[34] s. *Jestaedt*, in: Proprium (FN 6), S. 281.

3. Intradisziplinarität: Die Verwaltung und ihr Recht als Themen anderer Teildisziplinen der Rechtswissenschaft (mit Fokus auf das Privatrecht)

Wie bereits eingangs festgestellt, ist über die Perspektiven einer Öffnung der Verwaltungsrechtsdogmatik innerhalb der Rechtswissenschaft, namentlich gegenüber anderen dogmatischen Teildisziplinen, bislang vergleichsweise weniger wissenschaftstheoretisch reflektiert worden. Immerhin sind einzelne Vorstöße zu verzeichnen[35] und erscheint es möglich, auch hier unmittelbar die sog. zweite Phase zu forcieren und konkrete Forschungsprojekte auch jenseits des Klassikerthemas „Öffentliches Recht und Privatrecht als wechselseitige Auffangordnungen“ bzw. „im Verbund“[36] zu skizzieren. Denn bei der intradisziplinären Öffnung entfallen methodisch begründete Schwierigkeiten, bestehen weniger personell-institutionelle Hindernisse und ermöglicht der ja geteilte „strictly legal point of view“ eine größere inhaltliche Nähe der jeweils verfolgten Forschungsthemen. Die offenbar unverwüstliche Säulen-Metaphorik[37] zeichnet mithin ein unzutreffendes Bild.

Der Fokus meiner Überlegungen liegt aus Platzgründen bei der Privatrechtsdogmatik, wiewohl auch gegenüber dem Strafrecht[38] oder dem Arbeitsrecht[39] spannende Forschungsthemen einer aufgeschlosseneren Bearbeitung harren. Dies gilt erst recht mit Blick auf diejenigen Teildisziplinen, die sich unmittelbar mit dem Recht der Verwaltung befassen, und sich lediglich aus Zufällen des Entwicklungsverlaufs sowie wegen ihrer Komplexität getrennt von der Verwaltungsrechtsdogmatik entwickelt haben: Steuerrecht, Sozialrecht[40] und Kartellrecht[41]. Die Verfassungs- und die Euro-

---

[35] Genannt seien (ohne Anspruch auf Vollständigkeit), *Jestaedt*, in: FS Stürner, 2013, S. 917, und *Lindner*, JZ 2016, S. 697.

[36] Dazu noch ausführlich IV. 1.

[37] Auch *Lindner*, JZ 2016, S. 697 (698 f.), hebt darauf ab, offenbar mit dem Anliegen, zu größtmöglicher Tatkraft beim Schleifen der Säulen aufzurufen.

[38] Mit den Wechselwirkungen von Verwaltungsrecht und Strafrecht haben sich in neuerer Zeit u. a. befasst *Burgi*, in: GVwR I (FN 7), § 18 Rn. 81 ff.; *Ehlers*, in: ders./Pünder (Hrsg.), Allgemeines Verwaltungsrecht, 15. Aufl. 2016, § 3 Rn. 75 f., jeweils m.w.N. Aus strafrechtlicher Sicht vgl. u. a. *Heghmanns*, Grundzüge einer Dogmatik der Straftatbestände zum Schutz von Verwaltungsrecht und Verwaltungshandeln, 2000; *Saliger*, in: Professorinnen und Professoren der Bucerius Law School (Hrsg.), Ringvorlesung zu Ehren von Karsten Schmidt anlässlich seines 70. Geburtstags, 2011, S. 215; *Rönnau*, ebd., S. 237 ff. Konkrete Forschungsprobleme betreffen etwa den Amtsträgerbegriff im Zusammenhang mit Public Private Partnerships oder das Sanktionenregime. Mit dem Verhältnis von Strafrecht und Polizeirecht hat sich *Becker* in seiner Habilitationsschrift „Kriminalpräventionsrecht. Eine rechtsetzungsorientierte Studie zum Polizeirecht, zum Strafrecht und zum Strafverfahrensrecht“, 2015, befasst.

[39] Aus verwaltungsrechtlicher Perspektive geht es hierbei (ebenso wie in dem freilich dem Öffentlichen Recht zugehörenden Beamtenrecht) um das „Personal der Verwaltung“; vgl. dazu *Voßkuhle*, in: GVwR I (FN 7), § 43.

[40] s. insoweit *Kingreen*, Die Verwaltung 42 (2009), S. 339; *Becker*, in: FG 60 Jahre BSG, 2014, S. 463.

[41] s. zu diesem *Möllers*, Grundlagen I (FN 7), § 3 Rn. 19.

parechtsdogmatik werden schließlich nur insoweit betrachtet, als sie sich in Gestalt des höherrangigen Rahmens des Verwaltungsrechts mit der Verwaltungsrechtsdogmatik überschneiden[42], obgleich sich auch jenseits dieses Bereichs interessante Forschungsthemen eröffnen würden, etwa beim Vergleich von Kollegialorganen des EU- und des Staatsorganisationsrechts einerseits und des Verwaltungsorganisationsrechts andererseits[43].

4. Interdisziplinarität: Die Verwaltung und ihr Recht als Themen anderer Disziplinen (mit Fokus auf die Politikwissenschaft)

a) Überblick und geklärte methodische Aspekte. Hier geht es nun um die Öffnung gegenüber Disziplinen jenseits der Rechtswissenschaft, die in konjunktureller Bewegung immer wieder angemahnt wird, auch auf früheren Treffen, die in Beihefte gemündet sind[44]. Der Grund hierfür liegt zuerst einmal darin, dass zahlreiche Einzelentscheidungen der Verwaltung bzw. der Verwaltungsgerichte, also die Anwendung von Normen, auf Wissen über gesellschaftliche, ökonomische oder auch (je nach Materie) technische bzw. ökologische Umstände zurückgreifen müssen[45]. In noch größerem Umfang gilt dies für Schaffung oder Weiterentwicklung von Normen, also bei der Rechtsetzung, wo regelmäßig ganze Kontexte realer Gegebenheiten Beachtung beanspruchen können[46]. All dies gilt im Verwaltungsrecht genauso wie im Privat- oder im Strafrecht. Im Verwaltungsrecht ist aber die Beschäftigung mit dem sog. Realbereich damit noch nicht erschöpft. Denn hier ist mit der Verwaltung ein aggregierter und zugleich hoch diversifizierter Akteur im Spiel, der aus der normativen Perspektive selbst eine Art verfasster Realbereich bildet, konstituiert als Organisation und ausgestattet mit personellen wie finanziellen Mitteln gewaltigen Ausmaßes. Existenz und Handeln dieses Akteurs lösen zahlreiche rechtliche, aber auch reale Wirkungen aus, und sind wiederum verwoben mit gesellschaftlichen, politischen, ökonomischen etc. Kontexten. Interdisziplinarität bildet in Bezug auf die Verwaltungsrechtswissenschaft daher sachlich bedingt eine signifikant größere Perspektive als in allen anderen Teildisziplinen der Rechtswissenschaft. Zugleich erfordert ihre Verfolgung eigenständige, den hier nur skizzierten besonderen Umständen des Realbereichs Rechnung tragende Ansätze[47]. Mit dem quantitativen Wachstum der Ver-

---

[42] Wobei sie unitarisierend, jedenfalls disziplinüberschreitend hin zum Privatrecht wirken können; vgl. *Lindner*, JZ 2016, S. 697 (701 f).

[43] Zum konkreten Thema s. bereits *Groß*, Das Kollegialprinzip in der Verwaltungsorganisation, 1999. Zur allgemeinen wissenschaftlichen Perspektive *Jestaedt*, in: Proprium (FN 6), S. 271.

[44] Verwiesen sei auf die Beihefte 2 (FN 4) und 7 (FN 7).

[45] s. dazu statt vieler *Appel*, VVDStRL 67 (2008), S. 226 (231 f.); zuletzt *Hoffmann-Riem*, Die Verwaltung 49 (2016), S. 1 ff.

[46] Darauf hat *Voßkuhle*, in: GVwR I (FN 7), § 1 Rn. 30, aufmerksam gemacht.

[47] Vgl. statt vieler *Schmidt-Aßmann*, in: Methoden (FN 21), S. 391.

waltungsaufgaben und den qualitativen Veränderungen wie etwa Verflechtung oder Technisierung, wird jene Perspektive noch größer[48].

Dies gilt zuerst für die methodischen Schwierigkeiten, die fraglos mit einer interdisziplinären Öffnung verbunden sind, während sie beim intradisziplinären Kontakt keine Rolle spielen. Politikwissenschaftler arbeiten oftmals quantitativ-empirisch. Dabei verwenden sie große Datenmengen, die sie aus allgemein zugänglichen Quellen erschließen und/oder durch Fragebögen, Interviews etc. erheben. Teilweise verwenden sie aber auch die sog. qualitativ-analytische Methode, unter Umständen auch beide, kombiniert in ein- und demselben Forschungsprojekt. Die auf die Naturwissenschaften möglicherweise zutreffende Vorstellung eines geschlossenen Methodenkanons beschreibt namentlich die politikwissenschaftliche Forschung daher nicht richtig zutreffend[49].

Mündet die interdisziplinäre Öffnung im Anschluss an die Reflexion über politikwissenschaftliche Erkenntnisse in deren Übernahme (zweite Stufe), ist es ausschließlich eine Frage der sorgfältig-korrekten Handhabung der juristischen Methode, ob sich dies mit den normativen Vorgaben vereinbaren lässt[50]. Wenn tatsächlich gemeinsam geforscht wird (dritte Stufe), bedarf es „Verkehrsregeln" (so ein in diesem Zusammenhang häufig verwendetes Bild)[51], weil die Erarbeitung gemeinsamer Fragestellungen und erst recht von Problemlösungen ein gewisses Maß an Verständigung über die methodischen Grundlagen voraussetzt. Dieses Maß lässt sich mittlerweile ganz gut beschreiben, und zwar mit den Begriffen Methodentransparenz, Methodenehrlichkeit, Begründungsbedürftigkeit jedes Methoden- oder Theorietransfers, Sichtbarmachung der unterschiedlichen Verwendungshorizonte und (aus juristischer Sicht) der normativen Grenzen[52].

b) Politikwissenschaft und andere Disziplinen. In der rechtswissenschaftlichen Literatur finden sich zumeist beeindruckend lange Aufzählungen potenziell perspektivenreicher Nachbardisziplinen[53], wobei die Politikwissenschaft eher als Absteiger, die Kulturwissenschaften als Aufsteiger gelten können[54]. Dem gegenüber ist zu be-

---

[48] So zutreffend *Augsberg*, in: Extrajuridisches Wissen (FN 8), S. 8 u. 10; *Lüdemann*, ebd., S. 121 (126).

[49] s. *Schmidt-Aßmann*, in: Methoden (FN 21), S. 399.

[50] s. *Ernst*, in: Proprium (FN 6), S. 19; *Möllers*, in: GVwR I (FN 7), § 3 Rn. 48. Zu hoch gegriffen erscheint insoweit die Bezeichnung als „Rezeptionstheorie" (*Lüdemann*, in: Extrajuridisches Wissen (FN 8), S. 145).

[51] Ausgehend von *Vesting*, in: Methoden (FN 21), S. 253 ff.; vgl. insoweit auch *Fehling*, in diesem Band, III. 2. a).

[52] Aufzählung nach *Voßkuhle*, in: GVwR I (FN 7), § 1 Rn. 39; vgl. auch *Augsberg*, in: Extrajuridisches Wissen (FN 8), S 32 ff.; theoretisch konnotierter: *Jestaedt*, in: Proprium (FN 6), S. 278, der von „disziplinärer Identität, perspektivischer Selektivität, operativer Unilateralität und disziplinärer Naturalisation" spricht.

[53] s. etwa *Ehlers*, in: Allgemeines Verwaltungsrecht (FN 38), § 1 Rn. 113.

[54] So nennen sowohl *Möllers*, in: GVwR I (FN 7), § 3 Rn. 49, als auch *v. Arnauld*, VVDStRL 74 (2015), S. 39 (48 f.), nur diese, nicht aber jene.

tonen, dass eine interdisziplinäre Öffnung in der hier ja beschrittenen zweiten Phase nur dann Erfolg verspricht, wenn sie nach Fächern differenziert erfolgt[55], und zwar sowohl aus der Sicht des eigenen Erkenntnisinteresses heraus als auch im Hinblick auf die methodischen und inhaltlichen Gegebenheiten der je anderen Disziplin. Unter beiden Aspekten ist m. E. die Politikwissenschaft der buchstäblich naheliegendste Kandidat für interdisziplinäre Projekte[56], da ihre Forschungsgegenstände in Gestalt der politischen Strukturen, von Herrschaftsbeziehungen oder des sog. Public Management sich in bemerkenswert weiten Teilen mit denen der Verwaltungsrechtswissenschaft überschneiden. Zwar ergeben sich selbstverständlich auch bei der Öffnung gegenüber dieser Teildisziplin der Sozialwissenschaften erhebliche methodische Schwierigkeiten [zu ihnen II. 4. a)]. Diese werden aber dadurch abgemildert, dass die Politikwissenschaft ihrerseits den Übergang von den aus juristischer Sicht eher gefürchteten „Großtheorien" hin zur Pflege verschiedener Bestände des sog. Mikrowissens[57] bewerkstelligt hat und vor allem dadurch, dass sich mit ihr als wichtigste nicht-rechtswissenschaftliche Disziplin zahlreiche Anknüpfungspunkte und -orte über die Forschungsplattform „Verwaltungswissenschaft" ergeben.

c) „Verwaltungswissenschaft" als Forschungsplattform. Der Begriff „Forschungsplattform" wird hier vorgeschlagen, weil er zum Ausdruck bringt, dass es sich nicht um eine eigenständige Wissenschaftsdisziplin handelt[58]; wie bereits festgestellt (II. 2.), ist auch nicht zu erwarten, dass verschiedentliche Bemühungen unter dem Banner der „Transdisziplinarität"[59] etwas daran ändern könnten, dass es weiterhin eine politikwissenschaftlich betriebene Verwaltungswissenschaft, eine rechtswissenschaftlich betriebene Verwaltungswissenschaft, eine betriebswirtschaftswissenschaftlich betriebene Verwaltungswissenschaft etc. gibt[60]. Immerhin aber, und das bringt der Begriff der Forschungsplattform ebenfalls zum Ausdruck, hat der seit Jahrzehnten parallel, aber doch in vielfachem Austausch beforschte Gegenstand

[55] Ebenso *Appel*, VVDStRL 67 (2008), S. 226 (271), im Anschluss an *Möllers*, in: GVwR I (FN 7), § 3 Rn. 48.

[56] Im Hinblick auf das Privatrecht ist dementsprechend die Ökonomie naheliegender, so auch *Schön*, in: Baer/Oliver Lepsius/Schönberger/Waldhoff/Walter (Hrsg.), JöR 2016, S. 515 (537) in Fn. 110, unter Hinweis u. a. auf *Eidenmüller*, Effizienz als Rechtsprinzip, 4. Aufl. 2015.

[57] Ebenso *Möllers*, in: GVwR I (FN 7), § 3 Rn. 48.

[58] Ebenso (aus dem rechtswissenschaftlichen Lager) bereits *Stern*, in: Gedächtnisschrift Hans Peters, 1967, S. 219; *Möllers* spricht in: GVwR I (FN 7), § 3 Rn. 56, von „Dialog" bzw. einer „Zusammenführung von Wissen"; *Oebbecke*, in: Beiheft 7 (FN 7), S. 221. Aus dem politikwissenschaftlichen Lager s. *Bogumil/Jann*, Verwaltung und Verwaltungswissenschaft in Deutschland, 2. Aufl. 2009, S. 59 f.; *Bauer*, PVS 56 (2015), S. 648 (650 f.).

[59] Neben *Schuppert*, Verwaltungswissenschaft (FN 29) ist das Werk von *Becker*, Öffentliche Verwaltung. Lehrbuch für Wissenschaft und Praxis, 1989, zu nennen. Zur historischen Entwicklung der „Verwaltungswissenschaft" s. *Mehde*, in: FS Bull, 2011, S 683 ff.; lesenswert ferner *Sommermann* (Hrsg.), Öffentliche Angelegenheiten – interdisziplinär betrachtet. Forschungssymposium zu Ehren von Klaus König, 2016.

[60] Um dies zum Ausdruck zu bringen, bedarf es mithin nicht der Verwendung des Plurals („Verwaltungswissenschaften").

der „Verwaltung" personelle, institutionelle, monografie- wie zeitschriftenbezogene und teilweise auch auf die Lehre bezogene Kommunikationszusammenhänge[61] entstehen lassen, die aus der Sicht meines Phasenmodells durchaus als bereits zurückgelegte erste Etappe der zweiten Phase angesehen werden können.

Wie jede Plattform bedarf auch diese der Erweiterung, Verbreiterung und Vertiefung und zugleich der stetigen Vergewisserung. Denn vieles, was hier geschieht, erscheint „methodisch prekär" (so die Einschätzung der Rechtswissenschaftler *Schmidt-Aßmann* und *Voßkuhle*)[62] und ein „disziplinäres Zusammengehörigkeitsgefühl als Fachgemeinschaft " ist bislang schwach ausgeprägt, wie eine breit angelegte empirische Untersuchung der Politikwissenschaftler *Michael Bauer* und *Stefan Becker* ergeben hat[63]. Dazu passt, dass *Werner Jann* seinen Vortrag auf einer Tagung der politikwissenschaftlichen Verwaltungswissenschaftler zu den „Perspektiven der Verwaltungswissenschaft" in München, bei der der *Verf.* als Panelist teilnehmen durfte, mit dem Titel überschrieben hat: „Wozu Verwaltungswissenschaft – Ist das Wissenschaft oder kann das weg?"[64]. Selbst diese Formulierung lässt freilich erkennen, dass da immerhin etwas vorhanden ist, und dass es lohnend erscheint, an dieser Plattform weiterzubauen; zu einem solchen Fazit gelangen auch Bauer/Becker nach Auswertung der über 400 Antwortbögen der befragten Fachvertreterinnen und Fachvertreter im Januar 2017[65].

III. Struktureller Rahmen

1. Inhaltliche Aspekte

Ein gleichermaßen bewusstes und transparentes Vorgehen ist vor allem bei einer interdisziplinären Öffnung auch im Hinblick auf die verwendeten Begriffe bzw. die gemeinsam zu entwickelnden Fragestellungen und Problemlösungen, also in inhaltlicher Hinsicht, vonnöten. Insoweit wurde zutreffend darauf aufmerksam gemacht, dass schon der beforschte Gegenstand aus dem Blickwinkel verschiedener Disziplinen nicht identisch ist, sondern durch deren Perspektiven, Konzepte und Methoden

---

[61] *Bauer/Becker*, Verwaltungswissenschaft in Deutschland: Relevanz und Reputationszuschreibungen im Urteil der Fachvertreterinnen und Fachvertreter, working paper Nr. 11, Januar 2017, S. 3, sprechen von der Fachgemeinschaft als „soziales System".

[62] *Schmidt-Aßmann*, in: Beiheft 2 (FN 4), S. 177 (179 f.); *Voßkuhle*, in: GVwR I (FN 7), § 1 Rn. 39.

[63] *Bauer/Becker*, Verwaltungswissenschaft in Deutschland (FN 61), S. 27 f.

[64] Die dort gehaltenen Vorträge sollen demnächst im Nomos-Verlag in der Reihe „Staatslehre und politische Verwaltung" veröffentlicht werden (Hrsg. *Bauer/Grande*); zu den einzelnen Inhalten der Tagung s. *Krönke*, Die Verwaltung 50 (2017), S. 277 f.

[65] *Bauer/Becker*, Verwaltungswissenschaft in Deutschland (FN 61), S. 27 f.

mit konstituiert wird[66]. Diese wissenschaftstheoretische Einsicht lässt es nun ratsam erscheinen, primär gemeinsam beobachtete Entwicklungen im Realbereich als Ausgangspunkt gemeinsamer Anstrengungen zu wählen. Beispiele: „Die Rolle der Kommunalverwaltung bei der Formulierung von Kommunalpolitik" oder „Formen der Bürgerbeteiligung bei Großvorhaben", nicht hingegen „Legitimation" oder „Partizipation". Gemeinsam formulierte Forschungsthemen[67] dieser Art sind eher konkret als abstrakt und sie produzieren eher „Mikro- als Makrowissen"[68]. Sie sind von vornherein problemlösungsorientiert und ihr Zuschnitt bereitet weniger Schwierigkeiten, weil die Begriffe, Konzepte und Perspektiven beschreibbar und beherrschbar sind. Daher dürfte man bei der Suche nach Forschungsthemen gerade auch in den Weiten des Besonderen Verwaltungsrechts fündig werden[69]. Interessanterweise ist auch im Hinblick auf das intradisziplinäre Arbeiten erst jüngst ein ähnlicher Vorschlag gemacht worden, nämlich sich an "Lebenssachverhaltskomplexen" zu orientieren[70], wiewohl dort ja weit weniger inhaltliche und methodische Schwierigkeiten lauern.

Damit soll nicht der Stab über die bislang, d. h. in der ersten Phase, mehrfach vorgeschlagene Nutzung von sog. Verbund- bzw. Schlüsselbegriffen[71] sowie von Leitbildern[72] gebrochen werden. Begriffe wie „Verantwortung", „Governance" oder auch „Daseinsvorsorge" besitzen durchaus das Potenzial, interdisziplinäres Wissen zu transportieren und mittlerweile ist auch hinreichend dargetan worden, dass sie nicht die Eigenrationalität des Rechtssystems gefährden[73]. Meine diesbezügliche Zurückhaltung begründet sich damit, dass sie überwiegend zu abstrakt (so der Daseinsvorsorgebegriff), vor allem aber zu wenig wechselseitig anschlussfähig sind. Schon

---

[66] Näher zum Verhältnis von Gegenstandsbezogenheit und Interdisziplinarität *O. Lepsius*, in: Rechtswissenschaftstheorie (FN 9), S. 14 ff.; *Gutmann*, in: Selbstreflexion (FN 5), S. 110 ff.

[67] *Gutmann*, in: Selbstreflexion (FN 5), S. 111 f., spricht von „Problemen", *Bogumil/Jann*, Verwaltung und Verwaltungswissenschaft (FN 58), S. 56, sprechen zunächst von „Fragestellungen" und referieren dann eher distanziert das Konzept der „Verbundbegriffe" (dazu noch sogleich im Text) in seiner Handhabung durch *Schuppert*, Verwaltungswissenschaft (FN 29), S. 46.

[68] *Eifert*, VVDStRL 67 (2008), S. 286 (311) m.w.N. in Fn. 115. Freilich müssen die Probleme nicht gleich „kasuistisch darstellbar" sein (so aber *Möllers*, VerwArch 93 (2002), S. 22 (40), allerdings mit dem bemerkenswerten Hinweis darauf, dass gerade aus „überschaubaren wie kasuistisch darstellbaren Problemen die ökonomische Analyse des Rechts" entstanden sei).

[69] Ebenso *Durner*, Die Verwaltung 48 (2015), S. 225 ff., mit Beispielen aus dem Planungs- und dem Regulierungsrecht. Ob dabei die oftmals größere Praxisnähe (wie von *Durner* vermutet) ein zusätzlich begünstigender Faktor ist, erscheint zweifelhaft.

[70] *Lindner*, JZ 2016, S. 697 (705).

[71] s. hierzu *Hoffmann-Riem*, in: Methoden (FN 21), S. 60 f.; *Voßkuhle*, in: GVwR I (FN 7), § 1 Rn. 40 f., und jüngst *Kaiser*, in: Extrajuridisches Wissen (FN 8), S. 111 ff., sowie *dies.*, DVBl. 2014, S. 1106 f. Kritisch bereits *Möllers*, VerwArch 93 (2002), S. 22 (44 f.).

[72] Dafür spricht sich u. a. *Baer*, in: Methoden (FN 21), S. 223 ff. aus. Umfassend zuletzt *Braun*, Leitbilder im Recht, 2015, S. 167 ff.

[73] Vgl. *Kaiser*, in: Extrajuridisches Wissen (FN 8), S. 99 ff.

das Konzept der Verbundbegriffe selbst ist im Grunde ein Projekt der verwaltungsrechtswissenschaftlichen Eliten geblieben, das die Politikwissenschaftler weder als solches wahrgenommen noch zusammen mit Verwaltungsrechtlern realisiert haben. Dieser Eindruck setzt sich mit Blick auf einzelne Begriffe fort. So hat namentlich der Verantwortungsbegriff in der Politikwissenschaft kaum Widerhall gefunden[74], während sich die Verwaltungsrechtswissenschaftler mit Begriff und Konzept der Governance schwertun[75], der seinen Zenit in der Politikwissenschaft in der Zwischenzeit übrigens schon überschritten haben dürfte[76], während es mit der sog. corporate governance ein wiederum im Verwaltungsrecht bislang übersehenes Objekt für eine intradisziplinäre Beforschung gäbe.

2. Personell-institutionelle Aspekte

Eher unterschätzt werden bislang die Hindernisse, die sich aus der personellen Aufstellung der verschiedenen Disziplinen bzw. aus institutionellen Umständen ergeben. Sie müssen offen angesprochen werden, will man insbesondere Interdisziplinarität nicht ausschließlich dem Zufall[77] persönlicher Nähe oder Vorliebe überlassen; zur Illustration sei nochmals auf das Buch *Seibels* rekurriert, der als einziges verwaltungsrechtliches Werk das *Maurersche* Lehrbuch zum Allgemeinen Verwaltungsrecht auswertet, was auch mit dem Zufall langjähriger Kollegenschaft auf ein und demselben (Konstanzer) Campus zu tun haben dürfte.

Jedenfalls ist die Ausgangslage in personell-institutioneller Hinsicht zum Ersten dadurch gekennzeichnet, dass sich alle betroffenen Disziplinen immer weiter spezifizieren. Dies gilt für die Verwaltungsrechtswissenschaft ebenso wie für das Privatrecht und für die Politikwissenschaft, und diese Entwicklung wird anhalten, weil sie sachlich, d. h. von den Realbereichen und den Rechtsstoffen her getrieben ist[78]. Wer dies beklagt, wird am Wegesrand sitzen bleiben, während die Karawanen sich im Fortbewegen unaufhaltsam weiter ausdifferenzieren werden. In der Konsequenz dessen werden Arbeitskapazitäten für intra- oder interdisziplinäre Aktivitäten mehr denn je erst freigeschaufelt werden müssen und das wird am ehesten geschehen, wenn und wo eine solche Öffnung Erkenntnisgewinne bei der Bearbeitung von For-

---

[74] Aus juristischer Sicht: *Trute*, in: Schuppert (Hrsg.), Jenseits von Privatisierung und „schlankem Staat“, 1999, S. 13 f.; *Klement*, Verantwortung. Funktion und Legitimation eines Begriffs im Öffentlichen Recht, 2006; wie hier kritisch *Röhl*, in: Beiheft 2 (FN 4), S. 33 ff.

[75] s. *Voßkuhle*, in: GVwR I (FN 7), § 1 Rn. 68. Zu den Perspektiven des Governancekonzepts für die Verwaltungsrechtsdogmatik *Burgi*, in: FS Bull (FN 59), S. 497 ff. m.w.N.

[76] Dies klingt an in den Beiträgen von *Benz* und *Wegrich* auf der Münchener Tagung im Herbst 2016, über die in FN 64 berichtet wurde.

[77] Darauf macht auch *Bumke*, in: Methoden (FN 21), S. 118, aufmerksam.

[78] Dies unterschätzt *Lindner*, JZ 2016, S. 697 (698). Auch der von *Gutmann*, in: Selbstreflexion (FN 5), S. 115, verwendete Begriff „Ethnozentrismus“, ist angesichts der zum größeren Teil sachlich begründeten Notwendigkeit der Spezifizierungsprozesse unangebracht.

schungsthemen verspricht[79]. Immerhin dürfte den Spezialisten beider Seiten (etwa den an der sog. Informationsverwaltung Interessierten) die Zusammenarbeit leichter fallen als denen, deren Stärken eher im Ziehen der großen Linien liegen.

Speziell die interdisziplinäre Öffnung stößt auf eine zweite personell-institutionell bedingte Schwierigkeit, nämlich die vergleichsweise geringere Zahl potenzieller Kooperationspartner und damit auch reflexions- oder gar weiterentwicklungsfähiger Erkenntnisse. Der Kreis der verwaltungswissenschaftlich interessierten Politikwissenschaftler war immer schon überschaubar und er ist infolge der Zuwendung zu internationalen Publikationsmedien und zu empirisch-statistischen Methoden jedenfalls nicht größer geworden[80]. Zu den meisten Themen überragt die Zahl der verwaltungsrechtlichen Arbeiten die der politikwissenschaftlichen um Längen.

Angesichts dieser Schwierigkeiten müssen daher Strukturen gepflegt bzw. geschaffen werden, die die Begegnung von Personen (und übrigens auch die Gewinnung von Nachwuchs) erleichtern können. Dies kann vom Gesprächskreis[81], über den Betrieb von Zeitschriften[82] bzw. die Gestaltung einzelner Hefte oder Bücher[83], bis hin zu den DFG-Förderformaten[84] reichen. Durchgehend sollte die Suche nach oder die Ausschreibung von Themen (im Sinne von Problemlösungsaufträgen) im Vordergrund stehen, während institutionelle Lösungen wie die Ausweisung von intradisziplinären oder interdisziplinären Lehrstühlen[85] oder die Zusammenlegung von Fakultäten eher kontraproduktiv erscheinen. Bestehende Institutionen, namentlich die Universität in Speyer[86], sollten neben der notwendigen Verstetigung immer

---

[79] Ebenso *Hilgendorf*, JZ 2010, S. 918.

[80] Ebenso *Röhl*, VVDStRL 74 (2015), S. 7 (31).

[81] s. auch *Bumke*, in: Methoden (FN 21), S. 129.

[82] Explizit mit intradisziplinärem Anspruch arbeiten beispielsweise die Zeitschriften „Rechtswissenschaft“ (im Nomos-Verlag) oder, bezogen auf das Wirtschaftsrecht i.w.S., die traditionsreiche Zeitschrift für das gesamte Handels- und Wirtschaftsrecht (ZHR). Auch die, die Autoren des vorliegenden Beiheftes als Herausgeber verbindende, Zeitschrift „Die Verwaltung“ beansprucht ja, eine Zeitschrift für „Verwaltungsrecht und Verwaltungswissenschaften“ zu sein; die bei *Bauer/Becker*, Verwaltungswissenschaft (FN 61), S. 24, publizierte Bewertungsliste (basierend auf einer Befragung von über 400 Verwaltungswissenschaftlerinnen und Verwaltungswissenschaftlern) weist dieser Zeitschrift im Gesamturteil aller betroffenen Fächer einen guten 4. Platz zu (hinter der Politischen Vierteljahresschrift, die allerdings von Rechts- und Betriebswirtschaftlern kaum genannt wird), der Zeitschrift „dms – Der moderne Staat“ und der DÖV.

[83] Dies kann in Anlehnung an die vorherigen Überlegungen zu den inhaltlichen Aspekten themenbezogen erfolgen. Zusätzlich erwägenswert ist aber auch der von *Lindner*, JZ 2016, S. 697 (705 f.), gemachte Vorschlag eines Enzyklopädierungsprojekts.

[84] *Gutmann*, in: Selbstreflexion (FN 5), S. 114, nennt das Förderformat der „Kolleg-Forschergruppe“. Denkbar wären aber auch von der DFG initiierte neuartige Formate, um gerade für die Zeit des Übergangs in die zweite Phase der interdisziplinären Öffnung entsprechende Projekte zu stimulieren.

[85] Dafür aber *Lindner*, JZ 2016, S. 697 (701) (zum Zwecke der intradisziplinären Öffnung).

[86] Zu nennen wären auch das ZIF in Bielefeld (s. dazu *Schelsky*, in: Grundzüge einer neuen Universität (FN 5), S. 73 f.)

auch Räume für begrenzte, flexible, eben problemlösungsorientierte Formate mit externer Beteiligung oder Federführung bereitstellen können.

3. Zwischenergebnis

Schwierigkeiten gibt es, aber sie taugen nicht als Ausrede für fortgesetztes Unterlassen interdisziplinärer, schon gar nicht intradisziplinärer Aktivitäten. Es bedarf daher nun des kraftvollen Übergangs in die zweite Phase der Öffnung. Besonders perspektivenreich erscheint ein methodenbewusstes Herangehen an konkrete, gerne auch kleinteilig formulierte Forschungsthemen im Sinne von Problemlösungsaufträgen. Wissenschaftler beider Seiten werden ihre knappen zeitlichen Ressourcen m. E. umso eher einsetzen, je mehr dies konkrete Erkenntnisgewinne verspricht. Teilweise werden sie dies sogar müssen[87].

IV. Rechtlich induzierte Öffnung

Gar nicht selten finden sich Vorschriften im höherrangigen Recht oder im einfachen Recht, in denen ein Verbund von Öffentlichem Recht und Privatrecht normiert wird bzw. in denen an „extrajuridische"[88] Erkenntnisse angeknüpft wird. Hier ist bereits im Rechtsstoff eine Öffnung erfolgt, Problemlösungen *erfordern* insoweit die Einbeziehung intra- oder interdisziplinären Wissens. Diese ist mithin rechtspraktische (wissenschaftlich zu begleitende) Pflicht, nicht allein wissenschaftliche Kür[89]. Erforderlich ist hier jedenfalls eine Öffnung auf den ersten beiden Stufen, d. h. in Gestalt der Reflexion und der Zurkenntnisnahme des externen Wissens (soweit vorhanden). Wünschenswert – und besonders naheliegend – wären freilich gemeinsame Forschungsprojekte, d. h. das Betreten der 3. Stufe, ausgehend von der bereits durch den Gesetzgeber formulierten Problemstellung. Bei beidem besteht teilweise Nachhol-, teilweise Intensivierungsbedarf.

1. Verbund von Öffentlichem Recht und Privatrecht

Mit dem Begriff des Verbunds der beiden Rechtsregime, der die verschiedenen Relationen besser erfasst als der engere Begriff der "wechselseitigen Auffangord-

---

[87] Zutreffend beobachtet von *Ernst*, in: Proprium (FN 6), S. 48: Mit der inneren Spezialisierung gehe eine größere Offenheit gegenüber tatsächlichen Entwicklungen einher.

[88] Terminus nach dem Titel des von *Augsberg* herausgegebenen Sammelbandes (FN 8).

[89] *v. Arnauld*, VVDStRL 74 (2015), S. 39 (47), nennt dies „mittelbare Öffnung" und sodann „Methodenwandel durch Rechtswandel" (ebd., S. 52 ff.). *Hilgendorf*, JZ 2010, S. 29, spricht von „gesetzlich angeordneter" Öffnung; näher zum damit verbundenen Phänomen auch *Lüdemann*, in: Extrajuridisches Wissen (FN 8), S. 128 ff.

nungen“[90] werden diejenigen Regelungsstrukturen bezeichnet, in denen das Öffentliche Recht und das Privatrecht von Rechts wegen aufeinander bezogen worden sind, sei es durch den Gesetzgeber, sei es durch die Verwaltung. Hierbei können die nachfolgend skizzierten[91] drei Konstellationen unterschieden werden, die jeweils zahlreiche Problemstellungen bergen, deren intradisziplinäre Behandlung noch ausbaufähig ist. Die hier ausgewählten Kurzbeispiele illustrieren, dass die Verwaltungsrechtler zur Unterschätzung von Leistungskraft und Legitimität privatrechtlicher Ordnungskonzepte neigen, während die Privatrechtler die Perspektive des Verbunds nicht recht wahrnehmen oder gar im Zunehmen von Verbundphänomenen eine „Wende zum Privatrecht“[92] erblicken, als ob es sich um eine Art Ringkampf handelt. Richtigerweise müssten beide Teildisziplinen in jenen Konstellationen „im Verbund“ über Norm- und Wertungswidersprüche sowie über Komplementarität und Dysfunktionalität der angetroffenen Regelungsstrukturen forschen.

a) Privatrecht als Recht der Verwaltung. In der ersten Konstellation bilden Normen des Privatrechts die zu beachtenden Maßstabsnormen für das Handeln der Verwaltung, sind also Teil des Verwaltungsrechts in einem weiteren Sinne. Dies kann auf den Gesetzgeber selbst zurückgehen (wie im Falle des GWB-Vergaberechts, in Teilen des Familien- und Jugendhilferechts[93] oder in Gestalt der §§ 62 Satz 2, 49a Abs. 2 Satz 2 VwVfG), noch häufiger aber ist es die Verwaltung selbst, die unter Inanspruchnahme ihre Regimewahlkompetenz aus zumeist guten Gründen für das privatrechtliche Regime votiert. Vieles ist hier geklärt[94], aber es tauchen immer wieder neue Problemstellungen auf, vor allem, wenn der Verbund ein organisatorischer ist. Dazu zwei aktuelle Beispiele: Während das Öffentliche Recht nach demokratischer Legitimation, Kontrolle und Öffentlichkeit auch des privatrechtlich organisierten Verwaltungshandelns verlangt, normiert das Aktiengesetz (AktG) Verschwiegenheitspflichten von Aufsichtsräten (§§ 116 Abs. 1, 394) und Vorstandsmitgliedern (§ 93 Abs. 1 Satz 3), gleichgültig (vgl. § 395), ob es sich bei ihnen zugleich um Bürgermeister, Gemeinderäte[95] oder um den niedersächsischen Ministerpräsidenten in der VW-Affäre handelt. Die Verletzung dieser Pflichten ist schadenersatz- (§§ 116, 93 Abs. 2 AktG) und strafbewehrt (§ 404 Abs. 1 Nr. 1 AkG), und zwar aus durchaus guten, teilweise auch im Gemeinwohl verankerungsfähigen Gründen.

---

[90] Dieser Begriff geht zurück auf *Hoffmann-Riem*, DVBl. 1994, S. 1381 (1386 f.); im Unterschied zu ihm bringt der Begriff „Verbund“ besser zum Ausdruck, dass es insgesamt vier verschiedene Wirkungsweisen im Beziehungsverhältnis zwischen den beiden Teilregimes gibt (und nicht nur das des Auffangverhältnisses), näher *Burgi*, in: GVwR I (FN 7), § 18 Rn. 35 ff.

[91] Im Anschluss an die ausführliche Darstellung bei *Burgi*, in: GVwR I (FN 7), § 18 Rn. 1 ff.

[92] So *Podszun*, Wirtschaftsordnung durch Zivilgerichte, 2014, S. 11 ff.

[93] s. insoweit *Seiler*, Öffentliches Familienrecht, 2011; *Wapler*, Rechtswissenschaft 2014, S. 52.

[94] Zum Stand s. *Burgi*, in: GVwR I (FN 7), § 18 Rn. 34 ff.

[95] s. hierzu *Burgi*, NVwZ 2014, S. 609; monographisch *Dietlmeier*, Rechtsfolgen der Publizität im kommunalen Unternehmensrecht, 2015; *Rödel*, Öffentlichkeit und Vertraulichkeit im Recht der kommunalen Eigengesellschaften, 2017.

Eines der großen Forschungscluster unserer Zeit, betreffend das Spannungsverhältnis zwischen Öffentlichkeit und Geheimhaltung, hält hier ein konkret, und daher mit guter Aussicht auf Ertrag erforschbares intradisziplinäres Teilprojekt bereit. Das Gleiche gilt – nun unter grundrechtlichen Auspizien – für die Umsetzung des Fraport- bzw. des Flashmoburteils des BVerfG gegenüber gemischtwirtschaftlichen öffentlichen Unternehmen[96] bzw. gegenüber den mit neuartigen privatrechtlichen Hindernissen konfrontierten Versammlungsbehörden[97].

b) Tatbestandliche Verknüpfung bzw. Sanktions- und Gestaltungswirkung im Privatrecht. Bekannte, aber durchaus noch nicht in allen Einzelheiten ausgelotete Konstellationen einer tatbestandlichen Verknüpfung der beiden Rechtsregime bilden § 906 BGB mit den Merkmalen der „Unwesentlichkeit nachbarlicher Beeinträchtigungen" bzw. der „Ortsüblichkeit", die inhaltlich durch die verschiedenen Normen des Bauplanungs-, des Immissionsschutz- oder des Gentechnikrechts ausgefüllt werden, ferner die Realisierung der ordnungsrechtlichen Zustandshaftung angesichts disponibler Eigentumsverhältnisse. Anders als in der Fallgruppe zu a) hat man es insoweit zugleich mit einer rechtlich induzierten Öffnung des Privatrechts für das Verwaltungsrecht zu tun[98]. Ähnliches gilt dort, wo ein Verstoß gegen öffentlich-rechtliche Normen eine Sanktionswirkung im Privatrecht auslöst, etwa wenn jene Normen „Verbotsgesetze" oder „Schutznormen" sind oder in Anspruchsgrundlagen wie § 1004 BGB, § 3 UWG bzw. im Umwelthaftpflichtgesetz eine Rolle spielen. Umgekehrt kann eine Sanktionswirkung im Privatrecht ausgeschlossen sein, wenn ein gestattender oder feststellender Verwaltungsakt die Geltendmachung privatrechtlicher Ansprüche präkludiert[99]. Ein weiteres, immer wieder fortgeschriebenes Beispiel bilden die sog. privatrechtsgestaltenden Verwaltungsakte[100]. Forschungsvorhaben können sich den jeweiligen normativen Zusammenhängen widmen und die Funktionsgerechtigkeit der beiden Implementationsmechanismen bestimmen, und zwar in immer neuen Anwendungsbeispielen. Zuletzt ist dies in einem intradisziplinären Forscherverbund im Hinblick auf die rechtliche Steuerung einer möglichst nachhaltigen Produktnutzung, u.a. zur Vermeidung von sog. Obsoleszenz, unternommen worden; hier begründet die Missachtung zwingender Anforderungen des Produktsicherheitsgesetzes oder des Energieverbrauchsrelevante-Produkte-Gesetzes bereits heute einen Sachmangel i.S.d. § 434 Abs. 1 Satz 2 Nr. 1 BGB[101].

---

[96] BVerfGE 128, 226; zum hier skizzierten Thema aktuell *Kater*, Grundrechtsbindung und Grundrechtsfähigkeit gemischtwirtschaftlicher Aktiengesellschaften, 2016.

[97] BVerfG (3. Kammer des Ersten Senats), NJW 2015, S. 2485, dazu jüngst *Frau*, Die Verwaltung 49 (2016), S. 531.

[98] Als Ausgangspunkt: *Ehlers*, in: Allgemeines Verwaltungsrecht (FN 38), § 3 Rn. 72.

[99] s. hierzu zuletzt wiederum *Ehlers*, in: Allgemeines Verwaltungsrecht (FN 38), § 3 Rn. 70.

[100] Über neuere Entwicklungen in der Rechtsprechung zu diesem Thema berichtet *Ludwigs*, Die Verwaltung 49 (2016), S. 261 (279).

[101] Weitere Informationen und Nachweise bei *Schlacke/Tonner/Gawel*, JZ 2016, S. 1030 (1034 f.).

c) Gewährleistungsverwaltungs- incl. Regulierungsrecht. Der in jüngerer Zeit am intensivsten beackerte Bereich des Verbunds von Öffentlichem Recht und Privatrecht ist dadurch gekennzeichnet, dass er einem anderen Verbund nachfolgt, nämlich dem Verbund bei der Gemeinwohlkonkretisierung durch staatliche Verwaltung und Private. Hierfür hat sich der Begriff „Gewährleistungsrecht" eingebürgert[102]. Er umschließt alle Regelungen und Bestimmungen die an die Einbeziehung echter Privater in die arbeitsteilige Verwirklichung des Gemeinwohls anknüpfen (auch Privatisierungsfolgenrecht genannt) oder der sog. regulierten Selbstregulierung zuzurechnen sind, etwa das Akkreditierungs- bzw. Zertifizierungswesen im Hochschul-[103] oder im Produktsicherheitsrecht. Ebenfalls hierher gehören das die Netzwirtschaften betreffende Regulierungsrecht (namentlich bei der Entgeltregulierung)[104] und – mit dem gegenwärtig größten Dynamisierungsschub – das Finanzmarkrecht. Dort finden sich sowohl auf der Ebene der Normsetzung als auch auf der Ebene der Normdurchsetzung komplexe Verbund-, teilweise auch Hybridstrukturen[105], die erfreulicherweise wissenschaftliche Aktivitäten nicht mehr nur von Privatrechtlern[106] veranlasst haben. Die der Finanzmarktregulierung gewidmete „Abteilung" des 68. DJT 2010 trug entgegen dem sonst dort praktizierten Spartendenken den Titel „Öffentliches und privates Wirtschaftsrecht".

Aus der Sicht unseres Themas ist der Verbund von Öffentlichem Recht und Privatrecht einer von mehreren Bausteinen[107] des sog. Gewährleistungskonzepts, mit dem die europa-, die verfassungsrechtlichen und die teilweise sehr anspruchsvollen politischen Anforderungen an die jeweiligen Akteure eingehalten werden sollen. Die Öffnung gegenüber dem Privatrecht ist hier jedenfalls rechtlich induziert und sie verspricht reichen Ertrag, wenn man gerade den Konzeptcharakter, den der Verbund hier aufweist, nicht aus den Augen verliert. Je mehr freilich der Gesetzgeber die öffentlich-rechtlichen mit den privatrechtlichen Regelungsstrukturen explizit verknüpft, desto mehr droht die Abwanderung aus dem Allgemeinen Verwaltungsrecht in das jeweilige Fachrecht und mit ihr die Dominanz der isolierten, fein säuberlich teildisziplinär aufgeteilten Interpretationsarbeit. Wichtig ist es, die Instrumente, die Orga-

---

[102] s. zu den Einzelheiten statt vieler *Schulze-Fielitz*, in: GVwR I (FN 7), § 12 Rn. 51 ff. Zuletzt *Schmidt am Busch*, Die Verwaltung 49 (2016), S. 205 ff.

[103] Dazu aktuell und sub specie der Verbundthematik *Trute*, Rechtswissenschaft 2014, S. 341.

[104] Hiermit hat sich jüngst u. a. *Ludwigs*, Die Verwaltung 49 (2016), S. 261 (315) beschäftigt.

[105] s. zu diesem Aspekt *S. Augsberg*, Die Verwaltung 49 (2016), S. 369 (379 f.).

[106] s. aus diesem Kreis als neuere grundlegende Arbeiten das Gutachten von *Zimmer* für den 68. DJT 2010, in: Verhandlungen des 68. DJT, Bd. I, 2010, G 1 ff.; *Binder*, Regulierungsinstrumente und Regulierungsstrategien im Kapitalgesellschaftsrecht, 2012; aus öffentlich-rechtlicher Perspektive *Höfling*, in: Verhandlungen des 68. DJT, 2010, Bd. I, F; *Kaufhold*, Die Verwaltung 49 (2016), S. 344 ff.; *Augsberg*, Die Verwaltung 49 (2016), S. 369 (379 ff.), jeweils m.w.N.

[107] Ein anderer bedeutender Baustein besteht im Verbund von europäischen und mitgliedstaatlichen Aufsichtsinstitutionen; s. dazu *Ohler*, Die Verwaltung 49 (2016), S. 309.

nisations- und Verfahrensarrangements der jeweils anderen Teildisziplin weiterhin analytisch, d. h. in ihrer Aufgaben- und Wirksamkeitsorientierung zu betrachten – und das wiederum von Vertretern beider Disziplinen. Wenn z. B. der privatrechtliche Vertrag das zentrale Instrument der Gewährleistungsverantwortung ist, müssen auch dessen etwaige Defizite incl. die Defizite des sodann ja eingreifenden zivilgerichtlichen Rechtsschutzes untersucht werden. Sollte insoweit Reformbedarf festgestellt werden[108], müsste der Blick wiederum auf behördliche und verwaltungsprozessuale Mechanismen als etwaige funktionale Äquivalente gerichtet werden – und umgekehrt.

2. Politikwissenschaftliches Wissen im Verwaltungsrecht

Weniger häufig und weniger intensiv, aber durchaus erkennbar wird in der bestehenden Verwaltungsrechtsordnung nicht nur (wie öfters beschrieben)[109] auch an technische oder ökonomische, sondern bisweilen auch an politikwissenschaftliche Erkenntnisse angeknüpft. Bemerkenswerterweise finden sich diese Anknüpfungen vielfach bereits auf der Ebene des Verfassungsrechts. Ein bekanntes Beispiel bildet der Verhältnismäßigkeitsgrundsatz[110], der zum vergleichenden Blick auf „mildere" Mittel verpflichtet, was zwar nicht bei der Entscheidung von Einzelfällen, aber doch bei der Beurteilung komplexer, ganze Sektoren oder Gruppen erfassender Steuerungsmechanismen die Nutzung etwaigenfalls vorhandener sog. Policyanalysen[111] zumindest naheliegend erscheinen lässt. Entsprechendes gilt für das teilweise beachtliche Gebot der Folgerichtigkeit oder beim Umgang mit Implementations- bzw. Evaluationsvorgaben[112]. Auch die verfassungsrechtlichen Vorgaben für die Organisation der Verwaltung erfordern teilweise eine Öffnung für politikwissenschaftliche Erkenntnisse, so bei der Bestimmung des „hinreichenden Legitimationsni-

---

[108] So *Podszun*, Wirtschaftsordnung (FN 92), S. 28 ff., der sodann Perspektiven im Hinblick auf den Rechtschutz vor den ordentlichen Gerichten erörtert (S. 173 ff.).

[109] Dazu zuletzt *Lüdemann*, in: Extrajuridisches Wissen (FN 8), S. 121; *Hoffmann-Riem*, Die Verwaltung 49 (2016), S. 1, und sodann, konkret zum Regulierungsverwaltungsrecht, in dem es Schnittstellen für beides gibt, *Frenzel*, in: Extrajuridisches Wissen (FN 8), S. 177.

[110] Grundlegend hierzu *Engel*, in: Brugger/Kirste/Anderheiden (Hrsg.), Gemeinwohl in Deutschland, Europa und der Welt, 2002, S. 103 ff.; zum Beitrag theoretischer und empirischer Einsichten aus den Wirtschaftswissenschaften bei der Prüfung der „Erforderlichkeit" im Rahmen des Verhältnismäßigkeitsprinzips s. *Lüdemann*, in: Extrajuridisches Wissen (FN 8), S. 129.

[111] Die sog. Policy-Forschung beschäftigt sich ausgehend von konkreten Politikfeldern (z. B. Arbeitsmarkt, Gesundheit etc.) mit dortigen Politikinhalten, deren Zustandekommen und zunehmend auch mit deren Umsetzung und Wirkung, weil sie zunehmend auch die Steuerbarkeit der gesellschaftlichen Teilsysteme aufgenommen hat (einführend *Bogumil/Jann*, Verwaltungswissenschaft (FN 58), S. 46 f.; *Knill/Tosun*, Einführung in die Policy-Analyse, 2015.

[112] s. dazu *Voßkuhle*, in: GVwR I (FN 7), § 1 Rn. 35 u. 36. Als konkrete Projektarbeiten: *Mehde*, Die Verwaltung 44 (2011), S. 179; *Seckelmann/Lamping*, DÖV 2016, S. 189.

veaus"[113], das u. a. vom Bestehen einer leistungsfähigen und mit politischer Rückendeckung ausgestatteten Staatsaufsicht abhängt. Im Kommunalverfassungsrecht sind die Statthaftigkeit von Gebietsreformen u. a. an eine schlüssige Ermittlung der tatsächlichen sozio- bzw. verwaltungspolitischen Grundlagen[114] und die Wiedereinführung eines Quorums bei den Kommunalwahlen an den Nachweis einer „Gefährdung der Funktionsfähigkeit der Kommunalvertretungen" geknüpft[115]. Neben dem Verfassungsrecht können Anknüpfungen an politikwissenschaftliche Erkenntnisse in Ermessens- bzw. Abwägungsprogrammen auf der Ebene des einfachen Rechts zu finden sein[116].

V. Öffnung als wissenschaftliche Option

Im letzten Abschnitt soll zum ersten – eher passiv – ein mehr als nur kurzer Blick auf neuere Schwerpunkte in der politikwissenschaftlichen bzw. privatrechtlichen Forschung geworfen werden, selbstverständlich ohne jeden Anspruch auf Vollständigkeit. Benannt werden dort bearbeitete Problemstellungen und Lösungsansätze, die auch das Interesse der Verwaltungsrechtswissenschaft wecken könnten, es also verdienen, reflektiert, u. U. aufgenommen (erste und zweite Stufe) bzw. gemeinsam weiterentwickelt zu werden (dritte Stufe). Sodann werden, gleichsam proaktiv, einige Vorschläge für künftige, von vornherein gemeinsam formulierte Problemlösungsaufträge (ebenfalls dritte Stufe) gemacht.

1. Gegenüber in der anderen Disziplin bzw. Teildisziplin bereits bearbeiteten Problemstellungen

a) In der Politikwissenschaft. In einer quasi empirischen Vorgehensweise wurden die Inhaltsverzeichnisse ausgewählter Fachzeitschriften für verwaltungsbezogene Themen (jenseits der unseren sowie von VerwArch und DÖV die Politische Vierteljahresschrift (PVS) und die besonders einschlägigen neueren Zeitschriften „dms – Der moderne Staat" sowie „Verwaltung und Management") ab 2010 ausgewertet[117],

---

[113] s. *Schmidt-Aßmann*, in: Methoden (FN 21), S. 409.

[114] Hingewiesen sei etwa auf LVerfG MV, DVBl. 2007, S. 1102, und sodann LVerfG MV, NordÖR 2011, S. 537 u. 549; eingehend hierzu *Mehde*, ZSE 2011, S. 501.

[115] Zu den verfassungsrechtlichen Maßstäben s. BVerfG, DVBl. 2008, S. 443 (447 f.); für VerfGH NW, NWVBl. 1993, S. 383 und DVBl. 2009, S. 250 (im Hinblick auf die sog. Mindestsitzklausel). In Nordrhein-Westfalen wurde die im Jahr 2016 bewirkte Einführung einer 2,5 %-Klausel daher u. a. mit den Ergebnissen eines politikwissenschaftlichen Gutachtens begründet (erstattet von *Bogumil/Gehne/Garske/Seuberlich/Hafner*, LT-Stellungnahme 16/3348; vgl. auch die Begründung des Gesetzesentwurfs, LT-Drucks. 16/9795, S. 12 ff., mit teils wörtlichen Übernahmen von Aussagen der Gutachter).

[116] s. nur *Schmidt-Aßmann*, in: Methoden (FN 21), S. 408 f.

[117] Die internationalen Zeitschriften bleiben außen vor, weil sich dort primär Beiträge zum Themenkomplex des Verwaltens auf europäischer bzw. internationaler Ebene sowie in Ver-

ferner die Publikationsverzeichnisse der in den vergangenen Jahren thematisch am häufigsten hervorgetretenen Politikwissenschaftlerinnen und -wissenschaftler. Eine weitere Fundgrube bildet die im Jahre 2015 erschienene Festschrift für *Werner Jann*[118]. Weitere Anhaltspunkte boten die Programme von zwei breit angelegten verwaltungswissenschaftlichen Konferenzen, die unabhängig voneinander Ende 2016 in Speyer[119] bzw. München[120] stattgefunden haben. Dabei treten vier größere thematische Schwerpunkte hervor:

Der erste Themenschwerpunkt betrifft die Organisation des Verwaltens. Die einschlägigen Arbeiten gelten entweder eher allgemeinen Aspekten, teilweise werden aber auch einzelne Politikfelder organisationsbezogen analysiert, so etwa in aktueller Zeit die Organisation der Migrations- und Integrationsverwaltung[121]. Thematische Teilschwerpunkte innerhalb des organisationsbezogenen Forschungsclusters bilden die in verschiedenen Ländern durchgeführten bzw. intendierten Gebiets- und Funktionalreformen[122] sowie die verschiedenen Phänomene von PPPs[123].

Jedenfalls im weiteren Sinne organisationsbezogen sind auch Abhandlungen zu den Themen Partizipation[124], zum Verhältnis von Politik und Verwaltung[125];

---

bundstrukturen finden, die allerdings bislang in der sich mit vergleichbaren Themenstellungen beschäftigenden Verwaltungsrechtswissenschaft m. E. noch nicht das ihnen gebührende Maß an Aufmerksamkeit gefunden haben. Die Themen der Europäisierung und der Internationalisierung sind in diesem Band dem Beitrag von *Ruffert* zugewiesen. Aus verwaltungswissenschaftlicher Perspektive sei hier lediglich auf den aktuellen Aufsatz von *Bauer*, PVS 2015, S. 648, zum Thema „Die Verwaltungswissenschaft und die Herausforderungen der Denationalisierung", hingewiesen.

[118] *Döhler/Franzke/Wegrich* (Hrsg.), Der gut organisierte Staat, 2015.

[119] Die dort gehaltenen Vorträge sollen im Laufe des Jahres 2017 in einem von *Ziekow* herausgegebenen Tagungsband „Verwaltungswissenschaft und Verwaltungspraxis" dokumentiert werden.

[120] s. FN 64.

[121] s. nur *Bogumil/Hafner/Kuhlmann*, Die Verwaltung 49 (2016), S. 289; aus verwaltungsrechtlicher Perspektive *Burgi*, DVBl. 2016, S. 1015 (1021).

[122] s. nur *Bogumil/Kuhlmann* (Hrsg.), Kommunale Aufgabenwahrnehmung im Wandel: Kommunalisierung, Regionalisierung und Territorialreform in Deutschland und Europa, 2010; sowie verschiedene im Internet veröffentlichte Gutachten betreffend Reformprozesse in einzelnen Bundesländern von *Bogumil*; ferner *Blanke/Nullmeier/Reichard/Wewer* (Hrsg.), Handbuch Verwaltungsreform, 4. Auflage 2010.

[123] s. *Sack u. a.*, dms 2013, S. 311; *Töller/Dittrich*, dms 2011, S. 189 (zum Maßregelvollzug). Genannt seien auch die im Kontext des Bremer SFB „Staatlichkeit im Wandel" entstandenen Arbeiten.

[124] s. nur *Holtkamp*, in: Bogumil/Jann/Nullmeier (Hrsg.), Politik und Verwaltung, Sonderheft 37 der PVS, 2006, S. 185; *Bach* sowie *Ebinger/Schmidt*, PVS 2012, S. 79 (98); *Vetter/Klages/Ullmer*, dms 2013, S. 253; *Förster/Kamkal*, PVS 2016, S. 353.

[125] s. *Kropp*, in: PVS, Sonderheft 2006 (FN 124), S. 275; *Döhler*, in: FS Jann (FN 118), S. 91; *Handke*, PVS 2011, 663.

immer wieder untersucht werden Fragen betreffend die Ministerialverwaltung[126] und der „Legitimation“[127].

Ein weiterer Problemschwerpunkt betrifft Fragen der Kooperation/Koordination/Governance. Hier geht es (in wiederum loser Aufzählung) um kooperative Umweltpolitik[128], um Regelungsstrukturen[129] oder Regulierung[130]. Fast schon erwartungsgemäß bilden innerhalb des dem „Public Management“ gewidmeten Teilzweigs der politikwissenschaftlichen Verwaltungsforschung die verschiedenen Aspekte der Digitalisierung einen Forschungsschwerpunkt[131], immer wieder erörtert werden aber auch Aspekte der Ethik in der öffentlichen Verwaltung[132]. Ein letzter Schwerpunkt lässt sich mit „Leistungsfähigkeit bzw. Effektivität, Wirtschaftlichkeit einschließlich Benchmarking und Evaluierung“ überschreiben[133].

Schon diese skizzenhafte Aufzählung zeigt, dass der öffnungsbereite Verwaltungsrechtler hier reichlich Anknüpfungsmaterial finden könnte, aber auch, dass der Politikwissenschaft Themen wie Verfahren, Rechtsschutz[134] oder einzelne Handlungsinstrumente[135] bzw. -modi der Verwaltung bislang vergleichsweise weniger wichtig waren.

b) Im Privatrecht. Deutlich überschaubarer ist das Angebot an neueren Publikationen, in denen sich Privatrechtler verwaltungsrechtsaffinen Problemstellungen jenseits bereits bestehender Anknüpfungen widmen; mehr als das Verwaltungsrecht hat die Privatrechtswissenschaft bislang das Verfassungsrecht interessiert, was dessen unmittelbarer rechtlicher Relevanz geschuldet sein dürfte. Im Rahmen des Vortrags seien zwei größere Problemschwerpunkte in der jüngeren privatrechtlichen Forschungsliteratur lediglich erwähnt: Die Entdeckung des Privatrechts als potenziell

---

[126] s. nur *Döhler*, VerwArch 102 (2011), S. 110.

[127] Diesem Themenkreis war im Schwerpunkt das Heft 2/2015 der Zeitschrift dms – Der moderne Staat gewidmet.

[128] *Töller*, Warum kooperiert der Staat? Kooperative Umweltpolitik im Schatten der Hierarchie, 2012.

[129] s. *Holtkamp*, Die Verwaltung 43 (2010), S. 167; *Grande*, PVS 2012, S. 565; *Jann*, in: Bumke/Meinel/Voßkuhle (Hrsg.), Verabschiedung und Wiederentdeckung des Staates im Spannungsfeld der Disziplinen, Der Staat, Beiheft 21, 2013, S. 93; weitere Nachweise zur politikwissenschaftlichen Literatur bei *Burgi*, in: FS Bull (FN 59), S. 497.

[130] s. nur *Döhler/Wegrich*, dms 2010, S. 31.

[131] s. *Lenk*/Schuppan u.a., dms 2011, S. 315 ff.; *Schuppan/Köhl*, dms 2016, S. 27 sowie immer wieder verschiedene Beiträge in der Zeitschrift „Verwaltung und Management“.

[132] s. etwa Behnke, in: PVS, Sonderheft 2006 (FN 124), S. 250; *Seibel*, Verwaltung verstehen (FN 3), S. 86 ff. m.w.N.

[133] s. hierzu etwa *Kuhlmann*, Die Verwaltung 44 (2011), S. 155; *Ebinger*, Wege zur guten Bürokratie, 2013; *Töller u.a.*, dms 2015, S. 129.

[134] s. aber *Knill/Schäfer/Winkler*, die sich einer Art Reputationsvergleich der deutschen Oberverwaltungsgerichte gewidmet haben (VerwArch 103 (2012), S. 165).

[135] s. aber zum Gebührenrecht *Grohs/Knill/Tosun*, dms 2013, S. 131, bzw. zur PKW-Maut *Dose/Lieblang*, dms 2016, S. 183.

ausbaufähiges Instrument der gemeinwohlorientierten Verhaltenssteuerung im Allgemeinen und in verschiedenen Referenzgebieten (Verbraucherschutzrecht, Recht der Digitalisierung) sowie, teilweise damit verbunden, die Analyse und Entfaltung privater Regelsetzungsmacht.

(1) Die Problemstellungen der ersten Gruppe kreisen um die künftige Rolle des Privatrechts als gemeinwohlorientiertes Instrument der Verhaltenssteuerung jenseits der zu IV. 1. beschriebenen bereits rechtlich verknüpften Erscheinungsformen. Dies bezieht sich auf diejenigen Normen und Instrumente des Privatrechts, mit denen nicht primär der Schutz einer Partei im Rahmen des Interessenausgleichs bezweckt wird (so die herkömmliche Funktion des Privatrechts). Gegenstand der wissenschaftlichen Untersuchung sind dann alle Problemstellungen, die sich auf die Steuerungsziele, -strategien und -instrumente des Privatrechts beziehen, wobei durchaus das Verhältnis zum öffentlich-rechtlichen Steuerungsarsenal thematisiert wird; aus der Sicht der Privatrechtswissenschaft werden privatrechtliche Instrument dabei als etwaige Alternative, Ergänzung oder als Ersatz gegenüber hoheitlichen Maßnahmen gesehen[136]. Die Perspektive der Verhaltenssteuerung vermag somit als gemeinsames Dach für intradisziplinäre (und wenn man überdies nichtrechtliche Steuerungsinstrumente einbeziehen will, auch für interdisziplinäre) Forschungsaktivitäten zu taugen[137].

Neben Überlegungen auf der Ebene des Allgemeinen Teils[138] gelten Anstrengungen dieser Art Aufgabenfeldern wie dem Verbraucher-[139] oder dem Umweltschutzrecht. Bei all dem geht es nicht nur um die Setzung von Regeln (dazu sogleich), sondern auch um die Rechtsdurchsetzung mit Mitteln des Privatrechts, das sog. private enforcement[140]. Als neuere Einsatzfelder jenseits des Kartellrechts werden hier Sammelklagen zur Durchsetzung von Schadstoffgrenzwerten gegenüber Automobilherstellern[141] oder die Schaffung von sog. Datennutzungsrechten als privatrechtliche Positionen der Datenerzeuger zwecks Ausbau der Datenwirtschaft[142] erörtert. Interes-

---

[136] Grundlegend und aktuell *Hellgardt*, Regulierung und Privatrecht, 2016, S. 522 ff., 564 ff., 726 ff. m.w.N.

[137] Trefflich *Appel*, VVDStRL 67, (2008), S. 226 (249 f.).

[138] Genannt seien neben der soeben eingeführten Habilitationsschrift von *Hellgardt* (FN 136) die Aufsätze von *Wagner*, AcP 2006, S. 352 (435 ff.), und *Halfmeier*, AcP 2016, S. 717. Die Einschätzung, dass die Zuschreibung einer verhaltenssteuernden Funktion im Privatrecht als „Zumutung" empfunden werde (*Appel*, VVDStRL 67, (2008), S. 226 (244 in Fn. 72 u. 73) stimmt so nicht mehr.

[139] Grundlegend *Micklitz*, in: Verhandlungen des 69. DJT, 2012, Bd. I, A. Weitere Nachweise bei *Halfmeier*, AcP 2016, S. 717 (749).

[140] Skeptisch insoweit freilich jüngst *Roth*, JZ 2016, S. 1134 ff.; grundlegend zum Phänomen *Stürner*, Markt und Wettbewerb über Alles? Gesellschaft und Recht im Fokus neoliberaler Marktideologie, 2007, S. 89; *Poelzig*, Normdurchsetzung durch Privatrecht, 2012, S. 7.

[141] Dahingehende Überlegungen bei *Führ*, NVwZ 2017, S. 265 (272).

[142] Solches wird u. a. erwogen von der EU-Kommission in ihrem Dokument „Strategie für einen digitalen Binnenmarkt für Europa (Digital Single Market Strategy for Europe)" vom 6.5.2015 (KOM (2015) 192 final.); ausführlich hierzu *Zech*, GRUR 2015, S. 1151.

santerweise werden (von Privatrechtlern) bisweilen auch Vorschläge diskutiert, die in die entgegengesetzte Richtung weisen, also eine behördliche Rechtsdurchsetzung fordern, etwa die freilich soeben erst einmal auf Eis gelegte Geltendmachung von Verbraucherrechten durch das Bundeskartellamt[143] oder die Durchsetzung von Organhaftungsansprüche einer Aktiengesellschaft gegen Vorstand bzw. Aufsichtsrat durch die BaFin[144].

(2) Einen zweiten Problemschwerpunkt bildet der erkennbare Bedeutungszuwachs der privaten Regelsetzung, ausgehend vom Vertragsrecht (Stichwort AGB)[145], über die Rechnungslegungsstandards[146], bis in das Kapitalgesellschafts-[147], das Umweltrecht[148] und im Recht der Internetkommunikation, wo neben den AGB und den ICANN-Regeln über die Standardsetzung bei Portalen diskutiert wird[149]. Dies geschieht durchaus im Bewusstsein für die hier bestehenden Macht- und Herrschaftspotenziale sowie wenigstens mit einem Seitenblick auf den Staat als potenziellen Begleiter, Förderer, „Koproduzenten“[150] oder eigenes Tätigwerden androhender Normsetzer. Parallel zu diesen Arbeiten der Privatrechtswissenschaft haben sich in den vergangenen Jahren bekanntlich mehrere öffentlich-rechtliche Monografien mit der „Rechtsetzung zwischen Staat und Gesellschaft“ befasst[151]. Eine explizit intradisziplinäre Perspektive wird einer „Regelsetzungslehre“ zuerkannt, die sich

[143] Die laut Presseberichten dahingehend angestellten Erwägungen der Bundesregierung sind allerdings bislang nicht weiter verfolgt worden. Vgl. dazu die Berichte in der FAZ v. 20.11.2016 (http://www.faz.net/aktuell/wirtschaft/netzwirtschaft/f-a-z-exklusiv-die-verbraucherschutzbehoerde-fuers-internet-kommt-14536759.html) sowie in der Süddeutschen Zeitung v. 21.11.2016 (http://www.sueddeutsche.de/wirtschaft/verbraucherschutz-kartellamt-soll-internetnutzer-schuetzen-1.3259029).

[144] s. dazu *Schneider*, EuZW 2013, S. 682 (683); ablehnend u.a. *Spindler*, AG 2013, S. 889; differenzierend und m.w.N. *Bachmann*, in: Verhandlungen des 70. DJT, 2014, Bd. I, E, S. 108 f.

[145] *Bachmann*, JZ 2008, S. 11 (19 f.); *Eidenmüller*, JZ 2005, S. 216.

[146] Dazu zuletzt *Buck/Heeb*, Selbstregulierung im Privatrecht, 2010, S. 140 ff.; *Engert*, Rechtswissenschaft 2014, S. 301 (307 ff.) und passim; und auch schon aus politikwissenschaftlicher Sicht: *Velte/Stiglbauer*, dms 2012, S. 401.

[147] s. *Möslein*, Dispositives Recht. Zwecke, Strukturen und Methoden, 2011; *Binder*, Regulierungsinstrumente (FN 106), S. 254 ff.

[148] Klassisch: *Marburger*, Die Regeln der Technik im Recht, 1982; aus neuerer Zeit *Schulze-Fielitz*, in: Schulte/Schröder (Hrsg.), Handbuch des Technikrechts, 2. Aufl. 2010, S. 455 (464 ff.).

[149] Guter Gesamtüberblick bei *Hoffman-Riem*, Innovation und Recht, Recht und Innovation, 2016, S. 643 ff.; aus öffentlich-rechtlicher Perspektive *Fehling*, JZ 2016, S. 545.

[150] *Schuppert*, The World of Rules: Eine etwas andere Vermessung der Welt, 2015, S. 113.

[151] So der Titel der Habilitationsschrift von *S. Augsberg*, Rechtsetzung zwischen Staat und Gesellschaft, 2003; vgl. ferner die einschlägigen Monographien von *Michael*, Rechtsetzende Gewalt im kooperierenden Verfassungsstaat, 2002, und *Becker*, Kooperative und konsensuale Strukturen in der Normsetzung, 2005.

weniger den Regelungsinhalten, sondern der „Wirkkraft spezifischer Regelungsinstrumente, -techniken und -strategien“ widmet[152].

2. Vorschläge für künftige, gemeinsam formulierte Problemlösungsaufträge

Abschließend soll aus der Sicht der Verwaltungsrechtsdogmatik anhand von konkreten Beispielen illustriert werden, wie Problemstellungen und Lösungsansätze im Zusammenwirken mit Vertretern anderer Disziplinen und/oder Teildisziplinen erarbeitet werden könnten. Die Auswahl der Beispiele erfolgt rein subjektiv, d.h. primär entlang der Forschungsinteressen des Autors. Nicht selten kommt im Hinblick auf ein und denselben Gegenstand sowohl eine intra- als auch eine interdisziplinäre Öffnung in Betracht. Ziel ist nicht bereits die Formulierung von Forschungsaufträgen oder gar deren Bewältigung, sondern zu zeigen, wie im Interesse einer verstärkten Öffnung der Verwaltungsrechtsdogmatik in der zweiten Phase (und dort auf der dritten Stufe) vorzugehen wäre.

Entsprechend der oben gewonnenen Erkenntnisse zum Umgang mit Schwierigkeiten (II. 2. u. III. 1.) werden jeweils zunächst Entwicklungen im Realbereich skizziert (1). Daraus leiten sich Rechtsprobleme (2) ab, aber auch Fragen (3), die nicht unmittelbar auf den Rechtsstoff bezogen sind (sonst befände man sich in den zu IV. erörterten Konstellationen). Diese Fragen und die beobachtenden Entwicklungen wären dann einer Vertreterin oder einem Vertreter der anderen Disziplin oder Teildisziplin zu kommunizieren, woraufhin die gemeinsame Entfaltung der Problemstellung vermittels weiterer Fragen und erster Lösungsansätze in Gang käme. Dieser letzte, gleichsam vierte Schritt kann hier nur benannt, nicht aber durchgeführt werden. In Erinnerung zu rufen ist, dass bei all dem Methodentransparenz und Methodenehrlichkeit obwalten müssen, etwaige Methoden- bzw. Theorietransfers zu begründen und unterschiedliche Verwendungshorizonte sichtbar zu machen sind. Der Verwaltungsrechtler muss ferner stets etwaige Rechtsgrenzen, aber auch die Möglichkeiten zu deren Überwindung im Auge behalten.

a) Modus der Aufgabenwahrnehmung. Hier sei beispielhaft das Agieren des Staates als Unternehmer in der Parallelordnung der Wirtschaft skizziert. Sichtbare Entwicklungen im Realbereich sind die stetige Zunahme, Diversifizierung und v.a. Internationalisierung solcher Aktivitäten, und dies in einer sich verändernden außen- bzw. handelspolitischen Welt. Dabei ist nicht die Wahl der Privatrechtsform das Interessante, sondern der scheinbar beliebige Rollenwechsel zwischen Hoheitsträgerschaft und Unternehmerschaft, wie er sich bei einem Besuch der Bundeskanzlerin in China manifestiert, wenn sie diplomatische und konsularische Beziehungen pflegt, zugleich aber auch das einhundertprozentige Bundesunternehmen „Deutsche Bahn“ verkörpert, das in China Milliardeninvestitionen tätigt, wie übrigens die Bahntochter

---

[152] *Möslein*, in: Zweynert/Kolev/Goldschmidt (Hrsg.), Neue Ordnungsökonomik, 2016, S. 19ff., wenngleich mit primärem Blick auf die ökonomische Analyse des Rechts.

„Arriva“ (und mit ihm der deutsche Staat) eines der am meisten durch den Brexit betroffenen Unternehmen sein wird. Sind die Logiken des Verwaltens und der Marktteilnahme verflochten[153] oder entwickeln sie sich eher auseinander?

Die juristischen Problemstellungen zielen hier seit jeher auf die Statthaftigkeit des Ob und die Ausgestaltung des Wie; Adressaten sind die Gesetzgeber, aber auch die Verwaltung und die Unternehmensverantwortlichen, die hier in einem in der Verwaltung sonst unbekannten Ausmaß Autonomie genießen. Von der politikwissenschaftlichen Verwaltungsforschung wird dieser Modus staatlicher Aufgabenwahrnehmung bislang praktisch wie theoretisch kaum wahrgenommen[154], dabei gibt es viele Fragen, deren Beantwortung politikwissenschaftliche Kompetenz erfordert (dies immerhin lässt sich ohne politikwissenschaftliche Kompetenz feststellen): Wie ist hier das Verhältnis zwischen Politik und Verwaltung ausgestaltet (organisatorisch sowie in personeller bzw. finanzieller Hinsicht), wie lautet das Selbstverständnis der Akteure, wie die Erwartungen der Bürger bzw. Kunden, und gibt es bei all dem Unterschiede je nach Aufgabenfeldern, also policies?

b) Instrumente. Auch das Instrument des Vertrages ist durch stete Zunahme und Diversifizierung, vor allem aber durch den Einsatz in neuartigen Feldern wie der Jugendhilfe und der Integration von Zugewanderten gekennzeichnet. Dort geht es um individuelle Einzelschicksale und um in der Summe erhebliche Beträge[155]. Dies wirft jenseits der Klassiker von Statthaftigkeit und Fehlerfolgenrecht neue rechtliche Fragen auf[156], etwa die nach den Vertragsabschlusskompetenzen und dem verwaltungsinternen Kontroll- und Sanktionssystem. Bei ihrer Beantwortung könnte die Privatrechtswissenschaft, die ja über jahrhundertlange Erfahrungen mit den Verhandlungs- und Autonomielogiken von Vereinbarungen verfügt, weiterführend sein. Dieses Potenzial ist bislang, wohl auch infolge der Fixiertheit des verwaltungsrechtlichen Interesses auf den öffentlich-rechtlichen Vertrag nach §§ 54 VwVfG[157], kaum genutzt worden, obwohl in der neueren Privatrechtswissenschaft mittlerweile sogar über „Contract Governance“ geforscht wird[158]. Die Politikwissenschaft wiederum könnte

---

[153] In der Formulierung von *Schulze-Fielitz*, in: GVwR I (FN 7), § 12 Rn. 122; s. ferner *Burgi*, VerwArch 93 (2002), S. 255.

[154] Die in der ZöGU (Zeitschrift für öffentliche und gemeinwirtschaftliche Unternehmen) veröffentlichten Beiträge widmen sich zum größeren Teil den in der öffentlichen Wirtschaft auftretenden Public Management-Aspekten. Abgesehen davon sei auf *Schmitt*, dms 2011, S. 208, verwiesen.

[155] s. aus politikwissenschaftlicher Sicht *Grohs/Holtkamp*, in: Lindner (Hrsg.), Political (Re)turn: Zum Verhältnis von Jugendarbeit und Jugendpolitik, 2012, S. 177; *Grohs*, in: Sozialer Fortschritt – German Review of Social Policy 64, S. 122.

[156] Die meisten von ihnen hat bereits *Bauer*, in Hoffmann-Riem/Schmidt-Aßmann/Voßkuhle (Hrsg.), Grundlagen des Verwaltungsrechts II, 2012, § 36 Rn. 136 f., gestellt.

[157] Eine Fixiertheit, die nicht zuletzt unter europäischen und europarechtlichen Auspizien nicht zielführend erscheint; dazu *Burgi*, in: Schneider/Rennert/Marsch (Hrsg.), ReNEUAL. Musterentwürfe für ein EU-Verwaltungsverfahrensrecht, 2016, S. 182; *Athanasiadou*, Der Verwaltungsvertrag im EU-Recht, 2017.

[158] Grundlegend *Grundmann/Möslein/Riesenhuber* (Hrsg.), Contract Governance, 2015.

sich dafür interessieren, wie Verwaltungszweige organisiert sind, wenn ihre Tätigkeit ganz überwiegend im Umgang mit Verträgen besteht, in welchen Verfahrensabläufen dies geschieht und ggf. unter Einsatz welcher spezifischen Expertise welchen Personals. Dazu gehört wiederum das Thema Transparenz versus Geheimhaltung [vgl. zu ihm bereits IV. 1. c)].

c) Organisation. Lediglich hingewiesen sei zunächst darauf, dass die bereits eingeleiteten bzw. zu erwartenden Veränderungen in der sog. Sicherheitsarchitektur bzw. in der organisatorischen Aufstellung der mit der Integration vormaliger Flüchtlinge befassten Stellen (BAMF, Länderbehörden, Kommunen, sog. Dritter Sektor, Selbsthilfeorganisationen, private Träger etc.)[159] interessante Perspektiven für gemeinsame Forschungsprojekte mit Politikwissenschaftlern eröffnen.

Etwas ausführlicher sei ein bereits von der DFG bewilligtes intradisziplinäres Forschungsprojekt skizziert[160], dessen Ausgangspunkt nicht bei der Organisation der staatlichen Verwaltung, sondern bei einer neueren Entwicklung im privatrechtlich verfassten Teil des Realbereichs liegt, die dann aber auch eine Herausforderung für das Verwaltungsrecht bildet. Gemeint ist die Nachhaltigkeits-Zertifizierung von Unternehmen, also von privatwirtschaftlichen Organisationen als solche, nicht „lediglich" von Produkten oder Dienstleistungen. In den USA haben solche „good companies" bereits rapide an Bedeutung gewonnen. Dort etablierte sich ein Zertifizierungsregime, das Kapitalgesellschaften, die bestimmte soziale und ökologische Standards erfüllen, den Status einer „Certified B Corporation" (nachfolgend: B Corp)[161] verleiht. Unternehmen, die jenes Zertifikat erlangen wollen, müssen sich dem sog. B Impact Assessment unterziehen; als Zertifizierungs- und Regulierungsstelle fungiert eine ihrerseits private, gemeinnützige Organisation. Angestoßen durch diese Zertifizierungspraxis haben zahlreiche US-amerikanische Einzelstaaten für Unternehmen, die sowohl gemeinwohl- als auch gewinnorientiert agieren, inzwischen sogar eine neuartige Rechtsform in ihren Gesellschaftsrechten verankert, die sog. Benefit Corporation[162]. Die Zertifizierung verbreitet sich inzwischen weit über die USA hinaus, namentlich auch in Deutschland. Nach aktuellem Stand zählt man in 41 verschiedenen Ländern 1257 solcher Gesellschaften, einige davon börsennotiert. Zu den in Deutschland tätigen „B Corps" zählen beispielsweise die Triodos Bank N.V. Deutschland und der Suchmaschinenbetreiber Ecosia GmbH. Parallel dazu gibt es auf der Ebene der EU und einzelner Mitgliedstaaten erste rechts-

---

[159] s. dazu unter dem Titel „Die Rolle von Self-Governance für eine gemeinschaftliche Handhabung der Flüchtlingssituation" *Morner/Misgeld*, Verwaltung und Management 2012, S. 137; *Burgi*, DVBl. 2016, S. 1015 f.

[160] Unter dem Titel „Zertifizierung nachhaltiger Kapitalgesellschaften: ‚Good Companies' im Schnittfeld von Markt und Staat" (Projektleiter *Burgi/Möslein*; nähere Informationen im Informationssystem der DFG.

[161] s. *Honeyman*, The B Corp Handbook, 2014; ferner *Momberger*, Social Entrepreneurship, 2015; *Sorensen/Neville*, EBOR (European Business Organization Law Review) 15 (2014), S. 267.

[162] s. dazu eingehend *Möslein/Mittwoch*, RabelsZ 80 (2016), S. 399.

politische Ansätze zur Verbesserung des Umfelds für „soziales Unternehmertum“, u. a. eine entsprechende „Initiative“ der EU-Kommission in Form einer Mitteilung aus dem Jahre 2011[163].

In diesem Schnittfeld von Gewinnmaximierung und Gemeinwohlorientierung stellt sich die von vornherein intradisziplinär entfaltete Forschungsfrage nach der funktionalen und rechtlichen Bewertung eines solchen Zertifizierungsregimes. Dabei gilt es vor allem zu bedenken, dass Zertifizierung zwar ein neuartiges Regelungsinstrument darstellt, als solches aber auf vielfältige Art und Weise mit dem geltenden Rechtsrahmen interagiert. Angesichts der raschen Zunahme der „B Corps“ und im Bewusstsein des Siegeszuges der gleichermaßen aufgrund privater Initiative etablierten Rechnungslegungsstandards, die ebenfalls mit ursprünglich US-amerikanischem Ausgangspunkt in wenigen Jahren die herkömmlichen Bilanzierungsregeln des Handelsgesetzbuchs verdrängt haben[164], erscheint die vertiefte und intradisziplinäre rechtswissenschaftliche Auseinandersetzung mit jenem Phänomen und seinen Perspektiven innerhalb des europäischen und deutschen Regelungskontexts indiziert.

Dabei muss zunächst der Rechtsrahmen des Zertifizierungsregimes erfasst werden, um sodann die Wechselwirkungen mit anderweitig, insbesondere gesetzlich formulierten Nachhaltigkeitsvorgaben untersuchen zu können. Basierend hierauf kann ein funktionaler Vergleich alternativer Mechanismen zur Verbesserung von Nachhaltigkeit (etwa: staatliche Überwachung, gesetzlich angeordnete Organisationspflichten, Gemeinnützigkeitsstatus etc.) unternommen werden. Schließlich ist nach den Möglichkeiten und der etwaigen Notwendigkeit der Etablierung eines künftigen europäischen oder mitgliedstaatlichen Zertifizierungsregimes für „good companies“ zu fragen, bevor dessen Bausteine im Verhältnis zwischen dem Staat und der privaten Zertifizierungsstelle und zwischen dieser und den zertifizierten Unternehmen beschrieben werden.

d) Verfahren und Rechtsschutz. Nicht wenige Forschungsprojekte dürften sich schließlich aus Anlass von Entwicklungen im Realbereich der bislang vergleichsweise seltener gemeinsam beackerten Feldern von Verfahren und Rechtsschutz formulieren lassen. So erscheint mit Blick auf das Privatrecht etwa die vergleichende Analyse einzelner Verfahrenselemente bis hin zu einer übergreifenden Verfahrenstheorie vielversprechend[165], ebenso auf der Ebene des Rechtsschutzes ein Stärken-Schwächen-Vergleich je Sachmaterie, z. B. betreffend das Regulierungsrecht anhand von

---

[163] *Europäische Kommission*, Mitteilung zur Initiative für soziales Unternehmertum – Schaffung eines "Ökosystems" zur Förderung der Sozialunternehmen als Schlüsselakteure der Sozialwirtschaft und der sozialen Innovation vom 25. 10. 2011, KOM (2011) 682 endg.

[164] s. insoweit die Beiträge in *Kleindiek/Oehler* (Hrsg.), Die Zukunft des deutschen Bilanzrechts im Zeichen internationaler Rechnungslegung und privater Standardsetzung, 2000; *Asche*, Europäisches Bilanzrecht und nationales Gesellschaftsrecht, 2007, S. 97 ff., sowie bereits V. 1.

[165] Damit befasst sich in neuerer Zeit insb. *Reimer*, Verfahrenstheorie, 2015; s. *dens.* Die Verwaltung 50 (2017) Heft 3 (i.E.).

Parametern wie Effektivität und Verfahrensdauer, ökonomische Beurteilungskompetenz der Spruchkörper[166] oder Umgang mit extrajuridischem Wissen[167].

Mit Blick auf die Politikwissenschaft harren die neueren Verfahrensarten der empirischen bzw. qualitativen Begutachtung, etwa die Verteilungsverfahren oder die Kontroll- und Aufsichtsverfahren innerhalb der Verwaltungsorganisation. Auf der Ebene des Rechtsschutzes könnten die Durchdringung der Organisationsstrukturen der Gerichte und/oder der Verfahrensabläufe bei Gerichten derselben[168] bzw. verschiedener Gerichtsbarkeiten interessante Impulse liefern, die dann wiederum Anlass für neue juristische Fragestellungen oder neue Antworten zu herkömmlichen Fragen zu liefern in der Lage wären.

VI. Fazit: … außer man tut es

Es ist viel mehr an Öffnung möglich als bislang erfolgt, und zwar v. a. auf der besonders interessanten dritten Stufe. Dies kann geschehen, ohne das eigene Fach in Frage stellen zu müssen und als zusätzliche Perspektive. Intra- und Interdisziplinarität sind nutzbringender als oftmals gedacht und sind mit weniger Schwierigkeiten verbunden als oftmals befürchtet. Stürzen wir uns also in die zweite Phase der Öffnung, denn viele Probleme harren einer erstmaligen oder besseren Lösung.

Abstract

Intradisciplinarity and Interdisciplinarity as a Perspective of Administrative Law Scholarship

The article is based on the observation that there is a gap between theoretical reflections on the intra- and interdisciplinary openness of administrative law scholarship on the one hand, and its realization in terms of concrete research projects on the other hand. The author wishes to propel scholarship to this „second phase“, by identifying both problems and enablers of intra- and interdisciplinary research, and by giving examples of possible gains of such research. Despite its dogmatic approach, administrative law scholarship needs to be able and willing to take account of the empirical contexts of the law and of other (sub-)disciplines conducting research in

---

[166] Erste Ansätze hierzu im Regulierungsrecht bei *Franke*, Die Verwaltung 49 (2016), S. 25 (51 ff.). Grundlegend zur „Eigenart des verwaltungsgerichtlichen Rechtsschutzes“ die gleichnamige Habilitationsschrift von *Nolte*, 2015.

[167] Der Beitrag von *Nolte*, in: Extrajuridisches Wissen (FN 8), S. 241, befasst sich ausschließlich mit dem verwaltungsgerichtlichen Verfahren.

[168] Zum Wandel der Gerichtsorganisation und der Gerichtsverwaltung in neuerer Zeit siehe nur *Wittreck*, Die Verwaltung der Dritten Gewalt, 2006; *Brosius-Gersdorf*, VVDStRL 74 (2015), S. 169 (205 ff.) m.w.N.

these areas. This can be accomplished by either reflecting, or adopting the results of other disciplines or by way of joint research.

With regard to possible barriers or enabling factors, the author recommends choosing specific real-life problems as objects of joint research. Moreover, he argues that the personal and institutional setting of research needs to be designed so as to encourage intra- and interdisciplinary dialogue.

From the administrative law perspective, the motivation for intra- and interdisciplinary research can either result from legal requirements or from pure academic interest. The author gives examples of a legal motivation for intradisciplinary research in the intersection between public and private law as well as examples of mandatory interdisciplinary cooperations with scholars from political science.

Finally, the author develops several major topics of research in the fields of political science and private law which could be eligible for intra- and interdisciplinary work. He also suggests a number of contemporary issues of administrative law that could be interesting for other disciplines, such as: commercial activities of the state as a distinct mode of administration; public contracts as an increasingly used and diversified instrument of public authorities; and new forms of "regulated self-regulation".

II. Die „Neue Verwaltungsrechtswissenschaft" – Problem oder Lösung?

Die „neue Verwaltungsrechtswissenschaft" – Problem oder Lösung

Innovation durch Kanonisierung?

Von Michael Fehling, Hamburg

I. Zwischen inhaltlicher Neuausrichtung und Wissenschaftsmarketing

Über die neue Verwaltungsrechtswissenschaft wird auf zwei Ebenen diskutiert: einer begrifflichen und einer inhaltlichen.

Zum einen geht es, an Bezeichnung und Selbstbeschreibung ansetzend, um den Neuigkeitsanspruch des Reformansatzes[1] und dessen Vermarktung im Wissenschaftssystem – oder auch: um dessen Kanonisierung. Das plakative Marketing hat sowohl positive als auch negative Seiten. Geschickt generiert es Aufmerksamkeit (ein bekanntlich auch in der Wissenschaft knappes und hart umkämpftes Gut) und befördert so die immer wieder notwendige Kontroverse über die Grundlagen des Faches. In der Tradition der „großen Erzählungen"[2] regt die Zuspitzung zur Reflexion der disziplinären Identität an. Von einigen Kritikern wird freilich das großgeschriebene „N" in der „Neuen Verwaltungsrechtswissenschaft" als anmaßend empfunden, als „avantgardistische[r] Habitus", der eine wissenschaftliche Zeitenwende suggerierent[3]. Die gelegentlich anzutreffenden „von-zu"-Charakterisierungen wecken bei manchen die Assoziation eines primär „wissenschaftssoziologische[n] Distinktionsprojekts"[4]. Ein näherer Blick in die Beschreibungen des Reformanliegens vermag diese Befürchtungen zwar weitgehend zu zerstreuen. Im Zentrum steht das Anliegen, Aufmerksamkeitsverschiebungen plakativ deutlich zu machen. Allerdings bleibt die Ausflaggung ein Stück weit missverständlich.

---

[1] Zur Semantik des „Neuen" in diesem Zusammenhang instruktiv *Schuppert*, AöR 133 (2008), S. 79 (91 ff.).

[2] *Bumke*, in: Schmidt-Aßmann/Hoffmann-Riem (Hrsg.), Methoden der Verwaltungsrechtswissenschaft, 2004, S. 73 (103).

[3] So neben *Rixen* auch *Wahl*, Herausforderungen und Antworten: Das Öffentliche Recht der letzten fünf Jahrzehnte, 2006, S. 89.

[4] Beides *Rixen*, Die Verwaltung 42 (2009), S. 309 (311).

Weit wichtiger als diese Marketingaspekte erscheint mir die andere Frage nach den Inhalten und deren Überzeugungskraft. Nur mit Blick auf den sachlichen Gehalt lässt sich zudem einschätzen, was und wieviel wirklich neu ist an der neuen Verwaltungsrechtswissenschaft. Insoweit soll gezeigt werden: Die neue Verwaltungsrechtswissenschaft ist weder eine homogene Schule noch ein fertiges, in sich geschlossenes Theoriegebäude[5]. Vielmehr handelt es sich um eine erweiterte Perspektive auf das Verwaltungsrecht und die Verwaltungsrechtswissenschaft, die auf Weiterentwicklung angelegt und für eine beachtliche Spannbreite von (auch politischen) Präferenzen offen ist.

Am Anfang dieses Beitrags steht eine Vergewisserung dessen, was die neue Verwaltungsrechtswissenschaft ausmacht. Da dies jedoch schon oft beschrieben worden ist, soll hier ein nur Aspekt, nämlich die interne Pluralität und Entwicklungsoffenheit, besonders hervorgehoben werden (II.). Sodann gilt die Aufmerksamkeit inhaltlichen Scheinproblemen und realen Problemen des Reformansatzes, wobei ich angesichts des reichhaltigen Schrifttums nur wenige, aus meiner Sicht zentrale Gesichtspunkte herausgreife (III.). Ein Schwerpunkt soll schließlich auf Perspektiven der künftigen Weiterentwicklung des Reformansatzes liegen (IV), die bislang noch weniger in den Blick genommen worden sind.

II. Charakteristika der neuen Verwaltungsrechtswissenschaft im Spiegel der Kritik

Anders als von manchen Kritikern und Befürwortern suggeriert, steht hinter der neuen Verwaltungsrechtswissenschaft keine geschlossene Reformfraktion. Vielmehr findet sich eine beträchtliche Bandbreite von unterschiedlichen Akzentsetzungen. Eine große Zahl von Wissenschaftlern lässt sich ohnehin keinem der „Lager“ eindeutig zuordnen, sondern hält bestimmte Aspekte der neuen Denkrichtung für überzeugend und andere weniger[6].

Personell zeigt sich dies bereits an der Pluralität des Teilnehmerkreises der Reformtagungen[7] und der Autoren der „Grundlagen des Verwaltungsrechts“[8]. Schon unter den Initiatoren Anfang der 1990er Jahre fanden sich unterschiedliche Heran-

---

[5] Insoweit zutreffend *Schaefer*, Die Umgestaltung des Verwaltungsrechts, 2016, insb. S. 13 f.

[6] Als Beispiele können *Kahl*, Die Verwaltung 42 (2009), S. 463 (491 ff.), und *Schoch,* Die Verwaltung, Beiheft 7, 2007, S. 177 (203) dienen, die ergänzend einen Steuerungsansatz befürworten und auch eine verstärkte Berücksichtigung des Realbereichs für wünschenswert erachten, aber um die Eigenständigkeit der juristischen Dogmatik fürchten.

[7] Veröffentlicht in der Nomos-Schriftenreihe zur „Reform des Verwaltungsrechts“, 10 Bände 1993–2004.

[8] s. *Schulze-Fielitz*, in: Funke/Krüper/Lüdemann (Hrsg.), Konjunkturen in der öffentlichrechtlichen Grundlagenforschung, 2015, S. 157 (188); vgl. auch *Schmidt-Aßmann*, in: Hoffmann-Riem, Offene Rechtswissenschaft, 2010, S. 1011 (1022).

gehensweisen, wenn namentlich *Schuppert* die Verwaltungswissenschaft[9], *Schmidt-Aßmann*[10] und *Hoffmann-Riem*[11] dagegen das allgemeine Verwaltungsrecht ins Zentrum der Betrachtung und Systembildung rückten.

Der Reformkreis definierte sich primär durch die Bereitschaft, Überkommenes kritisch auf den Prüfstand zu stellen. Man richtete sich gegen „die von der traditionellen Verwaltungsrechtswissenschaft stillschweigend in Anspruch genommene Definitionsmacht über die dogmatische Normalsituation"[12]. Weniger eine konkrete rechtspolitische Agenda stand im Vordergrund als die Anerkennung von grundsätzlichem Reformbedarf und eine neue methodisch-analytische Perspektive[13]. Gruppenbildenden Charakter hatte zunächst die Kennzeichnung als „Steuerungswissenschaft", der Terminus „Neue Verwaltungsrechtswissenschaft" fand sich wohl erstmals im „Methodenband"[14] und rückte erst mit *Voßkuhles* Einführungsbeitrag in den „Grundlagen des Verwaltungsrechts"[15] in den Mittelpunkt[16]. Diese Kennzeichnung bleibt insoweit ambivalent, als sie einerseits gegenüber der Fokussierung auf Steuerung eine begriffliche Öffnung bedeutet[17], andererseits aber auch zu einer gewissen Kanonisierung beiträgt[18].

Im Ausgangspunkt sind sich die Reformer einig, dass es um eine Perspektivenerweiterung[19] geht, um eine „Verbreiterung der Themen- und Fragestellungen"[20], nicht aber darum, den tradierten Blickwinkels auf das Verwaltungsrecht komplett zu verwerfen[21]. Insbesondere soll die Handlungs- und Entscheidungsorientierung die tra-

---

9 Paradigmatisch *Schuppert*, Verwaltungswissenschaft, 2000, insb. S. 44 ff., 278.

10 Paradigmatisch *Schmidt-Aßmann*, Das allgemeine Verwaltungsrecht als Ordnungsidee, 2. Aufl. 2004 (1. Aufl. 1998).

11 Grundlegend *Hoffmann-Riem*, AöR 115 (1990), S. 400 ff.

12 *Schmidt-Aßmann*, VVDStRL 67 (2007), S. 340.

13 Von „methodische[r] Neuausrichtung" spricht *Schuppert*, AöR 133 (2008), S. 79 (95 ff.), von einem „Denkertal" *Christensen/Hanschmann*, JöR 65 (2017), S. 485 (490).

14 Dort verwendet von *Bumke*, in: Methoden (FN 2), S. 73 (103), und *Hoffmann-Riem*, ebd., S. 9 (13).

15 *Voßkuhle*, in: Hoffmann-Riem/Schmidt-Aßmann/Voßkuhle (Hrsg.), Grundlagen des Verwaltungsrechts, Bd. 1, 2. Aufl. 2012, § 1 Rn. 1, dort in Anlehnung an die Proklamation einer „Neuen Staatswissenschaft".

16 Zur Entwicklung *Schulze-Fielitz*, in: Konjunkturen (FN 8), S. 157 (186 ff.); vgl. auch *Treiber*, KJ 40 (2007), S. 328 (341 ff.); auf die Beiträge von Hoffmann-Riem bezogen *Schmidt-Aßmann*, in: Offene Rechtswissenschaft (FN 8), S. 1011 (1015).

17 So *Voßkuhle*, in: GVwR I (FN 15), § 1 Rn. 1, Fn. 17: „Steuerungsgedanke nur ein (zentrales) Element in einem methodischen Ensemble".

18 Diese Stoßrichtung wird nicht zuletzt durch die bewusst gesuchte Parallele zu als „neu" apostrophierten Richtungen in Nachbarwissenschaften deutlich (z. B. „Neue Institutionenökonomik", „Neue Poliotische Ökonomie" usw.).

19 *Eifert*, VVDStRL 67 (2007), S. 286 (274); ähnlich *Bumke*, JZ 2014, S. 641 (644).

20 *Bumke*, in: Methoden (FN 2), S. 73 (104, vgl. auch 126).

21 *Eifert*, VVDStRL 67 (2007), S. 286 (314 ff.): „keine exklusiven Zugriffe", „produktive Nutzung der Unterschiede".

ditionelle rechtsakt- und rechtschutzzentrierte Perspektive nicht ersetzen, sondern ergänzen[22]. In welchem Umfang die Schwerpunkte der Betrachtung verlagert werden sollten[23], gar eine „methodische Neuausrichtung" notwendig sei[24], wird auch unter den mit der neuen Verwaltungsrechtswissenschaft sympathisierenden Wissenschaftler durchaus unterschiedlich gesehen. Vor diesem Hintergrund sollte man die vielzitierte Charakterisierung des Reformansatzes als Übergang „von einer rechtsanwendungsbezogenen Interpretationswissenschaft zur rechtssetzungsorientierten Handlungs- und Entscheidungswissenschaft"[25] nur als Kennzeichnung einer gewissen Schwerpunktverschiebung verstehen[26]. „Überscharfe Kontrastierungen von einerseits normativ-dogmatischer und andererseits interdisziplinärer Verwaltungsrechtswissenschaft" stehen jedenfalls in der Gefahr, „fruchtbare Verknüpfungsmöglichkeiten [zu verschenken]"[27].

Die relative Offenheit des Konzepts wird schließlich auch daran deutlich, dass es sich aus verschiedenen Bausteinen zusammensetzt, die sich nach individueller Präferenz unterschiedlich gewichten lassen[28]. Die neue Verwaltungsrechtswissenschaft arbeitet mit Skalierungen, Schlüsselbegriffen und Leitbildern, die notwendig und programmatisch eine gewisse Unschärfe[29] aufweisen und vielfältige Kombinations-

---

[22] Statt vieler *Schmidt-Aßmann*, Ordnungsidee (FN 10), Rn. 1/33; *Bumke*, in: Methoden (FN 2), S. 73 (103 f., vgl. auch 127 f.); *Appel*, VVDStRL 67 (2007), S. 228 (253); auf die „juristische Methode" bezogen *Voßkuhle*, BayVBl. 2010, S. 581 (589); *Schmidt-Aßmann*, Verwaltungsrechtliche Dogmatik, 2013, S. 21; auch *Ossenbühl*, Die Verwaltung 40 (2007), S. 125 (130); *Jestaedt*, in: Engel/Schön (Hrsg), Das Proprium der Rechtswisschenschaft, 2007, S. 241 (261).

[23] *Voßkuhle*, in: GVwR I (FN 15), § 1 Rn. 71, vgl. auch Rn. 11: „Ergänzung und teilweiser Ablösung"; von unterschiedlicher „Aufmerksamkeitsverteilung" oder „Akzenten" spricht *Eifert*, VVDStRL 67 (2007), S. 286 (301 ff.); von einem „bloßen Nebeneinander" dagegen *Appel*, VVDStRL 67 (2007), S. 228 (256).

[24] *Voßkuhle*, in: GVwR I (FN 15), § 1, Überschrift vor Rn. 15.

[25] *Voßkuhle*, in: GVwR I (FN 15), § 1 Rn. 15; genauer (beides „zugleich") *Schmidt-Aßmann*, Ordnungsidee (FN 10), Rn. 1/46. Weitere „von-zu" Charakterisierungen etwa bei *Hoffmann-Riem*, DÖV 1997, S. 433 ff.

[26] Besonders deutlich *Schuppert*, AöR 133 (2008), S. 79 (98 f.); vgl. auch *Schmidt-Aßmann*, in: Offene Rechtswissenschaft (FN 8), S. 1011 (1018). Schon die Reine Rechtslehre und weite Teile der Methodenlehre betonen, dass es keinen kategorialen Unterschied zwischen Rechtsanwendung und Rechtssetzung gibt, darauf hinweisend *Appel*, VVDStRL 67 (2007), S. 228 (256, Fn. 103); *Möllers*, in: GVwR I (FN 15), § 3 Rn. 33 mit Verweis auf *Merkl*, Die Lehre von der Rechtskraft entwickelt aus dem Rechtsbegriff, 1923, S. 81 ff.

[27] *Pauly*, in: von Bogdandy/Cassese/Huber (Hrsg.), Handbuch Ius Publicum Europaeum, Bd. IV, Verwaltungsrecht in Europa: Wissenschaft, 2011, § 58 Rn. 23.

[28] Vgl. *Eifert*, VVDStRL 67 (2007), S. 286 (299).

[29] *Rixen*, Die Verwaltung 42 (2009), S. 309 (312), bemerkt, dass Leitbegriffe „einmal offenbar [...] dem geltenden Recht einen neuen Sinn verleiten, ein andermal das geltende Recht als defizitär ausweisen und auf ein besseres Verwaltungsrecht de lege ferenda ausrichten [sollen]". Unschärfe mangels klar konturierter Gegenbegriffe statuiert *Möllers*, VerwArch 93 (2002), S. 22 (35 f.).

möglichkeiten zulassen[30]. Somit ist es in der Sache nicht ganz falsch, wenn der Reformansatz beschrieben wird als „in sich facettenreich" und „changierend" zwischen „einem heuristischen, eher auf rechtspolitische Veränderung abzielenden Charakter und einem dogmatischen, auf ein analytisch schärferes Verständnis des geltenden Rechts abzielenden Ton"[31]. Dies muss jedoch nicht notwendig ein Defizit sein. Wenn man sich die Dynamik und Kontextabhängigkeit von Verwaltungsrecht und Verwaltungsrechtswissenschaft auf die Fahnen schreibt, muss der wissenschaftliche Ansatz beweglich ausgestaltet werden, um auch künftige Veränderungen analytisch einfangen zu können. Der Reformansatz ist auf weit höherer Abstraktionsebene verortet als die klassische Rechtsdogmatik[32]. Als Gegengewicht dient die Arbeit in Referenzgebieten. Vor allem in der dortigen bereichsspezifischen Konkretisierung kann und muss der neue Ansatz den Belastungstest bestehen. Demgegenüber lässt sich sinnvolle Kritik auf abstrakt-konzeptioneller Ebene konsequenterweise auch nur auf allgemeinere Grundannahmen der Reformer ausrichten.

Im Übrigen weisen viele Bausteine der neuen Verwaltungsrechtswissenschaft durchaus Vorläufer in der früheren Diskussion auf, etwa die wirklichkeitsorientierte Betrachtung unter Einbeziehung der Sozialwissenschaften betreffend[33]. Dies ist indes keine Anomalie und taugt nicht für eine Abwertung[34]. In einem veränderten Kontext gewinnt scheinbar Bekanntes oftmals und auch hier eine teilweise andere Bedeutung. In der Terminologie der Innovationsforschung[35] formuliert: In der Gesamtschau teilweise vertrauter Aspekte und einer neuartigen Kombination mit der Steuerungsperspektive liegt keine bloße Invention, allerdings auch keine Basisinnovation, sondern eine inkrementelle Innovation[36]. Wie meist[37] bleibt auch rechtswissenschaftliche Innovation hier pfadabhängig, besitzt aber dennoch das Potential zur Eröffnung neuer Pfade.

Um die Akzentverschiebungen, welche die neue Verwaltungsrechtswissenschaft mit sich bringt, aus dem Blickwinkel der Verfassung auf den Punkt zu bringen, bietet

---

[30] Ähnlich *Pauly*, in: IPE IV (FN 27), § 58 Rn. 20.

[31] *Rixen*, Die Verwaltung 42 (2009), S. 309 (312).

[32] Wohl anders *Eifert*, VVDStRL 67 (2007), S. 286 (306), allerdings mit Rekurs auf ein Referenzgebiet.

[33] Zu diesem und weiteren Beispielen *Schaefer*, Umgestaltung (FN 5), S. 86 ff., allerdings die Parallelen zu *Forsthoff* überzeichnend.

[34] Tendenziell anders wohl *Wahl*, Herausforderungen (FN 3), S. 92 ff.

[35] Zu den folgenden Begriffen *Hoffmann-Riem*, Die Verwaltung 38 (2005), S. 145 (155) im Anschluss an *Schumpeter*, Theorie der wirtschaftlichen Entwicklung, 6. Aufl. 1964 (unveränderter Nachdruck der 4. Aufl. 1934), S. 100 ff.; *Hoffmann-Riem*, Innovation und Recht – Recht und Innovation, 2016, insb. S. 205 f.

[36] Vgl. *von Arnauld*, in: Funke/Lüdemann (Hrsg.), Öffentliches Recht und Wissenschaftstheorie, 2009, S. 65 (102): Evolution, keine Revolution.

[37] Vgl. allgemein *Hoffmann-Riem*, Innovation (FN 35), S. 206, 213 ff.; für einen speziellen Fall (Open Access-Publikation) *Fehling*, in: Hoffmann-Riem (Hrsg.), Innovationen im Recht, 2016, S. 337 (350).

sich folgende idealtypische Unterscheidung an[38]: Während die deutsche Verwaltungsrechtswissenschaft traditionell primär rechtsstaatsorientiert war[39], mit besonderer Akzentuierung des gerichtlichen Rechtsschutzes, gerät bei den Reformern nunmehr verstärkt die demokratische Komponente in den Fokus, weil mit der Handlungs- und Steuerungsperspektive die Gestaltungsmöglichkeiten von Gesellschaft durch und aus Sicht der Verwaltung betont werden. Allerdings sollte diese Gegenüberstellung mit Vorsicht verwendet werden, um nicht in einen *Schmitt*schen Antagonismus von Rechtsstaat und Demokratie[40] abzugleiten; es geht selbstverständlich nicht um die Ablösung des einen Prinzips durch das andere, sondern um eine veränderte Aufmerksamkeitsverteilung. Dennoch scheint mir gerade hier der politische „Zündstoff"[41] in der Kontroverse um die neue Verwaltungsrechtswissenschaft zu stecken. Während der eine vor den „expansiven Tendenzen der Demokratie, Gemeinwohlfragen möglichst umfassend demokratisch […] entscheiden – […] steuern – zu wollen"[42], warnt, weil er darin eine Gefahr für die individuelle Freiheit sieht, wird ein anderer[43] gerade in erweiterter demokratischer Steuerung ein unverzichtbares Instrument zur Begrenzung gesellschaftlicher und individueller (Ausbeutungs-) Macht erblicken. Allerdings lässt sich die neue Verwaltungsrechtswissenschaft keineswegs auf eine derart emanzipatorisch-„linke" Agenda festlegen und reduzieren; auch beim Demokratieverständnis zeigt sich die innere Pluralität des Reformlagers. Zwar plädiert man dort tendenziell für die Abkehr von einem statischeren, allein auf Legitimationsketten fixierten Demokratiemodell und für die Hinwendung zu einem flexibleren, am Legitimationsniveau orientierten Verständnis[44]. Dieses flexibilisierte Demokratiemodell ist jedoch nicht nur für eine emanzipatorische, sondern ebenso für eine eher technokratische Deutung offen. Dies zeigt nicht zuletzt die Kontroverse um „Output-Legitimation"[45]. Jedenfalls lässt die demokratische, aber zugleich auch

---

[38] Vorsichtig angedeutet bei *Schaefer,* Umgestaltung (FN 5), S. 121.

[39] *Voßkuhle*, in: GVwR I (FN 15), § 1 Rn. 8, unter Verweis auf *Stolleis*, in: Simon (Hrsg.), Rechtswissenschaft in der Bonner Republik, 1994, S. 227 (236 ff.); zu dieser ersten Phase der Nachkriegsentwicklung des öffentlichen Rechts in Deutschland *Wahl*, Herausforderungen (FN 3), S. 16 ff.

[40] Vgl. *Schmitt*, Verfassungslehre, 1928, S. 123 ff. bzw. S. 221 ff, zur Mischung S. 200 ff.; dazu kritisch *Hesse*, Grundzüge des Verfassungsrechts der Bunderepublik Deutschland, 20. Aufl. 1999, Rn. 274 ff.

[41] Zu diesem Bild bei Innovationen im Recht *Baer*, in: Innovationen im Recht (FN 37), S. 271 (287 f.).

[42] *Gärditz*, Hochschulorganisation und verwaltungsrechtliche Systembildung, 2009, S. 183.

[43] Beispielsweise der *Verfasser.*

[44] Repräsentativ *Trute*, in: GVwR I (FN 15), § 6 insb. Rn. 14, 56 ff.; vorsichtiger *Schmidt-Aßmann*, Ordnungsidee (FN 10), Rn. 2/80, 2/90 f.; *Eifert*, JöR 65 (2017), S. 457 (464 ff.). Dies nähert sich, zusammen mit der Kontroverse um Output-Legitimation, der von *Möllers*, VerwArch 93 (2002), S. 22 (31 ff.) vermissten Rezeption von Demokratietheorie wenigstens an, mehr Übereinstimmung ist dazu auch unter den Reformern kaum zu erzielen.

[45] Vgl. nur, auf die europäische Ebene bezogen, *Scharpf*, Regieren in Europa, 1999, S. 20 ff.; *Peters*, Elemente einer Theorie der Verfassung Europas, 2001, insb. S. 521 ff., 577 ff.,

rechtsstaatliche Einbettung des Reformansatzes jegliche Vergleiche mit Forderungen aus der NS-Zeit nach einer neuen Verwaltungslehre von vornherein als abwegig erscheinen[46].

Weitere, in der einen oder anderen Weise mit Rechtsstaat und Demokratie verbundene Schlüsselbegriffe und Leitideen der neuen Verwaltungsrechtswissenschaft lassen sich ebenfalls politisch ganz unterschiedlich interpretieren und handhaben. Die Betonung staatlicher Gewährleistungsverantwortung[47] kann einerseits als Ausweitung der staatlichen Verantwortung zu Lasten privater (Wirtschafts-)Freiheit[48], andererseits aber im Privatisierungskontext auch als Rückzug des Staates aus einer zuvor weiterreichenden Erfüllungsverantwortung[49] verstanden werden. Ähnliches gilt für „regulierte Selbstregulierung“, weil man den Akzent entweder auf Deregulierung oder Re-Regulierung zu setzen vermag. Vor diesem Hintergrund lässt sich die neue Verwaltungsrechtswissenschaft eben nicht pauschal in einem bestimmten politischen „Lager“ verorten.

III. Scheinprobleme und reale Probleme

Betrachtet man einige zentrale inhaltliche Kritikpunkte an der neuen Verwaltungsrechtswissenschaft genauer, so beruhen manche auf Missverständnissen, bei einigen handelt es sich allerdings um tatsächlich problematische Aspekte.

1. Mythen

Drei Einwände, die im Folgenden näher betrachtet werden sollen, thematisieren, jeder aus etwas anderem Blickwinkel, die Sorge vor einer methodischen Entgrenzung und damit vor dem Verlust des Selbststandes der Verwaltungsrechtswissenschaft. Dadurch drohe das Verwaltungsrecht zum Spielball außerjuristischer (politi-

---

623 ff.; *Schliesky*, Souveränität und Legitimität von Herrschaftsgewalt, 2004, insb. S. 601 ff., 659 ff.

[46] Beiläufig anerkennt dies auch *Gärditz*, in diesem Heft, S. 105 (115, 125), nachdem er zuvor doch immer wieder Parallelen angedeutet hatte, vgl. ebd, S. 118 f., 121. Auf Attribute wie „neu“ oder auf die Forderung nach mehr Wirklichkeitsbezug dürfen NS-Verwaltungsrechts„reformer“ gewiss kein Monopol beanspruchen.

[47] Statt vieler *Voßkuhle*, VVDStRL 62 (2003), S. 266 (304 ff.); zurückgehend auf *Schmidt-Aßmann*, in: Hoffmann-Riem/Schmidt-Aßmann/Schuppert (Hrsg.), Reform des allgemeinen Verwaltungsrechts – Grundfragen, 1993, S. 11 (43).

[48] Kritisch *Schaefer*, Umgestaltung (FN 5), insb. S. 415; andere Tendenz aber S. 83 f.

[49] So besonders deutlich *Franzius*, Gewährleistung im Recht, 2009, S. 683; der Sache nach auch *Schulze-Fielitz*, in: GVwR I (FN 15), § 12 Rn. 158 ff.; *Voßkuhle*, VVDStRL 62 (2003), S. 266 (304 ff.). Demgegenüber die Gewährleistungsverantwortung als Oberbegriff deutend, der dem Staat die Wahl zwischen Beaufsichtigung Privater und Eigenerbringung offenlässt, *Fehling*, in: Hochhuth (Hrsg.), Rückzug des Staates und Freiheit des Einzelnen, 2012, S. 93 ff.

scher) Interessen zu werden. Diese Befürchtungen basieren jedoch auf unzutreffenden Vorstellungen von Inhalt und Tragweite des Reformansatzes.

a) Relativierung oder gar Auflösung der Gesetzesbindung? Manche Kritiker sehen in der der Steuerungsperspektive immanenten Folgenorientierung mit der Ausrichtung des Verwaltungshandelns auf „Sachrichtigkeit“ eine Gefahr für die rechtstaatlich konstitutive Bindung der Verwaltung an das Gesetz[50]. In dieser Allgemeinheit ist der Vorwurf leicht zu entkräften. Wie immer wieder betont, markiert die Gesetzesbindung innerhalb der Steuerungs- und Bewirkungsfunktion des Verwaltungsrechts unverändert den „Korridor zulässiger Gestaltungsoptionen“[51]. Der Steuerung bedarf es auf zwei Ebenen: Nicht nur gesellschaftlicher Subsysteme durch die Verwaltung, sondern auch der Verwaltung durch den Gesetzgeber – dies hebt gerade die Gesetzesbindung hervor[52].

Ernster zu nehmen ist die Sorge vor methodischen Entgrenzungen. Die verstärkte Einbeziehung auch außerrechtlicher Orientierungen des Verwaltungshandelns führe, zusammen mit einem unspezifischen Rekurs auf „undogmatische“ Nachbarwissenschaften, zu einer Auflösung der rechtsdogmatischen Methode. Diese sei wiederum unerlässlich für die rechtsstaatliche Bindung der Verwaltung. Richtig daran ist, dass die methodischen Implikationen der neuen Verwaltungsrechtswissenschaft für die konkrete Rechtsanwendung recht unscharf bleiben.

Erstens verhält sich der Reformansatz durchaus ambivalent zu (Gestaltungs-) Spielräumen der Verwaltung. Einerseits plädieren viele Reformer für deren Erweiterung; die traditionelle Vorstellung von einer „einzig richtigen Entscheidung“ sei aus der Steuerungs- und Handlungsperspektive schon als regulative Idee unbrauchbar[53]. Andererseits könnte das Hinzutreten außerrechtlicher normativer Orientierungen genau umgekehrt zu einem weiteren Verrechtlichungsschub führen, wenn sie für Gesetzesauslegung und Ermessensausübung nutzbar gemacht werden[54]. Wie weit dies aber der Fall sein soll, bleibt ein Stück weit offen; die außerjuristischen Maßstäbe oszillieren zwischen bloßen „Klugheitsregeln“ und normativer Verfestigung[55].

Zweitens löst sich der Reformansatz im Übergang von der rechtsaktbezogenen zur verhaltensbezogenen Perspektive von der tradierten binären Logik mit zweiwertigen Gegenüberstellungen (wie namentlich rechtmäßig/rechtswidrig) und kommt zu einer dreiwertigen Logik wie z. B. „rechtmäßig/rechtswidrig/unbestimmt“ oder auch „sachrichtig“, genauer vielleicht zweistufig zu konstruieren als „zweckmäßig/unsi-

[50] Etwa *Grzeszick*, Die Verwaltung 42 (2009), S. 105 (115 ff.).

[51] *Hoffmann-Riem*, in: GVwR I (FN 15), § 10 Rn. 67, 114; *Franzius*, ebd., § 4 Rn. 32.

[52] *Schmidt-Aßmann*, Ordnungsidee (FN 10), Rn. 1/36.

[53] *Eifert*, VVDStRL 67 (2007), S. 286 (301); explizit anders *Lege*, VVDStRL 67 (2007), S. 344 f.

[54] *Hwang*, VerwArch 101 (2010), S. 180 (193 f.); ein Stück weit auch *Franzius*, JöR 65 (2017), S. 441 (450); vgl. ferner *S. Meyer*, VerwArch 101 (2010), S. 351 (366 ff.).

[55] *Böckenförde*, VVDStRL 67 (2007), S. 337 (338). *Appel*, VVDStRL 67 (2007), S. 228 (266 ff.) sieht in der Formel von der „normativen Orientierung“ einen Mittelweg.

cher/unzweckmäßig“ mit „rechtswidrig“ als dortiger Unterkategorie. An die Stelle „komparativer“ treten „skalierende Begriffe“, Leitbilder und Typologien[56]. Es entstehen mehr oder minder offene, jedenfalls methodisch nicht klar disziplinierte „choice“-Situationen für die Verwaltung[57].

Dennoch beruht es auf einem Missverständnis, aus diesen Ambivalenzen den Vorwurf einer „transdogmatische[n] Denkbewegung“ mit Nutzen allenfalls für rechtspolitische Reformanstöße, aber nicht für die Rechtsanwendung zu folgern[58]. Die Relativierung und Hinterfragung des klassischen Methodenkanons[59] ist nicht zu verwechseln mit einer Negierung methodischer Leitlinien. Die oftmals beschworene „juristische Methode“[60] ist kein starres Konzept, sondern eine verschiedene Koordinaten zusammenfassende Grundhaltung. In der tendenziell zu naiven Wortlautgläubigkeit fällt die dogmatische Rechtswissenschaft hinter die Erkenntnis der Sprachtheorie zurück („Reflexionsdefizit“). „Normanwendung ist stets ein kontextabhängiger Prozess der Wirklichkeitskonstruktion“ und damit weit weniger eindeutig, als bei rechtsdogmatischem Argumentieren unter Ausblendung von Unsicherheit vorausgesetzt[61]. Die neue Verwaltungsrechtswissenschaft betont die Wechselwirkungen zwischen Recht und Wirklichkeit[62] und fordert insoweit mehr kritische Methodenreflexion ein, ohne sich auf eine konkrete Methodenlehre festzulegen[63]. Man mag ihr insoweit vorwerfen, dass sie keine klare Lösung für meist verdrängte methodische Grundsatzfragen zu bieten hat und diese vielleicht strukturell aus der entscheidungs- statt kontrollorientierten Perspektive heraus auch nicht bieten kann[64], mit einer Aushöhlung der Gesetzesbindung hat dies jedoch nichts zu tun. Der angemahnte Wirkungs- und Wirklichkeitsbezug von Verwaltungsrecht und Verwaltungsrechtswissenschaft dient nicht als Vehikel, die Formalisierungsleistungen des Rechts aufzuweichen, sondern soll dessen Problemlösungsfähigkeit erhöhen; entgegen *Gärditz*[65] verbietet es dieser

---

[56] *Bumke*, in: Methoden (FN 2), S. 73 (105 ff.).

[57] *Schuppert*, in: GVwR I (FN 15), § 17 Rn. 174 ff.; *Eifert*, in: GVwR I (FN 15), § 19 Rn. 153 ff.; *Kersten/Lenski*, Die Verwaltung 42 (2009), S. 501 (531).

[58] *Rixen*, Die Verwaltung 42 (2009), S. 309 (316); ähnlich *Grzeszick*, Die Verwaltung 42 (2009), S. 105 (119 f.).

[59] Dafür auch *Durner*, Die Verwaltung 48 (2015), S. 203 (211 f.); vgl. *Schmidt-Aßmann*, Ordnungsidee (FN 10), Rn. 1/46, 1/48: „Klassisches Methodenarsenal“ als „Grundmodell“, das zwar unterkomplex ist, aber an das „angeknüpft werden“ kann.

[60] Extensiv *Funke*, JZ 2015, S. 369 (374 ff.); überzeugende Relativierungen bei *Schmidt-Aßmann*, Dogmatik (FN 22), S. 10 ff.

[61] *Appel*, VVDStRL 67 (2007), S. 228 (235, 261); näher *Christensen/Hanschmann*, JöR 65 (2017), S. 485 (490 ff.).

[62] In der Typologie dreier methodischer Grundpositionen zum Verhältnis von Recht und Wirklichkeit von *Bumke*, in: Methoden (FN 2), S. 73 (80 ff.), stehen die Reformer der „Wechselwirkungslehre“ nahe, nicht der „Zwei-Seiten-Lehre“ oder gar der „Zwei-Reiche-Lehre“.

[63] *Eifert*, VVDStRL 67 (2007), S. 286 (300 f.); *Schaefer*, Umgestaltung (FN 5), S. 18.

[64] Überlegenswert insoweit *Bumke*, in: Methoden (FN 2), S. 73 (105).

[65] In diesem Heft, S. 105 (118).

ganz andere Kontext, irgendwelche Parallelen zu NS-Reformproklamationen zu ziehen.

Der Maßstab der Sachrichtigkeit des Verwaltungshandelns kann ohnehin erst jenseits der Rechtsbindung dort greifen, wo Gestaltungs- oder – unter Einbeziehung der Justiz – „Rechtserzeugungsräume"[66] existieren. Diese Grenze gilt es klarer zu konturieren. Einfache binäre Gegenüberstellungen reichen dafür indes kaum aus; es werden Skalierungen benötigt, weil die Rechtsordnung „unzählige Abstufungen und Relativierungen der gesetzlichen Bindungsdichte auf[weist]"[67]. Teilweise „[thematisiert] das Recht selbst seine Wirksamkeit oder Leistungsfähigkeit oder [gründet] jedenfalls auf Wirksamkeitsannahmen, die als teleologischer Hintergrund [...] gegebenenfalls – etwa sub specie Verhältnismäßigkeit – [...] auf die Interpretation der jeweiligen Norm durchschlagen"[68]. Entgegen den Kritikern stehen das Ziel der Sachrichtigkeit und die angemahnte Folgenberücksichtigung weder für eine Relativierung der Gesetzesbindung[69] noch für Entpolitisierung oder für eine wissenschaftliche Ermittlung der „richtigen Politik[70], sondern für informiertes und reflektiertes Entscheiden und Gestalten[71]. In die Begrifflichkeit des Planungsrechts gekleidet: Es geht um eine Optimierung des Abwägungsvorgangs (oder des „inneren Verfahrens"), nicht um eine Determinierung des Abwägungsergebnisses.

Die explizite Thematisierung neuerer Entwicklungen und Regelungsstrukturen (z.B. informelles Handeln, Public-Private-Partnership) und dafür entwickelte neue Kategorien (insb. Gewährleistungsverantwortung) dienen gerade auch der rechtsstaatlichen Disziplinierung von Erscheinungsformen, die in der klassischen Verwaltungsrechtsdogmatik „unter dem Radar" zu bleiben drohten[72]. Schlüsselbegriffe können die dogmatische Systembildung erleichtern, dürfen jedoch nicht normativ überhöht werden[73]. Leitbilder sind auch in früheren Diskursen nicht unbekannt; man

---

[66] *Appel*, VVDStRL 67 (2007), S. 226 (256 ff., 265).

[67] *Appel*, VVDStRL 67 (2007), S. 228 (282 f.); zum rechtlichen Gehalt außerrechtlicher Maßstäbe näher *Fehling*, in: Trute/Groß/Röhl/Möllers (Hrsg.), Allgemeines Verwaltungsrecht – Zur Tragfähigkeit eines Konzepts, 2008, S. 461 (464 ff., 472 ff., am Beispiel der Effizienz 480 ff.).

[68] So, auf den dogmatischen Gehalt des Steuerungsdenkens bezogen, sogar *Gärditz*, Hochschulorganisation (FN 42), S. 181, vgl. auch S. 120. Die verstärkte Rückkoppelung der Folgenberücksichtigung entlang der Typologie Output, Impact, Outcome an die Exegese spezifischer Rechtsmaterien anmahnend *S. Meyer*, VerwArch 101 (2010), S. 351 (359 f.), als nicht möglich angesehen am Beispiel des Koppelungsverbots von *Grzeszick*, Die Verwaltung 42 (2009), S. 105 (115 ff.).

[69] So aber *Hwang*, VerwArch 101 (2010), S. 180 (195 ff.); teilweise auch *Bull*, VerwArch 103 (2012), S. 1 (19 f.).

[70] So aber verstanden von *Wahl*, Herausforderungen (FN 3), S. 91.

[71] *Eifert*, VVDStRL 67 (2007), S. 356 (359 f.); *Voßkuhle*, in: GVwR I (FN 15), § 1 Rn. 15: „Rationalisierung nicht normativer Entscheidungsfaktoren".

[72] Vgl. *Eifert*, VVDStRL 67 (2007), S. 286 (323).

[73] Vage *Voßkuhle*, in: GVwR I (FN 15), § 1 Rn. 41: „irgendwo angesiedelt zwischen soziologischer Analyse und juristischer Dogmatik".

denke nur an *Forsthoffs* Daseinsvorsorge[74]. Wirkung besitzen sie freilich „nur begrenzt als analytisches Werkzeug im wissenschaftlichen Diskurs“[75] und bleiben im Übrigen, wie das Beispiel „schlanker Staat“ und später „aktivierender Staat“[76] zeigt, stets ein Stück weit auch politisch zeitgebunden[77].

b) Degradierung des grundrechtsberechtigten Bürgers zum Steuerungsobjekt von Staat und Verwaltung? Ein zweiter grundsätzlicher Einwand erblickt im steuerungswissenschaftlichen Ansatz ein Einfallstor für obrigkeitsstaatliche Bevormundung des Bürgers durch den Staat. Zugrunde liege die freiheitsgefährdende Vorstellung von einer weitreichenden Beherrschbarkeit und Planungsbedürftigkeit gesellschaftlicher Prozesse.[78] Das Recht habe es zuvörderst damit zu tun, Freiheitssphären zu sichern[79]; dies reibe sich mit dem Steuerungsdenken[80]. Insoweit wird auch befürchtet, im Soge eines immer elaborierteren Instrumentenmix zwecks passgenauerer Steuerung könne die „Akkumulation individuumsbeeinträchtigender Wirkungen“ aus dem Blick geraten[81].

Auf grundsätzlicher Ebene vernachlässigt der Vorwurf der Freiheitsaushöhlung durch Steuerung indes die Tatsache, dass reale Freiheit nicht allein durch rechtliche Enthaltsamkeit gesichert werden kann. Vielmehr bedarf es in manchen Bereichen vermehrt gerade der rechtlichen Steuerung zum Schutz individueller Freiheit (grund-

---

[74] Grundlegend *Forsthoff*, Die Verwaltung als Leistungsträger, 1938; zur weiteren Entwicklung im Überblick *Möstl*, in: FS Badura, 2004, S. 951 ff.; *Rüfner*, in: Isensee/Kirchhof (Hrsg), Handbuch des Staatsrechts der Bundesrepublik Deutschland, Bd. 3, 3. Aufl. 2006, S. 1049 (1051 ff.); zur Diskussion über die Einordnung als heuristischer Begriff oder schon als Rechtsbegriff einerseits *R. Schmidt*, Der Staat 42 (2003), S. 225 (227 f.), andererseits *Ronellenfitsch*, in: Blümel (Hrsg), Ernst Forsthoff, 2003, S. 53 ff.

[75] *Voßkuhle*, in: GVwR I (FN 15), § 1 Rn. 42.

[76] *Voßkuhle*, in: GVwR I (FN 15), § 1 Rn. 62 f. m.w.N.; *Schaefer*, Umgestaltung (FN 5), S. 405 ff.

[77] Dazu näher unten IV. 1.

[78] Besonders *Lepsius*, Steuerungsdiskussion, Systemtheorie und Parlamentarismuskritik, 1999, S. 17 ff.; *Rixen*, Die Verwaltung 42 (2009), S. 309 (334); Anklänge daran auch bei *Dreier*, Die Verwaltung, Beiheft 7, 2007, S. 81 (85, Fn. 27); ausdrücklich dagegen *Eifert*, VVDStRL 67 (2007), S. 286 (314).

[79] So z.B. *Lege*, VVDStRL 67 (2008), S. 344 (345).

[80] Eindrucksvoll formuliert von *Gärditz*, Hochschulorganisation (FN 42), S. 183: „Die steuerungswissenschaftliche Perspektive läuft durch ihren holistisch-komplexen Wahrnehmungshorizont […] jedenfalls tendenziell Gefahr, zum Katalysator einer freiheitsinvasiven Ausweitung eines rein instrumentellen Verwaltungsrechts zu werden. [Es] droht eine zur Geschlossenheit neigende Überlagerung gesellschaftlicher Bereiche mit weichen Gemeinwohlbindungen [und] erhöht die nicht zuletzt im gewährleistungsstaatlichen Regulierungsrecht zunehmend deutlich werdende Gefahr, das Recht in einen Sog umsorgender, wohlfahrtsstaatlicher Zweckmäßigkeit und Intervention zu treiben“; sehr viel vorsichtiger von einer „Spannungslage“ spricht *Ossenbühl*, Die Verwaltung 40 (2007), S. 125 (128); vgl. auch *Lange*, Die Verwaltung 40 (2007), S. 135 (140).

[81] Am Beispiel des Sozialrechts (dabei aber möglicherweise den steuerungswissenschaftlichen Ansatz mit dem „Neuem Steuerungsmodell“ gleichsetzend) *Rixen*, Die Verwaltung 42 (2009), S. 309 (334).

rechtliche Schutzpflichten) und zur Wahrnehmung der staatlichen Gewährleistungsverantwortung. Die neue Verwaltungsrechtswissenschaft hat insoweit beide Aspekte der Freiheitssicherung, gegen und durch den Staat, im Blick[82]. Sie wehrt sich damit gegen eine einseitige Fixierung allein auf Abwehrrechte, enthält sich im Übrigen aber einer Aussage über die richtige Mischung. Sie vermag damit auch in dieser Hinsicht ein breites Spektrum unterschiedlicher Einschätzungen und Wertvorstellungen abzudecken.

Soweit die Kritik am Steuerungsbegriff ansetzt, ist sie zu sehr an dessen Herkunft aus der Kybernetik[83] und der Mechanik orientiert, wo er tatsächlich Beherrschbarkeit suggeriert[84]. Demgegenüber liegt der neuen Verwaltungsrechtswissenschaften ein sozialwissenschaftlich inspirierter, aber letztlich äußert pragmatischer und voraussetzungsarmer Steuerungsbegriff zugrunde. Thematisiert wird das „Bewirken von Wirkungen", ein „etwas zu Folge haben sollen"[85]. Darauf ist unter dem Aspekt der Rezeption von Nachbarwissenschaften noch ausführlicher zurückzukommen[86]. An dieser Stelle genügt es festzustellen: Wie die intensive Diskussion um kooperatives Recht und um regulierte Selbstregulierung verdeutlicht, wird Steuerung im Reformansatz keineswegs rein hierarchisch oder gar autoritär verstanden. Indem man immer wieder auch die Leistungsgrenzen staatlicher Steuerung betont[87], können Steuerungs-Allmachtsphantasien gar nicht erst aufkommen[88]. Am Anfang der neuen Verwaltungsrechtswissenschaft stand nicht zuletzt das Bedürfnis, Privatisierungs- und Deregulierungsphänomene rechtswissenschaftlich besser zu verarbeiten[89], so dass sich den Reformern auch nicht pauschal übermäßige Staatsgläubigkeit unterstellen lässt. Wieviel und welche staatliche Steuerung in den Grenzen des

---

[82] Besonders deutlich *Schmidt-Aßmann*, in: Offene Rechtswissenschaft (FN 8), S. 1011 (1019 f.); *Hoffmann-Riem*, in: Schuppert (Hrsg.), Der Gewährleistungsstaat – ein Leitbild auf dem Prüfstand, 2005, S. 89 (92 ff., 105 ff.).

[83] Dies erwähnt auch *Voßkuhle*, in: GVwR I (FN 15), § 1 Rn. 18, Fn. 120.

[84] *Lepsius*, Steuerungsdiskussion (FN 78), S. 10 ff.; von anderer – systemtheoretischer – Basis aus ähnlich *Schulte*, in: Hoffmann-Riem/Schmidt-Aßmann (Hrsg.), Verwaltungsrecht in der Informationsgesellschaft, 2000, S. 333 (344 ff.); ein Stück weit auch *Vesting*, in: Methoden (FN 2), S. 253 (288 ff.).

[85] Nachweise unten FN 129.

[86] s. unten III. 2. a).

[87] Besonders deutlich *Schmidt-Aßmann*, Ordnungsidee (FN 10), Rn. 1/39; der Sache nach auch *Voßkuhle*, in: GVwR I (FN 15), § 1 Rn. 28. Dies anerkennt auch *Gärditz*, Hochschulorganisation (FN 42), S. 175 f.

[88] Ausführlich dazu im Zusammenhang mit einem an *Sens* „Capability Approach" angelehnten Autonomiekonzept *Fehling*, in: Bumke/Röthel (Hrsg.), Autonomie im Recht, S. 295 (309 ff.); *Fehling*, in: Rückzug (FN 49), S. 93 (97 f.); vgl. auch *S. Meyer*, VerwArch 101 (2010), S. 351 (353).

[89] Als Schlüsselbegriffe bei *Voßkuhle*, in: GVwR I (FN 15), § 1 Rn. 57 ff. Entgegen *Lange*, Die Verwaltung 40 (2007), S. 135 (140), muss dies nicht bedeuten, dass die beobachtete „Entwicklung" „im Grundsatz akzeptiert und zugleich legitimiert wird".

Rechts wünschenswert ist, lässt der Reformansatz weitgehend offen[90], wenn man von der Ablehnung eines grundsätzlichen Steuerungspessimismus absieht.

c) Vernachlässigung des Dualismus von Sein (empirisch) und Sollen (normativ) durch wirklichkeitswissenschaftlichen Ansatz? Eine dritte Kritik sieht in dem Rekurs auf Nachbarwissenschaften eine unzulässige Vermengung der genuin normativen juristischen Perspektive mit beschreibenden und politischen Ansätzen[91]. Teilweise mag dahinter ein bloßes „Unbehagen" stecken gegen „einen sozialtechnologischen ‚Sound' von ‚Steuerung' und ‚Governance'". Da die Terminologie aus traditionellen rechtsdogmatischen Diskursen nicht vertraut ist[92], wird dahinter eine „schleichende ‚Ent-Rechtlichung'" vermutet[93]. Grundsätzlicher gewendet prangern manche Opponenten bei der neuen Verwaltungsrechtswissenschaft eine unzulässige Vermengung von Sein und Sollen sowie von Recht und Politik an.

Zum einen Teil liegt dieser Kritik die schon mehrfach erwähnte Fehlvorstellung zugrunde, die neue Verwaltungsrechtswissenschaft wolle die Eigenständigkeit der rechtswissenschaftlichen Perspektive gegenüber anderen wissenschaftlichen Zugängen zum Recht aufgeben. Dies ist keineswegs der Fall[94]; die gelegentliche Bezugnahme auf *Lorenz von Stein* soll die Notwendigkeit einer multiperspektivischen Auseinandersetzung mit Verwaltung verdeutlichen, darf aber nicht als Rezeption seiner Herangehensweise oder gar als Übernahme seines organischen Staats- und Verwaltungsverständnisses missverstanden werden[95]. Vielmehr sollen und müssen Erkenntnisse der Nachbarwissenschaften im Rechtssystem selbst und zu dessen Bedingungen verarbeitet werden[96]. Dies birgt zweifelsohne erhebliche Schwierigkeiten. Indem die Reformer aber anerkennen, dass hier eine komplexe Adaptionsleistung zu erbringen ist, betonen sie gerade die Notwendigkeit, Juristisches und Außerjuristisches zunächst einmal zu unterscheiden. „Die Trennung von Sein und Sollen rechtfertigt kei-

---

[90] Insoweit zutreffend *Schaefer*, Umgestaltung (FN 5), S. 98.

[91] Besonders deutlich *Haack*, RW 4 (2013), S. 418 (423 ff.).

[92] Ähnliche Irritationen wegen einer neuen, „sozusagen chinesisch[en]" Begrifflichkeit in der verwaltungsrechtswissenschaftlichen Diskussion gab es schon früher, s. *Thoma*, VVDStRL 4 (1927), S. 85 (86).

[93] So die Hypothese bei *von Arnauld*, VVDStRL 74 (2014), S. 39 (52). Zur zugrundeliegenden Verwechslung von „Rechtswissenschaftsbegriffen" mit „Rechtsatzbegriffen" s. *Kaiser*, in: I. Augsberg (Hrsg.), Extrajuridisches Wissen im Verwaltungsrecht, 2013, S. 99 (110).

[94] Besonders betont etwa von *Voßkuhle*, in: GVwR I (FN 15), § 1 Rn. 402; klarstellend, damit seine „Einheitsthese" nicht missverstanden wird, *ders.*, BayVBl. 2010, S. 581 (589), jeweils im Anschluss an *Bumke*, in: Methoden (FN 2), S. 73 (127 f.); grundsätzlich *Hoffmann-Riem*, in: Methoden (FN 2), S. 9 (58): „Disziplinäre Identität ist eine Voraussetzung leistungsfähiger Interdisziplinarität", insoweit im Anschluss an den Titel von *Czada*, in: Bizer/Führ/Hüttig (Hrsg.), Responsive Regulierung, 2002, S. 23.

[95] So aber *Gärditz*, in diesem Heft, S. 105 (111 f.).

[96] Statt vieler *Appel*, VVDStRL 67 (2007), S. 228 (269 ff.). In den Worten von *Bumke*, in: Methoden (FN 2), S. 73 (128) werden sie „einer Metamorphose unterzogen, bei der sie normativ aufgeladen und an der rechtsaktbezogenen Perspektive ausgerichtet werden".

nen selbstgenügsamen juristischen Methodenkanon", sondern verbietet nur einen „ungefilterte[n] und unreflektierte[n] Import fremder Theoreme"[97].

Zum anderen überhöhen die Opponenten Unterscheidungen zu überscharfen Gegensätzen und vernachlässigen dabei die Verbindungslinien. Gewiss muss zwischen der Rechtswirklichkeit als „Sein" und dem Recht als „Sollensordnung" unterschieden werden. Doch ebenso sicher „[ist] das Recht ein fester Bestandteil der sozialen Wirklichkeit"[98]; um seine Problemlösungskompetenz aufrechtzuerhalten, muss es gegebenenfalls auf Veränderungen in der Realität reagieren. Schon *Otto Mayer* hatte seinen liberal-rechtsstaatlichen Gesetzesbegriff vor dem Hintergrund der philosophischen Strömungen seiner Zeit mit wiederum mathematisch-geometrischen Wurzeln entwickelt[99]. Die neue Verwaltungsrechtswissenschaft tut hier nicht mehr und nicht weniger, als „nach Perioden des Öffnen und Verschließens gegenüber dem Nichtdogmatischen" nun eine „Verstetigung des Gesprächs mit den nichtdogmatischen Disziplinen"[100] zu fordern.

Ähnlich beruht auch der Einwand einer unzulässigen Vermengung von Recht und Politik auf einer übersteigerten Gegensatzbildung bei Vernachlässigung von Zwischentönen. Zwar mag man die Gegenüberstellung von Rechtsdogmatik und Rechtspolitik zum Kern des rechtswissenschaftlichen Selbstverständnisses zählen[101]. Dies rechtfertigt es jedoch nicht, jegliche nachbarwissenschaftlich inspirierte Reformimpulse auf die Rolle von rechtspolitischen Anregungen für den Gesetzgeber zu beschränken. Ein solches starres Trennungsdenken bleibt dem Mythos der unpolitisch-wertfreien Rechtskonkretisierung in der Rechtsanwendung verhaftet und vernachlässigt immanente Auslegungs- und Entscheidungsspielräume und die dabei bestehende Entwicklungs- und Anpassungsoffenheit. Die Rechtspolitik wird wegen des Wesentlichkeitsvorbehalts primär, aber nicht ausschließlich, der Gesetzgebung[102] zugeordnet. Sieht man Rechtsdogmatik nicht als bloße Technik, sondern versteht im sozialen Rechtsstaat „das Recht als auf die Verwirklichung sozialer Ziele

---

[97] *Schmidt-Aßmann*, in: Methoden (FN 2), S. 387 (399); mit der Forderung eines „differenziert-integratives Methodenverständnis[ses]", *ders.*, Ordnungsidee (FN 10), Rn. 1/47, in Anlehnung an *Voßkuhle,* in: Bauer/Czybulka/Kahl/Voßkuhle (Hrsg.), Umwelt, Wirtschaft und Recht, 2001, S. 171 (188 ff.).

[98] *Bumke*, in: Methoden (FN 2), S. 73 (130).

[99] Mit einer ausführlichen historischen Rekonstruktion *Vesting*, in: Methoden (FN 2), S. 253 (256 ff.).

[100] *Bumke*, in: Methoden (FN 2), S. 73 (123).

[101] Übersteigernd *Haack*, RW 4 (2013), S. 418 (427 ff.); tendenziell auch *Schaefer*, Umgestaltung (FN 5), S. 41, 81 f.; etwas differenzierter *Gärditz*, Hochschulorganisation (FN 42), S. 143 ff.

[102] Zur weiterhin zentralen Bedeutung des Gesetzes als Steuerungsinstrument *Schuppert*, Verwaltungswissenschaft (FN 9), S. 461 ff.; für die Stärkung der Gesetzgebung im hiesigen Kontext *Gärditz*, Hochschulorganisation (FN 42), S. 143 ff.

ausgerichtet“, so wird „die Rechtsanwendung […] stärker in die Zielverwirklichung eingebunden“[103].

Dementsprechend bezieht die neue Verwaltungsrechtswissenschaft ihre Reformanliegen legitimerweise sowohl auf die Gesetzgebung als auch auf die Rechtsanwendung, ohne sich dadurch auf disziplinfremdes Terrain zu begeben. Auch die Rechtspolitik im Sinne rechtlicher Gestaltung gehört zur Rechtswissenschaft; man denke nur an die vielen Professorenentwürfe etwa zu einem UGB und zu einem IFG. Zu vermeiden (wenn auch in der Zunft in allen Lagern keineswegs unbekannt) ist freilich Rechtspolitik im Gewande der Rechtsdogmatik[104].

2. Einzelne Problembereiche und offene Fragen

a) Überforderung durch hinreichend reflektierte und transparente Einbeziehung von Nachbarwissenschaften? Das reale Problem liegt nicht in dem verstärkten Rekurs auf Nachbarwissenschaften als solchem, sondern in dessen rationaler und methodenbewusster Ausgestaltung[105]. Insoweit steht der Vorwurf des Methodensynkretismus bei eher zufällig-selektivem Anleihen bei einzelnen Sozialwissenschaften im Raum[106].

Gemeint ist dabei nicht die Sachverhaltsaufklärung zur Bewältigung konkreter Rechtsprobleme im Einzelfall. Dort ist der Seitenblick auf jeweils einschlägige Nachbarwissenschaften (besonders auf Naturwissenschaft und Technik, gerade im Regulierungsrecht aber auch auf die Ökonomie) auch in der Praxis eine Selbstverständlichkeit und wird von Kritikern der neuen Verwaltungsrechtswissenschaft nicht in Frage gestellt. Welches Fach einschlägig ist, ergibt sich regelmäßig aus dem jeweiligen Gegenstandsbereich und/oder den einschlägigen Rechtsnormen, so dass keine Beliebigkeit droht. Gewiss bleibt auch dieser Import außerjuridischen Wissens in das Verwaltungsrecht schwierig, vor allem wenn man über den Sachverhaltsbereich im engeren Sinne hinaus den Realbereich und den Folgenbereich mehr oder minder weit mit einbezieht. Es bedarf einer Gratwanderung zwischen wissenschaftlicher Informiertheit, Heuristiken und Alltagstheorien[107]. Dies betrifft jedoch weniger die Möglichkeiten und Grenzen der wissenschaftlichen Interdisziplinarität. Insoweit problematischer ist der Import von Begriffen oder gar Versatzstücken ganzer Theorien typischerweise aus der Ökonomie oder den Sozialwissenschaften.

---

[103] s. *von Arnauld*, VVDStRL 74 (2014), S. 39 (70); vgl. auch *Appel*, VVDStRL 67 (2007), S. 228 (233): „Verhältnis“ „nicht vorgegeben, sondern durch Vorverständnisse geprägt“.

[104] Dagegen gerichtet wohl auch *Oebbecke*, Die Verwaltung, Beiheft 7, 2007, S. 211 (218); nur insoweit zutreffend *Haack*, RW 4 (2013), S. 418 (429).

[105] Ähnlich *Bumke*, in: Methoden (FN 2), S. 73 (125): „Scheinproblem“ oder Einwand nur gegen bestimmte konkrete Formen des Rekurses auf Nachbarwissenschaften.

[106] Auf die Verwaltungswissenschaften bezogen *Gärditz*, Hochschulorganisation (FN 42), S. 157; näher *ders.*, in disem Heft, S. 105 (133 ff.).

[107] Näher *Hoffmann-Riem*, Die Verwaltung 49 (2016), S. 1 (3 ff.); *ders.*, Innovation (FN 35), insb. S. 108 ff.

Die Kritik kommt gleichzeitig aus zwei gegensätzlichen Richtungen. Einerseits wird der neuen Verwaltungsrechtswissenschaft hier übermäßige Theorielastigkeit[108] bei Vernachlässigung des gerichtlichen Fallmaterials[109] vorgeworfen. Weil die Reformansätze in Folge ihrer sozialwissenschaftlichen Überhöhung auf zu hoher Abstraktionsebene angesiedelt[110] seien und zudem von der Rechtschutzperspektive wegführten, bleibe ihr Einfluss auf die Gesetzgebung und vor allem Rechtsprechung gering[111]. Letzterer Einwand vernachlässigt indes, dass Grundlagenforschung stets längerer Filterung bedarf (bei der Rechtswissenschaft namentlich durch Kommentare), bevor sie typischerweise nur in Versatzstücken die Praxis erreicht. Im vorliegenden Kontext lässt sich vor allem auf die Karriere der „Gewährleistungsverantwortung“ auch in der Judikatur[112] hinweisen. Der umgekehrte Transfer, nämlich die Auswertung der Rechtsprechung, hat primär nicht auf Ebene der Theoriebildung und -diskussion, sondern in den Referenzgebieten zu erfolgen.

Schwerer wiegt der andere Vorwurf unklarer theoretischer Fundierung[113]. Dies wird schon am Steuerungsbegriff deutlich. Zwar war es unstreitig der akteurszentrierte Ansatz in Soziologie und Politikwissenschaft, der als Geburtshelfer für die Steuerungsperspektive fungierte[114]. Doch macht die neue Verwaltungsrechtswissenschaft daneben Anleihen etwa auch bei der scheinbar nicht zum Steuerungsdenken passenden[115] Systemtheorie[116]. Allerdings finden sich auch in der Systemtheorie un-

[108] *Rixen*, Die Verwaltung 42 (2009), S. 309 (313): „Flucht in den empirisch folgenlosen Theorieüberschuss“.

[109] Besonders *Schoch*, Die Verwaltung, Beiheft 7, 2007, S. 177 (194, 203 ff.).

[110] *J. Ipsen*, Die Verwaltung 44 (2011), S. 290 (296).

[111] So *Durner*, Die Verwaltung 48 (2015), S. 203 (213, Fn. 47); *Möllers*, VerwArch 93 (2002), S. 22 (56); tendenziell *Pauly*, in: IPE IV (FN 27), § 58 Rn. 27. Dagegen, aber mit m. E. weniger passenden Beispielen, *Franzius*, JöR 65 (2017), S. 441 (446); vorsichtig *Rennert*, JöR 65 (2017), S. 533 (539).

[112] Eine Juris-Recherche am 15. 2. 2017 ergab in der Judikatur zwar keine Treffer bei „neue Verwaltungsrechtswissenschaft“, wohl aber 122 Erwähnungen von „Gewährleistungsverantwortung“ sowie 13 von „regulierte Selbstregulierung“, der Begriff „Steuerung“ fällt sogar in 2942 Entscheidungen der Verwaltungsgerichtsbarkeit (freilich nicht immer im einschlägigen Kontext). Beiträge aus den „Grundlagen“ werden von der Verwaltungsgerichtsbarkeit in 57, der Sozialgerichtsbarkeit in 10, der Finanzgerichtsbarkeit in 2 und den Verfassungsgerichten in 14 Entscheidungen zitiert (teilweise gleiche Zitate in Parallelentscheidungen, in manchen Entscheidungen aber auch mehrere Zitate).

[113] Als Faktum anerkannt auch von Befürwortern, s. etwa *Eifert*, VVDStRL 67 (2007), S. 286 (307), doch dort tendenziell eher als begrüßenswerte Offenheit gesehen. Dazu unten im Text.

[114] *Mayntz*, in: Ellwein/Hesse/Mayntz/Scharpf (Hrsg.), Jahrbuch zur Staats- und Verwaltungswissenschaft 1 (1987), S. 89 (92 ff.); *Scharpf*, in: FS Mayntz, 1994, S. 381; betont u. a. von *Voßkuhle*, in: GVwR I (FN 15), § 1 Rn. 20; *Treiber*, JöR 65 (2017), S. 423 (426 ff.).

[115] *Gärditz*, Hochschulorganisation (FN 42), S. 163 f.; aus gegensätzlicher Richtung auch *Pöcker*, Stasis und Wandel der Rechtsdogmatik, 2007, S. 105 ff., 257; vgl. aber *Eifert*, VVDStRL 67 (2007), S. 286 (307 f., Fn. 98): „kann hinsichtlich der strukturellen Koppelungen des Rechtssystems mit anderen Systemen […] ebenso gut aus steuerungstheoretischer Perspektive herangezogen werden“.

terschiedliche Spielarten; „nur sehr radikale […] Ansätze führen in die Sackgasse des völligen staatlichen Steuerungsversagens“[117]. Entsprechend diffus – oder positiv ausgedrückt: offen[118] – erscheint die Basis zentraler Kategorien der neuen Verwaltungsrechtswissenschaft. Ferner ist beim Steuerungsbegriff nicht voll klar, ob bzw. wo er nur empirisch oder metatheoretisch (beobachtend)[119] oder gar normativ gemeint ist[120].

Sozialwissenschaftliche Klassifizierungen werden teilweise nur „assoziativ“ mit juristischen Kategorien „in Beziehung gesetzt“[121]. Dies birgt das Risiko, dass Verbund- oder Brückenbegriffe (oder vorsichtiger „Kontaktbegriffe“[122]) zu einer bloßen „Worthülse“ werden, die jedem, der sie benutzt, erlaubt, das zu meinen, „was er im Herzen trägt“[123]. Das assoziative Vorgehen kann aber genügen, um eine Fülle von Informationen und Gedanken in einem Wortspeicher [zu] bündeln, [zu] strukturieren und begreifbar [zu] machen. [Brückenbegriffe] reduzieren damit auf der einen Seite Komplexität, dienen aber gleichzeitig als Inspirationsplattform. […]. [Sie] weisen dem Denken den Weg“[124]. So wird man auch die Steuerungsperspektive verstehen müssen. Sie ermöglicht es, „die aus rechtsakt- und verhaltensbezogener Perspektive gewonnenen Einsichten und Anschauungen zueinander in Beziehung zu setzen“[125] und den Blick für die große Bandbreite von Steuerungsressourcen (Steuerungsmodi und -instrumente; Steuerungssubjekte und -objekte) und deren komplexes Zusammenspiel zu öffnen[126].

---

[116] Die Bedeutung der Systemtheorie für den Reformansatz massiv überschätzend allerdings *Lepsius*, Steuerungsdiskussion (FN 78), S. 4, 42 ff.; dagegen besonders deutlich *Schmidt-Aßmann*, Ordnungsidee (FN 10), Rn. 1/38.

[117] So *S. Meyer*, VerwArch 101 (2010), S. 351 (354); vgl. *Mayntz*, in: Jahrbuch (FN 114), S. 89 (104): „Verwandtschaft zu der […] von [*H.*] *Wilke*, [Entzauberung des Staates, 1983,] propagierten Verhandlungssystemen“.

[118] Vgl. *Kaiser*, in: Extrajuridisches Wissen (FN 93), S. 99 (111 f.).

[119] So verstanden von *Waechter*, VVDStRL 67 (2007), S. 345 f.

[120] Diese Unklarheit kritisiert etwa *Rixen*, Die Verwaltung 42 (2009), S. 309 (312, Fn. 13).

[121] *Schmidt-Aßmann*, in: ders./Hoffmann-Riem (Hrsg.), Verwaltungsorganisationsrecht als Steuerungsressource, 1997, S. 14 (15); hervorgehoben von *Treiber*, KJ 41 (2007), S. 48 (54).

[122] s. *von Arnauld*, in: Wissenschaftstheorie (FN 36), S. 65 (82).

[123] *Treiber*, KJ 41 (2008), S. 48 (69). Noch polemischer *Rixen*, Die Verwaltung 42 (2009), S. 309 (315): Es stellt sich die Frage, „ob unter der aufwändig gekloppelten Decke terminologischer Novitäten nicht doch nur juristische Alltagstheorien darüber feil geboten werden, wie die Welt des Steuerns und Intervenierens eigentlich funktioniert“.

[124] *Voßkuhle,* Die Verwaltung, Beiheft 4, 2001, S. 197 (198); ähnlich *ders.*, in: Umwelt, Wirtschaft und Recht (FN 97), S. 171 (187). Entgegen *Möllers*, VerwArch 93 (2002), S. 22 (46), werden damit die „Begrifflichkeiten“ gerade nicht „zur eigentlichen wissenschaftlichen Beschreibungsleistung erhoben“.

[125] *Bumke*, in: Methoden (FN 2), S. 73 (127).

[126] *Schmidt-Aßmann*, Ordnungsidee (FN 10), Rn. 1/35; *Voßkuhle*, in: GVwR I (FN 15), § 1 Rn. 23 f.

Eine gewisse Banalisierung oder Trivialisierung der im Ausgangspunkt weitaus anspruchsvolleren und damit aber eben auch voraussetzungsvolleren sozialwissenschaftlichen Begrifflichkeit ist beim Import in die Verwaltungsrechtswissenschaft unvermeidlich[127]. Der komplexere Steuerungsbegriff aus der Soziologie und Politologie mutiert zu einem pragmatischen[128] „etwas zur Folge haben sollen"[129] und lässt sich so als Kennzeichnung eines „Zurechnungs- und Wirkungszusammenhangs" juristisch anschlussfähig machen[130]. Es handelt sich gleichsam um „interdisciplinary transplants" in Parallele zu „legal transplants" in der Rechtsvergleichung[131]. Denn die Importaufgabe weist mit den Schritten der zuerst Entkontextualisierung und sodann Rekontextualisierung[132] erhebliche strukturelle Ähnlichkeiten auf. Der Seitenblick auf die ausführliche Diskussion in der Rechtsvergleichung[133] kann einem derartigen Begriffstransfer das Odium des methodischen Taschenspielertricks nehmen und zugleich den Blick schärfen für die mit solchen Importen aus Nachbarwissenschaften wie Nachbarrechtsordnungen verbundenen Probleme[134].

Ernst zu nehmen ist ferner die Sorge vor einer Überforderung von Rechtswissenschaft und Rechtswissenschaftlern angesichts der Breite und Vielfältigkeit der Nachbarwissenschaften und deren anderer Erkenntnisinteressen und Fragestellungen[135].

---

[127] So schon *Hoffmann-Riem*, Die Verwaltung Beiheft 2, 1999, S. 83 (85); im Anschluss *Voßkuhle*, in: GVwR I (FN 15), § 1 Rn. 39; zustimmend *von Arnauld*, in: Wissenschaftstheorie (FN 36), S. 65 (94); polemisch überspitzt *Rixen*, Die Verwaltung 42 (2009), S. 309 (314).

[128] *Schmidt-Aßmann*, Ordnungsidee (FN 10), Rn. 1/34. Dies verkennt tendenziell *Vesting*, in: Methoden (FN 2), S. 253 (289), wenn er dem Steuerungsdenken die Tendenz zum „handlungstheoretischen Naturalismus" vorwirft.

[129] *Bumke*, in: Methoden (FN 2), S. 73 (128); *Eifert*, VVDStRL 67 (2007), S. 288 (294); in der Sache ähnlich *Hoffmann-Riem*, zuletzt Innovation (FN 35), S. 8: „Bewirkung erwünschter und […] Vermeidung unerwünschter Wirkungen".

[130] *Bumke*, in: Methoden (FN 2), S. 73 (127); auch *Gärditz*, Hochschulorganisation (FN 42), S. 179 ff., freilich mit kritischerer Tendenz: „vom realwissenschaftlichen Anspruch befreit"; ähnlich *Schmidt-Aßmann*, Ordnungsidee (FN 10), Rn. 1/35: „Wirkungszusammenhänge".

[131] Vgl. auch die von *Eifert*, VVDStRL 67 (2007), S. 286 (313, Fn. 126), gezogene Parallele: Wie der Rekurs auf Sozialwissenschaften könne auch die Rechtsvergleichung nur „Angebote" machen; ferner *Voßkuhle*, in: Umwelt, Wirtschaft und Recht (FN 97), S. 171 (184 f.); *Möllers*, VerwArch 93 (2002), S. 22 (48 f., 54 ff.), der aber ebd. S. 46 die Herauslösung von Theorie-Begriffen aus ihrem Ursprungskontext für kaum möglich hält.

[132] Dazu am Beispiel von Rechtsimporten im Verfassungsrecht *Frankenberg*, 8 Int. J Con. Law (2012), S. 563 ff.

[133] Überblick etwa bei *Siems*, Comparative Law, 2014, S. 191 ff.; *Schönberger*, in: IPE IV (FN 27), § 71 Rn. 25 ff.

[134] Noch eine weitere Parallele lässt sich identifizieren: Oft wird betont, dass die Rechtsvergleichung dabei hilft, das eigene Recht besser zu verstehen (*Kischel*, Rechtsvergleichung, 2015, § 1 Rn. 20 f.). Ähnlich hilft Interdisziplinarität nicht zuletzt bei der Selbstvergewisserung der disziplinären Identität, der Rückbesinnung auf die Stärken der eigenen Disziplin; besonders betont bei *von Arnauld*, in: Wissenschaftstheorie (FN 36), S. 65 (98 f.).

[135] So besonders *Gärditz*, Hochschulorganisation (FN 42), S. 155.

In gewissem, wenngleich geringerem Ausmaß stellt sich dieses Problem bereits bei der Verarbeitung empirischer Erkenntnisse. Rechtsdogmatik muss sich „der Frage nach der Realitätsgerechtigkeit der eigenen Annahmen und Aussagen stellen“[136] und zugleich Empirie in Form einer „naiven Alltagsontologie“ vermeiden[137], die in ihrer Selektivität zudem besonders ideologieanfällig und instrumentalisierbar[138] wird. Allerdings stehen die von der Rechtswissenschaft benötigten Erkenntnisse oft nicht zur Verfügung, weil Nachbarwissenschaften wegen ihres andersartigen Erkenntnisinteresses meist andere Fragen stellen[139]. Es besteht dann die Gefahr nur scheinbarer empirischer Informiertheit, obwohl zu Wirkungsweisen rechtlicher Regelungen keine validen empirischen Ergebnisse vorliegen[140]. Indes behauptet die neue Verwaltungsrechtswissenschaft auch gar nicht, über dieses Wissen zu verfügen[141], sondern fordert mehr empirische Forschung und deren Berücksichtigung, wo vorhanden. Die Kritik ist allerdings dort berechtigt, wo tatsächlich bloßes Meinen oder bloße Plausibilitätsannahmen für Wissen ausgegeben werden, was man jedoch nicht pauschal unterstellen darf[142].

Noch schwerer als das häufige Fehlen passender Empirie wiegt die unvermeidbare Selektivität beim Zugriff auf Nachbarwissenschaften, wenn es um Begriffs- oder Theorieimporte[143] geht. Dafür muss (und sollte) man die Reformkräfte[144] gar nicht verdächtigen, sie wollten im Gewand methodischer Reflexionen in Anknüpfung an die 1970er Jahre[145] bestimmte sozialreformerische Ziele durchsetzen[146]. Diese Polemik ignoriert nicht nur die beträchtlichen Veränderungen des rechtlichen und politischen Umfeldes in den dazwischen liegenden 40 Jahren, sondern unterstellt auch

---

136 *Durner*, Die Verwaltung 48 (2015), S. 203 (224).

137 *Franzius,* JöR 65 (2017), unter III. (im Erscheinen).

138 Davor warnt mit Rekurs auf die NS-Zeit *Möllers*, VerwArch 93 (2002), S. 22 (41). Entgegen *Gärditz*, in diesem Heft, S. 105 (118 f.), rechtfertigt dies jedoch in keiner Weise Parallelen zwischen NS-Verwaltungswissenschaft und heutiger neuer Verwaltungsrechtswissenschaft, die immer wieder für einen sorgfältigen Umgang mit Empirie plädiert hat.

139 *Möllers*, in: GVwR I (FN 15), § 3 Rn. 48; *Trute*; Die Verwaltung, Beiheft 7, 2007, S. 115 (131); *Lüdemann*, in: Wissenschaftstheorie (FN 36), S. 119 (127); *Gärditz*, Hochschulorganisation (FN 42), S. 161; *Röhl*, VVDStRL 74 (2014), S. 7 (28).

140 *Rixen*, Die Verwaltung 42 (2009), S. 309 (312); *Möllers*, VerwArch 93 (2002), S. 22 (41 f.); vgl. auch *Voßkuhle*, in: Umwelt, Wirtschaft und Recht (FN 97), S. 171 (185).

141 Kritik am strukturellen Defizit an Rechtstatsachenforschung bei *Voßkuhle*, in: GVwR I (FN 15), § 1 Rn. 30.

142 Diese Tendenz jedoch bei *Rixen*, Die Verwaltung 42 (2009), S. 309 (312 f.); ein Stück weit auch bei *Möllers*, VerwArch 93 (2002), S. 22 (40 ff.).

143 Beides geht ineinander über, s. *Kaiser*, in: Extrajuridisches Wissen (FN 93), S. 99 (102).

144 Der Angriff richtet sich wohl vor allem gegen *Hoffmann-Riem*, s. insb. von ihm herausgegeben: Sozialwissenschaften im Studium des Rechts, 1977; Sozialwissenschaften im Öffentlichen Recht, 1981.

145 Zu entsprechenden 1970er-Versuchen, die Sozialwissenschaften zu integrieren vgl. m.w.N. *Bumke*, Methoden (FN 2), S. 73 (100 ff.).

146 So aber *Rixen*, Die Verwaltung 42 (2009), S. 309 (314): 1970er Nostalgie.

eine so nicht existierende[147] politische Homogenität der Vertreter der neuen Verwaltungsrechtswissenschaft. Der Rekurs auf manche sozialwissenschaftliche Ansätze mag es erleichtern, eine gesellschaftliche Reformagenda rechtlich zu unterfüttern, zwingt aber keineswegs dazu[148].

Der Kern des Problems liegt anderswo: Mangels Überblicks behalten Anleihen bei anderen Wissenschaften wohl notwendig etwas partiell Zufälliges. Vor diesem Hintergrund haben die Zweifel, inwieweit die Aufwertung von Hilfswissenschaften[149] zu Nachbarwissenschaften für den Juristen mangels hinreichender Fach- und Sachkenntnis wirklich möglich ist[150], durchaus Gewicht. Mangelnde Vertrautheit mit der Nachbarwissenschaft, die sich auch durch Kooperation mit Wissenschaftlern aus der anderen Disziplin nur abmildern lässt, kann dazu führen, dass man fälschlicherweise von wertfreier Empirie ausgeht und den „normativen Unterton" des Theorieimports nicht hinreichend zur Kenntnis nimmt oder umgekehrt überbewertet; man denke nur an die Homo Oeconomicus-Implikationen bei der neoklassischen Ökonomie und in Grenzen auch bei der Neuen Institutionenökonomik[151]. Auch die Binnenpluralität anderer Wissenschaften wird dem Außenstehenden oft nicht hinreichend deutlich und erschwert die Rezeption[152].

Vor diesem Hintergrund hängt es wohl entscheidend von der jeweiligen individuellen Vorbildung des Wissenschaftlers und der persönlichen Wertschätzung ab, an welchen fachfremden Stellen Ausschau gehalten wird[153]. Meist wird dies als Defizit betrachtet[154], doch genau besehen liegt darin eine gewisse Professionalitätsgewährleitung. Vom einzelnen Wissenschaftler kann selbstredend kein Gesamtüberblick über Nachbarwissenschaften verlangt und geleistet werden, die Verwaltungsrechtswissenschaft insgesamt vermag jedoch ein beachtliches Spektrum abzudecken. Von der Sammlung unterschiedlicher Perspektiven verschiedenster Wissenschaftler aus-

[147] s. oben II.

[148] *Bumke*, in: Methoden (FN 2), S. 73 (104) sieht in der neuen Verwaltungsrechtswissenschaft gar insgesamt das „sozialreformerische Engagement [...] aufgegeben".

[149] Dezidiert für eine bloß „dienende Funktion" *Haack*, RW 4 (2013), S. 418 (431 ff., insb. 434); vgl. auch *Gärditz*, Hochschulorganisation (FN 42), S. 158 ff.

[150] Kritisch insoweit *Bumke*, in: Methoden (FN 2), S. 73 (101) zu den 1970ern: „Vielfalt, Unübersichtlichkeit und damit vor allem Unbeherrschbarkeit der [sozialwissenschaftlichen] Theorie stören anscheinend wenig"; die „Gefahr des unbedarften Dilettierens" betont auch *Durner*, Die Verwaltung 48 (2015), S. 203 (226).

[151] Mit weiteren instruktiven Beispielen *von Arnauld*, in: Wissenschaftstheorie (FN 36), S. 65 (89 ff.); *Petersen*, Der Staat 49 (2010), S. 435 (451 ff.); *Bull*, VerwArch 103 (2012), S. 1 (10); angedeutet auch bei *Gärditz*, Hochschulorganisation (FN 42), S.159.

[152] *S. Augsberg*, in: Wissenschaftstheorie (FN 36), S. 119 (145); zum Steuerungsbegriff überspitzt *Rixen*, Die Verwaltung 42 (2009), S. 309 (314); vgl. auch *Gärditz*, Hochschulorganisation (FN 42), S. 155.

[153] *Bumke*, in: Methoden (FN 2), S. 73 (118), aber wohl primär auf die 1980er Jahre bezogen. Demgegenüber vermutet *Hwang*, VerwArch 101 (2010), S. 180 (199), eher wissenschaftliche Modefragen.

[154] So etwa von *Vesting*, in: Methoden (FN 2), S. 253 (280).

gehend lässt sich in weiteren Forschungsschritten auch eine gewisse Ordnung aus einer Metaperspektive heraus erzielen, die hinsichtlich der Einzelheiten allerdings auf die gesammelten Einzelerkenntnisse vertrauen muss und diese kaum mehr hinterfragen kann. Die Fruchtbarkeit eines solchen mehrstufigen Forschungsdesigns erweist sich wiederum durch einen Seitenblick auf andere Disziplinen. So spielen beispielsweise Metastudien in der Arzneimittelforschung und Medizin eine wichtige Rolle.

Um „uninformierte Theorieimporte“ zu vermeiden[155], bedarf es einer komplexen Übersetzungsleistung[156]. Im Grundsatz wünschenswert wäre die „Entwicklung geeigneter ‚Verkehrsregeln‘[157], die den Wissenstransfer strukturieren im Sinne einer ‚transdisziplinären Metatheorie‘“[158]; jeder Theorie- oder Begriffstransfer ist begründungsbedürftig. Man sollte möglichst „unterschiedliche Verwendungshorizonte“ deutlich machen und „Schutzmechanismen“ gegen „unproduktive Komplexitätssteigerungen durch externen Wissenszufuhr“ aufbauen[159]. Doch gilt notwendigerweise ein „Vorbehalt des Möglichen“[160]. Defizite bei einzelnen interdisziplinären Arbeiten lassen sich durch eine „Multiperspektivität des Zugangs“[161] ein Stück weit ausgleichen[162]. In diesem Sinne „ [ist] Methodensynkretismus kein pathologischer Befund, sondern der Normalzustand eines ‚beweglichen Systems‘“[163]. Da das Recht fast alle Lebensbereiche erfasst und dabei Probleme ganz unterschiedlicher Art zu lösen sind, wäre es von vornherein unrealistisch und unterkomplex, sich beim Umgang mit außerjuridischem Wissen auf einen einzigen dominanten methodischen Zugang festzulegen[164]. Vermieden werden muss dabei freilich eine unreflektierte Vermengung un-

---

[155] Dies fordert ausdrücklich *Voßkuhle*, in: GVwR I (FN 15), § 1 Rn. 39.

[156] *Engel*, VVDStRL 67 (2008), S. 350 (351); ähnlich *Schmidt-Aßmann*, Dogmatik (FN 22), S. 23 f.

[157] Erstmals *Vesting*, in: Methoden (FN 2), S. 253.

[158] Insoweit auch *Röhl*, VVDStRL 74 (2014), S. 7 (28 f.). Wo eine solche Theorie zu verorten wäre, bleibt freilich umstritten. Berechtigte Zweifel an der Möglichkeit von gleichsam über den Disziplinen stehenden neutralen Metaregeln für den Umgang mit außerjuridischem Wissen bei *I. Augsberg*, in: Extrajuridisches Wissen (FN 93), S. 4 (23 ff.), der daher aus systemtheoretischer Perspektive für innerjuristische „Kollisionsregeln“ plädiert; demgegenüber für eine übergeordnete Rechtswissenschaftstheorie *Jestaedt*, in: ders./Lepsius (Hrsg.), Rechtswissenschaftstheorie, 2008, S. 185 (202 ff.).

[159] Zum Ganzen *Voßkuhle*, in: GVwR I (FN 15), § 1 Rn. 39; mit einem Sieben-Stufen-Modell *ders.*, in: Umwelt, Wirtschaft und Recht (FN 97), S. 171 (188 ff.).

[160] *Hoffmann-Riem*, Innovation (FN 35), S. 65, 315 ff.

[161] *Trute*, Die Verwaltung, Beiheft 2, 1999, S. 9 (13).

[162] Vgl. auch *Bumke*, in: Methoden (FN 2), S. 73 (129): „Selbst ein dilettantischer Gedanke kann“ als Anstoß für Weiterentwicklungen im Wissenschaftssystem „zu einer fruchtbaren dogmatischen Konstruktion führen“.

[163] s. *von Arnauld*, VVDStRL 74 (2014), S. 39 (60); ihm folgend *Franzius*, JöR 65 (2017), S. 441 (448).

[164] So nahezu wörtlich *Fehling*, in: Hill/Schliesky (Hrsg.), Management von Unsicherheit und Nichtwissen, 2016, S. 203 (206). Die Multiperspektivität schützt gerade vor der von

terschiedlichster Ansätze in einer „holistische Entscheidungsperspektive“[165]; anzustreben ist ein möglichst „informiertes Schnittstellenmanagement“ statt einer „Amalgamierung der verschiedenen wissenschaftlichen Methoden“[166]. „Letztlich kann es nur darum gehen, möglichst viele (gegenläufige) Erkenntnisquellen heranzuziehen“ und „Selektions- sowie Interpretationsprozesse transparent zu machen“[167]. Damit bleibt der Reformansatz methodisch sehr pragmatisch, weil durchaus der eigenen (disziplinären) Grenzen bewusst.

Dies trifft sich mit Überlegungen aus der Methodenlehre, die für eine breit verstandene rationale Argumentation und praktische Vernunft plädieren[168]. „Solange man sich außerhalb von empirischem Beweis, mathematischer Formel oder logischem Kalkül bewegt, wird man vergeblich nach einem strengen Katalog von Schritten und Argumentformen suchen“[169]. Die neue Verwaltungsrechtswissenschaft ist eben kein geschlossenes System, sondern offen für eine flexible, Lernprozesse ermöglichende Vorgehensweise. Man setzt, einem besonders in den Sozialwissenschaften und der Ökonomie verbreiteten Wissenschaftskonzept folgend, auf eine sukzessiv verfeinerte Modellbildung.

Auch wenn man die Leistungs- und Verarbeitungsgrenzen der Verwaltungsrechtswissenschaft für Theorien aus Nachbarwissenschaften in Rechnung stellt, bleibt ein erheblicher Erkenntnisgewinn. Man darf sich nur keine fertigen Rezepte erhoffen. Das Rechtssystem bedarf der Irritation[170] durch verschiedenste andere gesellschaftliche Systeme, um die systeminternen (rechtlichen) Problembewältigungsmechanismen zu stimulieren und aufzufrischen[171]. Interdisziplinarität in der Verwaltungs-

---

Möllers, in: GVwR I (FN 15), § 3 Rn. 48, hervorgehobenen methodischen Einseitigkeit einzelner soziologischer Großtheorien.

165 „Holistische Entscheidungsperspektiven sind stets mit einem Verlust an disziplinärer Aussagekraft verbunden, sind also nicht unbedingt immer auch eine Erweiterung operabler entscheidungsrelevanter Kognitionsmöglichkeiten, da man mitunter ein diffuses Bündel an Antworten auf Fragen erhält, die sich aus der jeweiligen Entscheidungsperspektive so nicht stellen werden“ (*Gärditz*, Hochschulorganisation [FN 42], S. 172, vgl. auch S. 183). Vgl. auch *Lüdemann*, in: Wissenschaftstheorie (FN 36), S. 119 (122 ff., insb. S. 131 ff.): Divergenzmodell statt Abstinenzmodell oder Konvergenzmodell. Das methodologische Risiko mangelnder Ausdifferenzierung durch Oszillieren zwischen rechtlicher und außerrechtlicher Perspektive betont ferner *Kahl*, Die Verwaltung 42 (2009), S. 463 (493 f.), und wird auch von *Eifert*, VVDStRL 67 (2007), S. 288 (310) eingeräumt. Deshalb m. E. tendenziell zu weitgehend *Franzius,* JöR 65 (2017), S. 441 (454), mit der Forderung nach „inkludierende[m] Zugang“ statt bloßer Perspektivenvielfalt.

166 s. *von Arnauld*, VVDStRL 74 (2014), S. 39 (54).

167 *Voßkuhle*, in: GVwR I (FN 15), § 1 Rn. 31.

168 Vgl. *von Arnauld*, VVDStRL 74 (2014), S. 39 (62).

169 *Bumke*, in: Methoden (FN 2), S. 73 (125).

170 So ausdrücklich auch *Hoffmann-Riem*, Innovation (FN 35), S. 68.

171 *Fehling*, in: Management (FN 164), S. 203 (206 f.). Mit wohl ähnlicher Zielrichtung die Möglichkeit struktureller Koppelung von Systemen betonend *Voßkuhle*, in: GVwR I (FN 15), § 1 Rn. 19, Fn. 124.

rechtswissenschaft ist so letztlich auch als Aufforderung zur Integration des Zweifels zu verstehen[172].

b) Nationale Denkkategorien statt europäischer und rechtsvergleichender Öffnung? Ein zweites grundsätzliches Problem betrifft die internationale Anschlussfähigkeit der neuen Verwaltungsrechtswissenschaft. Einerseits war und ist gerade die Europäisierung ein wesentlicher Motor für die Entwicklung des Reformansatzes[173]. Andererseits merken sogar Befürworter an, das zugrundeliegende Denken sei doch „sehr deutsch" geprägt[174] und finde daher im europäischen Ausland wenig Resonanz.

Inwieweit dies (immer noch) zutrifft, bedürfte einer eingehenden Untersuchung, wie sie hier nicht geleistet werden kann. Eine kursorische und punktuelle Recherche ohne Anspruch auf einen repräsentativen Überblick oder gar Vollständigkeit bestätigt zwar in der Grundtendenz den geringen direkten internationalen Widerhall der deutschen Reformdiskussion, deutet aber doch gewisse Differenzierungen an.

Der steuerungswissenschaftliche Ansatz und die damit verbundene deutsche Reformdiskussion sind im europäischen Ausland bislang anscheinend nur in Einzelfällen rezipiert worden[175]. Es beschränkt sich auf einzelne „Schlüsselpersonen"[176], die nicht nur ein besonderes Interesse an der vergleichenden Perspektive und interdisziplinärem Denken besitzen, sondern meist auch in engem fachlichen Kontakt mit deutschen Reformern stehen. In Italien nimmt *Cassese* ausdrücklich auf Deutschland (u.a. *Schmidt-Aßmann*) Bezug. Den Steuerungsansatz erwähnt er zwar nur am Rande, doch viele seiner Überlegungen fügen sich in die verwandte Governance-Perspektive ein[177]. Manche andere wichtige Bausteine der deutschen neuen Verwaltungsrechtswissenschaft finden sich der Sache nach ebenfalls wieder[178]. Die Notwendigkeit der Internationalisierung und vergleichenden Ausrichtung der Verwaltungsrechtswissenschaft wird noch weit stärker in den Vordergrund gerückt als in der deutschen Reformdiskussion. Daneben finden sich auch Aspekte, die für Deutschland

---

172 Auch weil gerade empirisch regelmäßig nur Wahrscheinlichkeiten beschrieben werden können, vgl. *Engel*, VVDStRL 67 (2007), S. 350 (351).

173 Statt vieler *Voßkuhle*, in: GVwR I (FN 15), § 1 Rn. 13; *Hoffmann-Riem*, in: Schmidt-Aßmann/Hoffmann-Riem (Hrsg.), Strukturen des Europäischen Verwaltungsrechts, 1999, S. 317 ff.; *Schmidt-Aßmann*, Ordnungsidee (FN 10), Rn. 1/50 ff., 7/1 ff.

174 *Franzius* JöR 65 (2017), S. 441 (453).

175 Diese Feststellung von *Ruffert*, in: Methoden (FN 2), S. 165 (166 f., 201), scheint immer noch aktuell.

176 *Schuppert*, in: IPE IV (FN 27), § 70 Rn. 53 ff., er nennt insbesondere *Cassese* und *Craig*.

177 *Cassese*, 10 Int'l J. Const. L (2012), S. 603 (608 bzw. 610): administration as an „accountability network" bzw. unter Bezug auf *Bignami*, 59 Am. J Const. L (2011), S. 859 (869): „to look at institutional practise without the guidance of statutes and judicial decisions"; vgl. auch *Cassese/Napolitano/Casini*, 12 J Const. L (2014), S. 354.

178 *Cassese*, 10 Int'l J. Const. L (2012), S. 603 (607, 612 f.) nennt etwa: „enabling state", „ambiguities and richness of the interconnections between public and private law", „methodological pluralism", connection with social sciences (economics, political science and history).

weniger neu sind, namentlich die Ausrichtung auf Bürgerrechte[179]. In Spanien sind die Schriften von Schmidt-Aßmann von jüngeren Wissenschaftlern[180], die meist einen gewissen Teil ihrer Ausbildung in Deutschland absolviert haben, eingehend rezipiert worden. In England ist *Paul Craig* zu nennen.

Auch wo im Ausland, wie meist, ein Bezug zur deutschen Reformdiskussion und der dortigen Begrifflichkeit fehlt, werden oftmals doch ähnlich Reformimpulse diskutiert. Vieles betrifft allerdings eher die Entwicklung des Verwaltungsrechts als der Verwaltungsrechtswissenschaft. Stichworte sind neben der Europäisierung auch hier Privatisierung, Deregulierung und Dienstleistungsorientierung sowie die Reform der öffentlichen Verwaltung im Zuge eines New Public Managements[181]. Gerade die letztgenannte Diskussion ging in Europa wesentlich von England aus, wo der „Paradigmenwechsel von ‚government' zu ‚governance'" intensiv diskutiert wird[182]. Von Frankreich her sind Dienstleitungsorientierung und Verfahrensmanagement teilweise Vorbild für spätere deutsche Beschleunigungsbemühungen gewesen[183]. Insoweit handelt es sich um Bausteine, wie sie sich zwar auch in der neuen Verwaltungsrechtswissenschaft wiederfinden, auf die dieser deutsche Reformansatz aber kein Monopol besitzt.

Die genannten Veränderungen im Verwaltungsrecht und im Verwaltungsverständnis werden zwar anscheinend sowohl rechtswissenschaftlich als auch sozialwissenschaftlich begleitet, aber eine Zusammenführung dieser beiden Perspektiven ist wohl selten. Kaum anders als in Deutschland ist auch in anderen Staaten das Denken „in disziplinären Terrains und Gegensätzen" wirkmächtig[184].

Dies gilt etwa für Polen mit einem eher traditionellen Nebeneinander von Verwaltungsrechtswissenschaft und Verwaltungslehre, wenngleich schon in den 1960er Jahren darauf hingewiesen worden war, „dass sich die in der Tradition verankerten Grenzen der beiden Disziplinen verschieben bzw. stellenweise ganz verwischen"[185]. In Österreich bleibt die „Reine Rechtslehre" auch insoweit wirkmächtig, als man weiterhin „soziologischen Argumenten zurückhaltend gegenüber[steht]". „Ein genuin transdisziplinärer Ansatz der Verwaltungsrechtslehre, wie ihn etwa die ‚Neue Verwaltungsrechtswissenschaft' in Deutschland postuliert, zeichnet sich in Österreich

---

[179] Näher *Cassese*, 10 Int'l J. Const. L (2012), S. 603 (610).

[180] Nach *Santamaria Pastor*, in: IPE IV (FN 27), § 66 Rn. 96, soll es sich allerdings nur um Ausnahmen handeln.

[181] Näher *Ruffert*, in: Methoden (FN 2), S. 165 (183 ff.). Für Frankreich vgl. etwa *Auby*, AJDA 2001, S. 912 ff.

[182] Zur Verknüpfung mit der „New Right"-Schule und der Vorstellung, dass der Staat lenkt, aber nicht rudert, s. *Poole*, in: IPE IV (FN 27), § 60 Rn. 27.

[183] *Bullinger*, JZ 1991, S. 53 ff.; *ders.*, Beschleunigte Genehmigungsverfahren für eilbedürftige Vorhaben, 1991, insb. S. 57 ff.; rückblickend *Fehling*, in: Fehling/Grewlich (Hrsg.), Struktur und Wandel des Verwaltungsrechts, 2011, S. 43 (44 f.).

[184] So zusammenfassend *Schuppert*, in: IPE IV (FN 27), § 70 Rn. 12.

[185] *Wasilewski*, in: IPE IV (FN 27), § 63 Rn. 43.

daher gegenwärtig nicht ab"[186]. In Frankreich bestünden historisch eigentlich recht gute Voraussetzungen für eine Implementierung der Steuerungsperspektive in die Verwaltungsrechtswissenschaft. Die (freilich in der Bedeutung zurückgegangene) Beratungstätigkeit des Conseil d'État ließ ohnehin die handlungs- und bewirkungsorientierte Funktion des Verwaltungsrechts (früher) als selbstverständlich erscheinen. Außerdem ist der traditionellen Lehre vom service public die Einsicht immanent, dass das Verwaltungsrecht „auch ein Werkzeug" des Staates „ist, um seinen Aufgaben im Dienste der Allgemeinheit nachzukommen"[187]. Doch bleiben Anklänge an die Steuerungsperspektive ganz vereinzelt[188]. Es fällt „der (Verwaltung-) Rechtswissenschaft schwer, „den nötigen Abstand [zur Rechtspraxis] zu gewinnen sowie ihr kritisches und innovatives Potential auszuschöpfen"[189]. In Italien hat sich die Verwaltungsrechtswissenschaft unter dem Einfluss von *Cassese* schon recht früh nicht nur anderen Gebieten des Rechts, sondern ein Stück weit auch den Sozialwissenschaften geöffnet. Gefordert wurde dabei auch „eine wahrhaft realistische Methode durch empirische Analysen, die Nutzung neuer Untersuchungsinstrumente wie derjenigen der Statistik und der Archive"[190]. Obwohl die Europäisierung und später die Globalisierung zu einer weiteren Beschleunigung des Öffnungsprozesses geführt haben, wird heute doch auch vermehrt wieder „das Risiko" betont, „dass der Jurist, fasziniert von den anderen Sozialwissenschaften, auf die juristische Analyse, auf den Gebrauch seines Werkzeugs, verzichtet"[191]. Die intensivste Verknüpfung findet sich in Europa wohl in England, wobei die London School of Economics als Kristallisationspunkt fungiert. Dort hat man sich mit dem Verwaltungsrecht als Instrument gesellschaftlicher Reformen schon deutlich früher als die neue Verwaltungsrechtswissenschaft in Deutschland beschäftigt[192].

Eine größere Affinität zum interdisziplinären Arbeiten und besonders zu den Sozialwissenschaften ist seit jeher im US-amerikanischen rechtswissenschaftlichen

---

[186] *Leitl-Staudinger*, in: IPE IV (FN 27), § 62 Rn. 53, vgl. auch Rn. 43.

[187] *Chrétien*, in: IPE IV (FN 27), § 50 Rn. 25.

[188] *Ruffert*, in: Methoden (FN 2), S. 165 (182, vgl. auch 202), mit Hinweis auf *Chevallier*, AJDA 2001, S. 603 f.: „[C]ette science du droit ne saurant pour autant se réduire à une ‚théorie pure de droit', sauf à sombrer dans un formalisme desséchant, ignorant tout des enjeux dont le droit est porteur; elle est tenue de prendre en compte les processus sociaux et politiques et d'application du droit", „élargissement des perspectives", „cette vision suppose une large ouverture vers la théorie du droit et les sciences sociales"; nur ganz andeutungsweise *Auby*, AJDA 2001, S. 912 ff.

[189] *Chrétien*, in: IPE IV (FN 27), § 50 Rn. 44, vgl. aber Rn. 59, wo er Sympathie für den deutschen Reformansatz erkennen lässt; die zu starke Justizzentriertheit der Verwaltungsrechtswissenschaft in Deutschland wie in Frankreich beklagen *Schmidt-Aßmann/Dagron*, ZaöRV 67 (2007), S. 395 (406 ff., 412 f.).

[190] *Sandudlli*, in: IPE IV (FN 27), § 61 Rn. 58.

[191] *Sandudlli*, in: IPE IV (FN 27), § 61 Rn. 86.

[192] *von Bogdandy*, in: IPE IV (FN 27), § 57 Rn. 64. mit Verweis auf *Ruffert*, in: Methoden (FN 2), S. 165 (184 ff.); näher *Poole*, in: IPE IV (FN 27), § 60 Rn. 28 ff.

Selbstverständnis angelegt[193], wobei freilich heutzutage Law-and-Economics die Meinungsführerschaft innehat. Bei konkreten Reformüberlegungen stehen neben dem New Public Management Strukturen der Verantwortungsteilung zwischen Staat und Privaten und die damit verbundene Vernetzung unterschiedlicher Teilrechtsordnungen im Vordergrund; vereinzelt münden diese Beobachtungen auch in die Forderung nach vermehrter empirischer Aufarbeitung der Verflechtungsbeziehungen und einer neuen Perspektive im Verwaltungsrechts[194]. Anders als in der rechtschutzorientierten Praxis betrachtet die dortige Rechtswissenschaft das (Verwaltungs-)Recht schon lange verbreitet auch unter dem Aspekt, inwieweit es zur Erreichung bestimmter politischer oder ökonomischer Ziele beiträgt[195]. Gewisse Parallelen zur Steuerungsperspektive sind offensichtlich; mittlerweile wird häufiger auf den Governance-Ansatz Bezug genommen[196].

Welche Folgerungen lassen sich aus diesem Überblicksbefund ziehen? Ein Stück weit mag das Interesse an deutschen Reformüberlegungen deshalb gering sein, weil auch im kontinentaleuropäischen Ausland traditionell ein rechtsdogmatisches, primär auf Systematisierung der Rechtspraxis ausgerichtetes und typischerweise der „juristischen Methode" folgendes Denken vorherrscht[197]. Bedeutsamer sind aber wohl die allgemeinen Hindernisse gegenüber der Rezeption ausländischen juristischen Schrifttums, besonders die Sprachbarriere (soweit es über Englisch hinausgeht)[198], aber auch die fehlende Verfügbarkeit der maßgeblichen Schriften. Deshalb lässt sich aus dem Mangel an internationalem Widerhall nicht auf die mangelnde Überzeugungskraft der deutschen Reformideen schließen.

---

[193] Vielzitiert *Holmes*, 10 Harv. L. Rev. (1897), S. 457 (469): „[F]or the rational study of the law the black-letter man may be the man of the present, but the man of the future is the man of statistics and the master of economics". Zu Möglichkeiten und Grenzen interdisziplinären Arbeitens im Umweltrecht instruktiv *Owen/Noblet*, 41 Ecology L. Quart. (2014), S. 887 ff.; empirische Analyse von empirisch angelegten rechtswissenschaftlichen Arbeiten von 1990–2000 bei *Heise*, U. Ill. L. Rev 2011, S. 1739 ff.

[194] *Freeman*, 52 Admin. L. Rev (2000), S. 813 (855): „Administrative law must firstly reorient itself to study complicated public-private arrangements that characterize contemporary regulation"; mit gewissen Parallelen zur deutschen Diskussion um Verantwortungsteilung und staatliche Gewährleistungsverantwortung *dies.*, 75 N.Y.U. L. Rev. (2000), S. 543 (664 ff.); vgl. auch *Aman, Jr*, 49 UCLA L. Rev. (2002), S. 1687 (1704 ff, 1712 ff.).

[195] *Freeman*, 52 Admin. L. Rev (2000), S. 813 (855): „The most significant problem with contemporary regulation is the frequent failure to achieve public policy goals, rather than the nagging problem of scope of review".

[196] Vgl. *Freeman*, 52 Admin. L. Rev (2000), S. 813 (856): „Practical problems of governace and the institutions that might solve these problems"; ebd. S. 854: "The state's primary role in a mixed regime might be to facilitate the intervention of the mix of actors best capable of minimizing the dangers posed by any particular public-private arrangement"; im Titel auch *dies.*, 75 N.Y.U. L. Rev. (2000), S. 543.

[197] Als weiterhin „identitätsbildende Mitte" der Verwaltungsrechtswissenschaft im europäischen Rechtsraum charakterisiert von *von Bogdandy*, in: IPE IV (FN 27), § 57 Rn. 63.

[198] Darauf weist schon *Ruffert*, in: Methoden (FN 2), S. 165 (166 f.) hin.

Als Indikator für Anschlussfähigkeit mag eher taugen, ob auch ohne Kenntnis der deutschen Diskussion im Ausland funktional ähnliche (nicht notwendig in der Begrifflichkeit identische) Reformüberlegungen angestellt werden. Dafür müssten jedoch auch die Ausgangs- und Rahmenbedingungen im Verwaltungsrecht wie in der Realität hinreichend vergleichbar sein; dies ist die Konsequenz der gerade von der neuen Verwaltungsrechtswissenschaft stets betonten Kontextabhängigkeit von Verwaltungsrecht und darauf bezogener Wissenschaft. Obwohl wir in den westlichen Industrienationen vor ähnlichen ökonomischen, ökologischen und sozialen Herausforderungen stehen und trotz des gemeinsamen Europarechts bleiben die (rechts-)kulturellen Unterschiede insoweit doch sehr wirkmächtig. Die Klammer des Unionsrechts allein reicht für eine Reformkonvergenz der Verwaltungsrechtswissenschaft nicht aus.

IV. Entwicklungsperspektiven

Nimmt man den Anspruch der neuen Verwaltungsrechtswissenschaft auf Wirklichkeitsbezug und „kontextbezogene Rationalität“[199] ernst, muss sie weiterhin für neue Entwicklungen in Recht und Politik sowie in Nachbarwissenschaften offen bleiben[200]. Dabei eröffnet die innere Pluralität, welche der Reformansatz beinhaltet und zulässt[201], vielfältige Möglichkeiten der künftigen Akzentsetzung. Dementsprechend spiegeln sich in den folgenden, sich teilweise überschneidenden Schlaglichtern durchaus auch eigene und als solche hier offenzulegende[202] Präferenzen.

1. Loslösung von zeitgebundenen Entstehungsbedingungen mit Übergang zu einer breiteren Innovationsperspektive

a) Verabschiedung der „Krisen-Metapher“. In der Genese war die neue Verwaltungsrechtswissenschaft eng mit der Diagnose einer Krise des Ordnungsrecht oder regulativen Rechts verbunden[203]. Wachsende Staatsaufgaben bei scheinbar sinkender Steuerungsfähigkeit[204] traditioneller „command and control“-Gesetzgebung waren eine wesentliche Triebfeder dafür, den Blick auch auf andere Steuerungsmedien und Instrumente indirekter (Anreiz-)Steuerung zu erweitern.

---

[199] Als Konsequenz der Erosion des traditionellen Rationalitätsideals (und erst recht des früheren vernunftrechtlichen Denkens) angesichts einer Pluralität möglicher Bezugssysteme besonders hervorgehoben von *Hoffmann-Riem*, Innovation (FN 35), S. 57 f.

[200] Betont auch von *Schmidt-Aßmann*, in: Offene Rechtswissenschaft (FN 8), S. 1011 (1020 f., 1022).

[201] Dazu näher oben II.

[202] Zu dieser Forderung oben III. 2. a).

[203] Zusammenfassend *Voßkuhle*, in: GVwR I (FN 15), § 1 Rn. 10.

[204] Prägend *Grimm (Hrsg.)*, Wachsende Staatsaufgaben – sinkende Steuerungsfähigkeit des Rechts, 1990.

Diese Diagnose war schon damals nicht verallgemeinerungsfähig. Sie beruhte auf einer zu einseitigen Fokussierung auf das Umweltrecht sowie das öffentliche Wirtschaftsrecht als Referenzgebiete und selbst insoweit muss bezweifelt werden, ob die Steuerungskraft des Ordnungsrechts früher tatsächlich höher war[205]. „Im Sozialrecht jedenfalls gibt es keine Krise des regulativen Rechts, weil es zu keinem Zeitpunkt einen zentral steuernden Sozialstaat und Sozialgesetze gegeben hat, die den Anspruch linearer Detailsteuerung erhoben hätten“[206]. Das Schulrecht arbeitet in weitem Umfang mit „Finalprogrammen“, „die ‚vor Ort‘ prozedural entfaltet werden müssen; das konditionale Ordnungsrecht bleibt nur Randposten“[207].

Darüber hinaus erscheint die Krisen-Metapher selbst als äußerst fragwürdig. Sie weckt Assoziationen an eine einzelne große Zäsur; vor diesem Hintergrund droht die neue Verwaltungsrechtswissenschaft zu einer singulären Reformanstrengung stilisiert zu werden, mit der die rechtswissenschaftliche Perspektive auf das Verwaltungsrecht dauerhaft gültig wieder ins Lot gebracht worden ist oder jedenfalls werden soll. Dies verstellt den Blick darauf, dass sich die Herausforderungen und damit auch Steuerungsaufgaben in der Realität laufend verändern und die dazu notwendige Anpassung im Rechtssystem und potentiell auch in der Rechtswissenschaft schnell als mehr oder minder krisenhaft empfunden wird[208]. Die neue Verwaltungsrechtswissenschaft sollte heute nicht mehr als Reaktion auf Krisen oder gar eine spezifische Krise, namentlich der Staatsüberlastungsdiskussion der 1980er und 1990er Jahre, verstanden werden, sondern als eine Perspektivenerweiterung, welche die immer wiederkehrende Anpassungsnotwendigkeit des Verwaltungsrechts ins Bewusstsein rückt und nach möglichen Mechanismen und Instrumenten zur Bewältigung solcher Prozesse mit dem Medium und in den Grenzen des (höherrangigen) Rechts fragt.

b) Erweiterter Blick auf (politische) Gestaltungsoptionen von Verwaltung und Verwaltungsrecht statt Ökonomisierungs-, Deregulierungs- und Privatisierungsfixierung. Auch über die Verabschiedung der Krisen-Metapher hinaus sollte man sich von zeitgebundenen Entstehungsbedingungen der neuen Verwaltungswissenschaft lösen.

Insoweit kann die Regulierungsperspektive das Bewusstsein für die Bandbreite wirtschaftspolitischer Steuerungsoptionen schärfen. Statt Privatisierung und Deregulierung rücken nunmehr, nicht zuletzt aufgrund der Finanzkrise, Rekommunalisie-

---

[205] *Fehling*, in: Hoffmann-Riem/Schmidt-Aßmann/Voßkuhle (Hrsg.), Grundlagen des Verwaltungsrechts, Bd. II, 2. Aufl. 2012, § 38 Rn. 45; *Gärditz*, Hochschulorganisation (FN 42), S. 166 ff.: Steuerung kein „Verlustbegriff“.

[206] *Kingreen*, Die Verwaltung 42 (2009), S. 339 (344).

[207] *Wißmann*, Die Verwaltung 45 (2012), S. 307 (328).

[208] Insoweit zutreffend *Möllers*, VerwArch 93 (2002), S. 22 (29). Genau umgekehrt *Wahl*, Herausforderungen (FN 3), S. 93: keine ernsthaften Krisen im Verwaltungsrecht der letzten 50 Jahre; auf die 1980er Jahre bezogen polemisch *Gärditz*, in diesem Heft, S. 105 (123), dabei die Staatsentlastungsdiskussion und die Herausforderungen der Europäisierung grob vernachlässigend.

rung und Re-Regulierung verstärkt in den Fokus[209]. Beispielsweise können auch öffentliche Unternehmen (wie etwa die Deutsche Bahn oder kommunale Energieversorger) dazu eingesetzt werden, die staatlichen Steuerungsoptionen in Richtung komplexer Gemeinwohlziele zu erhöhen[210]. Inhouse-Privilegierungen bieten ein Gegengewicht zum Privatisierungsdruck, den die Verpflichtung zu einem Ausschreibungswettbewerb auslöst. Wachsende Einsicht in drohende Überkomplexität weicher (indirekter) Steuerung, wie sie vor allem die moderne Finanzmarktregulierung nährt, könnte zudem neues Interesse für „selektiv harte Steuerung“[211] gerade im öffentlichen Wirtschaftsrecht wecken[212]. Deshalb wäre es eine unzulässige Verkürzung, die neue Verwaltungsrechtswissenschaft weiterhin primär mit dem Leitbild des „schlanken Staats“ und dem Schlüsselbegriff „regulierte Selbstregulierung“ zu identifizieren.

Auch die Schwerpunktsetzung auf New Public Management beziehungsweise das Neues Steuerungsmodell[213] war ein Stück weit zeitgebunden. Insoweit führen etwa neue Entwicklungen im Hochschulorganisationsrecht mancher Bundesländer zu einer gewissen Relativierung[214] durch Abkehr von einer übersteigerten Ökonomisierung.

Man darf freilich jetzt auch nicht in das gegenteilige Extrem verfallen und die beschriebenen neuen Trends zur ultimativen Neuorientierung stilisieren. Dies schon deshalb nicht, weil in manchen Rechtsgebieten durchaus auch weiterhin Privatisierungs- (etwa im Glücksspielrecht) und Deregulierungstendenzen (etwa im Handwerksrecht) anhalten. Außerdem ist das öffentliche Wirtschaftsrecht nur eines von vielen ergiebigen Referenzgebieten. Daher erscheint es geboten, den Reformansatz von gerade aktuellen rechtspolitischen Tendenzen zu lösen und stattdessen den Blick auf das ganze Spektrum politischer Gestaltungsoptionen und die dafür zur Verfügung stehenden rechtlichen Steuerungsinstrumente zu lenken.

c) Verknüpfung mit rechtswissenschaftlicher Innovationsforschung. Ein solcher erweiterter Blickwinkel auf verwaltungsrechtliche Steuerungsoptionen lässt sich zu weiten Teilen mit *Hoffmann-Riem*[215] in der Perspektive von Innovationen im und durch Recht bündeln. Um immer neue Gestaltungswünsche der Politik in den Bahnen und Grenzen des Rechts befriedigen zu können, bedarf es immer wieder In-

---

[209] *Fehling*, JZ 2016, S. 540 (546 f.).

[210] Dazu näher *Fehling*, in: Rückzug (FN 49), S. 93 (102 ff.); vgl. auch *Burgi*, VerwArch 93 (2002), S. 255 (275).

[211] *Voßkuhle*, in: Schuppert (Hrsg.), Jenseits von Privatisierung und „schlankem Staat“, 1999, S. 47 (89 f.).

[212] *Fehling*, JZ 2016, S. 540 (545, 547); *ders.*, in: Management (FN 164), S. 203 (232); vgl. aus der Verhaltenspsychologie *Gigerenzer*, Risiko: Wie man die richtigen Entscheidungen trifft, 5. Aufl. 2013, S. 288 ff., insb. 293 f.

[213] *Voßkuhle*, in: GVwR I (FN 15), § 1 Rn. 50 ff.

[214] Dazu *Fehling*, OdW, Ausgabe 2/2017, S. 63 (71 f.).

[215] Insb. *Hoffmann-Riem*, Innovation (FN 35); vorausgegangen eine große Zahl von Tagungen und Aufsätzen.

novationen im (Verwaltungs-)Recht. Umgekehrt muss das Recht gegebenenfalls auf Innovationen in Technik und Gesellschaft durch Reformen kanalisierend oder begrenzend reagieren. Vermehrt wird vom Recht aber auch gefordert, solche Innovationen zu fördern und zu unterstützen[216].

Die neue Verwaltungsrechtswissenschaft bietet mit der Steuerungsperspektive und dem Rekurs auf Innovationsforschung auch in Nachbardisziplinen das geeignete analytische Rüstzeug, um diese Herausforderungen rechtswissenschaftlich zu begleiten. Zugleich rückt die Innovationsforschung die Aufgabe der Wissensgenerierung und damit die Vorstellung vom Verwaltungsrecht als Informations- und Kommunikationsordnung noch stärker in den Vordergrund[217].

2. Weitere Ausdifferenzierung des Steuerungsansatzes

a) Von Steuerung zu Governance? Die Debatte um einen Übergang vom Steuerungs- zum Governance-Denken ist als solche längst nicht mehr neu. Sie schärft aber den Blick für die große Bandbreite unterschiedlicher Steuerungsvorstellungen und damit wiederum für die schon mehrfach betonte innere Vielfalt der neuen Verwaltungsrechtswissenschaft.

Im Ausgangspunkt scheint der Unterschied zwischen beiden Ansätzen nicht allzu groß[218]. Denn „Regelungsstrukturen" oder „Interaktionszusammenhänge" werden schon im akteurszentrierten Steuerungsdenken mit berücksichtigt[219]. Viele sehen deshalb im Governance-Ansatz eine bloße Erweiterung der Steuerungsperspektive mit Sensibilisierung für die Gesamtheit „aller nebeneinander bestehenden Formen der kollektiven Regelung gesellschaftlicher Sachverhalte"[220]. Der „Blick auf den gesamten Steuerungszusammenhang einer Aufgabenerfüllung" schärft zugleich die „Wahrnehmung für das Zusammenspiel von gesellschaftlicher Selbstregelung und staatlicher Steuerung" und akzentuiert den „Wandel von Staatlichkeit". Rechtliche und nichtrechtliche Koordinierungsformen werden gleichermaßen in den Blick genommen[221]. Solchermaßen auf ein analytisches Konzept verbesserter Beobachtung

---

[216] Dies zeigt sich etwa im Vergaberecht, wo das Ziel der Innovationsförderung in der jüngsten Reform zumindest rhetorisch massiv gestärkt worden ist; vgl. dazu *Fehling*, NZBau 2012, 673 ff.; *Burgi*, NZBau 2011, 577 ff. Entgegen *Möllers*, VerwArch 93 (2002), S. 22 (57) ist es mittlerweile weniger die Rechtschutzperspektive, sondern in der Diskussion um Sekundärzwecke die Steuerungsperspektive, die die Forschung im Vergaberecht befruchtet, vgl. *Fehling*, in: Pünder/Schellenberg (Hrsg.), Vergaberecht, 2. Aufl. 2015, § 97 GWB Rn. 135.

[217] s. etwa *Hoffmann-Riem*, Innovation (FN 35), S. 58.

[218] Betont etwa von *Eifert*, VVDStRL 67 (2007), S. 286 (296 f., Fn. 48); vgl. auch *Rixen*, Die Verwaltung 42 (2009), S. 309 (317 f.).

[219] Grundlegend *Mayntz*, in: Jahrbuch (FN 114), S. 89 (93 f.).

[220] *Schuppert*, Die Verwaltung 44 (2011), S. 272 (278); vgl. *Mayntz*, in: Schuppert (Hrsg.), Governance-Forschung, 2. Aufl. 2006, S. 11 ff.

[221] Zum Ganzen *Schuppert*, Die Verwaltung 44 (2011), S. 272 (279 ff.).

von (Wechsel-)Wirkungen reduziert[222] erscheint das Denken in Governance-Strukturen in vielen Bereichen einsetzbar[223] und trotz oder gerade wegen seiner gewissen Vagheit[224] international besonders anschlussfähig[225].

Teilweise dient der Rekurs auf Governance darüber hinaus jedoch dazu, eine graduelle Entkoppelung von Staat und Recht zu statuieren und – trotz des Charakters als analytisches und nicht normatives Konzept[226] – für eine Überwindung der Staatszentriertheit in der Verwaltungsrechtwissenschaft zu werben[227]. In dieser Form droht der Governance-Ansatz freilich politisch-demokratische Verantwortung zu verwischen[228]. Kommt das Steuerungssubjekt abhanden, so besteht zudem die Gefahr, dass die Bedeutung von Interessen- und Machtkonstellationen für die Steuerungsoptionen aus dem Blick gerät[229].

Zwingend ist dies freilich nicht. Nach Ansicht vieler will und soll sich Governance auch weiterreichenden Fragestellungen öffnen: „Wie kann die demokratische Qualität von Entscheidungsprozessen in komplexen Netzwerken erhalten und ver-

---

[222] Dafür *Rixen*, Die Verwaltung 42 (2009), S. 309 (319); vgl. *Gärditz*, Hochschulorganisation (FN 42), S. 206.

[223] Für manche Referenzgebiete wie namentlich das Sozialrecht wird behauptet, die steuerungswissenschaftlichen Prämissen passten nicht so recht; die Governance-Perspektive dagegen viel besser. Denn das Sozialrecht sei „durch einen Mix zwischen hierarchischer Grobsteuerung, korporativer Selbstregulierung und zunehmend auch wettbewerblicher Allokation gekennzeichnet. Es denkt in Rechtsverhältnissen und Regelungsstrukturen, die sich nicht auf ein zentrales Steuerungssubjekt zurückführen lassen. In seinen vielschichtigen korporatistischen und nicht-hierarchischen Arrangements lässt sich nicht mit hinreichender Deutlichkeit sagen, wer Steuerungssubjekt und wer Steuerungsobjekt ist" (*Kingreen*, Die Verwaltung 42 [2009], S. 339 [345]). Dieser Gegenüberstellung liegt allerdings ein verkürztes Verständnis der Steuerungsperspektive zugrunde, die gerade nicht allein auf hierarchische Steuerung fixiert bleibt und auch einen „Instrumentenmix" (*Michael*, in: GVwR II [FN 205], § 41 Rn. 4 ff.) zu verarbeiten weiß. Das zweite Argument gegen die steuerungswissenschaftliche Perspektive ist gewichtiger, weil in der Tat eine Unterscheidung von Steuerungssubjekt und -objekt konstitutiv ist. Doch bleibt die Grundfrage nach staatlicher Steuerung auch im Gesundheitswesen auf politischer Ebene dominant, namentlich zwecks Kostendämpfung und Einlösung der Gewährleistungsverantwortung.

[224] Vgl. *Bull*, VerwArch 103 (2012), S. 1 (19, auch 4, Fn. 14); *Gärditz*, Hochschulorganisation (FN 42), S. 204 ff.; polemisch *Rixen*, Die Verwaltung 42 (2009), S. 309 (318).

[225] Betont von *Appel*, VVDStRL 67 (2007), S. 228 (245 f.), der davon ausgeht, dass sich der steuerungswissenschaftliche Ansatz wohl nur wird behaupten können, wenn er eine höhere Trennschärfe erreicht.

[226] Mit Fokus auf vorfindbare Strukturen bei säuberlicher Trennung zu „Good Governance" als normativ-gemeinwohlbezogenem Ansatz *Schuppert*, Die Verwaltung 40 (2007), 463 (473 ff.); von einer „interdisziplinäre[n] Verständigungsfunktion" ohne rechtsnormativen Anspruch spricht *Kingreen*, Die Verwaltung 42 (2009), S. 339 (347).

[227] Auch diese Aspekte klingen an bei *Schuppert*, Die Verwaltung 44 (2011), S. 272 (282 f.); noch deutlicher *ders.*, Alles Governance oder was?, 2011, S. 32 ff.

[228] *Kahl*, Die Verwaltung 42 (2009), S. 463 (496); ähnlich *Voßkuhle*, in: GVwR I (FN 15), § 1 Rn. 70; *Schmidt-Aßmann*, Dogmatik (FN 22), S. 20.

[229] Vgl. *Bull*, VerwArch 103 (2012), S. 1 (20).

bessert werden?" „Wer trägt die Verantwortung von Entscheidungen in Netzwerken und Mehrebenensystemen"[230]?

In diesen und weiteren[231] unterschiedlichen Schattierungen kommt die ambivalente Position der neuen Verwaltungsrechtswissenschaft zum Staat zum Ausdruck: Einerseits wenden sich viele Vertreter des Reformansatzes gegen eine (klassisch konservative) Überhöhung von Staatlichkeit und betonen gerade deshalb Netzwerkstrukturen im Mehrebenensystem und bei funktionaler Privatisierung. Andererseits herrscht ein gewisses Grundvertrauen in die staatlich-demokratische Steuerungsfähigkeit zwecks Begrenzung gesellschaftlicher Macht, wie es auch im scheinbar zurückhaltenden Topos der Gewährleistungsverantwortung durchscheint. So wirft die Governance-Debatte noch einmal ein neues Licht auf die Vielfalt der Grundüberzeugungen zu Staat und Gesellschaft, die unter dem Dach der neuen Verwaltungsrechtswissenschaft Platz finden.

b) Nudging als Herausforderung für die Steuerungsperspektive. Paradigmatisch dürfte sich der Streit um Steuerungsmöglichkeiten und Steuerungsbedürftigkeit künftig vermehrt an Nudging-Konzepten entzünden. Die Bürger sollen in ihrem Verhalten mittels geschickt gewählter Standardoptionen und weiteren verhaltensökonomisch und psychologisch inspirierten Verführungen mehr oder minder sanft in die gesamtgesellschaftlich erwünschte Richtung „gestubst" werden. Ausgehend von *Sunstein* und *Thaler* in den USA[232] gewinnen derartige Strategien indirekter Steuerung politisch immer mehr an Aufmerksamkeit und könnten vermehrt auch in die Gesetzgebung einfließen. Zugleich entdeckt die (Verwaltungs-)Rechtswissenschaft in manch altbekannten Regelungen derartige Nudging-Strukturen, etwa im Opting-in versus Opting-out bei der Reichweite des datenschutzrechtlichen Einwilligungserfordernisses[233].

Letztlich handelt es sich um eine verhaltenspsychologische und -ökonomische Modifizierung des Steuerungsdenkens. Seine Sprengkraft erhält dieser Ansatz durch den Vorwurf des freiheitsgefährdenden Paternalismus, ja der Manipulation[234]. Befürworter verweisen demgegenüber darauf, dass die Letztentscheidung über das Verhalten wie allgemein bei indirekter Steuerung stets beim Einzelnen bleibt. Ihm wird die Wahl in die unerwünschte Richtung psychologisch nur ein Stück schwerer

---

[230] *Schuppert*, Die Verwaltung 44 (2011), S. 272 (287), mit Verweis auf *Zorn*, in: Schuppert/Zorn (Hrsg.), PVS-Sonderheft 41, 2006, S. 553 (577).

[231] *Bull*, VerwArch 103 (2012), S. 1 (3), sieht im Governance-Ansatz eine „Weiterentwicklung und Teilkorrektur des New Public Management", weil ein rein ökonomischer Ansatz „nicht als Oberbegriff für Staats- und Verwaltungsangelegenheiten taugt".

[232] Insbes. *Sunstein/Thaler*, Nudge, 2008 (deutsch: 2010); aus deutscher Sicht etwa *Seckelmann/Lamping*, DÖV 2016, S. 189 ff.; *J. Wolff*, RW 2015, S. 194 ff.

[233] Dazu z. B. *Krönke*, Der Staat 55 (2016), S. 319 (329 ff.).

[234] Näher *H.-B. Schäfer/Weber*, Der Staat 56 (2017) (im Erscheinen); *Gigerenzer*, Rev.-Phil.Psych. 6 (2015), S. 361 ff.; *Kemmerer et al (Hrsg.)*, Choice Architecture in Democracies, 2016.

gemacht. Deshalb ist auch von „libertärem Paternalismus“ die Rede[235]. Die Kontroverse um Steuerungsdenken und grundrechtliche Freiheit tritt insoweit in eine neue Phase ein.

c) Ausbau der Verknüpfung mit dem Paradigma der Informations- und Kommunikationsordnung und der Rechtsverhältnislehre. „In der steuerungswissenschaftlichen Perspektive rücken das Wissen der Verwaltung und ihre Informationsordnung notwendig ins Zentrum“[236]. Information ist eine wichtige Steuerungsressource. Diese Erkenntnisse sind nicht neu[237]. Doch jüngere Entwicklungen, namentlich die Etablierung des freien Informationszugangs[238] und der Bedeutungsgewinn des Datenschutzes im öffentlichen wie im privaten Sektor[239] sowie der Aufbau von E-Government[240], haben zu einer „Verdichtung der Informationsbeziehungen zwischen Staat und Behörde[n]“[241] geführt. Sie geben dazu Anlass, das Denken in Informationsbeziehungen und darauf gegründeten Rechtsverhältnissen noch weiter auszubauen.

Information und Kommunikation bilden eine hervorragende Brücke zu Nachbarwissenschaften; zu Recht hat man Verbindungen zur Kybernetik, Ökonomie (ausgehend von *v. Hayek*, aber nicht auf dessen Denkrichtung festgelegt), Systemtheorie (*Luhmann*) und Organisationstheorie (*H. Simon*) betont[242]. Erweiternd sollten nun verhaltenspsychologische und -ökonomische Aspekte stärker mit einfließen, wie sie nicht nur für den (weit verstandenen) Verbraucherschutz hohe Bedeutung besitzen. Dabei verdient die Aufmerksamkeitsökonomie bei Informationsüberflutung größere Beachtung.

Vor diesem Hintergrund wäre auch über den analytischen Wert der Lehre vom Verwaltungsrechtsverhältnis, hier besonders als Informations- und Kommunikationszusammenhang, neu nachzudenken. Obwohl sie eine Erweiterung der kritisierten

---

[235] Begriffsprägend insb. *Sunstein/Thaler*, 70 U. Chi. L. Rev. (2003), S. 1159 ff.; zu den ethischen Fundamenten zuletzt *Sunstein*, Yale Journal on Regulation 32 (2015), S. 413 ff.

[236] *Eifert*, VVDStRL 67 (2007), S. 286 (325 ff., insb. 326).

[237] Vgl. *Pitschas*, in: Reform – Grundfragen (FN 47), S. 227 ff. Zur Verknüpfung mit der neuen Verwaltungsrechtswissenschaft grundlegend *Vesting*, in: Methoden (FN 2), S. 253 (284 ff.), der wohl sogar eine teilweise Ablösung des Steuerungsparadigmas, mindestens aber eine spürbare Akzentverschiebung favorisiert; ferner die Beiträge in *Hoffmann-Riem/Schmidt-Aßmann (Hrsg.)*, Informationsgesellschaft (FN 84); vgl. auch *Schuppert*, Verwaltungswissenschaft (FN 9), S. 722 ff. Allgemeiner *Albers*, Rechtstheorie 33 (2002), S. 61 ff.

[238] Dazu statt vieler *Schoch*, IFG-Kommentar, 2. Aufl. 2016, Einleitung Rn. 4 ff., zuletzt *ders.*, NVwZ 2017. S. 97; zur Verknüpfung mit dem Paradigma der Informations- und Kommunikationsordnung auch *Fehling*, DVBl. 2017, S. 79 f.

[239] Vgl. etwa die Beiträge in *Fehling/Schliesky (Hrsg.)*, Neue Macht- und Verantwortungsstrukturen in der digitalen Welt, 2016; kritisch *Krönke*, Der Staat 55 (2016), S. 319 ff.

[240] Vgl. etwa die Beiträge in *Hill (Hrsg.)*, Auf dem Weg zum Digitalen Staat – auch ein besserer Staat?, 2015; *Siegel*, VerwArch 105 (2014), S. 241 (243 ff.).

[241] So schon *Voßkuhle*, BayVBl. 2010, S. 581 (587).

[242] *Vesting*, in: Methoden (FN 2), S. 253 (282 f.).

rechtsaktbezogenen Betrachtungsweise um die Momente der Mehrpoligkeit, Wechselbezüglichkeit und Variabilität der Rechte und Pflichten verspricht[243], wird die Rechtsverhältnislehre von der neuen Verwaltungsrechtswissenschaft kaum aufgegriffen[244]. Früher hat man gegen sie vor allem eingewandt, das Denken in Rechtsverhältnissen sei zu wenig trennscharf und damit nicht geeignet, Handlungsformen und namentlich den Verwaltungsakt als Kristallisationspunkte der Verwaltungsrechtsdogmatik zu ersetzen. Diese Kritik verfängt jedoch nicht mehr, wenn es nicht um rechtsdogmatischen Ersatz, sondern um den ergänzenden Einsatz als analytisches Raster geht[245]. Gerade in dauerhaften Rechtsbeziehungen „ist der Begriff des Rechtsverhältnisses in besonderer Weise geeignet, die Verschiebung von der überkommenen rechtsaktbezogenen Kontrollperspektive durch eine problemorientierte sowie steuerungsbezogene Handlungsperspektive nachzuzeichnen und in rechtliche Form zu gießen“[246]. Die Lehre vom Verwaltungsrechtsverhältnis kann das dynamisch-prozesshafte von teils auch informellen (Dauer-)Kontakten mit der Verwaltung besonders gut einfangen[247] und bietet dabei auch Verknüpfungspunkte zur Spieltheorie in der Mathematik und der Ökonomik.

3. Erweiterung des Horizonts für Interdisziplinarität

Interdisziplinär standen bislang Begriffs- und Theorie-Anleihen vor allem in der Soziologie und der Politikwissenschaft sowie der Neuen Institutionenökonomik im Vordergrund. Diese Fokussierung gründet nicht allein in sachlichen Erwägungen, sondern beruht unvermeidbar zum Teil auch auf den individuellen wissenschaftlichen Interessen der beteiligten Reformer[248].

Ein massiver Bedeutungsgewinn ist der Verhaltenspsychologie und -ökonomie[249] zu prognostizieren, keineswegs nur in der bereits angesprochenen Verbindung mit

---

[243] Vgl. etwa *Bauer*, Die Verwaltung 25 (1992), S. 301 (317 ff., insb. 321 ff.).

[244] Zu Recht nach *Bumke*, in: Methoden (FN 2), S. 73 (102); anders *Schröder*, Verwaltungsrechtsdogmatik im Wandel, 2007, S. 208 f.

[245] Vgl. auch *Trute*, DVBl. 1996, S. 950 (951 f.); anders *Funke*, in: Extrajuridisches Wissen (FN 93), S. 35 (58 f.), der die Rechtsverhältnislehre als Verbesserung der Dogmatik wiederbeleben will und nur so ein Ergänzungsverhältnis zum steuerungsrechtlichen Ansatz für möglich hält. Demgegenüber die Rechtsverhältnislehre als Alternative zum steuerungswissenschaftlichen Ansatz favorisierend *J. Ipsen*, Die Verwaltung 44 (2011), S. 290 (296 f.).

[246] *Gärditz*, Hochschulorganisation (FN 42), S. 182.

[247] *Fehling*, in: GVwR II (FN 205), § 17 Rn. 4. Anders *Schaefer*, Umgestaltung (FN 5), S. 38, der im Denken in Rechtsverhältnissen einen Gegensatz zu den Prozeduralisierungstendenzen in der neuen Verwaltungsrechtswissenschaft sieht.

[248] Näher oben III. 2. a).

[249] Zurückgehend auf *Simon*, Models of Man, 1957; wegweisend *Tversky/Kahneman*, Science 185 (1974), S. 1124 ff.; im Überblick statt vieler *Sunstein (Hrsg.)*, Behavioral Law and Economics, 2000; *Gigerenzer/Selten (Hrsg.)*, Bounded Rationality: The Adaptive Toolbox: Dahlem Workshop Report, 2001; *Engel et al. (Hrsg.)*, Recht und Verhalten, 2007; einflussreich *Kahnemann*, Thinking Fast and Slow, 2011, insb. S. 265 ff.; demgegenüber das

Nudging[250]. Ferner dürften Mathematik und Statistik[251] stärker in den Vordergrund rücken, denn sie wachsen im Lichte von Big Data[252] aus einer bloßen (technischen) Hilfsfunktion heraus und werden, auch in der Verwaltung, zu einem mehr oder minder eigenständigen Selektions- und Steuerungsinstrument mit Rechtsproblemen nicht nur beim Datenschutz[253]. Im Übrigen bleibt die Einschätzung, in welche Richtung der Kontakt zu Nachbarwissenschaften erweitert werden sollte, notwendig durch individuelle Vorkenntnisse und Präferenzen geprägt.

Aus meiner Sicht böte sich vor allem ein verstärkter Blick auf die ökonomische Analyse des Rechts an, weil diese ohnehin als Brückenschlag zwischen den Disziplinen konzipiert ist und auch international in besonderem Maße anschlussfähig erscheint. Dass sich die Vertreter der neuen Verwaltungsrechtswissenschaft insoweit bislang sehr reserviert gezeigt haben, liegt wesentlich am reduktionistischen Menschenbild des Homo Oeconomicus. Zusätzlich verstört der Alleinvertretungsanspruch, den manche prominente Law and Economics-Apologeten neoklassischer Prägung auf Rationalität erheben[254]; er reibt sich mit dem Anspruch der Reformer, die Komplexität von Verwaltung und Verwaltungsrecht durch Kontextualisierung und Einbeziehung unterschiedlicher Blickwinkeln besser zu erfassen[255].

Es erscheint indes keineswegs zwingend, der ökonomischen Analyse Exklusivität bei der Beschreibung und Erklärung menschlichen Verhaltens (positive Ökonomik) oder gar bei Rezepten für bessere Rechtsetzung und Rechtsanwendung (normative

(neo)klassische Rationalmodell verteidigend etwa *H.-B. Schäfer/Ott*, Ökonomische Analyse des Zivilrechts, 5. Aufl. 2012, S. 110 ff.; *H.-B. Schäfer/Weber*, Der Staat 56 (2017) (im Erscheinen).

[250] s. oben IV. 2. b).

[251] Für Juristen einführend *Petersen/Goerg*, in: Towfigh/Petersen (Hrsg.), Ökonomische Methoden im Recht, 2010, S. 201 (222 f., 231 ff.); vgl. ferner *Fehling*, in: Management (FN 164), S. 203 (223 ff.); zu Risiken von Fehlinterpretationen anschaulich *Taleb*, The Black Swan, 2. Aufl. 2010.

[252] Statt vieler *Mayer-Schönberger/Cukier*, Big Data, 2013; *Martini*, in: Hill/Martini/Wagner (Hrsg.), Die digitale Lebenswelt gestalten, 2015, S. 97 ff.; für die USA befürwortend etwa *Sunstein*, 162 U. Pa. L. Rev. (2013), S. 1 (13 ff. u. 48 ff.); *Strahilevitz*, 126 Harv L. Rev. (2013), S. 201 ff.

[253] Im Kontext von Internetgovernance *Hoffmann-Riem*, Innovation (FN 35), insb. S. 509 ff., 616 f., 632 ff., 641 ff.; zur Finanzmarktregulierung vgl. *Coates*, 124 Yale L. J (2015), S. 882 (896) mit Hinweisen auf „confidence intervals, p-values, test statistics, correlation matrices, sensitivity analyses, and the results of ‘Monte Carlo’ simulations“.

[254] Grundlegend zur Gleichsetzung von Gerechtigkeit und Effizienz *R. Posner*, 53 Texas L. Rev. (1975), S. 757 (777); beim Rationalitätsverständnis allerdings abgeschwächt *ders.*, Economic Analysis of the Law, 9. Aufl. 2014, insb. S. 18 ff.

[255] Deshalb unzutreffend *Schaefer*, Umgestaltung (FN 5), insb. S. 422, wenn er die neue Verwaltungsrechtswissenschaft wesentlich durch das Leitbild des „verfahrensrechtlich domestizierten homo oeconomicus“ geprägt sieht. Dabei (vgl. S. 162) wird fälschlicherweise die Steuerungsperspektive zu sehr mit dem Neuen Steuerungsmodell in eins gesetzt.

Ökonomik)[256] beizumessen. Sie lässt sich auch als ein analytischer Zugang unter mehreren dort nutzen, wo dies vom Kontext her besonders nahe liegt. Zudem bleibt das neoklassische und partiell in die Neue Institutionenökonomik transferierte Modell des Homo Oeconomicus auch in den Wirtschaftswissenschaften nicht mehr konkurrenzlos[257]. Vor diesem Hintergrund besteht mein persönliches wissenschaftliches Programm darin, die ökonomische Analyse stärker aus dem neoklassischen verengten Nutzenmaximierungsdenken zu lösen und das zugrundeliegende Effizienzkonzept gesellschaftswissenschaftlich in Richtung eines „capability approach“[258] zu öffnen[259], um es so für das Verwaltungsrecht besser anschlussfähig zu machen[260]. Dies ist selbstverständlich nur ein möglicher Ansatz unter vielen zur Erweiterung des interdisziplinären Horizonts.

V. Fazit

Bei näherem Hinsehen erweist sich die neue Verwaltungsrechtswissenschaft nicht als geschlossene Schule, sondern als bewegliches System. Als inkrementelle Innovation verschiebt sie zwar den Fokus ein Stück weit vom Rechtsstaats- auf das Demokratieprinzip, bleibt aber für verschiedene (auch politische) Akzentsetzungen offen. Eine Kanonisierung stößt auch insoweit an Grenzen, als die neue Perspektive auf das Verwaltungsrecht gerade wegen ihres Anspruchs, die Wirklichkeit besser zu erfassen und zu verarbeiten, entwicklungsoffen bleibt.

Einige an dem Reformansatz geäußerten fundamentalen Kritikpunkte beruhen auf falschen Prämissen. Das Reformanliegen führt weder zu einer Relativierung der Gesetzesbindung der Verwaltung noch nährt es freiheitsgefährdende Steuerungs-Allmachtsphantasien. Wie weit Staat und Verwaltung steuern können, sollen und müssen, daran scheiden sich auch innerhalb der neuen Verwaltungsrechtswissenschaft die Geister. Die klassische Rechtsdogmatik wird nicht abgelöst, sondern er-

[256] Zu diesen beiden Spielarten im Überblick statt vieler *van Aaken*, „Rational Choice“ in der Rechtswissenschaft, 2003, S. 71 ff., 184 ff.; *Rodi*, Ökonomische Analyse des öffentlichen Rechts, 2014, S. 12 ff.

[257] Vgl. etwa *Adler/E.A. Posner*, New Foundations of Cost-Benefit-Analysis, 2006. Zu den Auswirkungen der Verhaltensökonomik vgl. FN 249; zur Verbindung mit Kosten-Nutzen-Analysen *Sunstein*, Law of Fears, 2005 (deutsch: Gesetze der Angst, 2007), insb. S. 129 f.

[258] Zum mathematischen Fundament grundlegend *Sen*, Commodities and Capabilities, 1985; zur entsprechenden Fortentwicklung des ökonomischen Effizienzkonzepts *ders.*, Markets and Freedom, Oxford Economic Paper 45 (1993), S. 519 ff.; populärwissenschaftlich aufbereitet *ders.*, Ökonomie für den Menschen, 4. Aufl. 2007, S. 94 ff. (Original 1999: Developement as Freedom).

[259] *Fehling*, in: Professorinnen und Professoren der Bucerius Law School (Hrsg.), Begegnungen im Recht, 2011, S. 39 (49 ff.); *ders.*, in: Schmidt-Preuß/Körber (Hrsg.), Regulierung und Gemeinwohl, 2016, S. 46 (65 ff.); *ders.*, in: Autonomie (FN 88), S. 295 (296 ff.); vgl. auch *H.-J. Cremer*, in: Fehling/Ruffert (Hrsg.), Regulierungsrecht, 2010, § 5 Rn. 123 ff.

[260] Vgl. insoweit auch *Fehling*, VerwArch 95 (2004), S. 443 ff.

gänzt. Interdisziplinarität soll die Problemlösungskompetenz des (Verwaltungs-) Rechts auffrischen, die entsprechenden Anregungen müssen dann aber im Rechtssystem selbst verarbeitet werden.

Ernst zu nehmende Schwierigkeiten bereitet dagegen die interdisziplinäre Übersetzungsleistung besonders bei mehr oder minder weitreichenden „interdisciplinary transplants“ in gewisser Parallele zu „legal transplants“ in der Rechtsvergleichung. Wenn auch die Kenntnisse von Nachbarwissenschaften beim einzelnen Rechtswissenschaftler notwendig sehr begrenzt bleiben, können immerhin viele zusammen ein breiteres Spektrum halbwegs kundig abdecken.

Dass die neue Verwaltungsrechtswissenschaft im (europäischen) Ausland bislang nur wenig unmittelbare Resonanz gefunden hat, lässt sich nur sehr eingeschränkt gegen sie vorbringen. Denn dies spiegelt zu einem wesentlichen Teil die allgemeinen Sprach- und Verfügbarkeitsbarrieren wider. Die Konvergenz im Verwaltungsrecht und erst recht in der darauf bezogenen Wissenschaft in Europa darf nicht überschätzt werden.

In der Zukunft sollte die neue Verwaltungsrechtswissenschaft stärker aus verschiedenen zeitgebundenen Kontexten herausgelöst werden. Neuere (rechts-)politische Entwicklungen öffnen den Blick für die weit breiteren Gestaltungs- und Steuerungsoptionen im Korridor höherrangigen Rechts. Raum für unterschiedliche Präferenzen verbleibt ebenfalls für die Fortentwicklung der Steuerungsperspektive im Rahmen der Governance-Diskussion und in Anbetracht neuer Herausforderungen durch die Verhaltensökonomie (besonders bei der heraufziehenden Nudging-Kontroverse). Angezeigt erscheint ferner die weitere Vertiefung des Informations- und Kommunikationsparadigmas zusammen mit der Rechtsverhältnislehre. Der interdisziplinäre Horizont lässt sich, nicht zuletzt im Lichte von Big Data, noch erweitern. Jeder beteiligte Wissenschaftler kann und muss dafür eigene Präferenzen entwickeln. Beispielsweise kann man die ökonomische Analyse des Rechts aus dem neoklassisch geformten Homo Oeconomicus-Käfig befreien und in Richtung eines „capability approach“ weiter entwickeln.

So bietet die neue Verwaltungsrechtswissenschaft auch ohne (zu) weitreichende Kanonisierung einen gut geeigneten analytischen Rahmen für Innovationen im Verwaltungsrecht und in der Verwaltungsrechtswissenschaft.

Abstract

The "New Administrative Law Scholarship" – problem or solution

Innovation by Canonisation?

The article discusses the so-called "New Administrative Law Scholarship", a controversial reform approach in German administrative law scholarship dating back to the 1990 s. It proposes a change of perspective from an „application-oriented science of legal interpretation" [*rechtsanwendungsbezogene Interpretationswissenschaft*] towards a "legislation-oriented science of action and decision" [*rechtssetzungsorientierte Handlungs- und Entscheidungswissenschaft*]. The reform approach draws on the concept of "steering" [*Steuerung*] from the social and political sciences and draws attention to the steering effects and problem-solving capacities of legal instruments. This contrasts with orthodox public law scholarship, which has so far been largely agnostic towards non-normative aspects. By incorporating the findings from related disciplines, New Administrative Law Scholarship attempts to improve the empirical foundations of administrative law scholarship and to advance its analytical capacity.

Upon closer examination, it becomes apparent that the New Administrative Law Scholarship is no coherent "school" of public law scholarship but rather a variable thread of discourses. If one takes into account those aspects which are already established in public law scholarship as well as its novel combination with a steering perspective, the approach certainly amounts to more than just a novelty by name. However, it also does not stand for revolutionary reform but rather incremental innovation. Within the normative framework of German constitutional law, the reform approach signifies to a certain extent a shift of focus from the principle of *Rechtsstaat* [a concept in part similar to the rule of law] towards democratic paradigms. Yet, it remains open for a variety of (political) accentuations as well as for new real-life developments. Precisely because the new perspective aspires to improve the grasp and better process such developments, any attempt to canonise the New Administrative Law Scholarship is inherently limited.

Some of the fundamental criticism levelled against the reform approach is based on false premises. It neither proposes to release the administration from normative constraints, nor does it nourish daydreams of an omnipotent "steering" state. Rather, the extent to which the state and its administration can, should, and must steer individual behaviour remains disputed even amongst the proponent of a New Administrative Law Scholarship. The established German *Dogmatik* [legal doctrine] is not to be displaced altogether but merely complemented. Interdisciplinarity shall restore the problem-solving capacity of administrative law scholarship. To that end, stimuli from political science, economics, and other neighbouring sciences need to be processed within the legal system.

It is less clear, how this interdisciplinary transmission can be accomplished with adequate awareness, while avoiding overcomplexity at the same time. Particularly problematic are attempts to import concepts or theories from the adjacent sciences rather than merely utilising their empirical findings. In that respect, a look at the discussion on "legal transplants" in comparative legal scholarship might be instructive. After all, such "interdisciplinary transplants" pose quite similar problems of de- and re-contextualisation. Even though the individual legal scholar can only have a limited understanding of the neighbouring sciences, the multitude of them can cover a wider spectrum. Since law touches on nearly every aspect of life and is utilised to solve a variety of problems, it would be both unrealistic and simplistic to limit oneself to just one dominant methodological approach when dealing with extra-legal knowledge.

In foreign legal discourses (within Europe), the New Administrative Law Scholarship has so far not been widely embraced. This, however, is not generally a reason for criticism. To a great extent it may be attributed to language barriers and the limited availability of academic literature. Despite the harmonising effects of EU law, one must not overestimate the convergence of national administrative law and especially its scholarship in Europe. Nevertheless, similar reform impulses are being discussed both in Europe and in the U.S. What drives these discussions are trends such as Europeanisation, privatisation, de- or re-regulation, as well as ideas of a "service-oriented" administration and reforms as part of a New Public Management.

For the future, the New Administrative Law Scholarship should be emancipated from the time-bound contexts in which it was developed. New developments in legal policy broaden the perspective when it comes to the design of legal instruments and their steering-capacities while remaining within constitutional limitations. There is sufficient space for advancing the steering perspective within the context of governance-debates as well as in light of challenges posed by behavioural economics (including the controversies around "nudging" which have now also entered the German debates). It further seems necessary to deepen the information- and communication paradigms in public law scholarship. In this context, one could revive the *Rechtsverhältnislehre*, a school in public law scholarship which centres its analysis around relations (between the state and the citizen) rather than legal acts or individual rights. The interdisciplinary horizon of public law scholarship will have to be expanded; namely (behavioural-)psychology and (statistical) mathematics will take on greater importance amidst discussions on "big data". Every scholar who wishes to participate in these debates must develop their own preferences for communicating with the neighbouring sciences. For instance, one can detach the economic analysis of law from the neoclassical *homo oeconomicus* paradigm and develop it towards Amartya Sen's "capability approach".

This way, the New Administrative Law Scholarship offers a suitable analytical frame for innovations in administrative law and its scholarship, even without comprehensive canonisation.

[illegible] neighborhood [illegible]

[illegible]

[illegible] process [illegible]

Die „Neue Verwaltungsrechtswissenschaft" – Alter Wein in neuen Schläuchen?

Von Klaus Ferdinand Gärditz, Bonn

Die „Neue Verwaltungsrechtswissenschaft" versteht sich vor allem als „Kontrastfolie" zur so genannten Juristischen Methode[1], die bislang im rechtsdogmatisch arbeitenden – also auf Erkenntnis über Inhalte des geltenden Rechts und damit verbundene Geltungsbehauptungen zielenden[2] – Verwaltungsrecht dominant war[3]. Die Frage, ob dieser Ansatz wirklich „neu" ist, hat das damit verbundene Reformprojekt stets begleitet[4], ist aber eher sekundär: Der Neuigkeitsgrad mag Seismograph wissenschaftlicher Ambitioniertheit sein, ist aber als solcher kein Qualitätsgarant. Gekünstelte Innovation ist oftmals mit dem Makel geringer Überzeugungskraft erkauft und endet nicht selten in akademischen Manierismen *l'art pour l'art.* Und Renaissancebewegungen in der Wissenschaft können beträchtlichen Eigenwert dadurch erlangen, dass sie den Blick auf Verlorengegangenes schärfen oder vergangene Denkansätze in neuen Kontexten wieder fruchtbar machen. Nachdem das dreibändige Monumentalwerk reformorientierter Verwaltungsrechtswissenschaft „Grundlagen des Verwaltungsrechts" seit vier Jahren vollständig in zweiter Auflage verfügbar ist und sich auch der Einfluss der inzwischen konsolidierten Reformdiskussion ein knappes Vierteljahrhundert nach den ersten wegweisenden Impulsveröffentlichungen[5] auf Wissenschaft und Praxis besser beurteilen lässt, ist es Zeit für eine Bestandsaufnahme. Es soll im Folgenden nicht um das Labeling gehen[6], sondern darum, den inhärenten Mehrwert der „Neuen Verwaltungsrechtswissenschaft" zu bestimmen.

---

[1] Eingehende Darstellung und Verteidigung bei *Krebs*, in: Schmidt-Aßmann/Hoffmann-Riem (Hrsg.), Methoden der Verwaltungsrechtswissenschaft, 2004, S. 209 ff.

[2] *Klement*, Verantwortung, 2006, S. 91 ff.; ferner *Eifert*, in: Kirchhof/Magen/Schneider (Hrsg.), Was weiß Dogmatik?, 2012, S. 79 (87).

[3] *Voßkuhle*, in: Hoffmann-Riem/Schmidt-Aßmann/ders. (Hrsg.), Grundlagen des Verwaltungsrechts, Bd. I, 2. Aufl. (2012), § 1 Rn. 2 (zur Verkopplung mit der Dogmatik Rn. 6); eingehend *Schmidt-Aßmann*, Verwaltungsrechtliche Dogmatik, 2013, S. 11 ff. Zu dahinter stehenden Binnendifferenzierungen auch *Funke*, in: ders./Lüdemann (Hrsg.), Öffentliches Recht und Wissenschaftstheorie, 2009, S. 1 (11).

[4] Verneinend etwa *Kahl*, Die Verwaltung 42 (2009), S. 463 (491); *S. Meyer*, VerwArch 101 (2010), S. 351 (365); *Oebbecke*, in: Schulze-Fielitz (Hrsg.), Staatsrechtslehre als Wissenschaft, 2007, S. 211 (217); skeptisch *Geis*, VVDStRL 67 (2008), S. 339 (340); *Isensee*, VVDStRL 67 (2008), S. 338; *Pernice*, VVDStRL 67 (2008), S. 341 (342).

[5] Etwa *Hoffmann-Riem/Schmidt-Aßmann/Schuppert* (Hrsg.), Reform des Allgemeinen Verwaltungsrechts, 1993; bereits *Hoffmann-Riem*, AöR 115 (1990), S. 400 ff.

[6] So auch *Voßkuhle*, VVDStRL 67 (2008), S. 343 (344).

Befindet sich das Verwaltungsrecht seit Ende der 1980er Jahre tatsächlich in einer „tief greifenden Umbruchphase"[7] und falls ja, ist diese auf eine methodische Neuorientierung zurückzuführen?

I. Konzeptionelle Grundanliegen

Die „Neue Verwaltungsrechtswissenschaft" ist weder ein homogener Block noch ein impermeables Projekt[8], sondern die produktive Essenz einer offenen Reformdiskussion in der Verwaltungsrechtswissenschaft. Im Kern geht es um das – seinerseits alte[9] – Anliegen, die Wissenschaftlichkeit der Wissenschaft vom Verwaltungsrecht neu zu definieren[10]. Die Reformbewegung versucht, etablierte Denkstile zu verändern[11], namentlich dem übermächtigen Dogmatisierungstrend einen stärkeren Grundlagenbezug entgegenzustellen[12]. Damit verbunden sind verschiedene Leitbilder:

– *Erstens* eine klassische Rückkehr zum Allgemeinen und zur wissenschaftlichen Systembildung („Ordnungsidee"[13]), also letztlich eine Distanzierung von den technischen Details des Fachrechts, das in erster Linie Anschauungsmaterial zur Beobachtung liefern sollte („Referenzgebiete"[14]). Dieses Systematisierungsanliegen ist allerdings nicht zwingend mit den methodischen Zielen der „Neuen Verwaltungsrechtswissenschaft" verflochten[15] und soll daher im Folgenden nicht mehr diskutiert werden.

---

[7] *Voßkuhle*, in: GVwR I (FN 3), § 1 Rn. 9; kritisch *Kahl*, Die Verwaltung 42 (2009), S. 463 (493); *Wahl*, Herausforderungen und Antworten: Das Öffentliche Recht der letzten fünf Jahrzehnte, 2006, S. 89; bereits *R. Schmidt*, VerwArch 91 (2000), S. 149 (168); jedenfalls skeptisch *Schoch*, in: Staatsrechtslehre (FN 4), S. 177 (184); ebenfalls eher in tradierte Kontinuitäten einordnend *Ossenbühl*, Die Verwaltung 40 (2007), S. 124 (125).

[8] Zutreffend *Schulze-Fielitz*, in: Funke/Krüper/Lüdemann (Hrsg.), Konjunkturen in der öffentlich-rechtlichen Grundlagenforschung, 2015, S. 157 (188).

[9] Vgl. *Stolleis*, Die Verwaltung 15 (1982), S. 42.

[10] Deutlich *Bumke*, in: Methoden (FN 1), S. 73 (98 ff.); mit Recht kritische Bilanz bei *Schönberger*, JöR 65 (2017), i. E.

[11] So *Lepsius*, in: Hilgendorf/Schulze-Fielitz (Hrsg.), Selbstreflexion der Rechtswissenschaft, 2015, S. 53 (59). Zum wissenschaftssoziologischen Begriff des Denkstils grundlegend *Fleck*, Entstehung und Entwicklung einer wissenschaftlichen Tatsache, 1935/1980.

[12] So auch *Kloepfer*, NuR 2007, S. 438.

[13] Grundlegend *Schmidt-Aßmann*, Das allgemeine Verwaltungsrecht als Ordnungsidee, 2. Aufl. 2004, S. 2 ff.; ferner *Schulze-Fielitz*, in: Trute/Groß/Röhl/Möllers (Hrsg.), Allgemeines Verwaltungsrecht – Zur Tragfähigkeit eines Konzepts, 2008, S. 135 (160); *Voßkuhle*, in: GVwR I (FN 3), § 1 Rn. 46 f.

[14] *Schmidt-Aßmann*, Ordnungsidee (FN 13), S. 8, 112 ff.; *Voßkuhle*, in: GVwR I (FN 3), § 1 Rn. 43–45; ferner *Möllers*, ebd., § 3 Rn. 53.

[15] So steht der Gesetzeskommentar paradigmatisch für einen mit rein juristischer Methodik entfalteten Systemanspruch, vgl. *Kästle-Lamparter*, Welt der Kommentare, 2016, S. 320 f. Für

– *Zweitens* wird versucht, das Verwaltungsrecht aus der gerichtszentrierten Kontrollperspektive zu befreien, also der primären Rechtserzeugung durch die Akteure der Verwaltung mehr Aufmerksamkeit zu widmen (*Herstellungsperspektive*)[16]. Verwaltungsrechtswissenschaft solle von der Interpretations- zur rechtsetzungsorientierten Handlungs- und Entscheidungswissenschaft werden[17]. Die Fixierung der – bisweilen historisierten[18] – Juristischen Methode auf den Rechtsakt[19] (korrespondierend der Kontrollperspektive des Verwaltungsrichters) solle aufgebrochen und durch eine problemorientierte administrative Handlungsperspektive zumindest ergänzt werden[20]. Zudem sollte der *Bewirkungsperspektive* des Verwaltens Aufmerksamkeit gewidmet[21], also auch eine finale Folgenbetrachtung jenseits der Rechtmäßigkeit methodisch ermöglicht werden (z. B. wie ein bestimmtes rechtliches Ziel am besten erreicht werden kann). Gezielt wird – unter ausdrücklicher Anleihe bei sozialwissenschaftlichen Diskussionen der 1970er Jahre – auf den Begriff der Steuerung und sein analytisches Potential rekurriert („Steuerungswissenschaft“)[22]. Insbesondere soll der steuerungswissenschaftliche Ansatz dazu dienen, Wirkungszusammenhänge und Wechselbeziehungen aufzuzeigen, die mit dem Einsatz verwaltungsrechtlicher Instrumente verbunden sind[23]. Ob diese Sichtweise durch (diffuse) „Governance“-Konzepte[24], die weniger Akteure als vornehmlich Regelungsstrukturen analysieren wollen, ergänzt oder abgelöst werden soll, ist auch innerhalb der Reformdiskussion nicht unumstritten[25].

---

eine Verknüpfung aber immerhin *Hilbert*, Systemdenken in Verwaltungsrecht und Verwaltungsrechtswissenschaft, 2015, S. 236; *Voßkuhle,* in: GVwR I (FN 3), § 1 Rn. 47.

[16] *Hoffmann-Riem*, in: GVwR I (FN 3), § 10 Rn. 11; *Trute*, in: Methoden (FN 1), S. 293 ff.

[17] *Voßkuhle*, JuS 2004, S. 2 ff.; *ders.*, in: GVwR I (FN 3), § 1 Rn. 15; ferner *Schmidt-Aßmann*, Dogmatik (FN 3), S. 14 ff.

[18] *Schmidt-Aßmann*, Dogmatik (FN 3), S. 12 ff.

[19] *Eifert*, VVDStRL 67 (2008), S. 286 (290); *Voßkuhle,* in: GVwR I (FN 3), § 1 Rn. 3.

[20] *Voßkuhle,* in: GVwR I (FN 3), § 1 Rn. 11.

[21] *Hoffmann-Riem*, in: ders./Schmidt-Aßmann/Voßkuhle (Hrsg.), Grundlagen des Verwaltungsrechts, Bd. II, 2. Aufl. (2013), § 33 Rn. 16 ff.; ferner *Eifert*, VVDStRL 67 (2008), S. 286 (293 f.); *Franzius*, in: GVwR I (FN 3), § 4 Rn. 1 ff.; *Hermes*, in: Methoden (FN 1), S. 359 ff.

[22] *Eifert*, VVDStRL 67 (2008), S. 286 (293 ff.); *Franzius*, Die Verwaltung 39 (2006), S. 335 ff.; *Schmidt-Aßmann,* Ordnungsidee (FN 13), S. 18 ff.; *Schuppert*, Verwaltungswissenschaft, 2000, S. 455 ff.; *Voßkuhle,* in: GVwR I (FN 3), § 1 Rn. 17 ff.

[23] *Voßkuhle,* in: GVwR I (FN 3), § 1 Rn. 24.

[24] Stellvertretend *Franzius*, VerwArch 97 (2006), S. 186 ff.; *Schuppert*, Governance und Rechtsetzung: Grundfragen einer modernen Regelungswissenschaft, 2011; *ders.*, Die Verwaltung 40 (2007), S. 463 ff. Ablehnend *Kahl*, Die Verwaltung 42 (2009), S. 463 (495 ff.); *Gärditz*, Hochschulorganisation und verwaltungsrechtliche Systembildung, 2009, S. 202 ff.; *Seckelmann*, VerwArch 98 (2007), S. 30 ff.

[25] Vgl. differenziert *Schmidt-Aßmann*, Dogmatik (FN 3), S. 20, 147 ff.; *Voßkuhle,* in: GVwR I (FN 3), § 1 Rn. 68 ff.; zur Diskussion *Hoffmann-Riem*, Die Governance-Perspektive in der rechtswissenschaftlichen Innovationsforschung, 2011; etwa *Appel*, VVDStRL 67 (2008), S. 226 (245 f.), hält eine Ergänzung für notwendig, wenn der Steuerungsansatz über-

- *Drittens* eine interdisziplinäre Öffnung[26], nicht zuletzt in die Gesellschaftswissenschaften (Verwaltungssoziologie, Politologie, Ökonomie). Die Forderung nach realbereichs- und handlungsorientierten Folgenanalysen[27] bzw. nach Praxisbezug[28] soll so befriedigt werden, die Verwaltungsrechtswissenschaft wirklichkeitsbezogen werden[29]. Wenn die Wissenschaft Leitmaximen für das Verwaltungshandeln jenseits seiner schlichten – schon bislang mit der Juristischen Methode abbildbaren – Rechtmäßigkeit formulieren, etwa Leistungen guter Verwaltung bemessen will, müssen Maßstäbe jenseits der Interpretation entwickelt werden[30]. Eine rechtsetzungsorientierte Betrachtung setzt in besonderem Maße Wissen über die Herstellungsvoraussetzungen administrativen Handelns voraus[31]. Zugleich soll die perspektivische Öffnung den theoretisch-grundlagenbezogenen Reflexionshorizont erweitern[32].
- *Viertens* soll durch die methodische Öffnung auch die praktische Problemlösungsfähigkeit der Wissenschaft verbessert werden[33].
- *Fünftens* wird versucht, eine wissenschaftliche (Verwaltungs-)Rechtspolitik als zusätzliche juristische Perspektive zu etablieren[34]. Es geht also nicht nur um eine Reform der Verwaltungsrechtswissenschaft, sondern auch um eine Reform des Verwaltungsrechts selbst[35].

Letztlich ging es also ganz vorrangig um Methodenfragen[36], um das ambitionierte Projekt, „verwaltungsrechtliche und verwaltungswissenschaftliche Erkenntnisinter-

leben soll. Aus einer Außenperspektive *Mayntz*, in: Schuppert (Hrsg.), Governance-Forschung, 2005, S. 11 ff.

[26] *Eifert*, VVDStRL 67 (2008), S. 286 (299); *Schmidt-Aßmann*, Dogmatik (FN 3), S. 21 ff.; *Schuppert* (FN 22), S. 46 ff.; *Voßkuhle*, GVwR I (FN 3), § 1 Rn. 25, 37 ff. Siehe zum methodischen Stellenwert näher *Burgi*, in diesem Band, S. 33 (35 ff.).

[27] *Voßkuhle*, in: GVwR I (FN 3), § 1 Rn. 29 ff.

[28] *Eifert*, VVDStRL 67 (2008), S. 286 (299). Zu den nicht unerheblichen Schwierigkeiten hierbei auch *Schoch*, in diesem Band, S. 11 ff.

[29] *Eifert*, VVDStRL 67 (2008), S. 286 (313).

[30] *Hoffmann-Riem*, in: GVwR I (FN 3), § 10 Rn. 112: „Ausweitung der Maßstabslehre".

[31] *Reiling*, Der Hybride, 2016, S. 11.

[32] Vgl. *Voßkuhle*, in: GVwR I (FN 3), § 1 Rn. 39.

[33] *Hoffmann-Riem*, in: GVwR I (FN 3), § 10 Rn. 11; *Voßkuhle*, ebd., § 1 Rn. 71.

[34] *Eifert*, VVDStRL 67 (2008), S. 286 (311); *Schmidt-Aßmann*, Ordnungsidee (FN 13), S. 5 f.; *Voßkuhle*, in: Bauer/Czybulka/Kahl/ders. (Hrsg.), Umwelt, Wirtschaft und Recht, 2002, S. 171 (180); *ders.*, in: GVwR I (FN 3), § 1 Rn. 12.

[35] s. *Voßkuhle*, Die Verwaltung 32 (1999), S. 45 ff.; ferner *Schuppert*, in: Hoffmann-Riem (Hrsg.), Offene Rechtswissenschaft, 2010, S. 1041 ff.

[36] *Voßkuhle*, BayVBl. 2010, S. 581 (582, Fn. 5); auch *Schuppert*, AöR 133 (2008), S. 78 (95 f.). Frühzeitig diagnostisch sensibel und grundsätzlich *Möllers*, VerwArch 90 (1999), S. 187 ff.

essen und Zugänge wieder zusammenzuführen“[37], sprich: die Juristische Methode zu ergänzen, nicht zu ersetzen[38]. Wenn dem Reformmodell bisweilen technokratische oder krypto-etatistische materielle Gemeinwohlkonzepte aufgesattelt wurden (eine *hidden agenda* unter methodischen Auspizien[39]) – etwa eine graduelle Verselbstständigung und Stärkung der Exekutive gegenüber anderen Gewalten, ein Abbau der gerichtlichen Kontrolldichte[40], eine Permeabilisierung von Staat und Gesellschaft[41], eine Renaissance der Staatsidee, eine Verkoppelung mit dem Ordnungsmodell des „Gewährleistungsstaats“, eine Verschiebung von subjektiven Rechten hin zu einem objektiven Gestaltungsauftrag[42], eine realwissenschaftliche Modifikation der Norminterpretation[43] –, ist dies jedenfalls nicht notwendig mit dem Reformmodell verbunden[44]. Das Denken in kybernetischen Begriffen der Steuerung[45] dürfte

---

[37] *Voßkuhle*, BayVBl. 2010, S. 581 (582), mit dem programmatischen Aufsatztitel: „Verwaltungsrecht & Verwaltungswissenschaft = Neue Verwaltungsrechtswissenschaft“.

[38] *Eifert*, VVDStRL 67 (2008), S. 286 (314 ff.); *Kahl*, Die Verwaltung 42 (2009), S. 463 (498 f.); *Voßkuhle*, BayVBl. 2010, S. 581 (582 f.).

[39] Vgl. analytisch *Schaefer*, Die Umgestaltung des Verwaltungsrechts, 2016, S. 22.

[40] Kritisch zu diesen Tendenzen *Gärditz* (FN 24), S. 263 f.; *Lange*, Die Verwaltung 40 (2007), S. 135 (137); *Schoch*, in: Allgemeines Verwaltungsrecht (FN 13), S. 543 (547).

[41] Kritisch *Kahl*, Die Staatsaufsicht, 2000, S. 366 ff.

[42] Hier findet sich eine Brücke zur Grundrechtsdogmatik, die freilich nur einzelne Akteure der Reformbewegung geschlagen haben. Vgl. *Hoffmann-Riem*, DVBl. 1999, S. 657 (664); *ders.*, Modernisierung von Recht und Justiz, 2001, S. 185; *ders.*, AöR 130 (2005), S. 5 (22 f.); insbesondere zur Brückenfunktion des verwaltungsrechtlichen Verbundbegriffs „Gewährleistungsstaat“ *Hoffmann-Riem*, in: Bäuerle u. a. (Hrsg.), Haben wir wirklich Recht?, 2003, S. 53 (60 f.); kritisch *Gärditz* (FN 24), S. 627 f.; *Rixen*, Sozialrecht als öffentliches Wirtschaftsrecht, S. 240 ff.; grundrechtsdogmatisch *Kahl*, Der Staat 43 (2004), S. 167 (184 ff.); *Martins*, DÖV 2007, S. 456 ff. Zum Paradigma des Gewährleistungsstaats aus Reformsicht stellvertretend *Eifert*, Grundversorgung mit Telekommunikationsdienstleistungen im Gewährleistungsstaat, 1998; *Franzius*, Gewährleistung im Recht, 2009, S. 75 ff.; *ders.*, Der Staat 42 (2003), S. 493 ff.; *ders.*, Der Staat 45 (2006), S. 547 ff.; *ders.*, VerwArch 99 (2008), S. 351 ff.; *Hoffmann-Riem*, in: Schuppert (Hrsg.), Der Gewährleistungsstaat, 2005, S. 89 ff.; *ders.*, in: FS R. Schmidt, 2006, S. 447 ff.

[43] Hierzu wie hier *Eifert*, VVDStRL 67 (2008), S. 286 (301); zu den Risiken auch *Klement*, JöR 61 (2013), S. 115 (132 f.).

[44] Vgl. rechtsstaatlich geerdet *Voßkuhle*, in: GVwR I (FN 3), § 1 Rn. 7, 71; ferner sorgfältig differenzierend *Fehling*, in diesem Band, III. 1. b). Dass das Verwaltungsrecht nicht nur individualschützende, sondern auch demokratische Funktionen zu erfüllen hat, lässt sich nicht ernsthaft bestreiten; um dies zu erkennen, bedurfte es sicherlich keiner „Steuerungswissenschaft“; weniger klar ist demgegenüber, warum z. B. demokratische Herrschaft am besten einer möglichst eigenständigen Verwaltung anvertraut werden soll. Im europäisierten Umwelt- und Planungsrecht vertraut man umgekehrt auf möglichst lückenlosen gerichtlichen Rechtsschutz, um demokratisches Recht ggf. auch gegen eine Verwaltung durchzusetzen, deren Rechtsbefolgungsbereitschaft nicht zuletzt auch aufgrund ihrer Politisierung misstraut wird. Zu diesem Pfad (in der Bewertung unterschiedlich) etwa *Gärditz*, NVwZ 2014, S. 1 ff.; *Schlacke*, Überindividueller Rechtsschutz, 2008; *Wegener*, JZ 2018, S. 829 ff.

[45] Berechtigte Kritik sub specie subjektive Freiheit und demokratische Selbstbestimmung bei *Lepsius*, Steuerungsdiskussion, Systemtheorie und Parlamentarismuskritik, 1999, S. 53 ff.

freilich ein Agenda Setting für einen *administrative turn* und eine Relativierung tradierter Leitbilder des liberalen Rechtsstaats[46] begünstigt haben.

II. Die Dialektik verwaltungsrechtswissenschaftlicher Reformdiskurse

Was sind nun die sich wiederholenden Muster und was die Innovationen der „Neuen Verwaltungsrechtswissenschaft"? Die disziplinäre Identität der Verwaltungsrechtwissenschaft – gerade auch in Abgrenzung zu anderen Disziplinen – zu bestimmen, ist schon lange Gegenstand wissenschaftsinhärenter Kontroversen[47]. Auseinandersetzungen verliefen hier parallel zur Diskussion um das Verhältnis der – nie wirklich reüssierten, aber immer wieder positiv konnotierten[48] – Staatswissenschaften zum Verfassungsrecht[49]. Und vor dem Siegeszug des staatsrechtlichen Positivismus und der Juristischen Methode im Öffentlichen Recht firmierten auch unter „Verwaltungsrecht" eher verwaltungskundliche Beschreibungen administrativer Organisation sowie Arbeitsweise[50]. Inwiefern ein rechtswissenschaftlicher Umgang mit der Verwaltung über die etablierte Juristische Methode hinaus auch andere Perspektiven zulassen sollte, durchzieht mit Licht- und Schattenseiten die dialektischen Reformbewegungen, seit es eine juristische Verwaltungswissenschaft gibt, also sich mit der Herauslösung eines juristischen Methoden verpflichteten Wissenschaftszweigs Fragen nach dem Verhältnis von Verwaltungsrechtswissenschaft einerseits und Verwaltungswissenschaft/-lehre andererseits stellen. Bei vergröbernder Betrachtung lassen sich die – staatsrechtlich wie akteurssoziologisch sehr unterschiedlich kontextualisierten – wissenschaftlichen Reformdiskussionen in vier Phasen einteilen:

---

[46] Hierzu *Schaefer* (FN 39), S. 23 ff. Scharfsichtig *I. Augsberg*, Die Lesbarkeit des Rechts, 2009, S. 19: „dezisionistisches Projekt".

[47] *Meyer-Hesemann*, Methodenwandel in der Verwaltungsrechtswissenschaft, 1981, S. 81 ff.; *Möllers,* in: GVwR I (FN 3), § 3 Rn. 42.

[48] Etwa *Schuppert*, Staatswissenschaft, 2003; *Voßkuhle*, JuS 2004, S. 2 ff. Differenziert zurückhaltend *Gusy*, JöR 55 (2007), S. 41 ff.; differenzierte praxisorientierte Bestandsaufnahme bei *Dreier/Graf/Hesse*, in: dies. (Hrsg.), Staatswissenschaften und Staatspraxis, 2011, S. 439 (440 ff.). Kritisch *Lepsius*, EuGRZ 2004, S. 370 ff. Disziplinär resignativ bereits der Untertitel eines der wenigen verbliebenen (von einem Juristen verfassten) Lehrbücher des Genres: *Zippelius*, Allgemeine Staatslehre – Politikwissenschaft, 16. Aufl. 2010.

[49] Hierzu *Möllers*, Der vermisste Leviathan, 2008, S. 67 ff. Vgl. für eine Verkopplung frühzeitig *Peters*, Lehrbuch der Verwaltung, 1949, S. 17.

[50] *von Mohl*, Encyklopädie der Staatswissenschaften, 1859, S. 244 ff.

1. Reform I: Die Ablösung der alten Verwaltungslehren – ein wissenschaftliches Modernisierungsprojekt

Bei sehr grober Betrachtung scheint das Anliegen des Reformprojekts der „Neuen Verwaltungsrechtswissenschaft“ mit den älteren Verwaltungslehren vergleichbar, die in Deutschland als Derivat der traditionellen Kameral- bzw. Staatswissenschaften bis ins Kaiserreich fester Bestand akademischer Literatur waren[51]. So schlug bereits *Robert von Mohl* 1869 eine eigenständige Disziplin der Verwaltungslehre gerade als Ergänzung des juristischen Ausbildungsprogramms vor. Diese könne über das positive Gesetz hinaus „zunächst allgemeine organisatorische Grundsätze“ darstellen „und hierauf ein aus denselben entwickeltes ideelles Verwaltungssystem“ gründen, das durch „Beispiele aus der Wirklichkeit“ anschaulich gemacht und durch rechtspolitische Kritik ergänzt werde[52]. Dabei darf nicht übersehen werden, dass die im 19. Jahrhundert allgemein verbreiteten Verwaltungslehren[53] zwar ein Genre, aber durchweg keine anspruchsvolle Disziplin bildeten, schon weil die beschreibenden Darstellungen des Verwaltens das Verhältnis der rechtlichen zu sonstigen Perspektiven gar nicht wissenschaftlich problematisiert hatten.

Dass aus der heutigen Reformbewegung heraus namentlich auf die *Stein*sche Verwaltungslehre als Vorbild verwiesen wird[54], überzeugt vor diesem Hintergrund nicht wirklich. Die Verwaltungslehre bei *Lorenz von Stein* war zwar ein holistisches Projekt[55], aber im Kern vor allem eine kontextbezogene Darstellung aus der Sicht eines überkommenen – hegelianisch influenzierten – organischen Staatsbildes[56]. Disziplinär verklammernd wirkten gerade Organismusmodelle, die heute nicht mehr ernsthaft anschlussfähig sind und zudem der organisatorischen Ausdifferenzierung der

[51] s. *H. Maier*, Die ältere deutsche Staats- und Verwaltungslehre, 1986, S. 323 ff.; *Marchet*, Studien über die Entwickelung der Verwaltungslehre in Deutschland von der zweiten Hälfte des 17. bis zum Ende des 18. Jahrhunderts, 1885; *Stolleis*, Die Verwaltung 15 (1982), S. 42 ff.

[52] *von Mohl*, Staatsrecht, Völkerrecht und Politik: Monographien, Bd. 3, Politik II, 1869, S. 324.

[53] Etwa *Gumplowitz*, Verwaltungslehre mit Berücksichtigung des österreichischen Verwaltungsrechts, 1882; *von Inama-Sternegg*, Verwaltungslehre in Umrissen, 1870; analytisch *Schmidt*, ZgStW 65 (1909), S. 193 ff. („Über die Bedeutung der Verwaltungslehre als selbstständiger Wissenschaft“); *Stier-Solmo*, VerwArch 25 (1917), S. 89 ff.

[54] *Voßkuhle*, BayVBl. 2010, S. 581 ff.; kritisch *Lange*, Die Verwaltung 30 (2007), S. 135 (140). Relativierend *Fehling*, in diesem Band, III. 1. b), wonach es nicht um eine Übernahme gehe, sondern lediglich „die Notwendigkeit einer multiperspektivischen Auseinandersetzung mit Verwaltung“ verdeutlicht werden solle. Dies mag sein, doch ist die Perspektivenvielfalt bei *von Stein* gerade Derivat des organisch-holistischen Staatsdenkens und davon nicht zu trennen.

[55] *Pauly*, in: von Bogdandy/Cassese/Huber (Hrsg.), IPE IV, 2011, § 58 Rn. 6: es gehe um den „erratischen Versuch, die Weite der alten Polizeiwissenschaft in einer modernen Verwaltungslehre fortzuschreiben“.

[56] Vgl. *von Stein*, Die Verwaltungslehre, Bd. 1, 1865, S. 1 ff., der hier den Begriff der Verwaltung explizit aus einer organischen Stellung im Staat zu entwickeln versucht. Entsprechend auch *von Stein*, Handbuch der Verwaltungslehre und des Verwaltungsrechts, 1870/2010 (hrsg. v. Schliesky), S. 14, 18, 25, 47 und passim.

Verwaltung zuwider laufen. Den Ansprüchen an ein wissenschaftliches Reform- und Modernisierungsprojekt, das die „Neue Verwaltungsrechtswissenschaft" formulieren möchte und das gerade selbstreflexiv anspruchsvolle Methodenfragen in den Fokus rückt, genügt dieser bunte Strauß zeitgenössischer Gelehrsamkeit evident nicht. So wird mit Recht Wert darauf gelegt, dass die Steuerungsperspektive mehr ist als die alten staatswissenschaftlichen Beschreibungen realer Verwaltungstätigkeit[57].

Der Siegeszug der Juristischen Methode im Verwaltungsrecht in der zweiten Hälfte des 19. Jahrhunderts hat bekanntlich – parallel zu den Staatslehren[58] – die holistischen Verwaltungslehren weitgehend von der akademischen Bildfläche verdrängt[59]. Den zeitgenössischen Standard juristischer Methodik markierte fortan das wirkmächtige zweibändige Werk *Otto Mayers*[60]. Mit bedauerndem Unterton bilanziert *Walter Jellinek:* „Die Verwaltungslehre ist trotz des verheißungsvollen Ausgangspunkts heute nahezu auf das tote Geleis geraten. Sie wird, sicher unverdientermaßen, weder im Lehrbetrieb der Universitäten noch im Schrifttum als besonderes Wissensgebiet gepflegt"[61]. Verwaltungswissenschaft wurde disziplinär in Verwaltungslehre, Verwaltungspolitik und Verwaltungsrechtswissenschaft segmentiert[62]. Die Befreiung von verwaltungskundlichem, historischem sowie politischem Ballast bedeutete damals vor allem einen Modernisierungsschub, der das Verwaltungsrecht transparenter und effektiver machte[63]. Und auch damals war man sich natürlich der hintergründigen Methodenfragen bewusst[64]. Kritik hat diese bis heute folgenreiche

---

[57] *Eifert*, VVDStRL 67 (2008), S. 286 (297).

[58] Vgl. für ein moderates Trennungsmodell insbesondere *G. Jellinek*, Allgemeine Staatslehre, 3. Aufl. 1914, S. 11 ff. Zur Entwicklung *Stolleis*, Die Verwaltung 15 (1982), S. 42 (49 ff.); *von Inama-Sternegg*, Zeitschrift für Volkswirtschaft, Sozialpolitik und Verwaltung 11 (1902), S. 137 (139 ff.). Siehe methodisch auch *Häberle*, AöR 98 (1973), S. 119 ff.; *H. Hofmann*, JZ 1999, S. 1065 ff.

[59] *Stolleis*, in: GVwR I (FN 3), § 2 Rn. 69 (Rn. 50 ff. zu erfolglosen Gegentendenzen); *ders.*, Die Verwaltung 15 (1982), S. 42 (69 ff.); s. bereits *Köttgen*, Deutsche Verwaltung, 3. Aufl. 1944, S. 10, 45; *Stier-Solmo*, VerwArch 25 (1917), S. 89 (92 f.). Einen in der Systematik fortwirkenden Einfluss *Steins* konstatiert demgegenüber *von Inama-Sternegg*, Zeitschrift für Volkswirtschaft, Sozialpolitik und Verwaltung 11 (1902), S. 137 (140 ff.).

[60] *O. Mayer*, Deutsches Verwaltungsrecht, Bd. I/II, 3. Aufl. 1924, zur Methodik Bd. I, S. 13 ff.; siehe etwa auch *Laband*, AöR 12 (1887), S. 149 (150); *Spiegel*, Die Verwaltungsrechtswissenschaft, 1909, S. 9 f., 56.

[61] *W. Jellinek*, Verwaltungsrecht, 3. Aufl. 1931, S. 100.

[62] *W. Jellinek* (FN 61), S. 98; später ferner *Peters* (FN 49), S. 14 f. Ähnlich *von Inama-Sternegg,* Zeitschrift für Volkswirtschaft, Sozialpolitik und Verwaltung 11 (1902) S. 137 f.; *G. Meyer*, in: von Schönberg (Hrsg.), Handbuch der politischen Ökonomie, Bd. 3, 4. Aufl. 1898, S. 185 (196).

[63] *Stolleis*, Die Verwaltung 15 (1982), S. 42 (53). Vgl. auch *W. Jellinek* (FN 61), S. 107, der darauf hinweist, dass das Verwaltungsrecht erst so als Lehrfach überhaupt operabel wurde.

[64] Vgl. nur *Gargas*, ZgStW 59 (1903), S. 426 ff. Umgekehrt bestanden nun auch Sozialwissenschaftler darauf, eine Verwaltungswissenschaft vom Verwaltungsrecht zu emanzipieren und als eigenständige Disziplin in den Universitäten zu verankern. So *Jastrow*, Archiv für

Entwicklung – namentlich eine vermeintliche Einseitigkeit einer rein juristischen Betrachtung des Rechtsstoffes der Verwaltung – freilich von Anfang an begleitet[65]. Namentlich die Ausblendung der Bewirkungszwecke und der Wirksamkeit von Rechtsinstituten durch die Juristische Methode war schon nach Erscheinen von Otto Mayers „Theorie des französischen Verwaltungsrechts" (1886) unmittelbar negativ aufgenommen worden[66]. Eine rein juristische Betrachtung habe zwar eine gewisse Berechtigung, solle aber nicht „die allein herrschende" Darstellung werden, weil das Verwaltungsrecht richtig verstanden „nicht bloß eine Rechts- sondern auch eine Staatswissenschaft" sei[67]. Eine latente Unzufriedenheit mit der Dogmatik des Verwaltungsrechts war auch noch in der Weimarer Zeit verbreitet, weil sich diese von der Verwaltungswirklichkeit mit ihren Krisenphänomenen – nicht zuletzt der durch Kriegs- und Notstandswirtschaft umstrukturierten Verwaltungsaufgaben und Organisationsformen[68] – zu weit entfernt hatte[69].

2. Reform II: Reformrhetorik im NS-Verwaltungsrecht

Methodenfragen sind keine rein akademischen Steckenpferde, sondern auch historisch kontextabhängige Machtfragen[70], ein Seismograph für den zeitgenössischen Blick auf die öffentliche Gewalt. Die Suche nach Neuem ist eben oftmals auch eine Reaktion auf Systemumbrüche, nach denen sich eine – traditionell "systemnahe" – Staatsrechtslehre neu sortiert. Die totalitären deutschen Umbrüche gingen jeweils

Sozialwissenschaft und Sozialpolitik 42 (1916/17), S. 958 ff.; hierzu auch *von Bruch*, Gelehrtenpolitik, Sozialwissenschaften und akademische Diskurse in Deutschland im 19. und 20. Jahrhundert, 2006, S. 384. Siehe auch spiegelbildlich für die Trennung juristischer und soziologischer Staatsbegriffe *Badura*, Die Methoden der Neueren Allgemeinen Staatslehre, 1959, S. 104 f.

[65] s. aus der zeitgenössischen Kritik *von Kirchenheim*, Einführung in das Verwaltungsrecht, 1885, S. 27 (unter besonderer Berücksichtigung der historischen Zusammenhänge); *von Sarwey*, Das öffentliche Recht und die Verwaltungsrechtspflege, 1880, S. 127. Eingehend *Engel*, in: ders./Schön (Hrsg.), Das Proprium der Rechtswissenschaft, 2007, S. 205 (218 ff.); *Stolleis*, Die Verwaltung 15 (1982), S. 42 (59 f.).

[66] *Loening*, Schmollers Jahrbuch 11 (1887), S. 541 (553, 559).

[67] *G. Meyer*, in: Handbuch (FN 62), S. 197 f., zu *O. Mayers* „Deutsches Verwaltungsrecht". Der Autor *Georg Christian Wilhelm Meyer* (1841–1900) war nicht nur Staatsrechtslehrer (zuletzt Heidelberg), sondern auch Statistiker sowie Parlamentsabgeordneter, also biografisch offen für andere Perspektiven; s. zu ihm *G. Jellinek*, DJZ 1900, S. 130 f.

[68] Vgl. *Bühler*, VerwArch 27 (1919), S. 283 (311 ff.); *Fleiner*, Institutionen des Deutschen Verwaltungsrechts, 8. Aufl. 1928, S. 120 ff. Zur damit verbundenen Wende zum Interventionsstaat *Stolleis*, Geschichte des öffentlichen Rechts in Deutschland, Bd. III, 1999, S. 73.

[69] Etwa *Hensel*, VVDStRL 3 (1927), S. 63 (75 f.). Analytisch zur Diskussion *Köttgen*, ZAkDR 1938, S. 49 (48); *Meinel*, Der Jurist in der Industriegesellschaft, 2011, S. 101; *Stolleis*, Geschichte III (FN 68), S. 371. Insbesondere die aufgekommene Verwaltungsfunktion gemeinwirtschaftlicher Unternehmen liest sich bisweilen wie ein Vorläufer der inversen Privatisierungsfolgendiskussion der 1990er Jahre. Vgl. auch *Pauly*, in: IPE IV (FN 55), § 58 Rn. 11 f.

[70] *Rüthers*, JZ 2003, S. 995 ff.

mit einer – unterschiedlich konnotierten[71] – Missachtung des Rechts und – für Deutschland typisch – einem aggressiven Anti-Positivismus[72] einher, was sich zwangsläufig auch gegen die „Juristische Methode" richten musste[73]. Gerade nach dem „Wendejahr" 1933, als sich die deutsche Staatsrechtslehre reformierte, nationalrevolutionäre Gesinnung demonstrierte und sich mit Loyalitätsgesten gegenüber dem „neuen Staat" zu überbieten suchte[74], wurde auch eine perspektivische Wende in der Verwaltungsrechtswissenschaft vollzogen[75]. Nunmehr genügten „Untersuchungen im Stile der klassischen Verwaltungsrechtsdogmatik", denen „Sterilität" angedichtet wurde[76], nicht mehr dem neuen Anspruch der „rechtswissenschaftlichen Forschung"[77].

Michael Stolleis hat beschrieben, wie sich dies akademisch in einer Umbildung des Lehrfaches „Verwaltungsrecht" zu „Verwaltung"[78], einer stärkeren Einbeziehung der – oftmals mit dem konkreten Ordnungsdenken verschränkten[79] – „Verwaltungswirklichkeit"[80] und einer Renaissance der verschütteten Verwaltungslehren (bzw. der Verwaltungswissenschaft[81]) niederschlug[82].[83] Auch mit dem Attribut „neu" wurde

---

[71] Vgl. für die DDR *Stolleis*, Sozialistische Gesetzlichkeit, 2009, S. 145 ff.

[72] Analytisch *Stolleis,* in: GVwR I (FN 3), § 2 Rn. 87.

[73] *Köttgen*, Jahrbuch für Kommunalwissenschaften 6 (1938), S. 210 (216, 220); vgl. auch *dens.*, ebd., S. 211 f., der beklagte, dass gegen methodische Offenheit hierdurch meist der „Vorwurf unjuristischer Grenzüberschreitung" erhoben wurde; *Täuber*, ZgStW 102 (1942), S. 338 (347 ff., 352).

[74] Hierzu insbesondere *Dreier*, VVDStRL 60 (2001), S. 9 ff.; *Pauly*, VVDStRL 60 (2001), S. 73; *Stolleis,* Geschichte III (FN 68), S. 316 ff.

[75] Eingehend *Meinel* (FN 69), S. 122 ff.

[76] *Köttgen,* Jahrbuch für Kommunalwissenschaften 6 (1938), S. 210 (212).

[77] *Wacke*, ZAkDR 1942, S. 83 (84).

[78] Dies wurde freilich teils auch von regimenahen Akteuren misstrauisch beäugt. So warnt *Koellreutter*, RVerwBl. 1941, S. 649 f., dass die universitäre Ausbildung weiterhin zum kritischen Denken (!) anleiten müsse und nicht zur bloßen praktischen „Fachausbildung" für Verwaltungsbeamte verkommen dürfe.

[79] *Maunz*, in: Frank (Hrsg.), Deutsches Verwaltungsrecht, 1937, S. 27 (34 f.); auch *Köttgen,* Jahrbuch für Kommunalwissenschaften 6 (1938) , S. 210 (219).

[80] *Forsthoff*, Deutsches Recht 1935, S. 331 (332); *Köttgen,* Jahrbuch für Kommunalwissenschaften 6 (1938) (FN 73), S. 210 (218, 220). Vgl. auch *Wacke*, ZAkDR 1942, S. 83 (85), der auf die multidisziplinären Gegenstände verweist, die die Verwaltung zu administrieren hatte. Auch seinerzeit wurde folglich Wert auf Interdisziplinarität gelegt, vgl. *Naß*, RVerwBl. 1942, S. 345 (348).

[81] So synonym *Maunz,* in: Deutsches Verwaltungsrecht (FN 79), S. 37; *Naß*, RVBl. 1942, S. 345; *Täuber*, ZgStW 102 (1942), S. 338 (361); *Wacke*, ZAkDR 1942, S. 83; bereits *Stier-Solmo*, VerwArch 25 (1917), S. 89 (90).

[82] Exemplarisch *Forsthoff*, Deutsches Recht 1935, S. 398; *Köttgen,* Jahrbuch für Kommunalwissenschaften 6 (1938), S. 210 (222 ff.); *Naß*, RVBl. 1942, S. 345 ff.; *Täuber*, ZgStW 102 (1942), S. 338 (361). Siehe auch *Jerusalem*, in: FS Hübner, 1935, S. 124 (126): angeblicher Verlust des rechtswissenschaftlichen Begriffssystems zur „Wirklichkeit". Auch wirksamkeitsorientierte Effizienzdiskussionen gab es dementsprechend, vgl. *Stuckart*, in: FG Himm-

übrigens nicht gegeizt[84]. Um den veränderten Verwaltungsaufgaben gerecht zu werden, bedürfe es „einer grundlegenden Wandlung der verwaltungsrechtlichen Methode“[85]. Man berief sich hierfür auf *Lorenz von Stein* und befürwortete eine Rückkehr zu seinem Ansatz, das gesamte Gebiet der Verwaltung zu bündeln,[86] zumal sich dessen „organisches“ Staatsdenken ganz allgemein in den ideologischen Rahmen fügte[87]. Die Dogmatik der Verwaltungsrechtswissenschaft wurde als zu einseitig und als durch eine Verwaltungslehre ergänzungsbedürftig klassifiziert[88]. Verwaltungsrecht müsse auch den proaktiven „Gestaltungsmöglichkeiten“ der öffentlichen Verwaltung[89], den Verwirklichungsbedingungen von Recht[90] bzw. der handlungsbe-

ler, 1941, S. 1 (22 ff.). Programmatisch *Koellreutter*, VerwArch 38 (1933), S. 305: „Wiedererweckung einer gesunden Verwaltungslehre“.

[83] *Stolleis,* in: GVwR I (FN 3), § 2 Rn. 81, 86, 87; *ders.*, The Law under the Swastika, 1998, S. 115 ff. Erstmals *Stolleis*, in: ders., Recht im Umbruch, 1994, S. 171 (174 ff.).

[84] Zur Veranschaulichung *Forsthoff*, Deutsches Recht 1935, S. 398 („Das neue Gesicht der Verwaltung und die Verwaltungsrechtswissenschaft“); *Hilberath*, RuR 4 (1940), S. 460 ff. („Grundlagen und Methode einer neuen Verwaltungswissenschaft“); *Jerusalem,* in: FS Hübner (FN 82), S. 124 („Das Verwaltungsrecht und der neue Staat“); *Koellreutter*, RPVBl. 1933, S. 741 („Die Bedeutung der Verwaltungslehre im neuen Staat“); *Maunz*, DJZ 1934, Sp. 1046 ff. („Zum Neubau des deutschen Verwaltungsrechts,“); *ders.*, Deutsche Verwaltung 1935, S. 65 („Neues Rechtsdenken in der Verwaltung“); *Naß*, RVBl. 1942, S. 345 f., der eine „neue Wissenschaft“ in Entstehung sieht; *Tatarin-Tarnheyden*, AöR 63 (1934), S. 345 („Grundlagen des Verwaltungsrechts im neuen Staat“); *Rebinger*, RVBl. 1941, S. 633, propagiert eine Zurückdrängung des Gesetzes zugunsten des Exekutivrechts aufgrund der „neuen Grundlagen der Rechtsetzung“; teils auch ausgreifend auf andere Materien, etwa *Koellreutter*, RVerwBl. 1941, S. 649 (651): Aufbau „eines neuen Völkerrechts“. Allgemein hierzu *Grimm*, Recht und Staat der bürgerlichen Gesellschaft, 1987, S. 373 ff.

[85] *Forsthoff*, Deutsches Recht 1935, S. 398.

[86] *Forsthoff*, Deutsches Recht 1935, S. 398; *Norden*, Was bedeutet und wozu studiert man Verwaltungswissenschaft?, 1933, S. 1–11; *Koellreutter*, RPVBl. 1933, S. 741 (742); *Täuber*, ZgStW 102 (1942), S. 338 (338, 341, 348, 350, 356, 359, 361), der sich dahin versteigt, dass der Verlust der *Stein*schen Perspektive „Selbstaufgabe oder Selbstpreisgabe der Staatswissenschaften“ sei (ebd., S. 356); *Wacke*, ZgStW 102 (1942), S. 259 ff.; ferner referierend *Dennewitz*, Verwaltung und Verwaltungsrecht, 1944, S. 21, 24, 31. Zu *Walter Norden*, dessen Schrift nicht nationalsozialistisch infiziert war und der selbst emigrieren musste, siehe *Stolleis,* Geschichte III (FN 68), S. 370 f. Siehe zur Rezeption auch *Meyer-Hesemann* (FN 47), S. 102 ff.

[87] Vgl. *Maunz,* in: Deutsches Verwaltungsrecht (FN 79), S. 29; *von Gerber*, AöR 25 (1934), 82 ff.; ferner *Köttgen,* Jahrbuch für Kommunalwissenschaften 6 (1938), S. 210 (219), der rhetorisch nach der Kompatibilität der *Stein*schen Lehren mit dem konkreten Ordnungsdenken fragt. Hierzu auch *Will*, Selbstverwaltung der Wirtschaft, 2010, S. 106.

[88] *Koellreutter*, RPVBl. 1933, S. 741 (742), der die „Verdrängung der Verwaltungslehre durch die Verwaltungsrechtswissenschaft“ beklagt. Vgl. auch *Maunz*, Deutsche Verwaltung 1935, S. 65, der sich gegen die dogmatische Begriffsbildung als Aufgabe des Verwaltungsrechts wendet.

[89] *Koellreutter*, RPVBl. 1933, S. 741 (742). Gestaltende Verwaltung als Derivat des Begriffs der „Führung“: *Köttgen,* Jahrbuch für Kommunalwissenschaften 6 (1938), S. 210 (220); hierzu auch *Waechter*, Verwaltungsrecht im Gewährleistungsstaat, 2008, S. 45 ff.

[90] *Maunz,* Deutsche Verwaltung 1935, S. 65 (68).

zogenen Problemlösung (statt der tradierten Fixierung auf Ansprüche und Rechtsverhältnisse[91]) mehr Aufmerksamkeit schenken, schon um „die Möglichkeit kritischer Überprüfung der eigenen Voraussetzungen" offen zu halten[92]. Man bedürfe einer „Verwaltungskunde", die die soziale Funktion und das Wesen der Verwaltung ergründe, weshalb auch die – vom verwaltungsrechtlichen Schrifttum (insbesondere *Otto Mayers* und *Fritz Fleiners*) vernachlässigten[93] – „bedeutenden Ergebnisse soziologischer Forschung"[94] besondere Beachtung verdienten[95].

Die Trennung der klassischen Verwaltungswissenschaft in Verwaltungsrecht und Verwaltungslehre wurde als Relikt des revolutionär überwundenen Liberalismus gebrandmarkt[96]. Dementsprechend wurde auch der Kontrast zwischen den Perspektiven des an normativen Grenzen orientierten Richters und des planvoll handelnden Verwaltungsbeamten betont[97]. Mehr Praxisbezug musste also her[98]. *Otto Koellreutter* resümierte: „Verwaltungslehre und Verwaltungsrecht gehören deshalb organisch zusammen"[99]. Während Rechtswissenschaftler vereinzelt noch versuchten, den neuen Zeitgeist in ihre überkommenen Systematiken zu integrieren – etwa *Edgar Tatarin-Tarnheyden*[100] durch Absorption in einen zu reformulierenden Allgemeinen Teil – oder methodische Rest-Skrupel hatten[101], gab es auch Ansätze für eine sozialwissenschaftliche Übernahme wie durch *Leo Hilberath*[102].

---

[91] *Naß*, RVBl. 1942, S. 345 f.

[92] *Köttgen,* Jahrbuch für Kommunalwissenschaften 6 (1938), S. 210 (214).

[93] Diese Kritik war nicht neu, vgl. *Loening,* Schmollers Jahrbuch 11 (1887), S. 541 (553–560); hierzu *Pauly,* in: IPE IV (FN 55), § 58 Rn. 10.

[94] Diese war ihrerseits eine junge Disziplin, die sich erst aus den alten Staatswissenschaften ausdifferenzieren musste, und bildete zur Hochzeit des Staatsrechtlichen Positivismus noch keine wirklich aktive Kontrastwissenschaft. Vgl. auch *Kruse,* Geschichte der Soziologie, 2. Aufl. 2012, S. 18 ff.

[95] *Forsthoff,* Deutsches Recht 1935, S. 398. Ähnlich auch *Maunz,* in: Deutsches Verwaltungsrecht (FN 79), S. 33.

[96] *Köttgen,* Jahrbuch für Kommunalwissenschaften 6 (1938), S. 210 (223), der freilich auf eine ältere Untersuchung aus dem Kaiserreich Bezug nehmen konnte: *Schmidt,* ZgStW 65 (1909), S. 198 ff. Auch nach dem Krieg fand sich diese Position vereinzelt noch: *Peters* (FN 49), S. 14.

[97] *Naß*, RVBl. 1942, S. 345 (346), wonach die „Geisteshaltungen des Richters und des Verwalters" sich „wesensmäßig fremd" gegenüberstehen. „Die planende Tat des Verwalters, nicht mehr ihre normativen Grenzen, zieht das wissenschaftliche Interesse auf sich". Ferner *Köttgen,* ZAkDR 1938, S. 49. Programmatisch gegen die richterliche Kontrolldichte *Kölbele,* Behördenfeindliche Verwaltungsjustiz, 1937; zustimmend *Ipsen,* ZAkDR 1938, S. 285.

[98] *Maunz,* in: Deutsches Verwaltungsrecht (FN 79), S. 43; *Naß*, RVBl. 1942, S. 345 f.; ferner *Köttgen,* Jahrbuch für Kommunalwissenschaften 6 (1938), S. 210 (213), der den Praxisbezug der angeblich „rein akademischen Domäne" der Verwaltungsrechtswissenschaft vermisst. Hierzu *Stolleis,* Geschichte III (FN 68), S. 375.

[99] *Koellreutter*, RPVBl. 1933, S. 741 (743).

[100] *Tatarin-Tarnheyden*, AöR 63 (1934), S. 345.

[101] *Köttgen,* Jahrbuch für Kommunalwissenschaften 6 (1938), S. 210 (223 f.): „Unkritisch übernommene Anleihen bei Nachbarwissenschaften sind in jedem Fall gefährlich" (ebd.,

Mit diesem starken Fokus auf die – freilich diffusen – Grundlagen[103] werden dann mehr oder weniger zwangsläufig auch Grundsatzdebatten geführt, von denen viele unter gänzlich anderen verfassungsrechtlich-politischen Rahmenbedingungen auch heute ihre Aktualität nicht eingebüßt haben. Sieht man von ideologischen Kernanliegen wie dem – anti-liberalen Affekten geschuldeten – Kampf gegen alles Individualistische[104] sowie in Sonderheit gegen das subjektiv-öffentliche Recht[105] ab, waren Forschungsthemen etwa: der in Frage gestellte Dualismus von Staat und Gesellschaft[106], die Leistungsverwaltung (in Arrondierung zum dominanten Fokus auf die Eingriffsverwaltung[107]) bzw. die soziale Gewährleistungsaufgabe der Verwaltung[108], insbesondere bei der aktiven Gestaltung der technischen Kommunikationsordnung[109], die Verwaltungsorganisation zwischen Ausdifferenzierung und Einheitsbildung[110], der Grad der gesetzlichen Determination der Verwaltung[111], Planung[112], das Eindringen des Staates in den ökonomischen Prozess als Akteur[113], öffentliche

S. 223); er plädiert folglich dafür, dass Verwaltungslehre und Verwaltungsrechtslehre „parallel arbeiten" müssen (ebd., S. 224) und die „Eigenständigkeit der Rechtswissenschaft gegenüber all den anderen Wissenschaften" gewahrt werden müsse (ebd., S. 225).

[102] *Hilberath*, RuR 4 (1940), S. 460 ff.

[103] Programmatisch *Maunz*, Neue Grundlagen des Verwaltungsrechts, 1934. Ferner *Naß*, RVBl. 1942, S. 345: unter einer „Philosophie der Verwaltung als Grundlage der Verwaltungswissenschaft"; *Tatarin-Tarnheyden*, AöR 63 (1934), S. 345.

[104] Etwa *Maunz*, in: Deutsches Verwaltungsrecht (FN 79), S. 27. Berichtend hierzu *Kahl* (FN 41), S. 228 f.

[105] *Koellreutter*, RPVBl. 1933, S. 741 (742); *Maunz*, in: Deutsches Verwaltungsrecht (FN 79), S. 35 ff.; *Tatarin-Tarnheyden*, AöR 63 (1934), S. 345 (353 f.), der sich hier übrigens konsequent für subjektive Klagerechte zur Durchsetzung des Gemeinwohls und für eine Popularklage ausspricht; institutionell *Jerusalem*, in: FS Hübner (FN 82), S. 147 ff.

[106] *Jerusalem*, in: FS Hübner (FN 82), S. 125; *Maunz*, Deutsche Verwaltung 1935, S. 65; auch *Tatarin-Tarnheyden*, AöR 63 (1934), S. 345 (350), der im Übrigen hier – modern reformuliert – ein besonderes Steuerungsproblem hierarchischer Verwaltungen entdeckt.

[107] *E. R. Huber*, ZgStW 101 (1941), S. 411 f.; *Koellreutter*, RVerwBl. 1941, S. 649 ff.; *Lohmann*, ZAkDR 1938, S. 680; dazu *Stolleis*, Geschichte III (FN 68), S. 367 f.

[108] *Forsthoff*, Deutsches Recht 1935, S. 398. Ferner *Forsthoff*, Deutsches Recht 1935, S. 331 (333), der insoweit auf den „sozialistischen Anspruch des nationalsozialistischen Staates" verweist.

[109] *Forsthoff*, Deutsches Recht 1935, S. 331 (332 f.).

[110] *Forsthoff*, Deutsches Recht 1935, S. 398; *Jerusalem*, in: FS Hübner (FN 82), S. 140 ff.; *Stuckart*, FG Himmler (FN 82), S. 1–32 (auch unter Betonung der Finanzen); *Tatarin-Tarnheyden*, AöR 63 (1934), S. 345 (351 ff.); *von Gerber*, AöR 25 (1934), S. 82 (92); auch *Wacke*, ZAkDR 1942, S. 83 f. Insbesondere zur Binnenorganisation *Maunz*, in: Deutsches Verwaltungsrecht (FN 79), S. 28 f. Analytisch eingehend *Kahl* (FN 41), S. 222 ff.

[111] *Jerusalem*, in: FS Hübner (FN 82), S. 130 ff.; *Maunz*, Deutsche Verwaltung 1935, S. 65 (67 f.); *Tatarin-Tarnheyden*, AöR 63 (1934), S. 345 (347).

[112] *Forsthoff*, Deutsches Recht 1935, S. 398.

[113] *Forsthoff*, Deutsches Recht 1935, S. 331 (332).

Partizipation an der Verwaltung[114] und zeitgenössische Entgrenzungserfahrungen[115]. Der akademische Streit erreichte im Übrigen weder die ausbildungsbezogene Lehrbuchliteratur[116] noch die Verwaltungspraxis[117].

Die der heutigen Reform-Diskussion bei phänotypischer Betrachtung nicht unähnlichen Fragestellungen, ein authentischer Reform-Sound und die Suche nach wirklichkeitsnäheren Zugängen zum Verwaltungsrecht sind selbstverständlich keine Spezifika des – in sich ohnehin inhomogenen – NS-Rechtsdenkens. Schon die Methodendiskussion nach 1933 bedient sich teils einzelner Versatzstücke der staatsrechtlichen Diskurse der Weimarer Zeit[118], obgleich auf einer ideologisierten Matrix und intellektuell verkümmert, und wärmte Auseinandersetzungen auf, die der staatsrechtliche Positivismus der Verwaltungsrechtswissenschaft bereits im Kaiserreich beschert hatte. Allerdings haben der Anti-Liberalismus und eine Bewunderung für bewegungsgetragene Dynamik[119] von „Männern der Tat" eine Mentalitätslage begünstigt, die schneidig-agiles Verwalten nach praktischem Problemlösungsbedarf vorzugswürdig gegenüber einem (gemeinhin missachteten) Formalismus und dem Juristen als „Bedenkenträger" erscheinen ließ[120]. Ein prononcierter Wirklichkeitsbezug ist dann schlicht ein Vehikel, die Formalisierungsleistungen des Rechts aufzuweichen. So dürfte für Rechtswissenschaftler auch in Umbruchsituationen, für die eine eher konservierende und stabilisierende Normwissenschaft in der Regel wenig Lösungsangebote hat, die Versuchung groß sein, mitgestalten zu wollen. Eine Öffnung hin zur staatspolitischen „Wirklichkeit" warf methodische Ketten ab und versprach dadurch Mitspracheoptionen bei der Neuausrichtung einer Ordnung. Gewiss waren – neben der alt-konservativen Romantik des starken Staates – vor allem akademischer Ehrgeiz, Machtbewusstsein und Eitelkeit wesentliche (und zeit-

---

[114] *Koellreutter*, RVerwBl. 1941, S. 649 (651): „Teilhabe aller Volksgenossen"; analytisch hierzu *Meyer-Hesemann*, in: Rottleuthner (Hrsg.), Recht, Rechtsphilosophie und Nationalsozialismus, 1983, S. 140 (150).

[115] *Wacke*, ZAkDR 1942, S. 83: Das „Vordringen des Reiches in den europäischen Raum" als Herausforderung an eine theoretische Erfassung der Verwaltung. Vgl. auch *Höhn* (Hrsg.), Das ausländische Verwaltungsrecht der Gegenwart, 1940; *Stuckart*, Die Neuordnung der Kontinente und die Zusammenarbeit auf dem Gebiet der Verwaltung, in: Reich, Volksordnung, Lebensraum, Bd. I, 1941, S. 3 ff.

[116] Vgl. insbesondere *Koellreutter*, Deutsches Verwaltungsrecht, 1936, dessen Grundlagenteil (S. 1–24) zwar eine ideologische Positionierung vornahm, auf die seinerzeitige Methodendiskussion aber keinen Bezug nahm.

[117] Bilanzierend *Maunz,* in: Deutsches Verwaltungsrecht (FN 79), S. 32, 37.

[118] *Stolleis,* Geschichte III (FN 68), S. 373, der hierin eine Projektion des Weimarer Methodenstreits in das Verwaltungsrecht sieht. Vgl. auch *Maunz,* in: Deutsches Verwaltungsrecht (FN 79), S. 44 ff., der dies freilich als ein Interimsphänomen betrachtet, bis eine nationalsozialistische Vollideologisierung des Verwaltungsrechts Methodenfragen erledige.

[119] Zu diesen Elementen *Dreier*, VVDStRL 60 (2001), S. 9 (25 ff., 40 ff., 59); *Kahl* (FN 41), S. 243 ff.; auch *Laux*, in: Rebentisch/Teppe (Hrsg.), Verwaltung contra Menschenführung im Staat Hitlers, 1986, S. 33 (43 ff.).

[120] Vgl. *Meyer-Hesemann* (FN 47), S. 91 ff.; *Stolleis,* in: Recht im Umbruch (FN 83), S. 180.

lose) Triebfedern der Reformdiskussion in der Verwaltungsrechtswissenschaft nach 1933[121]. Kurzum dürfte für die Hinwendung zur Verwaltungswirklichkeit und zu holistischen Perspektiven jenseits des Rechts der Drang ausschlaggebend gewesen sein, in einer dynamischen Zeit sichtbar auf der Seite des „Fortschritts“ zu stehen[122]. Gegen solche allgemeinen – systemunspezifischen – Versuchungen der Macht ist die Staatsrechtslehrerszene auch heute keineswegs immun[123].

Dies alles diskreditiert selbstverständlich in keiner Weise die abstrakten methodischen Anliegen, die eben teils auch älteren Modernisierungsvorstellungen folgten[124] und später im demokratischen Rechtsstaat erneut Anschluss finden konnten, unterstreicht aber, dass nicht alles neu und auch Methodik nicht von vornherein harmlos ist[125]. Methodische Perspektivenfragen sind abhängig von ihren Zeitkontexten. Nicht zuletzt eine Einbeziehung der administrativen „Wirklichkeit“ und der sozialen Wirkung von Recht verweist eben auch auf das politische System und seine Erwartungen an das Verwaltungsrecht[126], kann also für die Wissenschaft zum Verlust kritischer Distanz sowie zur politischen Vereinnahmung führen[127]. Die methodische Neuorientierung nach 1933 ist hierfür nur ein anschauliches – von der Reformdiskussion leider nicht kritisch-reflexiv aufgegriffenes – Beispiel.

---

[121] Zudem lassen sich verwaltungsrechtliche Methodenstreitigkeiten auch so austragen, dass man politisch heikle Sachfragen und damit Karriererisiken umschifft.

[122] Dies wurde auch im Zeitkontext durchaus erkannt. So identifiziert der Verwaltungspraktiker *Naß*, RVBl. 1942, S. 345, herablassend „ein denkwürdiges Schauspiel wissenschaftlicher Neubesinnung“; eine „neue wissenschaftliche Ausrichtung marschiert“.

[123] Zu den Risiken, Versuchungen und Verschleifungen eingehend *Voßkuhle*, in: Staatsrechtslehre (FN 4), S. 135 ff.; wissenschaftstheoretisch *Möllers*, in: Jestaedt/Lepsius (Hrsg.), Rechtswissenschaftstheorie, 2008, S. 151 (170 ff.).

[124] *Meyer-Hesemann*, in: Recht, Rechtsphilosophie und Nationalsozialismus (FN 114), S. 145 ff.; *Pauly*, VVDStRL 60 (2001), S. 73 (97 f.); *Stolleis*, Geschichte III (FN 68), S. 366 f.

[125] Vgl. analytisch *Lepsius*, Die gegensatzaufhebende Begriffsbildung, 1994, S. 372 ff.; *Stolleis*, Geschichte III (FN 68), S. 375.

[126] Ganz explizit *Koellreutter*, RPVBl. 1933, S. 741 (742), der eine Blindheit der liberalpositivistischen Verwaltungsrechtslehre für die Verwaltungspolitik feststellt und in deren Einbeziehung eine Kernaufgabe einer modernen Verwaltungslehre sieht. Auch *Koellreutter*, VerwArch 38 (1933), 305; *ders.*, RVerwBl. 1933, S. 481 ff.; ferner *Jerusalem*, in: FS Hübner (FN 82), S. 126 f. Analytisch *L. Becker*, „Schritte auf abschüssiger Bahn“, 1999, S. 209. Vgl. bereits *W. Jellinek* (FN 61), S. 101: Die Verwaltungslehre neige dazu, „in die Verwaltungspolitik überzugreifen“. Siehe aber auch zu den oft schlicht rechtsfeindlichen Attitüden hinter der Reformbewegung der NS-Zeit *Meinel* (FN 69), S. 123, der im Übrigen nachweist, dass teils mit fortschreitender Durchsetzung des Regimes auch das Problembewusstsein hierfür vereinzelt zunahm (124 ff.). Siehe auch *Stolleis*, in: Recht im Umbruch (FN 83), S. 179 f.

[127] Vgl. *Möllers*, VerwArch 93 (2002), S. 22 (41); ferner *Klement*, JöR 61 (2013), S. 115 (132 f.); zu den rechtsphilosophischen Irrwegen wertbezogener „Wirklichkeits“-Vorstellungen aus epistemologischer Sicht *Lepsius* (FN 125), S. 219 ff.; historisch *Stolleis*, Geschichte III (FN 68), S. 374. Zum wissenschaftlichen Ethos der Distanz *Voßkuhle*, in: Staatsrechtslehre (FN 4), S. 135 (153 ff).

3. Reform III: Vom Siegeszug der Rechtsdogmatik im Schatten der Konstitutionalisierung

Die liberal-rechtstaatliche Gegenreform unter dem Grundgesetz brauchte ihre Zeit. Die im Rechtsvergleich auffällige rechtsstaatliche Optimierung des Verwaltungsrechts durch enge gesetzliche Programmierung, dominante Kontrollperspektive und effektiven Rechtsschutz ist vor allem ein Produkt historischer Unrechtserfahrungen, die nicht zuletzt von einer ungezügelten – systematisch entrechtlichten sowie kontrollfrei gestellten – Verwaltung ausgingen[128]. Die methodische Ausrichtung der Verwaltungsrechts*wissenschaft* in der Nachkriegszeit war damit freilich keineswegs prädeterminiert, schon weil der anfangs eher fragmentarische und begrenzte Rechtsstoff genügend Freiraum für nichtdogmatische (auch reformorientierte) Reflexion beließ. Auch Verwaltungslehren fassten zunächst wieder Fuß[129]. So verfolgte etwa der Praktiker *Otto Naß* sein bereits in der NS-Zeit in zahlreichen Veröffentlichungen[130] propagiertes Projekt einer verwaltungspraktischen Neuorientierung mit seiner Schrift „Verwaltungsreform durch Erneuerung der Verwaltungswissenschaft" (1950) weiter[131]. *Heinrich Herrfahrdt* setzte sich für eine „Neue Verwaltungswissenschaft" ein[132], deren Kernanliegen wohl vor allem auf eine Stärkung der Exekutive gegenüber Parlament und Justiz gerichtet war[133]. Nicht zuletzt *Ernst Forsthoff* hielt (in Fortführung unveröffentlichter Vorarbeiten[134]) daran fest, dass es einer Verwaltungslehre schon deshalb bedürfe, weil sich Verwaltung nicht im Gesetzesvollzug erschöpfe und hierfür ein disziplinär adäquater Beschreibungsansatz notwendig sei[135]. Zugleich wird jedoch betont, dass damit eine Verwaltungslehre andere Fragestellungen zu beantworten habe und eine normative Verwaltungsrechtswissenschaft dieser gegenüber folglich Eigenstand zu wahren habe[136]. Forsthoff ging es also darum, den normativen Anspruch der Juristischen Methode um eine realistische – sprich: kontextsensible – Perspektive auf eine gesellschaftliche Wirklichkeit und deren Teleologie anzurei-

[128] *M. Hailbronner*, Traditions and Transformations, 2015, S. 76 ff. *Hoffmann-Riem,* in: GVwR I (FN 3), § 10 Rn. 11; *Wahl* (FN 7), S. 16 ff.

[129] *Stolleis*, Geschichte des öffentlichen Rechts in Deutschland, Bd. IV, 2012, S. 192 ff. Siehe etwa die Forderungen bei *Fellner*, DÖV 1950, S. 142; *Forsthoff*, in: ders., Rechtsfragen der leistenden Verwaltung, 1959, S. 47 ff.; *Peters*, DVBl. 1956, S. 529. Kritisch bereits *Bachof*, JZ 1951, S. 538 f.; *Hahn*, DÖV 1950, S. 733 (auch unter Bezugnahme auf die Renaissance in der NS-Zeit). Vgl. zum Lehrfach „Verwaltungslehre" auch *Sörgel*, Die Implementation der Grundlagenfächer in der Juristenausbildung nach 1945, 2014, S. 247, 251.

[130] Nachw. bei *Stolleis,* Geschichte III (FN 68), S. 373 Anm. 111.

[131] S. 16 ff., 63 ff., 88 ff., 111 ff., der freilich lebensklug Zitate auf Texte der Jahre 1933–1945 weitgehend vermeidet.

[132] *Herrfahrdt*, DRZ 1948, 87; der Verweis auf *Lorenz von Stein* fehlt nicht.

[133] *Stolleis,* Geschichte IV (FN 129), S. 193.

[134] Vgl. *H. H. Klein*, in: Häberle/Kilian/Wolff (Hrsg.), Staatsrechtslehrer des 20. Jahrhunderts, 2015, S. 609 (614).

[135] *Forsthoff*, Lehrbuch des Verwaltungsrechts, Bd. I, 1973, S. 47.

[136] *Forsthoff* (FN 135), S. 48.

chern[137]. Dies ist zwar noch kein kohärentes Theoriegebäude[138], kommt den zentralen Anliegen der Reformdiskussion der 1990er Jahre aber schon sehr nahe. Und mit Recht wurde die wirklichkeitsorientierte Verwaltungsrechtslehre jüngst als eine – freilich höchst selten zitierte[139] – Ideenquelle der „Neuen Verwaltungsrechtswissenschaft" identifiziert[140]. Hintergründig schwingen bei Forsthoff immer auch Sehnsüchte nach einem den pluralistischen Interessen- und Parteienkonflikten entrückten Staat mit, von dem man glaubte, er habe im „preußischen" Berufsbeamten überlebt, was eine Stärkung der Verwaltung und ihrer Anliegen durch eine administrative Brille auf das Recht dann konsequent erscheinen lässt. Aber vielleicht ist auch dies nicht so weit von eher technokratischen Stimmen innerhalb der Reformbewegung entfernt.

Wirklichkeitsbezüge wurden ungeachtet dessen letztlich von einer zweckorientierten und kontextsensiblen Auslegung aufgesogen[141], also letztlich in die dogmatische Rechtswissenschaft integriert. Als sich die Staatsrechtslehrertagung des Jahres 1971 um eine methodisch-disziplinäre Vergewisserung über den Stand der „Dogmatik des Verwaltungsrechts vor den Gegenwartsaufgaben der Verwaltung" bemühte und die wesentlichen Grundfragen des Wirklichkeitsbezugs im Verwaltungsrecht, der Juristischen Methode, der Systembildung sowie der Folgen sozialstaatlicher Aufgabenprägung und Pluralisierung diskutierte, worauf später auch die „Neue Verwaltungsrechtswissenschaft" aufbauen konnte[142], waren letzte Restbestände realwissenschaftlicher Zugänge längst von der Dogmatik absorbiert worden. Auch eine vorübergehende experimentelle Offenheit gegenüber den Sozialwissenschaften vermochte hieran nichts zu ändern. Rechtswissenschaftliche Verwaltungslehren wurden zwar noch geschrieben[143], gelangten aber – wenn sie nicht ohnehin entweder nur Ausbildungsliteratur waren[144] oder als Annexfach zum Verwaltungsrecht präsen-

---

[137] *Bumke,* in: Methoden (FN 1), S. 73 (92 f.). Eingehend *Meyer-Hesemann* (FN 47), S. 82 ff.

[138] Zutreffend *Bumke,* in: Methoden (FN 1), S. 73 (94).

[139] Z. B. der zupackende Grundriss bei *Voßkuhle*, in: GVwR I (FN 3) erwähnt *Forsthoff* nur beiläufig an versteckter Stelle (§ 1 Rn. 3, Fn. 20).

[140] *Schaefer* (FN 39), S. 87–93. Vgl. deutlicher zur Genealogie *I. Augsberg,* Lesbarkeit (FN 46), S. 19: „Weitertragen eines kryptoschmittianischen Erbes", mit Verweis auf die Differenz von normativem Denken einerseits und konkretem Entscheidungs-, Gestaltungs- und Ordnungsdenken anderseits (S. 20).

[141] Vgl. bereits *Forsthoff* (FN 135), S. 386 f. Zu dessen changierenden Auffassungen *Meinel* (FN 69), S. 130 ff. Methodologisch allgemein *Wischmeyer*, Zwecke im Recht des Verfassungsstaates, 2015.

[142] *Bachof,* VVDStRL 30 (1972), S. 193 (197–233); *Brohm*, VVDStRL 30 (1972), S. 245 (250–306).

[143] Z. B. *Püttner*, Verwaltungslehre, 3. Aufl. 2000; *Thieme*, Verwaltungslehre, 4. Aufl. 1984; *ders.*, Einführung in die Verwaltungslehre, 1995. Meist jetzt „Verwaltungswissenschaft": *König*, Erkenntnisinteressen der Verwaltungswissenschaft, 1970; *Luhmann*, Theorie der Verwaltungswissenschaft, 1966. Zur Terminologie *Stolleis,* Geschichte IV (FN 129), S. 468 f.

[144] *Lecheler*, Verwaltungslehre, 1988; *Rauball*, Verwaltungslehre, 3. Aufl. 1972; *Warbeck*, Verwaltungslehre, 1979; *Wipfler*, Leitfaden der Verwaltungslehre, 1979.

tiert wurden[145] – nicht mehr zum früheren Ansehen. Die Verwaltungswissenschaft ist (jenseits der Reformjuristen) heute in der Hand der Politologie[146] und hat einen Anschluss für Juristen aufgrund allgemeiner Entwicklungen in den Gesellschaftswissenschaften eher methodisch erschwert[147].

Im Übrigen wurde das Verwaltungsrecht von der Rechtsdogmatik dominiert. Es wurde häufig analysiert, wie die Verfassungsrechtsdogmatik im Kielwasser einer bundesverfassungsgerichtszentrierten Konstitutionalisierung der Rechtsordnung alte staatsrechtliche Grundlagendisziplinen verdrängt hat[148]. Wenn dies richtig sein sollte, gilt dies mindestens ebenso für das Verwaltungsrecht, das sich heute noch viel intensiver im Klammergriff der rechtsprechungsgeprägten Rechtsdogmatik befindet[149]. Nicht zuletzt haben auch hier die Konstitutionalisierung sowie zudem die Teilkodifikation des Allgemeinen Verwaltungsrechts[150] der Verwaltungsrechtswissenschaft ihre Stempel aufgedrückt, was den Umgang mit dem geltenden Recht immer anspruchsvoller machte. Der Allgemeine Teil des Verwaltungsrechts ist weniger Ordnungsidee als eine vor die Klammer gezogene Dogmatik der verschiedenen rechtlichen Handlungsformen der Verwaltung. Im Verwaltungsfachrecht hat eine extreme Ausdifferenzierung stattgefunden. Gesteigerte Risikowahrnehmungen und Normierungsbedürfnisse einer komplexer gewordenen Gesellschaft, aber auch der Siegeszug eines heute engmaschigen Vorbehalts des Gesetzes haben zu einer verwaltungsrechtlichen Regelungsexpansion und instrumentellen Diversifikation geführt, die wiederum den Bedarf nach rechtsanwendungsbezogener und damit rechtsprechungszentrierter Fachdogmatik erhöht haben[151]. Schon ein Blick auf die heute fragmentierte und unübersichtlich gewordene verwaltungsrechtliche Zeit-

[145] Insbesondere das sehr anschauliche Lehrbuch von *Bull/Mehde*, Allgemeines Verwaltungsrecht mit Verwaltungslehre, 9. Aufl. 2015, §§ 1, 9–14.

[146] Etwa *Bogumil*, Verwaltung und Verwaltungswissenschaft in Deutschland, 2. Aufl. 2008; *Franz*, Einführung in die Verwaltungswissenschaft, 2013; *Kuhlmann/Wollmann*, Verwaltung und Verwaltungsreformen in Europa: Einführung in die vergleichende Verwaltungswissenschaft, 2013; *Loftkamp*, Verwaltungsreformen: Problemorientierte Einführung in die Verwaltungswissenschaft, 2012; *Snellen/Beersmans*, Grundlagen der Verwaltungswissenschaft, 2007.

[147] Vgl. auch *Stolleis,* Geschichte IV (FN 129), S. 469.

[148] Klassisch (obgleich einseitig) *Schlink*, Der Staat 28 (1989), S. 161 ff.; ferner *Jestaedt*, in: ders./Lepsius/Möllers/Schönberger (Hrsg.), Das entgrenzte Gericht, 2011, S. 77 (96 ff.). Prospektiv relativierend *C. Schönberger*, in: Vesting/Korioth (Hrsg.), Der Eigenwert des Verfassungsrechts, 2011, S. 7 ff.; *ders.*, in: Ibler (Hrsg.), Verwaltung, Verfassung, Kirche, 2012, S. 55 ff. Die Rechtsprechung selbst kann zwar wissenschaftlich theoretisiert werden, aber als Anwenderin des geltenden Rechts keine Theorieangebote machen. Ebenso und konstruktiv-differenziert für einen zurückhaltenden und positivistischen Umgang der Verfassungsrechtsprechung mit „Staatstheorie" *Voßkuhle*, in: Voßkuhle/Bumke/Meinel (Hrsg.), Verabschiedung und Wiederentdeckung des Staates im Spannungsfeld der Disziplinen, 2013, S. 371 ff.

[149] Anders *Jestaedt*, JZ 2012, S. 1 (9).

[150] Hierzu *Kahl*, in: Hoffmann-Riem/Schmidt-Aßmann (Hrsg.), Verwaltungsverfahren und Verwaltungsverfahrensgesetz, 2002, S. 67 ff.; *ders./Hilbert*, RW 2012, S. 43 ff.

[151] Vgl. *Gärditz* (FN 24), S. 267 f.

schriftenlandschaft belegt dies eindrücklich. Besonderes Verwaltungsrecht ist eben auch eine produktive Unordnungsidee, deren Systematisierung und dogmatische Aufbereitung erhebliche wissenschaftliche Ressourcen bindet.

4. Reform IV: „Neue Verwaltungsrechtswissenschaft“ als Renaissance-Bewegung

Diese einseitige Bindung an die tradierte Juristische Methode aufzubrechen, ist daher auch ein Kernanliegen der Reformdiskussion seit den 1990er Jahren[152]. Ihren Impetus bezog die „Neue Verwaltungsrechtswissenschaft“ insoweit gerade nicht – wie für wissenschaftliche Fortschrittsschübe typisch[153] – aus einer Krise der bisherigen Paradigmen. Die 1990er Jahre markieren wissenschaftlich eine konfliktarme Phase konsolidierter Ruhe auf einem sedimentierten Besitzstand des pluralistischen und demokratischen Rechtsstaats der Nachkriegszeit. Die deutsche Wiedervereinigung war gelungen, der akzeptierte Maastricht-Vertrag hatte das unionsrechtliche Koordinatensystem für längere Zeit neu fixiert und die Europäisierung des Verwaltungsrechts wurde allmählich nicht mehr als Fremdrechtsinvasion fehlinterpretiert, sondern analysiert und im nationalen Recht mehr oder weniger dogmatisch implementiert[154]. Die Reformdiskussion entstand wohl eher aus dem Bedürfnis, in einer Phase wissenschaftlicher Unproduktivität über eine (verzerrend) als intellektuell abgenutzt und gegenüber der Rechtsanwendungspraxis distanzlos[155] wahrgenommene dogmatische Verwaltungsrechtswissenschaft hinaus einmal etwas Anderes zu wagen, das mehr Esprit versprach als die schulmäßige Interpretation des geltenden Rechts. *Scientific revolution* aus intellektueller Langeweile[156]? Oder positiver: aus einer allgemeinen Aufbruchsstimmung?

Die „Neue Verwaltungsrechtswissenschaft“ ist ein Renaissance-Projekt. Die latente Sehnsucht nach der methodischen Ganzheitlichkeit der alten Verwaltungslehren lässt offen, wie eine solche methodisch ungeordnete Beschreibung von Topoi mo-

[152] Auch Rechtswissenschaftler, die nicht dem Dunstkreis der „Neuen Verwaltungsrechtswissenschaft“ angehören, kritisierten im Übrigen die wissenschaftliche Verengung auf die Juristische Methode, etwa *Engel,* in: Proprium (FN 65), S. 218, 229.

[153] *Kuhn*, Die Struktur wissenschaftlicher Revolutionen, 1973, S. 90.

[154] Vgl. aus dem Zeitkontext *Brenner*, Der Gestaltungsauftrag der Verwaltung in der Europäischen Union, 1996; *von Danwitz*, Verwaltungsrechtliches System und Europäische Integration, 1996.

[155] Zum ernst zu nehmenden Problem des Distanzverlustes gegenüber dem eigenen Forschungsgegenstand *Möllers,* in: Rechtswissenschaftstheorie (FN 123), S. 158 f.

[156] Dass das Umbruchsempfinden der „Neuen Verwaltungsrechtswissenschaft“ bisweilen doch stark überzeichnet ausfällt, kritisiert mit Recht *Schaefer* (FN 39), S. 19 f. Dass die methodische Aufbruchsstimmung gerade in die 1990er Jahre fällt, ist aber möglicherweise doch mehr als ein Zufall, zeichnete sich doch seinerzeit eine breite gesellschaftlich-politische Wechselstimmung zur Abendröte der Kohl-Ära ab – ein Ausbruchsversuch aus der empfundenen Trägheit der staatsrechtlichen Konsolidierungsphase der 1980er Jahre (vgl. hierzu *Möllers*, Leviathan [FN 49], S. 63 ff).

dernen Anforderungen an die Wissenschaftlichkeit genügen soll. Der grundlegendste Beitrag zur Methodenlehre in den „Grundlagen des Verwaltungsrechts“ wurde bezeichnenderweise von keinem Protagonisten der Reformschule vorgelegt und bleibt entsprechend gegenüber der methodologischen Aufbruchsstimmung erfrischend skeptisch[157]. Um methodisch innovativ zu sein, hätte die „Neue Verwaltungsrechtswissenschaft“ zwangsläufig mehr bieten müssen als die alten Staatswissenschaften bzw. Verwaltungslehren, deren heutige weitgehende Bedeutungslosigkeit nicht zuletzt auch eine Folge ihres disziplinär korrodierenden Methodensynkretismus[158] ist – also letztlich Konsequenz eines Scheiterns, die eigenen Erkenntnisinteressen präzise herauszuarbeiten[159].

Wenn die „Neue Verwaltungsrechtswissenschaft“ ihre Identität durch expliziten Anschluss an die „Verwaltungswissenschaft“ zu definieren sucht[160], wird sie mit diesen – durchweg alten – Methodenproblemen belastet[161]. Neue, präzise und rechtswissenschaftlich operationalisierbare Lösungsangebote hierfür haben aber auch über 20 Jahre Reformdiskussion nicht hervorgebracht. Gerade zu den drängenden Methodenfragen, wie praktische bzw. politische Bewertungsmaßstäbe für eine Verwaltungsrechtswissenschaft zu gewinnen wären, die über die Rechtmäßigkeit des Verwaltungshandelns hinaus argumentieren will[162], ist die Reformdiskussion mehr als vage geblieben[163]. Die Unschärfe zentraler Begriffe – namentlich Steuerung und Governance – wurde nicht wirklich abgebaut[164]. Die Offenheit plakativer Schlagworte lässt zwar viel Raum für sehr unterschiedliche Diskurse und Methoden, was sich nicht zuletzt darin zeigt, dass vielleicht die Mehrheit der herausragenden Beiträge in den „Grundlagen des Verwaltungsrechts“ aus den Federn von Autorinnen und Autoren stammt, die nicht zum harten Kern der Community einer „Neuen Verwaltungsrechtswissenschaft“ zählen und deren Beiträge nichts an inhaltlicher Kohärenz einbüßen würde, wenn man alle Bezüge zum steuerungswissenschaftlichen Ansatz streichen würde[165]. Verdienstvoll bleibt, dass durch die Reformer die Methodenviel-

---

[157] *Möllers,* in: GVwR I (FN 3), § 3.

[158] Kritisch *Möllers,* in: GVwR I (FN 3), § 3 Rn. 56; ähnlich *Schmidt-Aßmann*, in: Die Wissenschaft vom Verwaltungsrecht, Die Verwaltung Beiheft 2, 1999, S. 177 (179 f.). (Risikosensibler) Rechtfertigungsversuch für die „Neue Verwaltungsrechtswissenschaft“ bei *Fehling*, in diesem Band, III, 2. a).

[159] Zur Notwendigkeit klar *Voßkuhle,* in: Umwelt, Wirtschaft und Recht (FN 34), S. 189 f.

[160] *Voßkuhle*, BayVBl. 2010, S. 581 ff.

[161] *Treiber*, KJ 40 (2007), S. 328 (337 ff.).

[162] *Hoffmann-Riem*, in: Methoden (FN 1), S. 11 (48 ff.); *ders.,* in: GVwR I (FN 3), § 10 Rn. 112.

[163] Mit Recht kritisch *Wahl* (FN 7), S. 91.

[164] Allgemeine Kritik *Möllers*, VerwArch 93 (2002), S. 22 (36 ff.).

[165] Zu nennen sind beispielsweise die häufig rezipierten Beiträge von *Albers*, *Baer*, *Britz*, *Burgi*, *Jestaedt*, *Kahl*, *Köck*, *Masing*, *Möllers*, *Ruffert*, *Sacksofsky*, *Schoch*, *Schulze-Fielitz*, *Vesting*, *von Bogdandy*, *Waldhoff* und *Wißmann*, die jeweils als Grundlagenarbeiten monografischen Umfangs bestechen.

falt in der Verwaltungsrechtswissenschaft, die oft unreflektiert genutzt wurde und wird, problematisiert und wieder wissenschaftlich sichtbar gemacht wurde[166].

Ungeachtet dessen ist die Debatte, inwiefern eine moderne Verwaltungsrechtswissenschaft auch eine nichtnormative Verwaltungslehre integrieren und damit an der Verwaltung als sozialem Befund Anschluss nehmen soll, keineswegs neu. Sie wurde – wie gezeigt – zuletzt intensiver unter staatsrechtlich nicht vergleichbaren Vorzeichen eingehend in den Jahren 1933–42 geführt, woran die „Neue Verwaltungsrechtswissenschaft“ mit ihrem demokratisch-rechtsstaatlich fraglos redlichen Anliegen selbstredend nie anschließen konnte und wollte. Die in der Nachkriegszeit bis in die 1970er Jahre namentlich von *Forsthoff* noch zeitweilig am Leben gehaltene Methodendiskussion hätte aber – bereinigt um den ideologischen Ballast – durchaus Anknüpfungspunkte und vor allem Anlass für eine kritische Auseinandersetzung geboten, ob es sich wirklich lohnt, den entsprechenden Diskurs erneut aufzugreifen, und welche rechtsstaatlichen Risiken mit einer Bedienung im methodischen Gemischtwarenladen der undisziplinierten Verwaltungslehre, die nicht zuletzt aufgrund ihrer unsicheren Grenzen schon einmal in die unheilvolle Nähe krypto-normativen konkreten Ordnungsdenkens geraten war, verbunden sein können (gewiss: nicht zwangsläufig sein müssen). Betrachtet man die disziplinären Konstellationen, die jeweiligen Brückenakteure, die Diskurse über Systembrüche und deren staatsrechtliche Diskontinuitäten hinweg weitertransportiert haben (nach dem Bonmot *Otto Mayers:* „Verfassungsrecht vergeht, Verwaltungsrecht besteht“), handelt es sich bei der „Neuen Verwaltungsrechtswissenschaft“ insoweit jedenfalls um nichts Neues, sondern um eine Fortführung alter Diskurse, die – einer Dialektik verschlungener Pfade folgend – seit dem Absterben der alten Verwaltungslehren *Stein*scher Prägung die Wissenschaft vom Verwaltungsrecht begleitet haben. Dass die von der „Neuen Verwaltungsrechtswissenschaft“ initiierte Renaissancebewegung von Anfang an in einem rechtsstaatlichen und demokratischen Kontext eingebettet war und damit ganz andere – eigenständige – staatsrechtliche Ziele verfolgte, bleibt selbstverständlich [mit Recht *Fehling*, in diesem Band, II. a.E. und III. 1. a)], ändert aber nichts daran, dass gerade im Verwaltungsrecht argumentative Traditionen – nicht nur vorliegend – gerade aufgrund ihrer Technizität und Abstraktheit oftmals präkonstitutionelle Pfade unter anderen Vorzeichen fortsetzen.

III. Der Mehrwert der „Neuen Verwaltungsrechtswissenschaft“

Was ist vor diesem Hintergrund nun der Neuigkeits- bzw. Mehrwert der „Neuen Verwaltungsrechtswissenschaft“ jenseits einer dialektischen Gegenbewegung zur rechtsdogmatischen Purifikation des Verwaltungsrechts? In Betracht kommen: eine größere Wirklichkeitsnähe (1.), die Ausdifferenzierung einer wissenschaftlichen Verwaltungspolitik (2.), eine interdisziplinäre Öffnung (3.) und schließlich

---

[166] *Voßkuhle*, VVDStRL 67 (2008), S. 343 (344).

ein neuer Grundlagenbezug in der Verwaltungsrechtswissenschaft (4.). Die „Neue Verwaltungsrechtswissenschaft“ hat sich insoweit von Anfang an eine sehr ambitionierte wissenschaftliche Agenda gesetzt, die einerseits beeindruckt, andererseits aber rückblickend vielleicht auch das Reformprojekt überfordert haben könnte.

1. Eine realistischere Perspektive auf das Verwaltungsrecht?

Hat die „Neue Verwaltungsrechtswissenschaft“ dazu beigetragen, eine realistischere Perspektive auf das Verwaltungsrecht zu eröffnen? Das Verhältnis des Rechts zu seinen Realbereichen war schon immer schwierig zu bestimmen, auch weil die Frage nach „der Wirklichkeit“ epistemologische Grundsatzprobleme aufwirft[167]. Da normative Wirklichkeit anders konstruiert wird als – ggf. empirischer Erkenntnis zugängliche – kognitive Realitäten[168], führt eine stillschweigende Gleichsetzung von Wirklichkeit mit empirisch verfügbarer Praxis gerade für eine normative Wissenschaft, die auch die „Neue Verwaltungsrechtswissenschaft“ letztlich bleibt[169], zu Problemen[170]. Ob die Reformdebatte durch ihre Forderung nach Wirklichkeits- und Wirkungsbezug im Ergebnis dazu beigetragen hat, der Wissenschaft eine realistischere Perspektive auf das Verwaltungsrecht zu vermitteln, erscheint heute eher zweifelhaft:

a) Vernachlässigung von Rechtsprechung und Fachrecht als Quellen juridischer Verwaltungsrealität. Zum einen geht es bei der „Neuen Verwaltungsrechtswissenschaft“ um einen akademischen Methodenstreit, der letztlich spurlos an der Praxis vorbeigegangen ist[171]. Zum anderen wurde der primäre – obgleich selbstredend un-

---

[167] *Gärditz*, DÖV 2017, S. 41 (42, 48 ff.); *Schoch*, in: Staatsrechtslehre (FN 4), S. 177 (192); *Voßkuhle*, in: Umwelt, Wirtschaft und Recht (FN 34), S. 185.

[168] *Jakobs*, Norm, Person, Gesellschaft, 3. Aufl. 2011, S. 50 ff.; *ders.*, Staatliche Strafe: Bedeutung und Zweck, 2004, S. 26 ff. Siehe auch *Di Fabio*, in: FS Badura, 2004, S. 77 (84): Der Anspruch des Rechts sei „bei allem praktischen Sinn des Juristen nicht die wissenschaftliche Abbildung“ gesellschaftlicher „Wirklichkeit“.

[169] *Ossenbühl*, Die Verwaltung 40 (2007), S. 125.

[170] Vgl. auch *Schröder*, Verwaltungsrechtsdogmatik im Wandel, 2007, S. 207.

[171] *Groß*, DÖV 2017, S. 251 (252); *Jestaedt*, JZ 2012, S. 1 (8 f.); *Schulze-Fielitz*, in: Konjunkturen (FN 8), S. 188; Brachialbilanz bei *Schönenbroicher*, NWVBl. 2012, S. 447, der hier freilich einseitig ist; zur mangelnden Rezeption in der Praxis könnte auch eine theoretisch-konzeptionelle Anspruchslosigkeit der Praktiker beigetragen haben. Optimistischer *Fehling*, in diesem Band, III, 2. a), der auf die lange Vorlaufzeit von Grundlagenforschung verweist; dies ist abstrakt richtig, ändert aber konkret an den Strukturproblemen des Reformmodells nichts. Beiläufige Zitierung jeweils von Nichtreformern aus den Grundlagenbänden bei BVerwGE 135, 286; 141, 311; 147, 312; BVerwG, DVBl. 2011, S. 1092; afp 2016, S. 375; Urt. v. 22.4.2015, Az. 7 C 7.13, Rn. 18. Möglicherweise ist die sehr begrenzte praktische Bedeutung der „Neuen Verwaltungsrechtswissenschaft“ für das Verwaltungsrecht aber auch dadurch gefördert worden, dass die Verwaltungsrechtswissenschaft – im Kontrast zur Staatsrechtslehre in Bezug auf das BVerfG (hierzu *Jestaedt*, in: Das entgrenzte Gericht [FN 148], S. 124 ff.) – die Verwaltungsgerichtsbarkeit nie personell und kommunikativ in Symbiose zu

vollkommene – Schlüssel der Rechtswissenschaft zu den Problemen, die die Verwaltungspraxis prägen, systematisch vernachlässigt: die Verwaltungsgerichtsbarkeit und deren Rechtsprechung[172], die das Verwaltungsrecht – auch unter den Prämissen der Reformer[173] – immer entscheidend geprägt hat und weiterhin prägen wird[174]. Bezeichnenderweise wird gerade der ansonsten betonten Handlungs- und Herstellungsperspektive in Bezug auf die Verwaltungs*gerichtsbarkeit* von der „Neuen Verwaltungsrechtswissenschaft" keine substanzielle Beachtung geschenkt[175]. Entsprechendes gilt für die anwaltliche Sicht, obgleich die Bedeutung anwaltlicher Vertreter der Beteiligten für den Verlauf des Verwaltungsverfahrens offensichtlich praktisch relevant ist und der gerade im Verwaltungsrecht sehr begrenzte Zugang zu professionellem Rechtsbeistand auch eine empfindliche soziale Dimension der Rechtsverwirklichung berührt.

Durch Hyperabstraktion – verwiesen sei auf die Gespensterdiskussionen um Steuerung und Governance oder den tendenziell verelfenbeintürmernden Fokus auf den Allgemeinen Teil – lässt sich keine Wirklichkeitsnähe herstellen. Statt die Abstraktheit verwaltungsrechtlicher Systembildung zu reduzieren[176], hat die „Neue Verwaltungsrechtswissenschaft" den wissenschaftlichen Diskurs durch Verallgemeinerung noch weiter von den Dogmatiken des Fachrechts und deren Problemlösungspotentialen entfernt. Einer Bibliothek steuerungswissenschaftlicher Methodendiskussion stehen (vielleicht mit der Ausnahme des Kommunikationsrechts der Verwaltung[177]) kaum sichtbare Anwendungsbeispiele gegenüber, wie eine steuerungswissenschaftliche Perspektivenerweiterung ein fachrechtliches Problem besser

---

vereinnahmen vermochte. Vgl. bestandsaufnehmend *Durner,* Die Verwaltung 48 (2015), S. 203 (208).

[172] *Schoch,* in: Staatsrechtslehre (FN 4), S. 177 (203), der auch auf die Kontextualisierungspotentiale von Rechtsprechungsanalysen hinweist (204 f.). Schon in der Reformdiskussion der 1930er Jahre wurde gerade die Rechtsprechung programmatisch ausgeblendet: *Köttgen,* Jahrbuch für Kommunalwissenschaften 6 (1938), S. 210 (217).

[173] So weist *Trute,* in: Methoden (FN 1), S. 293 (323 f.), zutreffend darauf hin, dass sich die gerichtliche Kontrolle auch rationalisierend auf den Herstellungsprozess auswirkt.

[174] Hierzu *Schmidt-Aßmann,* VBlBW 1988, S. 381 ff.; *Schulze-Fielitz,* in: FG 50 Jahre BVerwG, 2003, S. 1061 ff.; zum Korrespondenzverhältnis in Gegenrichtung auch *Schulze-Fielitz,* Die Verwaltung 36 (2003), S. 421 ff. Nach *Heyen,* Der Staat 22 (1983), S. 21 (27), war die detaillierte Verwaltungsrechtsprechung ein Hauptgrund, warum es im Verwaltungsrecht – anders als im Verfassungsrecht – lange Zeit keine breiteren Methodendiskussionen gegeben habe.

[175] Negativbilanz etwa im ausführlichsten Beitrag von *Trute,* in: Methoden (FN 1), S. 293–323; auch der Reform-Band von *Schmidt-Aßmann/Hoffmann-Riem* (Hrsg.), Verwaltungskontrolle, 2001, widmet spezifisch der Herstellung gerichtlicher Entscheidungen keine besondere Aufmerksamkeit; dies gilt namentlich für den einzigen Beitrag zur Gerichtskontrolle (*Pietzcker,* ebd., S. 89 ff.), der bezeichnenderweise von keinem Protagonisten der Reformszene verfasst wurde.

[176] Mit Recht *Eifert,* VVDStRL 67 (2008), S. 286 (305 ff.).

[177] Ergiebig etwa *Britz,* in: Verwaltungsverfahren (FN 150), S. 213 ff.; *Eifert,* Electronic Government, 2006; *Kaiser,* Die Kommunikation der Verwaltung, 2009.

entscheidbar bzw. die Entscheidungsabläufe verständlicher gemacht hätte[178]. Auch dies erinnert an die alten Verwaltungslehren.

b) Vernachlässigung des Praxiswerts der Dogmatik. Inzwischen dürfte sich gezeigt haben, dass das ambitionierte Projekt auf Wissen angewiesen ist, das schlicht nicht hinreichend vorhanden und auch nicht ohne weiteres zu generieren ist. Notwendiges Real-Wissen ist meist nur begrenzt allgemein verfügbar, es wird vor allem situations- und fallbezogen generiert[179]. Administrative Praktiken sind Außenstehenden nur schwer zugänglich[180]. Den Verwaltungspraktikern selbst fehlt es aber an der – für einen wissenschaftlichen Zugang konstitutiven – kritischen Distanz zu ihren eigenen Praktiken. Aussagen über den Herstellungsprozess von Entscheidungen werden daher meist spekulativ bleiben. Der primäre Einwirkungspfad der Wissenschaft auf die Verwaltung, der von den Akteuren ernst genommen wird – der Rechtsanwender will von Juristen vor allem wissen, was rechtmäßig ist und vor Gericht „hält" – und Diskurse verzahnt, ist gerade die traditionelle Rechtsdogmatik als Korrespondenzformat zwischen Wissenschaft und rechtsanwendungsbezogener Praxis[181]. Rechtsdogmatik fungierte bislang für die Rechtswissenschaft als tauglicher Transmissionsriemen, Anschluss an reale Problemlagen zu finden. Man mag gerade den *zu starken* Praxisbezug des Mainstreams dogmatischer Verwaltungsrechtswissenschaft[182] kritisieren und eine perspektivische Ergänzung fordern, die wissenschaftlichen Eigenstand hat[183]. Man mag zudem auf andere Rechtsordnungen verweisen, die

---

[178] Meist geht es eher um eine pflichtschuldige Berufung auf den steuerungswissenschaftlichen Ansatz, ohne dass dieser für die Untersuchungen methodisch von Bedeutung ist. Was unter interdisziplinär-verwaltungswissenschaftlichen Auspizien als Realstoff zusammengetragen wurde, hätte früher ebenso in den einleitenden Kapiteln Platz gefunden, wo typischerweise auch der betroffene Realbereich verständlich gemacht wird. Für eine integrative Verarbeitung kontextsensibler Dogmatik unter dem Label „verwaltungswissenschaftlich" etwa *Hebeler*, Verwaltungspersonal, 2008. Und jüngere Untersuchungen, die Verwaltungsrechtsprobleme anspruchsvoll theoretisieren (und teils realbereichssensibel kontextualisieren), kommen offenbar wieder ohne Bezugnahmen auf Steuerungstheorie oder „Neue Verwaltungsrechtswissenschaft" aus. Siehe etwa *I. Augsberg*, Informationsverwaltungsrecht, 2014; *Bast*, Aufenthaltsrecht und Migrationssteuerung, 2011, S. 5–115 (Steuerung nicht als methodische Prämisse, Referenz auf Reformer eher beiläufig; Fokus auf soziale Konstruktion); *Krüper*, Gemeinwohl im Prozess, 2009; *Martini*, Der Markt als Instrument hoheitlicher Verteilungslenkung, 2008 (Fokus auf ökonomische Theorie); *Siehr*, Das Recht am öffentlichen Raum, 2016, S. 39 ff.

[179] *I. Augsberg,* Informationsverwaltungsrecht (FN 178), S. 10. Siehe auch *Lepsius*, Spektrum Universität Bayreuth 10 (2014), Heft 1, S. 6 (8).

[180] *Schoch,* in: Staatsrechtslehre (FN 4), S. 177 (193, 203); bereits *Köttgen,* Jahrbuch für Kommunalwissenschaften 6 (1938), S. 210 (217).

[181] Vgl. hierzu *Jestaedt*, in: FS H. Mayer, 2011, S. 169 ff.

[182] Mit Recht weist *Rixen*, JZ 2013, S. 708 (710), darauf hin, dass es auch eine anspruchsvolle, theoriesensible Dogmatik gibt, die sich nur nicht ostentativ als „Theorie" vermarktet.

[183] Etwa *Wissenschaftsrat* (Hrsg.), Perspektiven der Rechtswissenschaft in Deutschland, 2012, S. 7 ff.; *Jestaedt*, Die Verfassung hinter der Verfassung, 2009, S. 32 ff.; *Lepsius*, in: Dogmatik (FN 2), S. 39 (46 ff.).

einen kontext-sensibleren Umgang mit dem Tatsachenstoff herausgebildet haben[184]. Eine Renaissance der alten Verwaltungslehren, die weder wissenschaftlichen Theorie- noch praktischen Wissensbedarf zu befriedigen vermochten, rechtfertigt beides nicht. Und einen neuen, eigenständigen sowie methodisch operablen Zugriff auf die „Verwaltungswirklichkeit" hat die Reformdiskussion nicht hervorgebracht.

c) Vernachlässigung rechtsnormativer Eigenrationalitäten. Epistemische Fragen nach der „Wirklichkeit" lassen sich für das Recht auch nicht allgemein, sondern nur rechtsimmanent – also im Hinblick auf die spezifischen Konstruktionsleistungen rechtlicher Verfahren – entscheiden. Alle Verfahren zielen auf eine soziale Konstruktion von Tatsachen als Entscheidungsgrundlagen, bedienen sich hierbei aber *spezifisch rechtlicher* Selektionskriterien, die primär auf normativer Setzung beruhen und nur sekundär auf epistemischen Leistungsgrenzen oder realwissenschaftlicher Arbeitsteilung[185]. Hier wären Innovationspotentiale greifbar gewesen, die jedoch – positive Ausnahmen[186] bestätigen die Regel – von der „Neuen Verwaltungsrechtswissenschaft" – ungeachtet einer gebetsmühlenhaften Betonung des (unbestrittenen) Eigenwerts von Organisation und Verfahren – letztlich nicht genutzt wurden. Eine Verfahrenstheorie des Verwaltungsrechts[187] hat die „Neue Verwaltungsrechtswissenschaft" nicht hervorgebracht, obwohl gerade eine solche wesentlicher Baustein wäre, das Verwaltungsrecht in Relation zu seiner jeweils spezifischen „Wirklichkeit" zu setzen[188]. Methoden der Tatsachenfeststellung in rechtlichen Verfahren[189] – und eine hierzu adäquate Dogmatik – sind im Verwaltungsrecht – anders als etwa im Strafprozessrecht – weiterhin Desiderat.

Namentlich die stets neuen Herausforderungen durch gesellschaftlichen und technischen Wandel sowie die damit einhergehenden Wissensprobleme, die als Real-

---

[184] *Lepsius*, in: Staatsrechtslehre (FN 4), S. 319 ff.; siehe bereits *dens.*, JZ 2005, S. 1 ff.

[185] *Trute*, in: Staatsrechtslehre (FN 4), S. 115 (129 f.). So wird die Tatsachenfeststellung etwa durch Verfahrens-/Prozessförmlichkeit, Beteiligtenrechte und Beweisverbote kanalisiert. Siehe *I. Augsberg*, Informationsverwaltungsrecht (FN 178), S. 46 f.; *Gärditz*, in: FS Paeffgen, 2015, S. 439 (443 ff.); *Hoffmann-Riem*, in: Methoden (FN 1), S. 11 (37); *Teubner*, Recht als autopoietisches System, 1989, S. 97 f.

[186] *Voßkuhle*, in: Allgemeines Verwaltungsrecht (FN 13), S. 637 ff.

[187] Konstruktiv hierfür *I. Augsberg*, Informationsverwaltungsrecht (FN 178), S. 46 f., 54 ff.; *P. Reimer*, Verfahrenstheorie, 2016, S. 189 f., 287 ff., 334 ff., der freilich den Fokus auf die innerprozessualen Rollen und Abläufe legt, weniger auf den externen Realbezug; ansatzweise auch *M. Kaufmann*, Untersuchungsgrundsatz und Verwaltungsgerichtsbarkeit, 2002, S. 20–171.

[188] Blutleerer Verweis auf konstruktivistische Ansätze bei *Hoffmann-Riem*, in: Methoden, S. 11 (30 f.); *ders.*, in: Verwaltungsverfahren (FN 150), S. 9 (23 ff.). Dass Verfahren einen entscheidungsrelevanten Sachverhalt sozial konstruieren, ist trivial (vgl. nur *Latour*, Eine neue Soziologie für eine neue Gesellschaft, 2007, S. 152); welche Regeln hierbei gelten bzw. Methoden anzuwenden sind, die sicherstellen, dass es nicht um beliebige Konstruktionen geht, wäre Aufgabe einer anspruchsvollen Verfahrenstheorie (hierzu aber nur Desiderat-Erklärung bei *Hoffmann-Riem*, in: Methoden [FN 1], S. 11 (37 f.)).

[189] *Möllers*, in: GVwR I (FN 3), § 3 Rn. 34.

grundierung für einen notwendigen Methodenwandel angeführt werden[190], haben die Rechtsordnung schon immer evolutiven Entwicklungsschüben ausgesetzt. Sie sind kein Anlass für eine methodisch-realwissenschaftliche Wende, sondern eher für eine sukzessive normative – Orientierung ermöglichende – Begleitung und Nachkonturierung[191]. Etwa das Recht der Industriellen Revolution[192] dürfte für Rechtsetzung und Verwaltung nicht weniger herausfordernd und die Problemwahrnehmungen dürften nicht weniger komplex gewesen sein als die von der „Neuen Verwaltungsrechtswissenschaft“ als Referenz bemühten – bisweilen auch reichlich dramatisierten[193] – gegenwärtigen Dynamiken[194]. Diagnostizierte Auflösungen tradierter Grenzen und Rationalitäten, die eine Neuorientierung einforderten[195], haben die evolutive Geschichte des Verwaltungsrechts also stets begleitet, wurden aber oft gerade auch deshalb als Bruch wahrgenommen, weil man zuvor kontingente Leitbilder idealisierend überzeichnet hatte. Etwa abstrakte Staatstypen als Matrix materialer Verwaltungsaufgaben[196] (wieder eine *Stein*sche Traditionslinie[197]) sind schlicht zu hoch aggregiert; ein angeblicher „Wandel der Staatlichkeit“[198] lässt schon das Bezugsobjekt im Diffusen[199]. Verwaltungsaufgaben leiten sich nicht aus vorrechtlichen Strukturen oder Staatsbegriffen ab, sondern sind Produkte des geltenden (kontingenten)

---

[190] *Voßkuhle,* in: GVwR I (FN 3), § 1 Rn. 11; vgl. auch *Eifert*, VVDStRL 67 (2008), S. 286 (320); *Schuppert*, AöR 133 (2008), S. 78 (92 f.).

[191] Für den Umgang mit Risiken *Lepsius*, VVDStRL 63 (2004), S. 264 (294 ff.).

[192] Vgl. *Schmoeckel,* in: Maetschke/von Mayenburg/ders. (Hrsg.), Das Recht der Industriellen Revolution, 2013, S. 1 ff.; *Vec*, Recht in der Industriellen Revolution, 2006.

[193] Etwa *Hill*, in: Schmidt-Aßmann/Hoffmann-Riem (Hrsg.), Verwaltungsorganisationsrecht als Steuerungsressource, 1997, S. 65 (93): „Wir brauchen ein neues Recht für eine neue Verwaltung“. Oder wenn das Verschwimmen von vermeintlich klaren Trennlinien zwischen Privatrecht und Öffentlichem Recht bzw. privaten und öffentlichen Interessen diagnostiziert wird (so *Hoffmann-Riem*, in: GVwR I [FN 3], § 10 Rn. 112), wirkt dies in mehrfacher Weise überdramatisiert. Zum einen tangieren die in Bezug genommenen Rechtsentwicklungen den breiten Kern des Verwaltungsrechts überhaupt nicht oder nur peripher. Zum anderen waren strikte Trennlinien auch früher in dieser Schärfe weder handlungsleitend noch überzeugend. Mit Recht gegen eine (theoretisch meist unreflektierte) Überhöhung *Jestaedt*, in: FS Stürner, 2013, S. 917 (933 ff.).

[194] Mit Recht kritisch zum Komplexitätsargument *Di Fabio,* in: FS Badura (FN 168), S. 84; *Klement* (FN 2), S. 16 f.; *Lepsius* (FN 45), S. 30 ff.

[195] *Hoffmann-Riem,* in: GVwR I (FN 3), § 10 Rn. 111 f.

[196] *Schuppert*, AöR 133 (2008), S. 79 (86 ff.); *ders.* (FN 22), S. 104 ff.

[197] *von Stein*, Die Verwaltungslehre, Bd. 2: Die Lehre von der Innern Verwaltung, 1866, S. 9 ff.

[198] Etwa *Hoffmann-Riem*, in: Verabschiedung und Wiederentdeckung (FN 148), S. 347 ff.; *Schuppert*, Der Staat 47 (2008), S. 325 ff.; ferner etwa *Schuppert*, Staat als Prozess, 2010; *ders.* Wege in die moderne Welt: Globalisierung von Staatlichkeit als Kommunikationsgeschichte, 2015.

[199] Kritisch zum methodisch-disziplinären Eigenwert eines abstrakten Staatsbegriffs *Lepsius*, EuGRZ 2004, S. 370 ff.; *Möllers*, Staat als Argument, 2. Aufl. 2011; *Treiber*, KJ 40 (2007), S. 328 (344 ff.).

Rechts[200]. Realwissenschaftliche Emanzipationsbewegungen vernebeln hier eher die konkreten Probleme. Dass die Staatsrechtslehre ein Bedürfnis nach methodisch-perspektivischer Neuorientierung offenbar besonders in (tatsächlichen oder vermeintlichen) staatspolitischen Umbruchsituationen verspürt[201], ist letztlich zum Teil auch Schwäche einer sich staatstragend gerierenden Scientific Community, die eher selten als kritische Gegenöffentlichkeit zum politischen Mainstream auffällt. „Der Ruf nach Reformen ist ein Ruf des Zeitgeistes"[202].

2. Wissenschaftliche Verwaltungsrechtspolitik als neues Erkenntnisziel?

Soweit der Anspruch, Steuerungswissenschaft zu sein, auch rechtspolitische Handlungsempfehlungen oder Analysen einschließt[203], wäre dies zwar nicht neu[204], aber potentiell ertragreich. Verabschiedet man sich von puristischen Idealen einer Wissenschaftlichkeit, die von allem Politischen gereinigt wurde[205], wäre es eine große Herausforderung, *wissenschaftliche* Maßstäbe zu definieren, um politische Handlungsoptionen nicht nur aufzeigen[206], sondern auch bewerten zu können[207], ohne rohe Realpolitik in akademische Rhetorik zu kleiden. Dies gilt gerade für die Rechtswissenschaft, die ihres inhärenten normativen Koordinatensystems verlustig geht, wenn man Rechtsetzung nicht anhand (höherrangigen) Rechts, sondern politisch bewerten soll, zumal das Recht nicht einmal über einen eigenen Begriff der Politik verfügt[208]. Der wissenschaftliche Stellenwert von Rechtspolitik ist daher bislang opak geblieben[209].

---

[200] Vgl. nur *Burgi*, in: Isensee/Kirchhof (Hrsg.), HStR IV, 3. Aufl. 2006, § 75 Rn. 2; *Löwer*, DNotZ 2011, 424 (430); *Möllers*, Leviathan (FN 49), S. 66.

[201] Diagnostisch *Schaefer* (FN 39), S. 18 f.

[202] *Schaefer* (FN 39), S. 86.

[203] So diagnostisch *Wahl* (FN 7), S. 89, 90 f. Deutlich etwa bei *Hoffmann-Riem*, in: GVwR I (FN 3), § 10 Rn. 112 f.

[204] Vgl. bereits *W. Jellinek* (FN 61), S. 101; ferner etwa *Peters* (FN 49), S. 16 f.; *von Kirchenheim* (FN 65), S. 26, der sich für eine normative wissenschaftliche Verwaltungspolitik ausspricht.

[205] Etwa *M. Weber*, Logos. Internationale Zeitschrift für Philosophie der Kultur, Bd. 7 (1917/18), S. 40 ff.; *ders.*, in: Archiv für Sozialwissenschaft und Sozialpolitik, Bd. 19 = N.F. 1 (1904), S. 22 ff. Zum „Werturteilsstreit" *S. Augsberg*, in: Öffentliches Recht und Rechtswissenschaftstheorie (FN 3), S. 145 (157 ff.).

[206] *Dreier*, in: ders./Willoweit (Hrsg.), Wissenschaft und Politik, 2010, S. 35 (70), *Hahn*, Umwelt- und zukunftsverträgliche Entscheidungsfindung des Staates, 2017, S. 419.

[207] Vgl. *Schulze-Fielitz*, RW 2012, S. 489 (495).

[208] Vgl. *Kempen*, in: Depenheuer/Grabenwarter (Hrsg.), Verfassungstheorie, 2010, § 27 Rn. 9. Zum Stand der diesbezüglichen Methodendiskussion in der Politikwissenschaft z. B. *Probst*, Blätter für deutsche und internationale Politik 2016, S. 105 ff.

[209] Mit Recht *Voßkuhle*, in: Staatsrechtslehre (FN 123), S. 135 (136 f.); bereits *Stier-Solmo*, VerwArch 25 (1917), S. 89 (99). Vgl. aber immerhin Ansätze zu einer wissenschaftlichen Experimentalstruktur bei *Möllers*, in: Rechtswissenschaftstheorie (FN 123), S. 168 f.

Leider wird jedoch der spezifische Anspruch einer wissenschaftlichen Rechtspolitik auch von der „Neuen Verwaltungsrechtswissenschaft" nicht näher entfaltet. Schon die – sub specie Gewaltengliederung und Legitimation relevanten – Akteure und Handlungsebenen (politische Gesetzgebung, Entscheidungshilfen im Einzelfall) bleiben undeutlich[210]. Der Anspruch, auch verwaltungsrechtspolitische Handlungsoptionen aufzeigen zu wollen, wird weder an Methoden noch an materielle Richtigkeitskriterien gebunden[211]; jedenfalls werden solche nicht entwickelt. Bloßes Mitredenwollen ersetzt keine wissenschaftlichen Erkenntnisziele. Eine Gesetzgebungslehre[212] für das Verwaltungsrecht[213] wurde gerade nicht formuliert, eine Methodik der Normsetzung zwar von Protagonisten der Reformdebatte gefordert[214], aber nie ausgearbeitet[215]. Potentiale für Neues werden also nicht abgerufen. Die – demokratietheoretisch eher prekäre – Erwartung, eine wissenschaftliche (Verwaltungs-)Politik sei möglich[216], bleibt vor diesem Hintergrund nur eine moderne Variante steinalter szientistischer Träume (vom *platon*ischen Philosophenkönigtum bis zur *Bacon*schen Technokratie). Die Gefahr verdeckter – legitimationsabstinenter – Machtausübung durch die Wissenschaft[217] ist greifbar.

---

[210] *Hilbert* (FN 15), S. 238 f.

[211] Optimistisch gegenüber den Entwicklungspotentialen *Lüdemann*, in: Öffentliches Recht und Wissenschaftstheorie (FN 3), S. 119 ff.

[212] Jüngster Anlauf hierzu *Smeddinck*, Integrierte Gesetzesproduktion, 2010, dessen Studie mit Recht nur einen rechtswissenschaftlichen Baustein zu einem interdisziplinären Themenfeld liefern will; für das Verwaltungsrecht *M. Schröder*, Genehmigungsverwaltungsrecht, S. 14 ff., dessen gründliche Untersuchung ungeachtet der allfälligen Referenzen letztlich analytisch innerhalb juristischer Argumentationsmuster bleibt. Siehe ferner etwa *Bull* (Hrsg.), Verwaltungspolitik, 1979; *Hill*, Einführung in die Gesetzgebungslehre, 1986; *Kluth/Krings* (Hrsg.), Gesetzgebung, 2014; *König/Schreckenberger/Zeh*, Gesetzgebungslehre, 1986; *Schneider*, Gesetzgebung, 3. Aufl. 2002; immer noch ertragreich *Sinzheimer*, Theorie der Gesetzgebung, 1948.

[213] Als Desiderat ausweisend *Wahl* (FN 7), S. 90 f.

[214] *Schmidt-Aßmann*, Ordnungsidee (FN 13), S. 26; *Voßkuhle*, in: Umwelt, Wirtschaft und Recht (FN 34), S. 180 f.; ferner *Appel*, VVDStRL 67 (2008), S. 226 (266 f.).

[215] Zutreffend *Möllers*, in: GVwR I (FN 3), § 3 Rn. 33. Etwa die Untersuchung von *Bäcker* (Kriminalpräventionsrecht, 2015, S. 22 ff.) formuliert zwar einen rechtsetzungsorientierten Ansatz, der einerseits nicht rechtspolitisch sein soll, andererseits aber legislative Handlungsoptionen qualitativ bewerten will; in der Umsetzung werden dann diese Standards jedoch durchweg entweder aus der Systematik des bestehenden Rechts oder normenhierarchisch aus dem Verfassungsrecht, sprich: rechtsdogmatisch entwickelt. Kritisch zu einer Vermengung von Rechtserkenntnis- und Rechtserzeugungsdogmatik *Jestaedt*, in: FS H. Mayer (FN 181), S. 185 f.

[216] *Eifert*, VVDStRL 67 (2008), S. 286 (322 f.).

[217] *S. Schönberger*, JöR 65 (2017), sub III. Allgemein *Hilbert* (FN 15), S. 121 ff., 231. Wissenschaftssoziologisch hierzu *Weingart*, Wissenschaftssoziologie, 2003, S. 93 ff.

3. Eine interdisziplinäre Perspektive auf das Verwaltungsrecht?

Die „Neue Verwaltungsrechtswissenschaft“ möchte einen Beitrag zur Interdisziplinarität in der Verwaltungsrechtswissenschaft leisten[218]. Dass die auf Rechtmäßigkeitskontrolle ausgerichtete Juristische Methode nie in Anspruch nehmen konnte (und sollte), die „gesamte Realität des Verwaltungs- und Gerichtshandelns abzubilden“[219], also nicht-rechtliche Maßstäbe systematisch ausblendet, versteht sich von selbst[220]. Damit ist jedoch nicht die Frage beantwortet, welchen qualifizierten Beitrag die (im Übrigen zu keiner Zeit gegenüber Nachbarwissenschaften blinde[221]) Rechtswissenschaft dazu leisten soll, diese anderen – nicht rechtsnormativen – Zugänge zur Verwaltung zu erschließen. Die Rechtswissenschaft kann – wie ein Blick auf andere Rechtskulturkreise schnell verdeutlicht – sehr unterschiedliche methodische Perspektiven auf das Recht einnehmen, die sich nicht in anwendungsorientierter Interpretation bzw. Dogmatik erschöpfen. Dementsprechend können auch die Bezüge zu anderen Disziplinen und die für diese konstitutiven Methoden sowie die Rezeptionshindernisse sehr unterschiedlich ausfallen[222]. Die Rechtswissenschaft muss zwar immer zwischen rechtmäßig und rechtswidrig unterscheiden können[223]; andere (namentlich das *law in action* beobachtende) Perspektiven schließt dies aber nicht aus. Gerade die mit der „Neuen Verwaltungsrechtswissenschaft“ verbundene Abstraktion kann Theoretisierungspotentiale freisetzen, die wiederum Disziplinen verbinden können[224], weil sich disziplinäre Kompetenzschranken verflüssigen[225].

a) Inspirativer Großtheorieimport statt aussichtsloser Interdisziplinarität. Eine methodische Öffnung in den Grundlagen gerät freilich in direkten Konflikt mit dem Reformziel der „Neuen Verwaltungsrechtswissenschaft“, einen handlungsorientierten Praxisbezug zur Verwaltung herzustellen. Interdisziplinarität müsste dann mehr leisten als Deskription eines fremdwissenschaftlichen Ansatzes[226] oder einen Makrotheorieimport, z. B. ein Engagement in der empirischen Sozialforschung. Damit war aber eigentlich von Anfang an klar, dass die Forderung nach einer interdisziplinären Sicht auf die Verwaltung – nicht zuletzt angesichts der heu-

---

218 Zum möglichen Wert *Jestaedt*, JZ 2012, S. 1 (8 ff.); eingehend *Hilgendorf*, JZ 2010, S. 913 ff.

219 *Hoffmann-Riem*, in: GVwR I (FN 3), § 10 Rn. 10; ferner *Franzius*, ebd., § 4 Rn. 68 f.

220 *Gärditz* (FN 24), S. 266 f.; in diesem Sinne auch *Hermes*, in: Methoden (FN 1), S. 367 ff., 377 ff.; *Wahl* (FN 7), S. 94.

221 Vgl. *Schröder* (FN 170), S. 184 f.; differenziert auch *Brohm*, VVDStRL 30 (1972), S. 245 (249 ff.).

222 Vgl. *Möllers*, in: GVwR I (FN 3), § 3 Rn. 43–51.

223 *Oebbecke*, in: Staatsrechtslehre (FN 4), S. 218 f. Dies unbeschadet notwendiger relationaler Aussagen, vgl. dazu *Bumke*, Relative Rechtswidrigkeit, 2004.

224 Vgl. *von Beyme*, in: Allgemeines Verwaltungsrecht (FN 13), S. 3 (6 ff.).

225 *Lepsius*, Relationen, 2016, S. 46; ähnlich (und eher kritisch) *Jestaedt*, JZ 2012, S. 1 (8 f.).

226 Kritisch *S. Augsberg*, in: Konjunkturen (FN 8), S. 210 f.

tigen Verfeinerung insbesondere der sozialwissenschaftlichen Methoden[227] – mit Bordmitteln der Rechtswissenschaft nicht zu leisten war[228]. Dies ist nicht der „Neuen Verwaltungsrechtswissenschaft" anzulasten, hat aber von Anfang an deren Innovationspotentiale begrenzt.

Der doch sehr eklektizistische Zugriff auf gesellschaftswissenschaftliche Begriffe wie Steuerung oder Governance diente eher der Inspiration, nicht wirklicher Rezeption[229]. Die Beschränkung auf – meist holistische[230] – Großtheorien, die in ihrer Abstraktheit unvermeidbar Anschlussstellen für viele Disziplinen enthalten[231], war daher letztlich Programm, obgleich ein Protagonist der „Neuen Verwaltungsrechtswissenschaft" frühzeitig vor einem abstrakten Theorieüberhang gewarnt hatte[232]. Ein Jurist, der *Luhmann* zitiert[233], wird nicht zum Teilzeitsoziologen[234]. Durch den – legitimen und mitunter durchaus produktiven – inspirativen Zugriff auf gesellschaftswissenschaftliche Großtheorien wurde also weniger interdisziplinäres Neuland betreten, als eher der Schwerpunkt vom besonderen auf das Allgemeine Verwaltungsrecht verlagert. Nicht immer hat dies zur Anschaulichkeit beigetragen[235]; und bisweilen hat eine sehr selektive Ausweisung von Lieblings-Referenzgebieten auch zu einer verzerrten Wahrnehmung der Entwicklungspfade im Verwaltungsrecht geführt. Beispielsweise betreffen viele Referenzen auf die „Prozeduralisierung" im Umwelt-

---

[227] Insbesondere der derzeitige Megatrend zur quantitativen Forschung. Siehe zum Stand der Diskussion *Burzan*, Quantitative Forschung in der Sozialstrukturanalyse: Anwendungsbeispiele aus methodischer Perspektive, 2015; *Kühl/Strodtholz/Taffertshofer* (Hrsg.), Quantitative Methoden der Organisationsforschung, 2005; *Raithel*, Quantitative Forschung, 2. Aufl. 2012; *Reinders/Ditton/Gräsel/Gniewosz* (Hrsg.), Empirische Bildungsforschung: Strukturen und Methoden, 2. Aufl. 2015; *Williams*, Journal of Business & Economic Research 5 (2007), S. 65 ff.

[228] Vgl. allgemein *S. Augsberg*, in: Konjunkturen (FN 8), S. 206 f., 212. Eine interdisziplinäre Zusammenarbeit stößt unvermeidbar auf erhebliche Koordinationsprobleme, zutreffend *Voßkuhle*, VerwArch 85 (1994), S. 567 (584). Vgl. zur „Neuen Juristenausbildung", einem vermeintlich gesellschaftswissenschaftlich angereicherten 1968er-Produkt, bereits treffend *Rixen*, JZ 2013, S. 708: „halbgare Gesellschaftskritik, antibürgerliches Ressentiment und der Hang zu empirieferner Spekulation" sei mit Wissenschaft verwechselt worden.

[229] Vgl. deutlich *Schmidt-Aßmann*, Ordnungsidee (FN 13), S. 21 f. Zutreffend warnte *Voßkuhle*, in: Umwelt, Wirtschaft und Recht (FN 34), S. 182 f., vor unzureichend informierten Theorieimporten, die Versatzstücke anderer Disziplinen adaptieren, die damit einhergehenden Verluste an wissenschaftlicher Aussagekraft aber ebenso übergehen wie die oftmals nur begrenzte Kompatibilität mit rechtlichen Fragen.

[230] Mit Recht kritisch *Möllers*, VerwArch 93 (2002), S. 22 (38 ff.).

[231] s. auch von einem „Nichtreformer" für das Verfassungsrecht *Morlok*, in: Staatsrechtslehre (FN 4), S. 49 (54 ff.).

[232] *Voßkuhle*, Das Kompensationsprinzip, 1999, S. 86 f.

[233] Anschaulich für eine breite Übernahme abstrakter Theorie durch die Reformbewegung *Scherzberg*, Die Öffentlichkeit der Verwaltung, 2000, S. 36 ff.

[234] Vgl. auch die berechtigte Kritik bei *Möllers*, VerwArch 93 (2002), S. 22 (29), wonach bisweilen die Wiedergabe von Großtheorien mit „der Verwaltungswirklichkeit" gleichgesetzt werde.

[235] *Kloepfer*, NuR 2007, S. 438.

recht unionsrechtliche Sonderentwicklungen, und das Telekommunikationsregulierungsrecht beschäftigt im Wesentlichen eine Bundesoberbehörde, VG Köln und BVerwG. Die traditionellen Massenverwaltungen im Ausländer-, Asyl-, Beamten-, Schul- und Polizeirecht funktionieren komplexitätsreduziert, werden offenbar als wissenschaftlich unerotisch wahrgenommen und von der „Neuen Verwaltungsrechtswissenschaft“ weitgehend ausgeblendet, obgleich sich auch hier höchst anspruchsvolle Fragen stellen würden.

Umgekehrt hat dort, wo insbesondere die politische Theorie ergiebige und für die Rechtswissenschaft potentiell diskursanschlussfähige Modelle bereitstellt, nämlich zur Demokratietheorie[236], kein wirklicher – Ausnahmen bestätigen die Regel[237] – Fokus der „Neuen Verwaltungsrechtswissenschaft“ gelegen[238]. Der Verweis darauf, die Erkenntnisse anderer Disziplinen über die Verwaltung doch wenigstens stärker reflexiv einzubeziehen, ist verdienstvoll, aber wenig ergiebig: Gesellschaftswissenschaftler sind keine Wasserträger der Juristen und wollen verständlicherweise nicht unbedingt diejenigen Themen erforschen, von denen sich die Verwaltungsrechtswissenschaft Erträge für die eigene Forschung verspricht. Gleiches gilt *vice versa*[239]. Der mit dem steuerungswissenschaftlichen Ansatz durchaus mit plausiblem Grundanliegen generierte Empirie-Bedarf der Verwaltungsrechtswissenschaft[240] wird sich daher kaum befriedigen lassen.

b) Rechtsimmanente Antworten auf Wandlungsprozesse. Betrachtet man die als Referenz für eine methodische Wende immer wieder bemühten großen Entwicklungslinien – Privatisierung[241] (Diskurse erinnern hier an die Wiederentdeckung

[236] Vgl. *Lepsius*, EuGRZ 2004, S. 370 (378); *Möllers*, Leviathan (FN 49), S. 118.

[237] Positiv hervorzuheben sind etwa der Versuch, Kernelemente des Personalrechts demokratietheoretisch zu untermauern: *Voßkuhle*, in: Hoffmann-Riem/Schmidt-Aßmann/ders. (Hrsg.), Grundlagen des Verwaltungsrechts Bd. III, 2. Aufl. 2013, § 43 Rn. 122 und passim; verdienstvoll ferner *Schmidt-Aßmann*, in: GVwR I (FN 3), § 5 Rn. 55 ff., zur demokratischen Legitimation in europäischen Verbundverwaltungsstrukturen, freilich insoweit ohne methodische Kopplung an die „Neue Verwaltungsrechtswissenschaft“. Der wirkmächtige Beitrag von *Schmidt-Aßmann* (AöR 116 [1991], S. 329 ff.) ist inhaltlich ebenfalls nicht der Reformdiskussion zuzuordnen.

[238] Mit Recht kritisch *Möllers*, VerwArch 93 (2002), S. 22 (32).

[239] Man denke an die zahlreichen fruchtlosen Versuche anderer Disziplinen, Rechtswissenschaftler in Verbundprojekte einzubinden, ohne Juristen als Wissenschaftler ernst zu nehmen; die verstörende Vorstellung, ein Rechtswissenschaftler würde gleichsam als Inhouse-Anwalt einfach über die geltende Rechtslage aufklären, dürfte ähnlich frustrierend sein wie die Bitte an einen Soziologen, die praktischen Vorgänge eines Planfeststellungsverfahrens zu untersuchen, um juristische Sammelbände um anschauliche Vorbemerkungen anzureichern.

[240] Frühzeitig *Voßkuhle*, VerwArch 85 (1994), S. 567 ff.; ferner *R. Schmidt*, VerwArch 91 (2000), S. 149 (168). Kritisch hierzu *Möllers*, VerwArch 93 (2002), S. 22 (41 f.), der mit Recht die Frage stellt, was mit empirischen Erkenntnissen im Recht eigentlich angefangen werden soll; ebenso *Kahl*, Die Verwaltung 42 (2009), S. 463 (494 f.).

[241] *Voßkuhle*, in: GVwR I (FN 3), § 1 Rn. 58 ff.

der Daseinsvorsorge in den 1930er Jahren[242]); Europäisierung[243]; instrumentelle Auffächerung jenseits des angeblich defizitären Ordnungsrechts[244] –, haben diese zunächst einmal mit verwaltungsrechtlichen Methodenstreits oder neuen Perspektiven auf das Verwaltungsrecht nichts zu tun. Vielmehr wurde der Gesetzgeber tätig und hat den normativen Bezugsrahmen verändert[245] – ein in jeder demokratischen Ordnung selbstverständlicher Vorgang. Im Konkreten geht es auch hier um die administrative Bewältigung von Gesetzgebungsfolgen nach politischen Paradigmenwechseln. Etwa Privatisierungsrecht[246] oder Regelungsstrategien jenseits des Ordnungsrechts[247] müssen juristisch interpretiert, rechtsstaatlich eingehegt und in der Anwendung kontrollierbar, also mit juristischer Methodik operabel gemacht werden[248]. Die Europäisierung des Verwaltungsrechts in ihrer inkrementalen, volatilen, rechtskulturpluralistischen und systemabstinenten[249] Dynamik steht im offenen Kontrast zu den auf Verallgemeinerung, Abstraktion und Systembildung ausgerichteten Leitbildern des reformorientierten Wissenschaftskonzepts[250]. Steuerungswissenschaftliche Betrachtungen haben beim Umgang mit dem Europäischen Verwaltungsrecht – also mit der gegenwärtig das Verwaltungsrecht am intensivsten prägenden Rechtsschicht – neben der dominanten Eigenmethodik des Unionsrechts[251] erwartungsgemäß kei-

---

[242] *Forsthoff*, Die Verwaltung als Leistungsträger, 1938. Dazu *Stolleis*, in: GVwR I (FN 3), § 2 Rn. 87 f. Analytisch *Kingreen*, Das Sozialstaatsprinzip im europäischen Verfassungsverbund, 2003, S. 103 ff.; *Meyer-Hesemann* (FN 47), S. 98 ff., 102 ff., der herausarbeitet, wie diese Figur zur zentralen Denkkategorie wurde.

[243] *Schmidt-Aßmann*, Ordnungsidee (FN 13), S. 32 ff.; *Voßkuhle*, in: GVwR I (FN 3), § 1 Rn. 13.

[244] *Voßkuhle*, BayVBl. 2010, S. 581 (484 f.); *ders.*, in: GVwR I (FN 3), § 1 Rn. 10.

[245] *Wahl* (FN 7), S. 90 f. Retrospektiv bereits *Köttgen*, Jahrbuch für Kommunalwissenschaften 6 (1938), S. 210 (211).

[246] Grundsätzlich *Burgi*, Funktionale Privatisierung und Verwaltungshilfe, 1999, der den abstrakten Reflexionsrahmen vor allem dem Verfassungsrecht entnimmt.

[247] Hierzu rechtsdogmatisch nur *Kahl*, in: Kloepfer (Hrsg.), Das kommende Umweltgesetzbuch, 2007, S. 113 ff.; *Schmidt/Kahl/Gärditz*, Umweltrecht, 9. Aufl. 2014, § 4 Rn. 37 ff., 60 ff.

[248] Ähnlich *S. Meyer*, VerwArch 101 (2010), S. 351 (357 ff., 364).

[249] *Lepsius*, in: Axer et al. (Hrsg.), Das Europäische Verwaltungsrecht in der Konsolidierungsphase, 2010, S. 179 (180 f.).

[250] *Möllers*, in: GVwR I (FN 3), § 3 Rn. 55.

[251] Angeordnet um ein sehr spezifisches Paradigma der effektiven Wirksamkeit sowie eine funktional differenzierte Konvergenz der mitgliedstaatlichen Verwaltungsrechtssysteme, vgl. stellvertretend *I. Augsberg*, in: Terhechte (Hrsg.), Verwaltungsrecht der Europäischen Union, 2011, § 4 Rn. 19 ff.; *Craig*, EU Administrative Law, 2. Aufl. 2012, S. 245 ff.; *Glaser*, Die Entwicklung des Europäischen Verwaltungsrechts aus der Perspektive der Handlungsformenlehre, 2013, S. 3 ff., 319–648; *Neidhardt*, Nationale Rechtsinstitute als Bausteine europäischen Verwaltungsrechts, 2008, S. 9 ff, 22 ff.; *Ruffert*, in: Axer et al. (Hrsg.), Das Europäische Verwaltungsrecht in der Konsolidierungsphase, 2010, S. 205 (206 ff.); *R. Schmidt*, VerwArch 91 (2000), S. 149 (162); *von Danwitz*, Europäisches Verwaltungsrecht, 2008, S. 141–214. Rechtswissenschaftsgeschichtlich zur Rezeption auch *Mangold*, Gemeinschaftsrecht und deutsches Recht, 2011, S. 169–299.

nen Fuß fassen können[252]. Ein Transfer steuerungswissenschaftlicher Paradigmen in das Europäische Verwaltungsrecht wäre hier auch keine Innovation, sondern nur ein weiterer deutscher Sonderweg.

Gewiss: Entwicklungen im Bereich der administrativen Handlungsformen wie etwa die Planungseuphorie der 1960er-Jahre oder die vermeintliche Krise des Ordnungsrechts haben immer auch neue Fragestellungen an das Verwaltungsrecht herangetragen[253]. Hierbei ging es freilich stets um juristisch induzierte Antworten, etwa die dogmatische Konturierung des Planungsermessens, die rechtsstaatliche Bändigung nicht-ordnungsrechtlicher Instrumente oder die Normierung prozeduraler Wissensgenerierung[254]. Gerade dort, wo die Reformbewegung besonders erfolgreich war und notwendige Perspektivenerweiterungen angestoßen hat, nämlich mit der Einbeziehung des zuvor oft vernachlässigten Organisations-, Verfahrens- und Haushaltsrechts[255], sind die Erträge nicht etwa Erkenntnissen der Organisations-[256] oder Finanzwissenschaft zu verdanken, sondern der juristischen Operationalisierung dieser Rechtsgebiete[257], z. B. durch eine verfahrenssensible Fortschreibung der Fehlerfolgendogmatik oder eine Analyse des Organisationsrechts[258].

Im Rahmen der (zweckmäßigen) Anwendung des Verwaltungsrechts wurde schon immer außerjuristischer – in der Regel komplexitätsreduzierter – Sachverstand

---

[252] Bezeichnenderweise hält sich das verbreitetste Lehrbuch zum Europäischen Verwaltungsrecht (*Craig*, FN 251) an keiner Stelle mit Methodendiskursen auf, die insgesamt eher eine typisch deutsche Perspektive auf das Unionsrecht markieren. Zu sehr unterschiedlichen Transformationsdynamiken *Auby*, in: von Bogdandy/Cassese/Huber (Hrsg.), IPE III, 2010, § 56 Rn. 81–86. Auch jüngere europarechtliche Habilitationsschriften kommen ohne Bezüge zur Steuerungswissenschaft aus. Vgl. etwa *Sauer*, Der Einzelne im europäischen Verwaltungsrecht, 2014; explizite Negativfeststellung bei *Glaser* (FN 251), S. 101.

[253] *Voßkuhle*, BayVBl. 2010, S. 581 (583 f.).

[254] Hierzu *Gärditz*, DVBl. 2009, S. 69 ff.; *Spieker gen. Döhmann/Collin* (Hrsg.), Generierung und Transfer staatlichen Wissens im System des Verwaltungsrechts, 2008; *B. Wollenschläger*, Wissensgenerierung im Verfahren, 2009.

[255] *Schmidt-Aßmann*, Ordnungsidee (FN 13), S. 239 ff., 277 ff.; *Schuppert* (FN 22), S. 544 ff., 698 ff.; ferner *Eifert*, VVDStRL 67 (2008), S. 286 (303).

[256] Rezeptionsansätze etwa bei *Groß*, Das Kollegialprinzip in der Verwaltungsorganisation, 1999, S. 122 ff. (Rekurs auf die „beschränkte Rationalität des Bürokratiemodells“, was schon deshalb kaum verfängt, weil Rationalität ein Relationsbegriff ist, der aus der Sicht jeder Disziplin anders zu bestimmen ist) und S. 187 ff.; auch *Trute*, in: Verwaltungsorganisationsrecht (FN 193), S. 249 (278 ff.). Mit Recht wird kritisiert, dass die Organisationstheorie von vornherein keinen methodischen Bewertungsrahmen für das Verwaltungsrecht formulieren kann: *Möllers*, VerwArch 93 (2002), S. 22 (33).

[257] Etwa *Möllers*, in: Allgemeines Verwaltungsrecht (FN 13), S. 489 (493 ff.). Für die dogmatische Einbeziehung der prozeduralen Herstellungsperspektive explizit etwa BVerfGE 139, 64 (124); 140, 240 (296); der Finanzkontrolle als Steuerungsmedium BVerfGE 127, 165 (215 f.). Dass hier jeweils auf Reformschriften Bezug genommen wird, belegt deren unbestreitbaren Wert als dogmatische Anreicherung. Beiträge der Reformer zur Verwaltungsorganisation wurden auch als Argument gegen die bisherige Dogmatik in Stellung gebracht: Abweichende Meinung *Broß*, *Osterloh* und *Gerhardt*, in: BVerfGE 119, 331, 386 (393 f.).

[258] Frühzeitig *Kahl*, Die Verwaltung 29 (1996), S. 341 ff.

benötigt, den die Rechtswissenschaft als Disziplin noch nie adäquat bereitzustellen vermochte. Niemand wird es wundern, dass etwa die Einführung der Landschaftsplanung in das Naturschutzrecht die Naturschutzrechtler auch nicht zu Hobby-Landschaftsgärtnern gemacht hat. Eine interdisziplinäre Öffnung über das notwendige Verständnis für die hinter den Regelungsmodellen stehenden Ordnungsfunktionen hinaus ist weder erforderlich noch praktikabel. Allgemeine Richtigkeitsmaßstäbe des Verwaltungshandelns jenseits des Rechts zu entwickeln, dürfte letztlich nicht nur für die Rechtswissenschaft ein zu anspruchsvolles Projekt sein[259]. Die fachgesetzliche Auffächerung der Verwaltung und die sehr unterschiedlichen Anforderungsprofile an den Vollzug sprechen sowohl gegen den – der „Neuen Verwaltungsrechtswissenschaft" inhärenten – Anspruch auf Verallgemeinerung als auch gegen die Beurteilungskompetenz von Juristen. Es gibt kaum eine Disziplin, deren Wissen nicht im administrativen Vollzug kontextabhängig abgefragt wird: Von der Fischbiologie über das Umweltingenieurswesen, die Betriebs- und Volkswirtschaftslehre, die Elektrotechnik, die Jugend- und Kriminalpsychologie bis hin zur Atomphysik ist der normbezogene Wissensbedarf im modernen Gesetzgebungsstaat gerade durch rechtliche Normierung extrem angewachsen[260]. Der mögliche Beitrag der Juristen zur guten Verwaltung jenseits des Rechts ist damit aber von vornherein begrenzt. Und aus demokratisch-legitimatorischer Sicht, die in der Reformdiskussion – im Kontrast zum Verfassungsrecht – nur eine randständige Rolle spielte[261], liegt ein Eigenwert gerade darin, dass Verwaltungsentscheidungen in Verfahren und Organisationsstrukturen ergehen, die politische Verantwortlichkeit sicherstellen, und rechtlich nicht determinierte Spielräume[262] nicht szientistisch auf zusätzliche rechtsexogene Richtigkeitsmaßstäbe programmiert werden[263].

Bezeichnenderweise spielen die im Rahmen der Reformdiskussion primär angeführten Erkenntnisse der Ökonomie nur gelegentlich und der Soziologie so gut wie keine Rolle in der Verwaltungsrechtsanwendung. Demgegenüber wird dem Umgang mit naturwissenschaftlichem bzw. technischem Wissen, der zentrale Bereiche des

---

[259] Ähnlich *Möllers,* in: GVwR I (FN 3), § 3 Rn. 33; kritisch ferner *Gärditz* (FN 24), S. 266 f.; *Hwang*, VerwArch 101 (2010), S. 180 (189 ff.): Aufgabenverwischung; *Kahl*, Die Verwaltung 42 (2009), S. 463 (493); *Schoch*, in: Allgemeines Verwaltungsrecht (FN 12), S. 543 (546 f.).

[260] *Voßkuhle*, in: Isensee/Kirchhof (Hrsg.), HStR III, 3. Aufl. (2005), § 43 Rn. 1.

[261] Der wissenschaftlich eindrucksvolle Beitrag von *Trute*, in: GVwR I (FN 3), § 43, widmet sich zwar dem Thema, ist aber inhaltlich vor allem auf Relativierung präziser Legitimationsstandards ausgerichtet (vgl. Rn. 14, 15 ff., 23 f., 41, 47 f., 53, 54, 60 ff.). Mit abfälligem Unterton („Andachtsraum") deklassierend *Hoffmann-Riem,* in: Verabschiedung und Wiederentdeckung (FN 148), S. 347 (367 ff.).

[262] Deren wissenschaftliche Durchdringung wird gefordert z. B. von *Eifert*, VVDStRL 67 (2008), S. 286 (303 f.).

[263] So auch *Möllers,* in: GVwR I (FN 3), § 3 Rn. 33; ähnlich *Hilbert* (FN 15), S. 240 f. In diesem Rahmen kommt dann wiederum der gestuft-arbeitsteiligen demokratischen Legitimationsstruktur innerhalb der Gewaltengliederung Bedeutung zu, vgl. hierzu *Möllers*, Gewaltengliederung, 2005, S. 112 ff.; *Lepsius*, in: Bertschi u. a. (Hrsg.), Demokratie und Freiheit, 1999, S. 123 (172 ff.).

Verwaltungsrechts (Umwelt-, Planungs-, Technik- und teils auch Wirtschaftsverwaltungsrecht) prägt, zunehmend herausfordert sowie auch strukturelle Auswirkungen auf die innere Verwaltungsorganisation und die Verwaltungstätigkeit hat[264], keine Aufmerksamkeit gewidmet, obgleich sich gerade hier die Rechtswissenschaft einmal produktiv einbringen könnte. Das notwendige Basiswissen etwa in den Biowissenschaften, der Physik oder der Informationstechnologie, das sich jeder betroffene Verwaltungsrichter iterativ erarbeiten muss[265], lässt sich freilich nicht über Suhrkamp-Bändchen erschließen. Es wäre hier produktiver, die unvermeidbaren Leistungsgrenzen auch einer offenen Verwaltungsrechtswissenschaft anzuerkennen[266].

c) Zwischenbilanz: Keine interdisziplinären Innovationsimpulse. Nach alledem nimmt es nicht wunder, dass die „Neue Verwaltungsrechtswissenschaft“ als interdisziplinäres Projekt nur geringe Innovationsimpulse zu entfalten vermochte. Der „steuerungswissenschaftliche Ansatz“ banalisiert „Steuerung“ und bleibt letztlich auf eine rein innerjuristische Perspektivenerweiterung gerichtet[267]. Die implizite Forderung, auch Juristen müssten über ihren bisweilen engen rechtsdogmatischen Tellerrand hinausblicken, bleibt zwar richtig und wichtig, ist aber weder neu noch grundlegend. Bisweilen führt die Aufmerksamkeit, die die „Neue Verwaltungsrechtswissenschaft“ neuen Aspekten der Rechtsanwendung verschafft, durch den rechtswissenschaftlichen Zugriff eher zu einer Juridifizierung des zuvor der bloßen Zweckmäßigkeit Zugeschriebenen[268].

---

[264] Insbesondere hinsichtlich der Wissensherrschaft, der kognitiven Gewaltengliederung (hierzu *Möllers*, in: Röhl [Hrsg.], Wissen – Zur kognitiven Dimension des Rechts, 2010, S. 113 ff.) und der gerichtlichen Kontrolle. Vgl. zu unterschiedlichen Facetten *Boehme-Neßler*, RW 2014, S. 189 ff.; *Gärditz*, Funktionswandel der Verwaltungsgerichtsbarkeit unter dem Einfluss des Unionsrechts – Umfang des Verwaltungsrechtsschutzes auf dem Prüfstand, 2016, S. 66 f.; *Rixen*, DVBl. 2014, S. 949 (952); *Seibert*, NWVBl. 2015, S. 372 (373 f.); *Schmidt-Aßmann*, DVBl. 1997, S. 281 (286); *Schulze-Fielitz*, in: Schulte/Schröder (Hrsg.), Handbuch des Technikrechts, 2. Aufl. 2011, S. 455 (462).

[265] Vgl. hierzu *Guckelberger*, DVBl. 2017, S. 222 ff.; *dies.*, VerwArch 108 (2017), S. 1 (22 ff.); *Nolte*, in: Augsberg (Hrsg.), Extrajuridisches Wissen im Verwaltungsrecht, 2013, S. 239 ff.

[266] In den Geisteswissenschaften mit einem früher verbreiteten Hang zu modischer Postmoderne hat sich gezeigt, wie peinlich die disziplinäre Selbstüberschätzung und der Drang, überall mitreden zu wollen, am Ende ausfallen kann. Immer noch anschaulich *Sokal/Bricmont*, Fashionable Nonsense: Postmodern Intellectuals' Abuse of Science, 1998.

[267] Für ein rechtsdogmatisches Trivialverständnis von Steuerung z. B. BVerfGE 134, 141 (195).

[268] Vgl. auch *Eifert*, in: Dogmatik (FN 2), S. 88: der „gleitende Übergang von wissenschaftlicher Beschreibung zu dogmatischer Geltung“. Ein Beispiel sind etwa die Kohärenz- und Konzeptualisierungspflichten der Verwaltung, die das Recht für eine fallübergreifende Entscheidungsperspektive öffnen sollen (*Hoffmann-Riem*, in: GVwR I [FN 3], § 10 Rn. 115 ff.). Die Rechtsanwendung wird hierdurch anspruchsvoller und vielleicht auch problemsensibler; methodisch wirklich Neues bringt dies aber nicht. Kohärenz- und Koordinationsleistungen als Proprium von Planung waren schon lange auch planungsrechtlich radiziert. Vgl. *Breuer*, Die hoheitliche raumgestaltende Planung, 1968, S. 37 f.; *Gärditz*, Europäisches Planungsrecht, 2009, S. 6 ff.; *Hoppe*, in: HStR IV (FN 200), § 77 Rn. 21; *Imboden*, VVDStRL

Wenn etwa die Kontexte von Rechtserzeugung stärker in den wissenschaftlichen Fokus gerückt werden[269] oder Problembeschreibungen aus einer distanzierten Beobachterperspektive an die Stelle von Rechtsanwendungsdogmatik treten, wird nur deutlich, dass Rechtswissenschaft mehr ist als Rechtsdogmatik, ohne hierbei wirklich interdisziplinär auszugreifen[270]. Die „Neue Verwaltungsrechtswissenschaft" ist also – notabene: aus gutem Grund und für eine Wissenschaft auch nicht ungewöhnlich[271] – eine Beschäftigung der Verwaltungsrechtswissenschaft mit sich selbst. Spezifische Methoden der Verwaltungsrechtswissenschaft zur Rezeption fremdwissenschaftlicher Paradigmen wurden nicht näher ausgeformt[272]. Der interdisziplinären Rechtsforschung haben sich andere angenommen[273]. Reziprok ist auch eine Rezeption der verwaltungsrechtlichen Reformdebatte in den Nachbardisziplinen, zu denen hin man sich angeblich öffnen wollte, wenig überraschend ausgeblieben[274].

Durch die teils erhebliche Abstraktion und die Anleihen bei systemischen bzw. staatstheoretisch befruchteten Großtheorien weist die Reformdiskussion eher eine Nähe zur allgegenwärtigen Konstitutionalisierung des Verwaltungsrechts auf[275]. Vieles was als Governance- bzw. Regelungsstrukturen herausgeschält wurde, spiegelt letztlich divergente verfassungsrechtliche Leitbilder und ist damit stärker juridisch infiziert, als es die Rhetorik der Interdisziplinarität suggeriert. Vielleicht geht es dann bei der interdisziplinären Baustein-Rezeption bisweilen auch eher um Stellver-

---

18 (1960), S. 113 (123). Auch im Übrigen lassen sich Kohärenzprobleme systematisieren und dogmatisieren, vgl. *Schmidt-Aßmann*, in: FS Wahl, 2011, S. 819 ff.

[269] *Lepsius* (FN 225), S. 36 ff. Die Forderung nach methodischer Kontextualisierung ist zunächst vor allem erhoben worden, um eine originär rechtswissenschaftliche Methodik an die Hand zu bekommen, die den Ballast sedimentierter höchstrichterlicher Rechtsprechungsdogmatik abtragen und Entscheidungen aus den Bedingungen ihrer Entstehung verständlich machen sowie relationieren kann; vor allem *Lepsius*, in: Das entgrenzte Gericht (FN 148), S. 159 (259 ff.); *C. Schönberger*, VVDStRL 71 (2012), S. 296 (324).

[270] Vgl. auch *Möllers,* in: Rechtswissenschaftstheorie (FN 123), S. 159 f.; ferner *Mittelstraß*, Leonardo-Welt, S. 99, der feststellt, dass vieles, was unter Interdisziplinarität firmiert, eigentlich „Wiederherstellung der alten Disziplinarität" bedeute; auch *Augsberg,* in: Konjunkturen (FN 8), S. 208 f.

[271] Für die Geschichtswissenschaft *Baberowski*, Der Sinn der Geschichte, 3. Aufl. 2014, S. 26.

[272] Die Diskussion fand nicht zuletzt außerhalb der „Neuen Verwaltungsrechtswissenschaft" statt, vgl. etwa *Lüdemann*, *Boysen* et al. (Hrsg.), Netzwerke, 2007, S. 266 ff.; *ders.*, in: Extrajuridisches Wissen (FN 265), S. 121 ff.

[273] Insbesondere *Baer*, Rechtssoziologie, 3. Aufl. 2017, die freilich ihrerseits den Fokus auf Gesellschaftstheorie/Sozialphilosophie legt, empirische Methoden hingegen nur touchiert (vgl. § 10 Rn. 7 ff.).

[274] So auch *Lepsius,* in: Selbstreflexion (FN 11), S. 72; *Treiber*, KJ 40 (2007), S. 328 (339). Vgl. jüngst auch die Analyse des Verwaltungswissenschaftlers *Seibel*, Verwaltung Verstehen, 2016, S. 173 ff. und passim, die trotz Sensibilität für das Juristische ohne Rezeption der „Neuen Verwaltungsrechtswissenschaft" auskommt.

[275] Vgl. *Möllers,* in: GVwR I (FN 3), § 3 Rn. 54: In der Verwaltungsrechtswissenschaft komme dem Verfassungsrecht nicht nur eine normative, sondern auch eine kognitive Funktion zu, Verallgemeinerungsbedarf zu befriedigen und Orientierung zu vermitteln.

treter-Konflikte, um innerhalb der Rechtswissenschaft präferierte Deutungen des Rechts und Rechtsinhalte durchzusetzen. Vermeintliche Interdisziplinarität mutiert dann leicht zur bloßen Rechtfertigungsideologie, die sich selektiv derjenigen Versatzstücke aus anderen Wissenschaften bedient[276], die eine innerjuristische Position zu stützen scheinen. Wer etwa Skepsis gegenüber dem Grad der subjektiv-rechtlichen Ausdifferenzierung der Rechtsordnung[277], der richterlichen Kontrolldichte oder dem demokratisch-hierarchischen Modell der Verwaltungsorganisation[278] hegt, sollte diese (selbstverständlich legitimen und notwendigen) Diskurse mit rechtlichen Argumenten führen und sich nicht hinter Fremdreferenzen verstecken, aus denen man von vornherein keine normativen Vorgaben ableiten kann. Auch dieses Problem ist freilich nicht neu.

4. „Neue Verwaltungsrechtswissenschaft" als Impulsgeber für bessere Dogmatik und Theoretisierung im Verwaltungsrecht

Auch wenn sich viele anfängliche Ziele der „Neuen Verwaltungsrechtswissenschaft" rückblickend als zu hoch gesteckt und zu voraussetzungsvoll erwiesen haben dürften, hat die Reformdiskussion für die Wissenschaft vom Verwaltungsrecht substanziell Neues gebracht. Sie hat vorher in Breite und Tiefgang nicht vorhandene Impulse freigesetzt, die theoretischen Grundlagen des Verwaltungsrechts freizulegen und hierdurch auch die Rechtsdogmatik für ihre Fundamente und Kontexte zu sensibilisieren:

– *Bessere Dogmatik:* Die Reformdiskussion hat die Aufmerksamkeitsfelder für Kontexte der Rechtsanwendung gegenüber der traditionellen Dogmatik substanziell erweitert[279]. Ein Verständnis der Rechtswissenschaft als „Wissenschaft von der Rechtsanwendung", die „Handlungen und Wirkungen" integriert[280], vermeidet blinde Flecken einer in der Tat zu engen Rechtsakts- und Kontrollperspektive, ist also (trotz aller Probleme) sinnvolle perspektivische Bereicherung[281]. Gerade die sorgfältige Analyse der Herstellungsbedingungen und Wirkungen kann ein rechtsstaatlicher Gewinn sein[282]. Das führt dann zu einer verbesserten Rechtsdog-

---

[276] *Treiber*, KJ 40 (2007), S. 328 (338 f., 340).

[277] FN 42.

[278] BVerfGE 97, 37 (66 f.); 107, 59 (87 f.); *Böckenförde*, in: Isensee/Kirchhof (Hrsg.), HStR II, 3. Aufl. 2004, § 24 Rn. 16 ff. Rechtswissenschaftliche Kritik etwa bei *Blanke*, in: Kritische Justiz (Hrsg.), Demokratie und Grundgesetz, 2000, S. 33 (39); *Bryde*, StWStP 1994, S. 305 (315 ff.); *Frankenberg*, in: Kritische Justiz, ebd., S. 177 (179); *Groß*, Die Verwaltung 47 (2014), S. 197 (200 ff.); *van Ooyen*, RuP 2015, S. 225 ff.

[279] *Eifert*, VVDStRL 67 (2008), S. 286 (327); *ders.*, in: Dogmatik (FN 2), S. 92 ff.

[280] *Hoffmann-Riem*, Die Verwaltung 49 (2016), S. 1.

[281] *Kahl*, Die Verwaltung 42 (2009), S. 463 (491); *Ossenbühl*, Die Verwaltung 40 (2007), S. 124 (134); *Pauly*, in: IPE IV (FN 55), § 58 Rn. 21.

[282] Mit Recht *Eifert*, VVDStRL 67 (2008), S. 286 (319).

matik[283], deren Erträge über die Interpretation wieder den Rechtsanwendern verfügbar gemacht werden könnten[284]. Beispiele wären etwa die – ohne weiteres rechtsdogmatisch greifbaren, aber zuvor schlicht vernachlässigten – Themenfelder der Anreize, Information und Verwaltungskommunikation.

– *Theoretisierung des Verwaltungsrechts:* Darüber hinaus hat die „Neue Verwaltungsrechtswissenschaft" brach liegende Theoretisierungspotentiale freigesetzt[285], also ganz wesentlich dazu beigetragen, aus dem Korsett der rechtsanwendungsbezogenen Interpretation des geltenden Rechts und der filigranen Fachdogmatiken auszubrechen. Die „Neue Verwaltungsrechtswissenschaft" erfüllt daher ähnliche Funktionen wie die Verfassungstheorie im Verfassungsrecht[286]. Sachgerecht kann es gerade sein, das Verwaltungsrecht durch eine vorsichtige Offenheit für Theorieangebote auf mittlerer Abstraktionshöhe anzureichern[287], ohne sich in kontraproduktive Import-Abhängigkeiten von Nachbardisziplinen zu begeben[288].

Letztlich hat das Projekt der „Neuen Verwaltungsrechtswissenschaft" die Wissenschaft vom Verwaltungsrecht gerade dort bereichert, wo es nicht um wirklich Neues, sondern um Vernachlässigtes ging. Das Reformprojekt hat die Verwaltungsrechtswissenschaft aus der selbstgenügsamen Lethargie geführt, in der sie sich bis in die 1990er Jahre hinein teils befand, und hierdurch beeindruckende Produktivitätsimpulse freigesetzt. Die Bemühungen um eine disziplinäre Selbstvergewisserung und Fort-

[283] So in der Bilanz auch *Voßkuhle*, VVDStRL 67 (2008), S. 343; ähnlich *Eifert*, VVDStRL 67 (2008), S. 286 (316 f.); explizit anders noch *Hoffmann-Riem*, in: Methoden (FN 1), S. 11 (18). Eine jüngere Verteidigungsschrift von *Schmidt-Aßmann* (Dogmatik [FN 3], S. 18 ff.), positioniert den steuerungswissenschaftlichen Ansatz in einem dogmatischen Programm: „Die ‚Reform des Verwaltungsrechts' war von Anfang an eine Reform der verwaltungsrechtlichen Dogmatik" (S. 3). Gerade dies wird dann (nicht ganz polemikfrei) als „Reverenz vor dem Mainstream" gedeutet und festgestellt, dass der Begriff der Dogmatik hier dysfunktional überdehnt werde, um ein Auskommen mit den immer noch majoritären Denkstilen zu finden: *Lepsius*, in: Selbstreflexion (FN 11), S. 60.

[284] Hierfür entsprechend bereits *Gärditz* (FN 24), S. 261 f.; *Schoch*, in: Staatsrechtslehre (FN 4), S. 177 (203 ff., 209 f.); *Spieker gen. Döhmann*, DVBl. 2007, S. 1074 (1079); *Wahl* (FN 7), S. 87 ff.

[285] *Möllers*, in: GVwR I (FN 3), § 3 Rn. 58.

[286] Vgl. nur *Jestaedt*, Die Verfassung hinter der Verfassung, 2009, S. 19 ff.; *ders.*, in: Verfassungstheorie (FN 208), § 1 Rn. 28. Und auch im Verfassungsrecht stellen sich Fragen nach der Wissenschaft-Praxis-Relation: *F. Mayer*, JZ 2016, S. 857 ff.

[287] Allgemein *Lepsius*, in: Kühl (Hrsg.), Zur Kompetenz der Rechtsphilosophie in Rechtsfragen, 2011, S. 21 ff.; *ders.*, I•CON 12 (2014), S. 692 ff.; *ders.*, in: Selbstreflexion (FN 11), S. 71. Ähnlich auch *Schulze-Fielitz*, JZ 1998, S. 1163 (1164): Leistungsstärke der Reformagenda bestehe darin, „oberhalb der gewachsenen Vielfalt der Verwaltungsrealität" zu bleiben und eine „falsche rechtswissenschaftliche Spezialisierung" zu vermeiden.

[288] *Dreier*, Hierarchische Verwaltung im demokratischen Staat, 1992, S. 11; *S. Meyer*, VerwArch 101 (2010), S. 351 (356); *R. Schmidt*, VerwArch 91 (2000), S. 149 (168); *Voßkuhle* (FN 232), S. 88.

entwicklung[289] hat zu monumentalen Grundsatzwerken geführt, die zweifellos neue Standards der Wissenschaftlichkeit für das Fach gesetzt haben. Nur wenige Projekte der Staatsrechtslehre haben eine vergleichbare diskursive Integrationskraft entfaltet, die über die Protagonisten der Reform hinaus breite Teile der Wissenschaft eingebunden und eine kritische Auseinandersetzung provoziert hat.

IV. Bilanz: Kein Paradigmenwechsel

Die „Neue Verwaltungsrechtswissenschaft“ ist nach alledem sicherlich mit Blick auf ihre anspruchsvolle Grundlagenorientierung weit mehr als eine Rückkehr zu den deskriptiven Staatswissenschaften und Verwaltungslehren des 19. Jahrhunderts. Deren Renaissance wäre für die Verwaltungsrechtswissenschaft schon deshalb keine Option, weil die Diagnosen, die der Reformdebatte zugrunde liegen, grundsätzlich zutreffen: Komplexität, funktionale Ausdifferenzierung und ein extrem gewachsener Wissensbedarf im besonderen Verwaltungsrecht sprechen gegen die wissenschaftliche Kompetenz des universell-disziplinär dilettierenden Volljuristen[290]. Und *Lorenz von Stein*-Nostalgie ist kein wissenschaftliches Programm[291].

„Back to *Forsthoff!*“ würde das Kernanliegen wohl am ehesten treffen. Forsthoffs Interessen an einer kontextsensiblen normativen Verwaltungswissenschaft werden durch die „Neue Verwaltungsrechtswissenschaft“ anspruchsvoll entfaltet und in ein modernes Bezugssystem transportiert. Im Kern ist die „Neue Verwaltungsrechtswissenschaft“ insoweit kein eigentlich progressives Projekt, sondern eher ein konservierend-vergangenheitsbezogenes[292], partiell mit restaurativen Zügen. Vielleicht hängt dies auch damit zusammen, dass „etatistische“ Gemeinwohlkonzepte seit der Nachkriegszeit im politischen Spektrum von rechts nach links gewandert sind. Skepsis gegenüber dem auf subjektiver Freiheit gründenden liberal-pluralistischen Rechtsstaatsmodell ist heute eher Bestandteil „linker“ Agenden[293]. Sich tendenziell progressiv verstehende Akteure tun sich aber ersichtlich nicht leicht damit, offen das Erbe eines – eher resignativ in die pluralistische Demokratie des Grundgesetzes gerutschten, in vieler Hinsicht ambivalenten – „konservativen Revolutionärs“ und seiner unvollendeten Reformagenda anzutreten. Die „Neue Verwaltungsrechtswissenschaft“ bleibt letztlich ahistorisch[294]. Und wirklich neu war an ihrer Agenda nichts.

---

[289] Vgl. auch *S. Augsberg,* in: Öffentliches Recht und Rechtswissenschaftstheorie (FN 3), S. 145 (188 f.).

[290] Historisch auch *Vec*, in: Handbuch des Technikrechts (FN 264), S. 3 (56).

[291] Vgl. bereits *Stier-Solmo*, VerwArch 25 (1917), S. 89 (91), der zutreffend die unmethodische Vermengung von Verwaltungsrecht und Verwaltungswissenschaft beklagt.

[292] Tendenziell ähnlich *Schaefer* (FN 39), S. 87 ff., 402 ff.

[293] Vgl. etwa die Revitalisierung der *Marx*schen Kritik der subjektiven Rechte bei *Ladeur*, FAZ v. 8.12.2016, S. 8; *Menke*, Kritik der Rechte, 2015.

[294] Was auch die gemessen an den unrühmlichen Vorläufern (sub. II. 2.) befremdliche Selbsttitulierung erklären mag, vgl. *I. Augsberg,* Lesbarkeit (FN 46), S. 19 f.

Der Spagat der „Neuen Verwaltungsrechtswissenschaft", *zugleich* wirklichkeitsbezogen und theoretisch angeleitet zu sein[295], dürfte weitgehend misslungen sein. Es gehört zur Ironie des Projektes, dass dieses unter der Ägide, das Verwaltungsrecht näher an die administrative Anwenderperspektive heranzuführen, für die Praxis der Verwaltungsrechtsanwendung keine erkennbare Bedeutung erlangt, dafür aber wie kaum ein anderer Diskurs in der Verwaltungsrechtswissenschaft zu einem stärkeren Grundlagenbezug beigetragen hat. Die Verwaltungsrechtswissenschaft wurde aus dem praxisnahen Maschinenraum der tradierten Dogmatik in den hohen Elfenbeinturm der *Academia* entführt. Es geht also eher um ein Projekt in Opposition zu einer vornehmlich der Verwaltungspraxis folgenden Wissenschaft. Auch dies hat seinen Eigenwert. Wenn inzwischen treibende Kräfte der Reformbewegung ihren steuerungswissenschaftlichen Ansatz als Bestandteil einer methodisch verbreiterten Rechtsdogmatik verstanden wissen wollen[296], zeigt dies vielleicht auch, dass man die Leistungsgrenzen erkannt hat und hieraus Konsequenzen zieht[297].

Das juristische Weltbild der Verwaltungsrechtswissenschaft ist sicherlich trotz aller Erträge auch nach dem inzwischen in seinem theoretischen Teil abgeschlossenen Reformprojekt kein wesentlich anderes. Einen wirklichen Paradigmenwechsel im wissenschaftssoziologischen Sinne[298] hat die „Neue Verwaltungsrechtswissenschaft" nicht bewirkt[299]. Hierfür waren schon die wissenschaftlichen Referenzen zu traditionell. Echte wissenschaftliche Revolutionen proklamieren sich ohnehin nicht selbst[300]. Was als Ertrag erhalten bleibt, ist ein wahrnehmbarer Schub der Verwissenschaftlichung im ansonsten eher trägen Verwaltungsrecht, der von zweieinhalb Dekaden anspruchsvoller Selbstreflexion und vor allem kritischer Auseinandersetzung mit einem Projekt ausgegangen ist, an dem niemand vorbeikam und -kommt. Eine kontextsensiblere, theoretisch informierte Verwaltungsrechtsdogmatik[301] wird hiervon noch lange profitieren. Das ist weit mehr als alter Wein in neuen Schläuchen.

---

[295] *Eifert*, VVDStRL 67 (2008), S. 286 (313).

[296] FN 283.

[297] s. auch für die Einbeziehung der – nicht durch die Methodik der „Neuen Verwaltungsrechtswissenschaft" abbildbare – Rechtsvergleichung *Schmidt-Aßmann,* Dogmatik (FN 3), S. 25 ff.; auch dies wurde frühzeitig gefordert: *Stier-Solmo*, VerwArch 25 (1917), S. 89 (131). Mit Recht weist *Ruffert*, in diesem Band, I., darauf hin, dass die Rechtsvergleichung kein Kernanliegen des Reformprojektes war; die Grundlagenbände widmen sich der Rechtsvergleichung nicht spezifisch und systematisch, sondern allenfalls okkasionell. Dies ist durchaus ein Defizit, wenn man den großen Mehrwert und die Forschungspotentiale (hierzu *Ruffert*, ebd., II. und IV.) bedenkt, die sich angesichts der Europäisierung sowie Internationalisierung künftig eher noch verstärken werden.

[298] *Kuhn* (FN 153), S. 47 ff.; *Weingart* (FN 217), S. 42 ff.

[299] So auch *Schoch,* in: Staatsrechtslehre (FN 4), S. 177 (210): keine Revolution, sondern evolutiver Reformansatz; *Schulze-Fielitz,* in: Konjunkturen (FN 8), S. 188 f.

[300] Vgl. *Kuhn* (FN 153), S. 147 ff.: stille Revolutionen.

[301] Hierzu luzide *Klement*, Wettbewerbsfreiheit, 2015, S. 12 ff. Kritisch zu einer methodischen Verunreinigung der Dogmatik freilich *Jestaedt,* in: FS H.Mayer (FN 181), S. 183 f.

Abstract

The "New Administrative Law Scholarship" – Old Wine in new Cafes?

There has been a scientific debate for some time whether the so-called New Administrative Law Scholarship ("Neue Verwaltungsrechtswissenschaft") and its concepts of reform are as new as the self-proclaimed title suggests. While traditional German administrative law doctrine focuses on the judicial review and control of administrative authorities under the rule of law, a new 'governance approach' tries to analyse how the administration can achieve its democratic objectives effectively. Additionally, the agenda of the reform movement comprises an interdisciplinary perspective (including, in particular, political, sociological, and economic administrative sciences) and the development of administrative policy. This essay demonstrates that the core objectives of the reform agenda affect arguments and concepts, which have been dialectically discussed since an independent discipline of administrative law applying juridical methods was established in the wake of the constitutional positivism during the 19th century. Although the reform agenda proved to be relatively unsuccessful with regard to the methodological turn, which it tried to achieve, the profound analysis of the foundations of administrative law has strongly contributed to theorize administrative law and to reclaim the scientific nature of the academic discipline.

III. Historische und rechtsvergleichende Vergewisserung

Verwaltungskulturen als „geronnene Geschichte“

Sozialwissenschaftliche und geschichtswissenschaftliche Zugänge

Von Stefan Fisch, Speyer

Der Begriff der Verwaltungskultur ist nicht festgefügt und wird in unterschiedlichen disziplinären Zusammenhängen sehr unterschiedlich gebraucht; gemeinsamer Kern ist wohl, dass es sich dabei – unterschiedlich gewichtbar – um einen Set von Handlungsmustern und Leitvorstellungen von eigenem Tun in Verwaltungen handelt, der als Teil von Kultur nicht angeboren ist, sondern sozial vermittelt erlernt und geübt wird. Mit ihm kann man aus einer Vogelperspektive das Verhalten nationaler Verwaltungen in eines der „Grundmuster“ einer entweder legalistischen, managerialistischen, zivilgesellschaftlichen oder europäisch-pluralistischen Kultur einordnen. Damit fasst man die nationalen Ausprägungen der Verwaltungspraxis typisierend in Gruppen zusammen[1]. Verwaltungskulturen können konkreter auch als ein Unterfall von Organisationskulturen beschrieben werden. Dabei wird der Plural wichtig; denn mit dieser Nah-Sicht vervielfachen sich die Anwendungsmöglichkeiten des Konzepts. Verwaltungskulturen dieser Art können ebenso in den wenigen Büros einer kleinen Abteilung wie im nationalen Maßstab identifiziert und gegen andere auf ähnlicher Ebene abgegrenzt werden. In einem früheren Aufsatz zu ihrer Abgrenzung und Entstehung habe ich alle diese Arten von Verwaltungskulturen als Ergebnis vergangener Lernprozesse und damit als „geronnene Geschichte“ bezeichnet[2]. Auf der diachronen, zeitlichen Ebene sind sie das Resultat eines sozialen Angleichungsprozesses von langer Dauer innerhalb einer Organisation, die sich mit einer Metapher aus der Geologie als das Resultat einer längeren ‚Sedimentierung‘ illustrieren lässt. Aus der synchronen Sicht des empirisch seine Gegenwart beobachtenden Sozialwissenschaftlers stellen sie spezifische Konkretisierungen im Übergang von einem idealen Leitbild zum realen Handeln und von Wert-Vorstellungen zu Standards tatsächlichen Verhaltens dar. Diese Gedanken sollen hier im Blick auf neuere Forschungen weiter verdeutlicht werden. Inzwischen gibt es nämlich zwei erste quantitativ-empirische Untersuchungen zur gegenseitigen Wahrnehmung von zweier national bestimmter Verwaltungskulturen bei ihrer Begegnung. In den Feldern der grenzüberschreitenden und der zwischenstaatlichen Zusammenarbeit treffen sie in verschiedenen Dimensionen von Handeln und Wahrnehmen unmittelbar

---

[1] *König*, in: König/Kropp/Kuhlmann/Reichard/Sommermann/Ziekow (Hrsg.), Grundmuster der Verwaltungskultur. Interdisziplinäre Diskurse über kulturelle Grundformen der öffentlichen Verwaltung, 2014, S. 13.

[2] *Fisch,* Die Verwaltung 33 (2000), S. 303.

aufeinander (was über eine abstrakt-typisierende Gruppenbildung hinausgeht) und beobachten sich gegenseitig. Ferner hat dem Historiker das Forschungsprojekt zur Geschichte des Reichswirtschaftsministeriums[3] einen erweiterten Zugang aus seiner Empirie zur Beobachtung von Verwaltungskulturen in bestimmten besonderen Situationen eröffnet.

Verwaltungskulturen als Kulturen innerhalb von großen wie kleineren Organisationseinheiten öffentlicher Verwaltung liegen im Beobachtungsfeld sowohl der Sozialwissenschaften wie auch der Geschichte als Wissenschaft. An den genannten Beispielen aus der aktuellen Forschung sollen die Zugänge beider Wissenschaften zu ‚ihrer' Realität, weniger ‚der' einen und einzigen Realität von Verwaltung dargestellt und überdacht werden. In den beiden ersten Abschnitten sollen beide Zugänge vorgestellt und im dritten Abschnitt sollen sie in Beziehung zueinander gesetzt werden.

I. Begegnung von nationalen Verwaltungskulturen in grenzüberschreitender Zusammenarbeit heute

Neben dem großen Zusammenrücken der lange Zeit miteinander verfeindeten Staaten Europas zur Europäischen Union hat sich in den letzten zwanzig bis dreißig Jahren die grenzüberschreitende Zusammenarbeit von Verwaltungen vor Ort, also: dezentralisiert oder wenigstens dekonzentriert, erheblich erweitert. Erfolgreiche Beispiele dafür sind die französisch-belgische Grenzregion um Lille, die niederländisch-deutsch-belgische „Euregio Maas-Rhein" um Maastricht, Aachen und Lüttich, die durch den Brückenbau über die Ostsee in ihrer Dynamik gestärkte dänisch-schwedische Öresund-Region um Kopenhagen und Malmö und die „Trinationale Metropolregion Oberrhein / Région Métropolitaine Trinationale du Rhin Supérieur" (TMO / RMT). Sie überschreitet sogar die Außengrenzen der EU und hat durch den Beitritt der Schweiz zum Schengen-Raum des freien Personenverkehrs 2008/09 erheblich gewonnen. In dem relativ klar abgegrenzten geographischen Raum aus Nordwest-Schweiz, Elsass, badischem Rheintal und der Südpfalz arbeiten französische, deutsche und Schweizer Stellen zusammen, um für das gemeinsame grenzenlose Alltagsleben zu planen und gestalten[4]. Im Unterschied zur Europäischen Union, die im hierarchischen Mehrebenensystem ihrer Politik und Verwaltung die oberste Ebene darstellt, handeln in allen diesen Regionen jedoch die nationalen Verwaltungsstellen weiterhin im Rahmen ihres und nur ihres nationalen Rechts. Zu gemeinsamen Ergebnissen kommen sie – im Grunde wie Völkerrechtssubjekte auch – nur durch Übereinstimmung in ihren Zielen und bei ihrer Ausführung. Das macht diese Arbeit für den Blick auf Verwaltungskulturen so interessant. Den Apparat der europäischen

[3] *Abelshauser/Fisch/Hoffmann/Holtfrerich/Ritschl* (Hrsg.): Wirtschaftspolitik in Deutschland 1917–1990, 4 Bde., 2016.

[4] Vgl. die zweisprachige Website http://www.rmtmo.eu (Stand: 15.5.2017).

Kommission kennzeichnet eine eigene hybride und der Richtung nach transnationale Verwaltungskultur, die jedoch eine Reihe von kräftigen Teilkulturen etwa in den einzelnen Generaldirektionen oder in den Netzwerken der Arbeitssprachen überlagert. Dagegen treffen an den innereuropäischen Staatsgrenzen weiterhin national geprägte Verwaltungskulturen aufeinander und müssen – unter Druck eines stets und von jeder beteiligten Seite möglichen Vetos – etwas miteinander aushandeln. Das gelingt auch, aber nicht nach dem Muster des „do ut des“ in gesamteuropäischen Koppelungsgeschäften quer durch die Politikfelder, sondern in klassisch konsensorientierten Verhandlungssituationen. Meine früher gewählte Metaphorik ist für diese Arena eines Aufeinandertreffens deutlich unterschiedener Verwaltungskulturen zu erweitern und zu verschieben. Am Oberrhein ist zu beobachten, wie von zwei Seiten ausgehend etwas Neuartiges heranwächst – das geologische Bild dafür ist die Anlagerung und Vermischung von Steinen und Geröll von beiden Ufern eines Flusses an eine neue Insel in der Mitte, wobei die beiden Ufer durchaus unterschiedlich sind, sandig und flach das eine und mit steilem Abbruch das andere, wie in einer Flussbiegung.

Zu diesem Thema das direkten, „ungebremsten“ Aufeinandertreffens national geprägter Verwaltungskulturen ließ der binationale „Pôle Européen d'Administration Publique“ (PEAP) Strasbourg im November 2011 eine quantitative empirische Erhebung gemeinsam durch das Euro-Institut Kehl, die École Nationale d'Administration Strasbourg und die Deutsche Universität für Verwaltungswissenschaften Speyer durchführen[5]. Mit einem zweisprachigen Fragebogen wurden in der grenzüberschreitenden Zusammenarbeit tätige Personen der Verwaltung aus Frankreich, Deutschland und der Schweiz eingehend befragt[6]. Die quantitativ auswertbaren Fragestellungen wurden dabei durch Einschätzungen auf einer Skala von 1 bis 5 gemessen. Bei vielen Fragen waren zusätzliche freie Kommentare möglich, die sich eher einer qualitativen Auswertung erschließen. 551 Personen waren als Empfänger des Fragebogens identifiziert und wurden angeschrieben; 132 von ihnen antworteten. Das ergab eine bei dem großen Umfang des Fragebogens zumindest zufriedenstellende Rücklaufquote von 24 Prozent[7]. Parallel wurden 2011/12 durch Masterstudierende am Institut d'Études politiques (IEP) Strasbourg die Ehemaligen des von den beiden Innenministerien initiierten und geförderten deutsch-französischen berufsbegleitenden MEGA-Studiengangs (Master Euopéen de Gouvernance et de l'Administration) sowie die jeweils aktiven offiziellen Austauschbeamten im jeweils anderen

---

[5] Diese Umfrage war Anlass und Grundlage für den weiter ausgreifenden Sammelband *J. Beck/Larat* (Hrsg.), Transnationale Verwaltungskulturen in Europa. Bestandsaufnahme und Perspektiven / Les cultures administratives transnationales en Europe. État des lieux et perspectives, 2015.

[6] Die Ergebnisse der Umfrage sind zusammengefasst im Beitrag *Becker-Beck/D. Beck,* ebd., S. 59–90.

[7] Vollständig dokumentiert ist die Umfrage bei *Becker-Beck/D. Beck,* in: *D. Beck/Becker-Beck /J. Beck/Dussap* (Hrsg.), Kultur der grenzüberschreitenden Verwaltungszusammenarbeit – Eine empirische Modellstudie am Beispiel der Oberrhein-Region / Culture de la coopération transfrontalière administrative – Étude pilote empirique dans la région du Rhin supérieur, 2015, S. 19–111.

Land befragt. 46 Personen von 144 antworteten, was einer Rücklaufquote von 32 % entspricht. Dieser Personenkreis erhielt einen auf seine Tätigkeit zugeschnittenen Fragebogen, denn er ist vor allem auf der normalen Ebene zwischenstaatlicher Zusammenarbeit aus den hauptstädtischen Ministerien tätig. Diese Umfrage führte zu recht ähnlichen Ergebnissen, die hier nicht vetieft behandelt werden[8].

Die Befragten erklärten ihren eigenen Weg in die grenzüberschreitende Zusammenarbeit leicht überwiegend (auf der Skala von 1 bis 5 lag der Mittelwert bei 2,8) damit, dass sie ihn bewusst angestrebt haben und er sich nicht nur einfach so ergeben hat. Übereinstimmend fügten mehr als zwei Drittel von ihnen hinzu, dass sie sich in ihre Aufgaben selbst einarbeiten mussten[9]. Die Besonderheit ihrer Tätigkeiten liegt darin, dass dabei – übereinstimmend bei den Befragten französischer wie deutscher Muttersprache – die Selbstverständnisse und Problemsichten der jeweils anderen Seite als deutlich anders wahrgenommen werden, was im Alltag eine stetige Herausforderung darstellt[10]. Unterschiede zwischen den Mitarbeitern beider Verwaltungen bestehen darin, dass vor allem von deutscher Seite der informelle Charakter der gemeinsamen Arbeit auffällt[11], wie überhaupt die Andersartigkeit des Vorgehens französischer Verwaltungen vor allem in der größeren Bedeutung dieser Informalität gesehen wird. Übereinstimmung besteht ferner darin, dass die Realisierung von Vorhaben erschwert wird durch die unterschiedlichen Selbstverständnisse und Vorstellungen auf beiden Seiten[12]. Dabei wird auch ein latentes Ungleichgewicht wahrgenommen, das jenseits des Verwaltungsspezifischen liegt. Es manifestiert sich in den sehr unterschiedlichen Antworten auf die für alle gleiche Frage, ob in Situationen ohne Dolmetscher jeder in seiner Muttersprache spreche. Die Deutschen bejahen das für sich auf der Skala von 1 bis 5 mit 3,8, die Franzosen jedoch nur mit 3,0[13]. In dieselbe Richtung verweisen die Antworten auf eine andere Frage, wobei ziemlich übereinstimmend in beiden Sprachgruppen die Aussage, Deutsch sei Arbeitssprache, auf der Skala von 1 bis 5 mit 2,8 bewertet wird, während dieselbe Aussage für das Französische nur den Wert 2,3 erhält[14]. Es wird deutlich mehr Deutsch als Französisch gesprochen, und das ist ein bedeutsames Ungleichgewicht. Deshalb wohl auch benennen die Antworten auf die abschließende Frage „Was könnte besser laufen?“ an zweiter Stelle, gleich nach dem sachlichen Problem, dass die Kräfte noch besser gebündelt und die Kompetenzen noch verstärkt werden könnten, die sprachliche Verständigung als Problem. An den Grenzen innerhalb des zusammenwachsenden Europa liegen hier noch immer beachtliche Schwierigkeiten. Das Englische als „lingua franca“ von heute kann darüber nur äußerst begrenzt hinweg helfen, weil es

---

[8] *Larat,* in: Transnationale Verwaltungskulturen (FN 5), S. 145–160.

[9] *Becker-Beck/D. Beck,* in: Kultur der grenzüberschreitenden Verwaltungszusammenarbeit (FN 7), S. 27–28; auch in: Transnationale Verwaltungskulturen (FN 5), S. 59 (65).

[10] Ebd. S. 34; auch in: Transnationale Verwaltungskulturen (FN 5), S. 59 (68).

[11] Ebd. S. 35; auch in: Transnationale Verwaltungskulturen (FN 5), S. 59 (69).

[12] Ebd. S. 39; auch in: Transnationale Verwaltungskulturen (FN 5), S. 59 (72 f.).

[13] Ebd. S. 44; auch in: Transnationale Verwaltungskulturen (FN 5), S. 59 (76).

[14] Ebd. S. 48; auch in: Transnationale Verwaltungskulturen (FN 5), S. 59 (78 f.).

als „dritte" Sprache noch mehr Verständigungsprobleme birgt, aber auch wegen seiner so überhaupt nicht in die kontinentale Tradition passenden Verwaltungs-und Rechtsterminologie. Dennoch „stört" das Englische durch seine immer weitere Verbreitung inzwischen sogar den für den Alltag wichtigen Erwerb der Sprache des Nachbarn. Selbst innerhalb der Schweiz ist der bislang obligatorische Unterricht in der zweiten Landessprache Französisch wegen des Vordringens von Englisch ins Wanken geraten.

Diese quantitativ angelegte Untersuchung eröffnete mir auch die Möglichkeit zu einer qualitativen Auswertung der freien Antworten[15]. Ein gewisses Hindernis lag darin, dass die Fragebogen der sechs teilnehmenden Schweizer nicht identifizierbar waren. Bei der Auswertung musste deshalb vereinfachend die Annahme getroffen werden, dass die Verwendung der deutschen Sprache auf Deutsche und die der französischen Sprache auf Franzosen verweist. In den freien Antworten zeigt sich auf deutscher Seite häufig das Muster eines Denkens in Institutionen, Kompetenzen und Verfahren. Man konzentriert sich auf engere und kleinere Sachfragen, deren Lösung als das wichtige Ziel erscheint. Weiter reichende politische Dimensionen bleiben eher ausgeklammert. Deutsche analysieren eher die Gegenwart, Franzosen denken stärker an die Zukunftspotenziale. Auf der französischen Seite ist der politische Prozess stärker im Blick, und die menschlichen und sozialen Werte und Ziele, die ihn bestimmen. Dort gibt es in der Verwaltung eher so etwas wie einen „courage politique", einen Unternehmungsgeist. Ihren Maßstab findet diese Einstellung „dans l'intérêt général et non dans l'intérêt personnel ou national". In diesen deutlichen Unterschieden des sprachlichen Ausdrucks und damit auch der Denkweisen stecken geronnene Erfahrungen aus individuellen Bildungsgängen. Sozial gesehen, erwachsen sie als unterschiedliche Muster von Erfahrungshintergründen und erscheinen hier in der vergröbernden Gegenüberstellung deutsch vs. französisch auf. Auf deutscher Seite sind diese Muster oder Typen von Denken und Handeln eher juristisch und legalistisch bestimmt, auf französischer Seite eher von politischen und philosophischen Grundsatzfragen; man denkt da gleich an die starke Verankerung von „philosophie" als Schulfach im Lycée und als Teil des Abiturs. Weitere Erfahrungen, die innerhalb der Verwaltungsorganisationen jeweils individuell gewonnen wurden – aber dann doch zu Abfolgen und Mustern des Verhaltens geronnen sind – ergänzen dieses Bild um Unterschiede in den Organisationskulturen. Die Deutschen arbeiten eher ihre Tagesordnung ab, die sie oft auch selbst zuvor aufgestellt haben, während die Franzosen eher über Abschweifungen auf mancherlei Umwegen eine Vision des Wesentlichen ansteuern. Das wird bei ihnen dann aber eher im informellen Rahmen gemeinsamen Essens verhandelt, wogegen auf deutscher Seite das Haushaltsrecht auf die einfache und kostengünstige Erfüllung der Funktion der Nahrungsaufnahme drängt.

---

[15] *Fisch,* ebd., S. 113–118; Nachdruck aus: Transnationale Verwaltungskulturen (FN 5), S. 309–317.

Ein ungenannter französischer Diplomat hat in privatem Gespräch solche Unterschiede in ein sehr treffendes Tableau von Begriffspaaren gebracht[16] wie

autorité de l'Élysée	Ressortprinzip
culture de l'arbitrage	Konsensorientierung
cabinets	Ämter
compétition administrative	klare Kompetenzordnung
réseaux	Organigramm
règles implicites	geschriebene Verfahrensregen
improvisation	geplantes Vorgehen
rapidité et flexibilité	Verfahren
réflexion au cas par cas	Gesamtkonzept
travail plutôt individuel	eher Gemeinschaftsarbeit
rester tard	frühzeitig kommen
mettre des ‚gants blancs'	Thermoskannengastlichkeit

Ähnliche qualitative Beobachtungen über Unterschiede in der Arbeitsweise kann man auch schon als Beobachter von fortgeschrittenen Studierenden machen, wenn „élèves" der ENA und Hörer der Deutschen Universität für Verwaltungswissenschaften an einem gemeinsamen Studientag in Spielsituationen ein bilaterales „dossier" verstehen und lösen sollen: die Deutschen fragten grundsätzlich nach dem Rahmen von (deutschem) Verfassungsrecht und Zuständigkeiten, während die Franzosen auf die widerstreitenden Interessen blickten und nach einem möglichen Kompromiss (möglichst auch als Mittelwert quantifizierbar) suchten …

II. Gleichartige Situationen in unterschiedlichen Organisationskulturen zwischen 1880 und 1944

In der Geschichtswissenschaft stehen die Methoden der teilnehmenden Beobachtung und der von spezifischen Frageinteressen getragenen geplanten Befragung oder gar des Experiments nicht zur Verfügung. Unmittelbar Beteiligte sind nicht mehr im Amt tätig oder schon lange tot. Historiker müssen sich bei ihrer Arbeit mit dem bescheiden, was überhaupt aus der Vergangenheit bis in ihre Gegenwart noch überliefert und nicht schon zerstört ist. Das sind vor allem Quellentexte aus Bibliotheken und Archiven, wie lückenhaft auch immer sie sein mögen. Historiker lesen diese Texte, spüren ihrer Begrifflichkeit nach, versuchen sie für ihre eigenen Fragen zu verstehen und stellen sie in Kontexte – aber sie können keine Rückfragen an die Autoren stellen. Vergangenes Handeln ist eher schwierig in seine Zusammenhänge zu stellen; und mündliche Kommunikation ist schon weit vor der Erfindung des „Fernsprechers" fast überhaupt nicht greifbar. Die Untersuchung von Verwaltungskultur(en)

[16] Zitiert bei *Larat*, in: Transnationale Verwaltungskulturen (FN 5), S. 150–151.

ist also nicht gerade ein Feld, das sich dem Historiker mit seinem Methodenwerkzeug aufdrängt. Hinzu kommt, dass es auch kaum möglich ist, in älterer Literatur oder gar in Verwaltungsakten gezielt nach „Verwaltungskultur“ zu suchen – die Art des Arbeitens erschließt sich früher wie heute nicht aus den bloßen Aktentiteln. Bei intensiver Beschäftigung mit einem Themenfeld der öffentlichen Verwaltung kann man als Historiker aber durchaus Beobachtungen machen, die in dieses Feld führen. Im folgenden sollen aus Arbeiten zu einer weit gefassten politischen und organisationellen Geschichte des Reichsamts des Innern (seit 1878), des Reichswirtschaftsamtes (seit 1917) und dann des Reichswirtschaftsministeriums (von 1919 bis 1945) eine Art „McKinsey“-Situation in drei Varianten dargestellt werden. Es geht dabei immer um Fälle von erheblichem Stress für die Organisation und ihre gewachsene Kultur, weil ihre Aufgabenerfüllung von oben kontrolliert wird und das Gespenst des Personalabbaus im Raume steht. Besonders schwer haben es dabei diejenigen Vorgesetzten, die in einer „Sandwich-Position“ zwischen Anforderungen von oben und Resistenz von unten stehen[17].

1. Bismarcks vorsichtiger Versuch, Arbeitsleistungen zu quantifizieren (1880)

Eine frühe Leistungskontroll-Untersuchung quer durch eine Verwaltung ging im Juni 1880 von Reichskanzler Fürst *Bismarck* aus. Für ihn war es „von Interesse“, herauszufinden, „in welchem Maße die Zeit und die Arbeitskraft“ der höheren Reichsbeamten durch ihre Dienstgeschäfte beansprucht würden, wobei er die Art seines Interesses bedacht im Dunkeln hielt[18]. Damals gab es ein Denken in den Kategorien des New Public Management noch ebenso wenig wie eine entwickelte Profession von Beratern. Bismarck beauftragte den ersten Direktor des 1872 gegründeten Kaiserlichen Statistischen Amtes, *Karl Becker*, mit einer entsprechenden Umfrage unter den Ressorts. Als Autodidakt im Feld der Rationalisierung, noch bevor es diesen Begriff gab, identifizierte der Reichskanzler doch recht präzise drei wichtige Indikatoren für die Beantwortung seiner unpräzisen Frage:

- die Zahl der Journalnummern, also der von außen in die Behörde kommenden „Sachen“, die im Posteingangsbuch, dem Journal, eine fortlaufende Nummer erhalten hatten (das war eine in der preußischen Verwaltungsstatistik ganz übliche Messgröße für Verwaltungsarbeit, mit der allerdings gerade diejenigen Arbeiten, die aus der Mitte von Regierung und Verwaltung angestoßen wurden, erst dann erfasst wurden, wenn sie zu schriftlichen Reaktionen aus der Öffentlichkeit geführt hatten),
- die Arbeitszeit aus Bürostunden und Sonntagsdiensten abzüglich der Ferien (die es in der Reichsverwaltung nicht gab) und der Urlaube (die beim Fehlen eines Urlaubsanspruchs jeweils einzeln zu genehmigen waren), und

[17] Perspektivenreich *Morstein Marx,* Das Dilemma des Verwaltungsmannes, 1965.

[18] *Morsey*, Die oberste Reichsverwaltung unter Bismarck 1867–1890, 1957, S. 282–286.

– den Verbrauch von Schreibmaterial, insbesondere Papier, und zwar nicht nach Gewicht, sondern nach „beschriebener Papierfläche“.

Leider ist nicht nachvollziehbar, ob und wie die so gewonnenen Informationen weiter verwertet wurden, etwa die, dass im ganzen Jahr 1880 im Reichsamt des Inneren 13.800 qm Papier beschrieben wurden (das entspricht knapp zwei Fussballfeldern, oder den ausgebreiteten Blättern aus über 440 heute üblichen Kopierpapier-Paketen zu je 500 Blatt). Die bearbeiteten Journal-Nummern waren und blieben wohl der sachnächste Indikator für bürokratische Arbeitsleistung. Direktor *Robert Bosse* legte als Leiter der 1880 gegründeten „wirtschaftlichen Abteilung“ dem Chef des Reichsamts des Innern, Staatssekretär *Karl Heinrich von Boetticher*, im Mai 1882 den ersten Bericht über die Tätigkeit seiner Abteilung II vor[19]. Sie war vor allem in der Gesetzgebung tätig, und zwar entgegen ihrer Bezeichnung nicht so sehr in der Wirtschafts- als vielmehr in der Sozialpolitik. Sie hatte damals die Entwürfe zum Unfallversicherungs- und zum Krankenversicherungsgesetz bereits fertiggestellt und wesentliche Vorarbeiten für die Alters- und Invalidenversorgung der Arbeiter geleistet. Da verlässliches Wissen über die Arbeitswelt fehlte, machten alle diese Projekte neuer Art die Auswertung oder überhaupt die erstmalige Erhebung entsprechender Statistiken notwendig; auch dies fiel in die Gesetzgebungsarbeit der wirtschaftlichen Abteilung. Obwohl Bosse in einem Bericht eindringlich betonte, dass der Umfang aller dieser Arbeiten ganz eigener konzeptioneller Art „nicht nach den Nummern bemessen werden“ könne, mit denen sie im Geschäftsjournal erscheinen, fügte er dennoch eine aktuelle Statistik dieser Art bei. Sie war nach Gegenständen einerseits und Bearbeitern andererseits aufgegliedert. Bei insgesamt 1.107 Sachen (bei der damaligen Sechs-Tage-Woche etwas mehr als vier pro Arbeitstag) entfielen etwa 450 dieser Sachen auf die Bismarck'sche Sozialversicherung, die vor allem von den Geheimräten *Theodor Lohmann* und *Tonio Bödeker* entworfen wurde[20] und eine völlig neuartige Leistung gesetzgebender Verwaltung darstellte, mit der der Übergang zu einer breiten Leistungsverwaltung eröffnet wurde. Bosse drückte zwar seine Irritation über neue Methoden der Bemessung von Leistungen aus, die nach seinem Verständnis aus nächster Kenntnis der Arbeit ganz anderer Art waren, nämlich innovativ-konzeptionell, aber er stellte doch – wie es scheint, ohne dazu aufgefordert worden zu sein – solche erstmals 1880 erfragten Kennzahlen erneut in einem Anhang zu seinem Bericht bereit. Von der Organisationskultur gesehen, verhielt er sich in dieser Situation wie ein typischer Sandwich-Mann.

Eine wirkliche Leistungsmessung der Verwaltung mit Folgen für den Umfang des Personalkörpers erfolgte am Ende des 19. Jahrhunderts offenkundig noch nicht. Erste methodische Fundamente dafür legte erst das von dem amerikanischen Inge-

[19] Zum Kontext *Fisch*, in: Abelshauser/Fisch/Hoffmann/Holtfrerich/Ritschl (Hrsg.): Wirtschaftspolitik in Deutschland 1917–1990, Bd. 1: Das Reichswirtschaftsministerium der Weimarer Republik und seine Vorläufer. Strukturen, Akteure, Handlungsfelder, 2016, S. 27 (42–95).

[20] Bericht Direktor *Bosse* an Staatssekretär *von Boetticher*, 13.5.1882, Bundesarchiv Berlin, R 1501/144331.

nieur *Frederick W. Taylor* entwickelte „Scientific Management“[21]. Es beruhte auf intensiver Beobachtung der Einzelschritte industrieller Arbeit in der Stahlproduktion, auch mit Hilfe des maschinellen Zeitlupenblicks der Fotoserie. In Europa übernahm der französische Ingenieur und Industrielle *Henri Fayol* diese Ideen und entwickelte dabei auch einen Zyklus der Organisationstätigkeit[22]. Für den II. Verwaltungswissenschaftlichen Kongress in Brüssel 1923 übertrug er diese Ideen in die Welt der öffentlichen Verwaltung. Stabsfunktionen in einem Großunternehmen korrespondierten für Fayol mit entsprechenden Tätigkeiten in den Ministerien und ihren Abteilungen in solchem Maße, dass er für beides denselben Begriff eines „état-major“ (Generalstab) benutzte[23]. Gesetzesvorlagen, seien sie auch noch so wichtig und grundlegend, kamen allerdings nicht in den Blick solcher empirischer Optimierungsüberlegungen, die sich auf massenhaft gleichartige Tätigkeiten bezogen.

2. Mit rabiatem Antisemitismus gegen „Überorganisation“ (1933)

Eine Generation später waren in Deutschland wie überall in Industrie und Verwaltung vielfältige oft aus dem Ersten Weltkrieg erwachsene Rationalisierungsmaßnahmen zu beobachten: Typisierung und Normung der Produkte, optimierte Fertigungsabläufe in der (Fließband-)Produktion, durch Formulare und Geschäftsordnungen strukturierte Vorgehensweisen in der Praxis von Politik und Verwaltung[24] und eine Personal-„Auslese“ nach pseudo-darwinistischen Kriterien, die eine bestmögliche Anpassung an die Erfordernisse der Arbeitswelt mit Hilfe der von *Max Weber* auf den interdisziplinären Begriff gebrachten „Psychophysik industrieller Arbeit“ erwarten ließ[25]. In Verbindung mit den Wellen von Gehaltskürzungen, Planstellenminderungen und Entlassungen in den nicht so goldenen zwanziger Jahren und erst recht seit der weltweiten Wirtschaftskrise der frühen dreißiger Jahre waren auch die Mitarbeiter der öffentlichen Verwaltungen verunsichert und selbst Lebenszeitbeamte fühlten sich ihrer Ämter nicht mehr so sicher wie früher. Kurz nachdem *Hitler* am

---

[21] *Taylor*, The Principles of Scientific Management, 1911; deutsch: Die Grundsätze wissenschaftlicher Betriebsführung, 1913.

[22] *Fayol*, Administration industrielle et générale. Prévoyance, organisation, commandement, coordination, contrôle, 1917 (zuerst als Zeitschriftenaufsatz 1916); deutsch: Allgemeine und industrielle Verwaltung, 1929; vgl. *Peaucelle* (Hrsg.), Henri Fayol, inventeur des outils de gestion. Textes originaux et recherches actuelles, 2003.

[23] *Fayol*, in: Deuxième Congrès International des Sciences Administratives de Bruxelles 1923, [fasc. VI :] Comptes rendus des séances du congrès, 1923, S. A 14-A 34; dazu: *Fayol*, ebd., S. A 38-A 55; leichter zugänglich als Nachdruck: *Fayol*, International Review of Administrative Sciences (1966), S. 114–133, Zitat S. 117. – Wie die Wortwahl in der englischen Übersetzung zu einem eingeengten, ökonomistischen Verständnis von *Fayols* Werk im angelsächsischen Raum führte, verdeutlicht *Brodie*, Public Administration 40 (1962), S. 311–317.

[24] *Brecht*, Die Geschäftsordnung der Reichsministerien [GGO]. Ihre staatsrechtliche und geschäftstechnische Bedeutung. Zugleich ein Lehrbuch der Büroreform, 1927.

[25] *Weber*, Zur Psychophysik der industriellen Arbeit (1908/09), in: ders., Gesammelte Aufsätze zur Soziologie und Sozialpolitik, 1924, S. 61–255.

30. Januar 1933 zum Reichskanzler ernannt worden war, begannen erste politisch-rassistisch motivierte Säuberungen in der Beamtenschaft. Sie gingen der „Verabschiedung" des berüchtigten Gesetzes zur Wiederherstellung des Berufsbeamtentums vom 7. April 1933 durch den neuen Gesetzgeber, die durch das Ermächtigungsgesetz vom 23. März 1933 dazu legitimierte Reichsregierung, voraus. Ein komplexer Ablauf im Statistischen Reichsamt illustriert solche ad-hoc-Maßnahmen in ihrer Gemengelage von Motiven ebenso wie die darauf folgenden Reaktionen von Unzufriedenheit in der Behörde. Der neue Reichswirtschaftsminister *Alfred Hugenberg* (DNVP) ernannte Ende März 1933 einen „Kommissar" für das seinem Ministerium nachgeordnete Statistische Reichsamt[26]. Unter Umgehung des Präsidenten *Ernst Wagemann* ordnete dieser Kommissar am 31. März 1933, dem Tag des ersten von der NSDAP inszenierten Boykotts jüdischer Geschäfte, an, dass „zur Unterstützung des Abwehrkampfes gegen die jüdische Gräuel- und Lügenpropaganda im Auslande" (das war die von Reichspropagandaminister *Joseph Goebbels* gefundene Formel für den Boykott) sämtliche jüdischen Angehörigen des Statistischen Reichsamts „vom 1. April ab bis zur Beendigung des Abwehrkampfs dem Dienst fern bleiben"[27]. Das Echo der verunsicherten Mitarbeiter im Hause ließ nicht lange auf sich warten und war aus Sicht des Kommissars so problematisch, dass er am selben Tag noch massiv gegen etwas vorging, was er nicht konkret benennen konnte oder wollte: „Das Erfinden und Verbreiten von Gerüchten, die jeglicher Grundlage entbehren, hat zu unterbleiben. Alle Zusammenkünfte zur Erörterung von Angelegenheiten in dieser Richtung auf den Fluren oder in den Arbeitsräumen sind streng untersagt"[28]. Das Vorgehen des Kommissars hatte offenbar nicht schnelle Zustimmung, sondern erhebliche interne Unruhe und Diskussionen hervorgerufen. Die Richtung seines Handelns rührte an Grundsätze des Berufsbeamtentums wie Leistungsprinzip, Unparteilichkeit und – erst etwas später im Berufsbeamtengesetz deutlich erkennbar – auch an die Lebenszeitstellung. Dies waren Werte, die in der Organisationskultur der Verwaltung und des Hauses lange und tief verankert waren. Als sie nun auf einmal geringeres Gewicht haben sollten, wurde dies kollektiv bemerkt und problematisiert. Die Organisationskultur kannte allerdings (wie sollte sie dies auch können) keine Muster pro-aktiven Handelns. Sie konnte nicht an „geronnene" Erfahrungen von früher im Umgang mit solchem von diesen Regeln abweichendem Handeln der Vorgesetzten erinnern. Das beamtenrechtliche Instrument der Remonstration[29]

[26] Zur Abgrenzung von Kommissaren und Beamten in der Frühzeit nationalsozialistischer Herrschaft vgl. *Schulz*, Die Anfänge des totalitären Maßnahmenstaates, 2. Aufl. 1974, S. 119–124.

[27] Rundschreiben des Kommissars „Sofort!" vom 31.3.1933, Bundesarchiv Berlin, R 3102/3466;

[28] Weiteres Rundschreiben des Kommissars vom 31.3.1933, verteilt 1.4.1933, Bundesarchiv Berlin, R 3102/3466.

[29] Vgl. *Romann*, Remonstrationsrecht und Remonstrationspflicht im Beamtenrecht. Eine Untersuchung über den Konflikt zwischen der Gehorsamspflicht und der Eigenverantwortlichkeit des Amtswalters für Gesetz-, Recht- und Zweckmäßigkeit staatlichen Handelns, 1996.

aber war hier ein stumpfes Schwert, weil niemand sich darauf berufen konnte, zu rechtswidrigen Handlungen angewiesen worden zu sein.

Eigentlich ging es damals aber um etwas ganz anderes. *Hugenbergs* Kommissar im statistischen Reichsamt war niemand anderes als der Leiter der Zentralabteilung und zuvor lange Jahre des Personalreferats für die höheren Beamten des Reichswirtschaftsministeriums, Ministerialrat *Fritz Freiherr von Massenbach.* Er war stark konservativ, nicht jedoch ein alter (oder neuer) Nationalsozialist. Sein Vorgehen sollte in seinem Verständnis durchaus „unproblematisch, schnell und diktatorisch" – auch das – dazu führen, seinen kurzzeitigen Auftrag zur „Bereinigung von nicht hierhin gehörigem Personal (möglichst bis Ende der Woche) [...] und Beseitigung der Überorganisation durch weiteren Personalabbau" zu erfüllen[30]. Das nun waren fremde Ziele, die Reichsrechnungshof und Reichssparkommissar schon seit längerem gegenüber dem Statistischen Reichsamt im Auge hatten. In der Person Massenbachs, der als Personalreferent natürlich auch seine Kontrollinstanzen gut kannte, verbanden sie sich mit Hugenbergs eigentlicher Absicht bei der Einsetzung des Kommissars, durch ihn *Wagemann* aus seiner Position als Präsident des Statistischen Reichsamts verdrängen zu lassen. Das gelang Massenbach aber nicht richtig und beförderte seine weitere Karriere nicht, weil Wagemann sich mit Hilfe seines Anwalts erfolgreich vor- und außergerichtlich wehrte und parallel bei *Hitler* persönlich intervenierte[31].

3. „Kein Durcheinander" – Stilles Einverständnis von Berater und Beratenem (1944)

In die Endzeit des nationalsozialistischen Regimes fällt ein dritter Rationalisierungsversuch im Personalkörper. In den Ruinen des weitgehend schon bombenzerstörten Berlin leitete seit Ende 1943 SS-Brigade-, dann Gruppenführer *Otto Ohlendorf* als Ministerialdirektor im Range eines Staatssekretärs die Abteilung II für Allgemeine Wirtschaftspolitik und faktisch auch das übrige Reichswirtschaftsministerium. Er war nach dem Überfall auf die Sowjetunion 1941 als Leiter der Einsatzgruppe D in der Südukraine für die Ermordung von Zehntausenden von Menschen verantwortlich gewesen und hatte danach mehrfach vergeblich versucht, vom Reichsführer SS, *Heinrich Himmler*, die Genehmigung zum Wechsel in das Ministerium zu erhalten. Am 4. September 1944 besprach der Personalreferent für den hö-

---

[30] Vermerk Oberregierungsrat *Feick* (Dienststelle des Reichssparkommissars *Moritz Saemisch*, der zugleich Präsident des Reichsrechnungshofs war) über Gespräch mit „Sonderkommissar" *Massenbach* am 27. 3. 1933, Bundesarchiv Berlin, R 2301/2334. Das Gespräch wurde an einem Montag geführt; das Rundschreiben vom 31. 3. 1933 erging an einem Freitag, also kurz vor dem als Ziel gesetzten Zeitpunkt.

[31] Zum Kontext vgl. *Fisch,* in: Abelshauser/Fisch/Hoffmann/Holtfrerich/Ritschl (Hrsg.), Wirtschaftspolitik in Deutschland 1917–1990, Bd. 2: Das Reichswirtschaftsministerium in der NS-Zeit. Wirtschaftsordnung und Verbrechenskomplex, 2016, S. 18 (25–29).

heren Dienst, Ministerialrat *Walter Rollenhagen*[32], als „Vereinfachungskommissar" des Hauses mit *Doepke,* einem Berater von der hinzugezogenen „Treuarbeit", die anstehende Aufgabe der Überprüfung des Hilfspersonals[33]. Sie bestehe nicht nur darin, „Arbeitskräfte einzusparen, sondern auch darin, Vorschläge zur Vermeidung von Spitzenbelastungen einzelner Abteilungen und damit zur Entlastung aller Kräfte, die mit dieser Abteilung zusammenarbeiten, zu machen, ohne dass dies im einzelnen zur unmittelbaren Freisetzung führe". Mit solchen Formulierungen des Beraters, der die Vermerke über die Besprechungen für die Ministerialakten selbst verfasste, hätte eine eventuelle Freisetzungsinitiative als eine Wohltat zur Arbeitserleichterung aller dargestellt werden können. Die Mitarbeiter der Treuarbeit sollten auch, da schon die offizielle Einsetzung eines Vereinfachungskommissars einige Unruhe in die Verwaltung gebracht habe, „jedes Aufsehen vermeiden, das durch die Einschaltung eines Externen entstehen könnte".

Das Beratungsgespräch von Durchführungsbeauftragtem des Auftraggebers und Auftragnehmer wandte sich dann der eigentlichen Problematik zu. Sie lag in der Frage, auf welche Weise die Chefsekretärinnen und damit die Vorzimmer als eifrig gehütete Domäne eigener Personal"hoheit" der höheren Beamtenschaft untersucht werden sollten. In gewundenen Formulierungen, aus denen erkennbar seine Unlust zu dieser undankbaren Aufgabe sprach, stellte *Doepke* die „grundsätzliche Frage [...], wieviel von den insgesamt aufgeführten 405 Bürohilfsarbeitern und Schreibkräften auf Vorzimmer-Damen entfielen, da man diese m. E. aussondern müsse, wenn man überhaupt ein Verhältnis bilden wolle, da ihre Tätigkeit in der Regel anders gelagert sei als die des übrigen Hilfspersonals; auch entziehen sie sich im allgemeinen einer Beurteilung nach allgemeingültigen objektiven Maßstäben. Es müsse im Einzelfall individuell entschieden werden." Nach einigen Seitenwegen um diese offenkundig nicht objektivierbare Frage herum stellte sich *Rollenhagen* dann auf den von Doepke bereits mehrfach angedeuteten, beide erlösenden Standpunkt, „dass es sich hierbei um Sachpersonal handele, dessen Überprüfung außerordentlich schwierig sei und bei dem die einzelnen Referatsleiter und Referenten, wenn man ihnen davon Personal entziehe, auch ihm gegenüber erklären würden, nicht mehr imstande zu sein, die ihnen gestellten Aufgaben zu erfüllen. Es würde dann leicht ein Durcheinander entstehen". Bemerkenswert ist Rollenhagens (von Doepke aufgezeichnete) Begründung für diese Notwendigkeit, die den Begriff des Rechtsstaats sorgfältig umgeht und ganz einer technokratischen Logik, aber eben doch nicht der eines „totalen Einsatzes" für den „totalen Krieg" folgt: „Solange wir in Deutschland einen Ordnungsstaat hätten, in dem jeder das Recht habe, dass seine Angelegenheiten von einem Ministerium sachgemäß bearbeitet würden, sei eben dieser

[32] Zu seinen Aufgaben siehe Kriegsgeschäftsverteilungsplan des Reichswirtschaftsministeriums, 15. 12. 1943, S. 2, Bundesarchiv Berlin R 2301/2224.

[33] Zum folgenden Beispiel zunächst der Vermerk Dr. *Doepke*, Treuarbeit, zu Besprechung mit Ministerialrat *Rollenhagen*, Reichswirtschaftsministerium Berlin, 4. 9. 1944 und dann weitere Unterlagen aus dem September 1944, Bundesarchiv Berlin R 3101/21304.

Sachapparat erforderlich. Es wurde somit klargestellt, dass dieses Personal und seine Aufgaben von uns nicht überprüft werden soll.“

In der Akte finden sich dann noch weitere Unterlagen zur Arbeit des Vereinfachungskommissars, darunter Teilaufzeichnungen über die Eingänge in der Abteilung III, die für Außenhandel, Fremde Länder und Devisen zuständig war und in der sich die Zuständigkeiten des Reichswirtschaftsministeriums für die Ausbeutung Europas bündelten. Wie schon 1880, wurden auch 1943/44 die Eingänge gezählt, jetzt monatsweise, und weiter differenziert nach offen und geheim und nach nicht eingetragenen Sachen. Die monatliche Gesamtzahl blieb ziemlich konstant bei 10.000 Sachen. Außerdem wurde die tägliche Arbeit der Schreibkräfte in der zentralen Kanzlei nach einem aus der Akte nicht weiter ersichtlichen Punktesystem bewertet. Die durchschnittliche Tagesleistung, umgerechnet auf Vollbeschäftigte, wurde dann einem vorgegebenen pauschalen Pensum gegenübergestellt. Die „Arbeitsnorm“ lag im Juli und August 1944 bei 114 Punkten, während die durchschnittliche Leistung in der Kanzlei zwischen 100 und 112 Punkten lag. Im September wurde das Pensum wegen verlängerter Arbeitszeiten auf 120 Punkte erhöht, während zugleich die Tagesleistung auf 76 bis 94 Punkte absank. Der Grund dafür war die „Aufnahme von [gemeint: anderswo im Hause] freigewordenen Stenotypistinnen“, die das Ziel des eingesetzten Vereinfachungskommissars und des Beratungsunternehmens zu konterkarieren schien. Allerdings war das das Feld des Leiters des Hauptbüros und der damit zusammenhängenden zentralen Dienste, Regierungsrat *Wolf*[34], der wohl der 1936 aus dem gehobenen Dienst aufgestiegene *Karl Wolf* war. Er erklärte ausführlich, „das Punktesystem werde nicht mehr streng gehandhabt und habe insbesondere keine Auswirkungen auf die Tarifeinstufung. Es sei vielmehr heute ein Anhaltspunkt für den Kanzleivorsteher bei der Arbeitsverteilung, um zu sehen, welchen Damen er in absehbarer Zeit wieder Arbeiten zuweisen könne. Das ‚Soll‘ werde jedoch durch die heutigen besonderen Verhältnisse an einzelnen Tagen erheblich über-oder unterschritten. Man könne sich nicht dazu entschließen, einen Personalabbau durchzuführen, weil an einzelnen Tagen die Kanzlei nur so beschäftigt sei, dass die Damen eben nicht mehr als 80 Punkte zum Schreiben erhalten könnten.“ Die aus verschiedenen Büros des Ministeriums freigestellten Schreibkräfte waren zunächst in die Kanzlei versetzt worden, während zugleich „die aus der Kanzlei schon freigegebenen Kräfte vom Arbeitsamt noch nicht abgenommen seien“. Und überhaupt sei die Kanzlei in ihrer Leistung schwer zu beurteilen, denn sie sei überbesetzt – ein origineller Weg, gerade diese Tatsachen nicht weiter zu untersuchen.

Hier zeigt sich das Muster eines relativ ziellosen Hin und Her. Im amtlichen Vermerk der Nicht-Amtsperson *Doepke* von außen wird es in seiner zähfliessend mäandrierenden Struktur erkenntlich, obwohl doch *Rollenhagen* ihm gegenüber stets seine Überlastung und Zeitnot betonte. Eine weitere Konstante war auf beiden Seiten der Wunsch, keine unangenehmen Personalentscheidungen treffen zu müssen, und schließlich eine für die zusammenbrechende Berliner Welt von Ende 1944 bemer-

[34] Zu seinen Aufgaben Kriegsgeschäftsverteilungsplan (FN 32), S. 3.

kenswerte Abgehobenheit von der Realität, die nur in dem bösen Wort „noch“ spürbar wird, wenn von „noch“ soundsoviel Mitarbeitern gesprochen wurde oder Heizern, die „noch“ für einen künftigen weiteren Ausweichstandort des Ministeriums eingeplant werden.

III. Folgerungen

Methodisch wie vom Gegenstand her bieten die beiden Teile dieses Beitrags erst einmal ein heterogenes Bild. Sie fügen sich aber doch zu einer Einheit im gemeinsamen Erkenntnisobjekt der Verwaltungskulturen. Es ist wichtig, sich stets vor Augen zu halten, aus wie verschiedener Entfernung oder Nähe und mit wie unterschiedlicher Tiefenschärfe Verwaltungskulturen beschrieben werden können. Während die Sozialwissenschaften die Strukturen und Muster in den Regelhaftigkeiten sozialen Austauschs teilnehmend beobachten oder in den Aussagen der Handelnden durch Befragen auffindbar machen wollen, zielen geschichtswissenschaftliche Darstellungen auf die Beleuchtung von Situationen, in denen sich für einen Moment verdichtet, was eine Organisation in Gestalt ihrer handelnden Mitglieder „gelernt“ hat und an Werten und dann Verhaltensmustern „abrufen“ kann. Solch ein situativer Blick ermöglicht es klarer als ein generaliserender, das Dilemma des „Sandwich-Manns“ wahrzunehmen, wie es in allen drei hier dargestellten Personalabbau-Szenarien auftritt. Er ist irritiert und verunsichert, weil Vorgesetzte und Untergebene ihm unterschiedliche (verwaltungs)kulturell zu entschlüsselnde Signale zusenden, und er findet seine Wege, mit dieser Situation umzugehen, aus den ihm zur Verfügung stehenden kulturell vermittelten Handlungsrepertoires: Selbständigkeit des Urteils gegenüber Anforderungen von oben bei einem preußisch-deutschen Beamten, Unklarheit über Handlungsmöglichkeiten der Untergebenen bei massivem Vorgehen gegen einen kleinen Teil der Kollegenschaft, Vorwegnahme und Unter-den-Tisch-Kehren von möglichen Konflikten und an die vergangene Rechtsstaatskultur angelehnte, aber sie doch vermeidende „Ordnungsstaat“-Terminologie. Der quantitativ-messende Zugang dagegen erlaubt es besser, auch nicht-offenkundige Parallelitäten und Zusammenhänge zu erfassen.

In der Praxis der Verwaltung können Generalisierungen, die aus einem zwar national sehr allgemein typisierenden, dann aber doch sehr „beweglichen“, perspektivenreichen Zugang getroffen sind, wie diejenigen des ungenannten französischen Diplomaten, die Sache gut auf einen Punkt bringen. Ein gut informiertes gegenseitiges Verständnis dieser strukturellen Unterschiede kann zur Vorbereitung weiterer interkultureller Zusammenarbeit in der Verwaltungspraxis nur hilfreich sein. Und: Wenn Verwaltungskulturen auf früheren Handlungen und Erfahrungen in einer Organisation beruhen und darin als Erinnerbares latent leben, dann erhält die Aktualisierung dieser Erinnerung durch Beschäftigung mit der Organisationsgeschichte (und der Verwaltungsgeschichte überhaupt) einen weiteren Wert für die Organisation. Indem sie an die eigene Vergangenheit anknüpft und sie in Gegenwartsbezüge wie die der „McKinsey“-Situation neu einordnet, erinnert Verwaltungsgeschichte dann doppelt. Sie erinnert nicht nur mit einer Art von Denkmal, an dem man regelmäßig vorbeigeht (bald, ohne es noch zu bemerken), an „tote große Männer“ aus dem Haus, sondern sie kann in die Zukunft weisen. Aus der eigenen Vergangenheit der Organisation können einander ähnliche Situationen vergegenwärtigt und – das ist das Wesentliche – auf die verschiedenen sich bietenden Möglichkeiten des Handelns überprüft werden. Mögliche Konfliktkonstellationen können in Ruhe durchdacht und kontrovers diskutiert werden. Eine auf solche Weise reflektierend in die Gegenwart geholte Vergangenheit trägt zur weiteren Bildung und Sedimentierung einer „organizational identity“ bei, gerade durch den Blick auf das Gute wie auf das Böse (das deutlich anzusprechen ist) in der eigenen Organisationsgeschichte. Dazu haben deutsche Verwaltungen in der Kontinuität unserer deutschen Geschichte allen Grund.

Abstract

Administrative cultures as a "clotted history"

Social and Historical Sciences

Administrative cultures may be seen as 'clotted' history if they are regarded in comparison and over time; they result from learning and adaptation processes. At first, new quantitative empirical research in social sciences shows how administrators working together (here: across borders) feel that working methods and approaches are 'different' at the other side. Historical narration and description, in a second part, may catch the status quo of organizational learning at a given moment (here: in three McKinsey situations provoking organizational stress). Situational, narrative approach and quantitative measurements show different aspects and are complementary. Thinking about the history of one's own administration joint together may contribute to a growth of organizational identity.

Rechtsvergleichung als Perspektivenerweiterung

Neuorientierung(en) für Verwaltungsrecht und Verwaltungsrechtswissenschaft

Von Matthias Ruffert, Berlin

I. Einleitung

Die deutsche Verwaltungsrechtswissenschaft ist in den vergangenen gut 25 Jahren einem weithin sichtbaren Wandel unterzogen worden. Er verdankt sich vor allem dem Anspruch erhöhter Interdisziplinarität im Sinne nachbarwissenschaftlich informierten Arbeitens. Durch die Einbeziehung sozialwissenschaftlicher, namentlich verwaltungswissenschaftlicher Erkenntnisse, aber auch durch die Berücksichtigung von Forschungsergebnissen der Geschichtswissenschaft oder der ökonomischen Analyse von Recht und Verwaltung sind die Kontextabhängigkeit des Verwaltungsrechts und seiner Erforschung offengelegt worden.[1] Auf diese Weise ließen sich Konzepte wie regulierte Selbstregulierung[2], demokratische *(good)* governance, Verwaltungsorganisationsrecht als Steuerungsressource[3] oder Effizienz als Maßstab des Verwaltungshandelns[4] für die Verwaltungsrechtsdogmatik nutzbar machen. In der Rückschau stellt sich die Öffnung des Verwaltungsrechts und seiner Wissenschaft als eine wichtige Phase der Entwicklung des Faches nach der Wiedererrichtung rechtsstaatlicher Strukturen in den 1950er und 1960er Jahren dar, die auch wissenschaftliche Verkrustungen aufzulösen versucht. Das vorher häufig überwiegende „rein dogmatische" Arbeiten wird tendenziell weniger ernst genommen und auf die Frühphase der akademischen Ausbildung oder gleich ganz auf die Praxis verlagert – was angesichts der Gefahr, die Bodenhaftung in der Rechtswirklichkeit zu verlieren, auch nicht ohne wissenschaftliche Risiken ist.

Die Rechtsvergleichung ist hingegen keines der Hauptmotive der beschriebenen Neuausrichtung. Diese bezieht zwar die auch die Europäisierung von Verwal-

---

[1] Statt aller *Voßkuhle,* in: Hoffmann-Riem/Schmidt-Aßmann/ders. (Hrsg.), GVwR I, 2. Aufl. 2012, § 1.

[2] Übersicht: *Eifert,* in: GVwR I (FN 1), § 19 Rn. 52 ff.

[3] *Schmidt-Aßmann/Hoffmann-Riem (Hrsg.),* Verwaltungsorganisationsrecht als Steuerungsressource, 1997.

[4] *Hoffmann-Riem/Schmidt-Aßmann (Hrsg.),* Effizienz als Herausforderung an das Verwaltungsrecht, 1998.

tungsrecht und Verwaltungsrechtswissenschaft ein, denen man spätestens seit den 1990er Jahren ohnehin nicht mehr seriös ausweichen konnte[5]; anschließend tritt noch mit deutlich geringerem Gewicht die Internationalisierung hinzu[6]. Sie greift jedoch allenfalls spurenweise konkrete Impulse aus ausländischen Verwaltungsrechtsordnungen oder der ausländischen verwaltungsrechtswissenschaftlichen Forschung auf. Daher bleibt für die deutsche Verwaltungsrechtswissenschaft auch unklar, inwieweit sich die Lehre in anderen europäischen und ggf. auch außereuropäischen Staaten und Rechtsordnungen auf der gleichen Linie entwickelt haben oder ob dort jeweils ein eher dogmatikorientiertes Forschungsparadigma fortwirkt[7]. Unter diesem Gesichtspunkt ließe sich annehmen, daß sich die Abschottung an Rechtsordnungsgrenzen im öffentlichen Recht, wie sie für die Rechtsentwicklung seit dem Spätkonstitutionalismus vielfach postuliert wird, in eigentümlicher Weise fortsetzt.

Dies ist ein um so überraschenderer Befund, als die Verwaltungsrechtsvergleichung in den letzten Jahren keineswegs eine zu vernachlässigende Größe in der verwaltungsrechtswissenschaftlichen Forschung darstellt[8]. Als Beleg soll hier nur ein Schlaglicht auf die entsprechenden Aktivitäten der „Verwaltung" geworfen werden. Hier finden sich nicht nur häufig kurze Beiträge zu auslandsrechtlichen und vergleichenden Themen unter „Berichte und Kritik", sondern auch längere Abhandlungen[9]. 2015 hat die Zeitschrift der vergleichenden Betrachtung des deutschen Verwaltungsrechts und der deutschen Verwaltungsrechtswissenschaft im Ausland ein Themenheft gewidmet[10], und seit 2010 beteiligt sich die Zeitschrift, die kurz vorher auch begonnen hat, zu jeder Abhandlung ein von einem *native speaker* redigiertes englischsprachiges Abstract zu veröffentlichen[11], am Netzwerk „Ius Publicum", das – einer italienischen Initiative folgend – führende Zeitschriften des

---

[5] Überblick: *Ruffert,* Die Verwaltung 36 (2003), S. 293.

[6] Grundlegend *Schmidt-Aßmann,* Der *Staat* 45 (2006), 315, sowie *Möllers/Voßkuhle/Walter (Hrsg.),* Internationales Verwaltungsrecht, 2007.

[7] Ansätze hierzu bei *Ruffert,* in: Hoffmann-Riem/Schmidt-Aßmann (Hrsg.), Methoden der Verwaltungsrechtswissenschaft, 2004, S. 165.

[8] s. vor allem den grundlegenden Beitrag von *Schönberger,* in: von Bogdandy/Cruz Villalón/Huber (Hrsg.), Ius Publicum Europaeum, Band IV, 2011, § 71.

[9] Die Zahl der Beiträge ist unüberschaubar; aus neuerer Zeit: *Markantonatou-Skaltsa,* Die Verwaltung 39 (2006), S. 119; *Schöndorf-Haubold,* Die Verwaltung 40 (2007), S. 513; *Pilving,* Die Verwaltung 41 (2008), S. 571; *Dagron,* Die Verwaltung 44 (2011), S. 1; *Kuhlmann,* Die Verwaltung 44 (2011), S. 155 (verwaltungwissenschaftlich); *Slobogin,* Die Verwaltung 44 (2011), S. 465; *Groß,* Die Verwaltung 45 (2012), 251; *Schmidt-Aßmann,* Die Verwaltung 45 (2012), 264; *Fraenkel-Haeberle,* Die Verwaltung 47 (2014), S. 271; *Groß,* Die Verwaltung 48 (2015), S. 581.

[10] *Fraenkel-Haeberle,* Die Verwaltung 48 (2015), S. 309; *Gonod,* Die Verwaltung 48 (2015), S. 337; *Lipowicz,* Die Verwaltung 48 (2015), S. 365; *Velasco,* Die Verwaltung 48 (2015), S. 383.

[11] Erstmals im Jahrgang 2007.

öffentlichen Rechts in Europa auf einer Internetplattform zusammenführt[12]. Wenn Verwaltungsrechtsvergleichung die Verwaltungsrechtswissenschaft voranbringen kann, muß es also weniger darum gehen, die vergleichende Forschung zu fördern, als vielmehr darum, ihre bereits vorhandenen Aktivitäten und Ergebnisse stärker ins Blickfeld der Neuausrichtung von Verwaltungsrecht und Verwaltungsrechtswissenschaft zu rücken.

II. Rechtsvergleichung als Bereicherung von Verwaltungsrecht und Verwaltungsrechtswissenschaft

1. Umbrüche im praktischen Bedarf

a) Europäische Union und Verwaltungsrechtsvergleichung. Über Jahre, wenn nicht Jahrzehnte, speist sich der Bedarf an verwaltungsrechtsvergleichender Forschung aus dem Europäisierungsprozeß. Das Zusammenwachsen Europas und das damit einhergehende Zusammenwachsen der Verwaltungsrechtsordnungen verlangte den Akteuren der europäischen Verwaltungsrechtslehre die Kenntnis von Grundstrukturen und einzelnen Figuren ausländischer Rechtsordnungen ab, vor allem, um die Grundstrukturen mancher Gebiete der europäischen Rechtsetzung zu verstehen oder um *legal transplants* an ihren Ursprung verfolgen und deuten zu können[13]. Illustrative Beispiele traten zunächst im Umweltrecht in Erscheinung: Die Richtlinie über die Umweltverträglichkeitsprüfung bringt einen in den Vereinigten Staaten entwickelten Verfahrensschritt für Planungs- und Genehmigungsverfahren in Europa zur Geltung[14], die Richtlinie über Umweltinformationen importiert eine vor allem in Skandinavien geübte Verwaltungspraxis ins Europarecht[15], und mit der Ausdehnung der Klagebefugnis in Umweltangelegenheiten verschiebt der EuGH die Perspektive auf die französische Konzeption der *invocabilité* in einem gewissen Spannungsverhältnis zur deutschen Schutznormkonzeption[16]. Aber auch andere Bereiche des Verwaltungsrechts bleiben hiervon nicht unberührt, namentlich im öffentlichen Wirtschaftsrecht. Auf Einzelheiten wird zurückzukommen sein.

Nun sind auch den Fachvertretern des europäischen Verwaltungsrechts die gravierenden Brüche im europäischen Integrationsprozeß nicht entgangen. Staatsschuldenkrise, Flüchtlingsproblem und Brexit haben die Europäische Union in eine

[12] Internetseite: http://www.ius-publicum.com.

[13] s. nur *Sommermann,* in: Schwarze (Hrsg.), Bestand und Perspektiven des Europäischen Verwaltungsrechts, 2008, S. 181 (197 f.); *Ruffert,* in: von Bogdandy/Cassese/Huber (Hrsg.), Handbuch Ius Publicum Europaeum, Band V, 2014, § 94 Rn. 46.

[14] s. nur *Breuer,* Entwicklungen des Europäischen Umweltrechts, 1993, S. 51 ff.

[15] Dokumentiert in *Breuer/Kloepfer/Marburger/Schroeder (Hrsg.),* Freier Zugang zu Umweltinformationen, 1993; *Winter (Hrsg.),* Öffentlichkeit von Umweltinformationen, 1990.

[16] *von Danwitz,* DÖV 1996, S. 481.

Sinnkrise gestürzt. Vordergründig ist das Verwaltungsrecht hiervon unberührt. Während die große Politik nach Auswegen aus den überhandnehmenden Schwierigkeiten sucht, gelingt beispielsweise eine umfassende Vergaberechtsreform[17] und wird ein wissenschaftlicher Entwurf für Grundzüge eines EU-Verwaltungsverfahrensrechts vorgelegt[18]. Gleichwohl stellt die neue Situation auch die Verwaltungsrechtslehre vor neue Aufgaben. Wenn im Gefüge des europäischen Integrationsprozesses das Verhältnis zwischen Union und Mitgliedstaaten, zwischen Supranationalität und nationaler Identität, zwischen Einheit und Differenz neu ausgelotet wird, ist auch die Verwaltungsrechtslehre aufgerufen, stabile theoretische Brücken und dogmatische Verbindungsglieder vorzuhalten. Das kann aber nur gelingen, wenn die Parallelen und Unterschiede zwischen den mitgliedstaatlichen Verwaltungsrechtsordnungen bekannt sind, und hierzu sind wiederum tiefgreifende rechtsvergleichende Betrachtungen erforderlich.

Diese rechtsvergleichenden Betrachtungen bedürfen auch einer methodischen Verbreiterung. Bislang bestehen viele Bemühungen der europäisierungsorientierten Verwaltungsrechtsvergleichung darin, Rechtsfiguren des Sekundärrechts in mitgliedstaatliche Rechtsordnungen zurückzuverfolgen oder aus mitgliedstaatlichen Rechtsordnungen entweder eine Synthese im Sinne eines Regelungsoptimums zu formulieren oder Bedingungen für den Wettbewerb der Rechtsordnungen in der Rechtsvergleichung auszuloten. Seltener geschieht es jedoch, daß Vergleichsmaßstäbe von außen für die Unionsrechtsordnung als Ganze aufgesucht und angewandt werden. Der Makrovergleich zwischen den USA und der EU im Verwaltungsrecht ist ausbaufähig, und möglicherweise kann auch aus dem hohen europarechtlichen Forschungsstand in Japan Nutzen gezogen werden[19].

Ferner ist es in den letzten Jahren auch nicht mehr selbstverständlich, daß die mitgliedstaatlichen Rechtsordnungen zur Bereicherung des europäischen Verwaltungsrechts herangezogen werden können. Im Gegenteil: In manchen Mitgliedstaaten sind Defizite der Rechtsstaatlichkeit nicht zu leugnen. Ein Team um *Armin von Bogdandy* hat dies für Bulgarien, Griechenland, Italien, Rumänien und Ungarn nachgewiesen[20]; nach den Vorfällen um das dortige Verfassungsgericht wäre eine solche Untersuchung wohl auch auf Polen zu erstrecken[21]. Das Europarecht ist mit der Bildung von Maßstäben für den Aufbau rechtsstaatlicher Verwaltungsstrukturen

---

[17] Dazu *Burgi,* Vergaberecht, 2016, § 3 Rn. 39 ff.

[18] *ReNEUAL,* Musterentwurf für ein EU-Verwaltungsverfahrensrecht, 2015.

[19] s. etwa das European Studies Institute in Tokyo (http://eusi.jp/), das für die Rechtswissenschaft von Prof. Dr. *Yumiko Nakanishi* geführt wird.

[20] *von Bogdandy/Kottmann/Antpöhler/Dickschen/Hentrei/Smrkolj,* ZaöRV 72 (2012), S. 45; *von Bogdandy/Ioannidis,* ZaöRV 74 (2014), S. 283; *von Bogdandy/Sonnevend,* Constitutional Crisis in the European Constitutional Area, 2015.

[21] Dokumentiert insbesondere durch die Venedig-Kommission des Europarates: Opinion on amendments to the Act of 25 June 2015 on the Constitutional Tribunal of Poland, adopted by the Venice Commission at its 106th Plenary Session (Venice, 11–12 March 2016), CDL-AD(2016)001-e.

nicht unvertraut, wie es die z. T. sehr langjährigen Beitrittsprozesse nicht nur der mittel- und osteuropäischen Mitgliedstaaten zeigen. Der Kern rechtsstaatlichen Verwaltungsrechts läßt sich aber auch durch rechtsvergleichende Arbeiten herauskristallisieren.

In der Summe bleibt die europäische Integration also Grundlage eines praktischen Bedarfs für die Rechtsangleichung, jedoch verschieben sich die Gewichte in den Forschungszielen.

b) Ansätze eines globalen Verwaltungsrechts. Die Rechtsvergleichung ist auch eine wichtige methodische Perspektive des Verwaltungsrechts jenseits von Staat und supranationaler Union. Hierzu konnte in den 2000er Jahren eine starke Bewegung beobachtet werden, die – je nach theoretischer Ausrichtung – das internationale Verwaltungsrecht oder ein *Global Administrative Law* zu entwickeln suchte[22]. Beiden Forschungsansätzen geht es darum, die vielfältigen Aktivitäten internationaler Institutionen rechtsstaatlich einzuhegen und in der Entfaltung ihrer rechtlichen Handlungsmöglichkeiten zu analysieren. Dabei legt die „GAL"-Bewegung, wie sie teilweise genannt wird, verstärkten Wert auf Parallelen zwischen der Betrachtung der „Verwaltung" des globalen Raums in der Gegenwart und der Entstehung eines allgemeinen Verwaltungsrechts mit seinen Prinzipien, Regeln und Institutionen in der zweiten Hälfte des 19. Jahrhunderts[23].

Gleich welchen Forschungsansatz man an dieser Stelle für überzeugender hält, können sich derartige weltumspannende Verwaltungsrechtskonzeptionen nicht ohne Rückanbindung an die staatlichen Verwaltungsrechtsordnungen und ihre Grundstrukturen entwickeln. Das macht den Rechtsvergleich erforderlich; hier sind Methoden der Erkenntnis über ausländische Verwaltungsrechtsordnungen ebenso notwendig wie solche des Vergleichs.

2. Wegweiser aus theoretischen Sackgassen

Verwaltungsrechtsvergleichung muß nicht nur betrieben werden, um einem praktischen Bedarf entgegenzukommen. Der komparative Blick ist auch nützlich, Sackgassen der eigenen Theorieentwicklung zu identifizieren und den Weg aus ihnen herauszufinden. Beispiele hierfür sind nicht schwer zu finden. So sind Theorie und Dogmatik der untergesetzlichen Normgebung in Deutschland aus verschiedenen Gründen nicht in der Lage, die vielfältigen Spannungen um die unterschiedlichen Formen und Typen von Verwaltungsvorschriften aufzulösen; illustrativ ist der auf die Außenwirkung von Verwaltungsvorschriften bezogene Vorwurf einer „Dogmatik des ‚Als ob'"[24]. Gründe für dieses Defizit mögen in der

---

[22] *Cassese,* Global Admininstrative Law – An Introduction, 2005; *Kingsbury/Krisch/Stewart,* Law and Contemporary Problems 68 (2005), S. 15

[23] *Fromageau,* La théorie des institutions du droit administrative global, 2016, S. 10 ff.; *Cassesse, Law* and Contemporary *P*roblems 68 (2005), S. 109 (112 f.).

[24] Treffend *Wahl,* FG 50 Jahre BVerwG 2003, S. 571 (582 und 585).

Unsicherheit über die Reichweite von Verwaltungslegitimation sowie in der föderal induzierten entsprechenden Auslassung im VwVfG liegen[25]. Untergesetzliche Normsetzung ist aber in anderen Rechtsordnungen sehr weit ausentwickelt, so daß sich zwar nicht unbedingt Rechtsimplantate, aber zumindest theoretische Anleihen anbieten[26]. Weitere blinde Flecken des deutschen öffentlichen Rechts wären im Bereich der Verwaltungssanktionen zu finden. Wo sich in Deutschland ein Ordnungswidrigkeitenrecht jenseits jeder wissenschaftlichen Begleitung und mit vielfachen Verzerrungen in der Verwaltungspraxis entfaltet – man denke nur an den jedem Kraftfahrzeughalter bekannten Mißbrauch des Bußgeldwesens zu Finanzierungszwecken –, gibt es in anderen Staaten eine ausgefeilte Lehre von den Verwaltungssanktionen[27]. Es muß jedoch nicht gleich ein ganzes (Teil-)Rechtsgebiet sein. Vielfach hilft das rechtsvergleichende Argument, diskursive Engpässe zu überwinden. Nicht von ungefähr hat *Peter Häberle* die Rechtsvergleichung als „fünfte Auslegungsmethode" entwickelt. Seine für das Verfassungsrecht erarbeitete Argumentation kann auch für das Verwaltungsrecht tragen[28]. Ein bereits diskutiertes Beispiel für solche Blickerweiterung ist die komparative Betrachtung der Relation von Zugangseröffnung zum Verwaltungsrechtsstreit einerseits und gerichtlicher Kontrolldichte andererseits[29].

III. Referenzgebiete

1. Referenzgebiete und Verwaltungsrechtsvergleichung

Ein anerkanntes methodisches Vorgehen in der neueren Verwaltungsrechtsdiskussion ist die Arbeit mit Referenzgebieten; die Suche nach solchen Bereichen des besonderen Verwaltungsrechts, die das allgemeine Verwaltungsrechtsdenken prägen[30]. Dieser Gedanke läßt sich auch auf die Verwaltungsrechtsvergleichung übertragen, so daß einzelne Problemfelder identifiziert werden können, in denen vergleichendes Arbeiten entweder besonders prägend für die Verwaltungsrechtsvergleichung und die Verwaltungsrechtsentwicklung ist oder aber sein sollte. Insgesamt fünf Problemfelder können solchermaßen als Referenzgebiete ausgewiesen werden: Das Regulierungsrecht, verselbständigte Verwaltungseinheiten, Bürger

---

[25] Zu historischen Wurzeln der Konzentration auf den Verwaltungsakt *Stolleis,* Geschichte des Öffentlichen Rechts in Deutschland, 1992, S. 410 ff.

[26] *Strauss,* Administrative Justice in the United States, 3. Aufl. 2016, S. 298 ff.; *Pünder,* Exekutive Normsetzung in den Vereinigten Staaten von Amerika und der Bundesrepublik Deutschland, 1995. Dazu auch *Ruffert,* in: Schneider/Rennert/Marsch (Hrsg.), ReNEUAL Musterentwurf für ein EU-Verwaltungsverfahrensrecht, 2016, S. 111 (114 ff.).

[27] *Frier/Petit,* Droit administratif, 9. Aufl. 2014, Rn. 490 und 622.

[28] *Häberle,* Rechtsvergleichung im Kraftfeld des Verfassungsstaates, 1992, S. 36 ff.

[29] *Breuer,* AöR 127 (2002), S. 523 (542 ff.).

[30] *Schmidt-Aßmann,* Das allgemeine Verwaltungsrecht als Ordnungsidee, 2. Aufl. 2004, 1/12 ff.

und Verbände im Verwaltungsprozeß, das Verwaltungsverfahrensrecht und schließlich die Konstitutionalisierung des Verwaltungsrechts.

2. Regulierungsrecht

In den 1990er Jahren wurden durch Privatisierung und Deregulierung lähmende Verkrustungen namentlich in den Netzwirtschaften in der EU, darunter vor allem in Deutschland, aufgelöst. Illustrativ für den Gewinn an Freiheit und ökonomischer Effizienz sind die Beobachtungen des auch dadurch ausgelösten Fortschritts in der Telekommunikation oder der Umstand, daß bis 1998 ein Energiewirtschaftsgesetz aus 1935 fortgalt, in dem von der volkswirtschaftlichen Schädlichkeit des Wettbewerbs die Rede war[31]. Spiegelbild von Privatisierung und Deregulierung sind indes Prozesse der (Re-)Regulierung, deren Verständnis wiederum ohne rechtsvergleichende Überlegungen nur schwer möglich ist.

Ausgangspunkt ist ein weiter Regulierungsbegriff im US-amerikanischen öffentlichen Recht, der sich institutionenökonomisch in Marktversagenskonzepte einfügen läßt und insoweit die Rechtfertigungslast staatlicher Eingriffe in privates Wirtschaften offenlegt[32]. Im Kontext des Regulierungsrechts, wie es sich in den 1990er Jahren in Europa herausbildet, erweist er sich indes partiell als zu unscharf. Insbesondere für die deutsche Diskussion hat sich ein Regulierungskonzept als vorzugswürdig herausgestellt, das auf die Regulierungsziele Wettbewerbssicherung, Gemeinwohlerhaltung und Gefahrenabwehr fokussiert ist[33]. Allein in der Finanzmarktregulierung lebt die weite, „amerikanische" Regulierungskonzeption fort[34].

Am Referenzgebiet Regulierungsrecht läßt sich für die Rechtsvergleichung im Verwaltungsrecht zweierlei aufzeigen. Erstens kann der Weg einer rechtspolitischen Entwicklung, hier der Privatisierung und Regulierung von den USA über Großbritannien und die EU nach Deutschland besonders gut nachgezeichnet werden[35]. Zweitens wird in diesem Rechtsgebiet demonstriert, wie bei gleichbleibender Begrifflichkeit (*regulation* – *régulation* – Regulierung) konzeptionelle Unterschiede erhalten bleiben können und welche Probleme in der rechtsvergleichenden Kooperation mit ausländischen Wissenschaftlern dadurch zu entstehen drohen. In der Summe ist jedenfalls verwaltungsrechtswissenschaftlich profundes Arbeiten im Regulierungsrecht nur schwer vorstellbar.

---

[31] s. nur *Ludwigs,* in: Baur/Salje/Schmidt-Preuß (Hrsg.), Regulierung in der Energiewirtschaft, 2. Aufl. 2016, Kapitel 6 Rn. 1 m.w.N.

[32] *Masing,* AöR 128 (2003), S. 558.

[33] *Ruffert,* in: Fehling/ders. (Hrsg.), Regulierungsrecht, 2010 § 7 Rn. 58.

[34] *Röhl,* in: Regulierungsrecht (FN 33), § 18 Rn. 33 ff.

[35] *Ruffert,* in: Ehlers/Fehling/Pünder (Hrsg.), Besonderes Verwaltungsrecht, 3. Aufl. 2012, § 21 Rn. 5 ff.

3. Verselbständigte Verwaltungseinheiten

Ein ähnliches Bild ergibt sich beim Blick auf das thematisch partiell hiermit verwandte Problemfeld der verselbständigten Verwaltungseinheiten. Vergleichbar ist die Export-Import-Relation: Entstanden in den USA gelangen selbständige Agenturen über das EU-Recht in das deutsche Verwaltungsrecht[36]. Hinzu tritt das Phänomen der Ausgliederung von verselbständigten Verwaltungseinheiten in Frankreich zur Grundrechtssicherung durch Auskopplung aus hierarchischen Verwaltungszusammenhängen[37].

Rechtsvergleichend zu bearbeiten sind nicht nur die Entstehungshintergründe von organisatorischen Verselbständigungen. Auch die zentrale Frage der Verwaltungslegitimation kann letztlich nicht ohne rechtsvergleichende Analysen bearbeitet werden. Verselbständigte Verwaltungseinheiten legitimieren sich in unterschiedlichen Verwaltungsrechtssystemen mit unterschiedlichen Ansätzen zur demokratischen Legitimation auf unterschiedliche Weise. Das US-amerikanische *iron triangle* aus Präsident, Kongreß und *agencies* setzt einen anderen Rahmen[38] als die französische Präsidialdemokratie nach der Verfassung von 1958. Schon solche komparatistisch induzierte Relativierungen zeigen auf, wie übertrieben eine Analyse aus der Sicht des deutschen Verfassungsrechts ist, die Unabhängigkeitsanforderungen an mitgliedstaatliche Regulierungsbehörden mit der „Keule" des Art. 79 Abs. 3 GG entgegentritt und ihnen die grundgesetzliche Verfassungsidentität gegenüberstellt[39]. Rechtsvergleichende Analyse kann argumentative Exzesse mildern.

4. Bürger und Verbände im Verwaltungsprozeß

Der „Zugang zum Recht", eine (schwache) Übersetzung des anglo-amerikanischen *access to justice* ist ein weiteres Gravitationsfeld der Rechtsvergleichung. Hintergrund ist ein rechtspolitischer Trend, zunächst in der EU und später auf völkerrechtlicher Ebene. Bekanntermaßen hatten Kommission und EuGH die funktionale Subjektivierung – plastisch: die Mobilisierung des Bürgers für die Durchsetzung des Rechts – für das Umweltrecht fruchtbar gemacht, um dort evidente Vollzugsdefizite zu beseitigen[40]. Auf der Ebene der Vereinten Nationen ist der rechtspolitische Trend sodann mit der Århus-Konvention perpetuiert und intensi-

---

[36] Grundlegend *Fischer-Appelt,* Agenturen der Europäischen Gemeinschaft, 1999. Zu den Anfängen in den USA *Lepsius,* in: Regulierungsrecht (FN 33), § 1 Rn. 35.

[37] Dazu die Beiträge von *Vilain* und *Marcou,* in: Marcou/Masing (Hrsg.), Unabhängige Regulierungsbehörden, 2010, S. 9 und 99 bzw. in: Marcou/Masing (Hrsg.), Le modèle des autorités de régulation indépendantes en France et en Allemagne, 2011 S. 23 und 65.

[38] *Breger/Edles,* Independent Agencies in the United States, 2015, S. 99.

[39] So aber tatsächlich *Gärditz,* AöR 135 (2010), S. 251; *Ludwigs,* Die Verwaltung, 44 (2011), S. 41 (47).

[40] *Masing,* Die Mobilisierung des Bürgers für die Durchsetzung des Rechts, 1997; *Ruffert,* Subjektive Rechte im Umweltrecht der EG, 1996; *Wegener,* Rechte des Einzelnen, 1998.

viert worden[41]. Ziel ist die Ausdehnung der Klagebefugnis im Verwaltungsprozeß für einzelne und Umweltverbände zur Vollzugseffektuierung.

Durchweg bedurfte die Analyse dieses Phänomens der rechtsvergleichenden Begleitung. Die Bedeutung des aus dem französischen Rechts stammenden Konzepts der *invocabilité* wurde bereits erwähnt; ebenso die im deutschen Schrifttum thematisierte Relation von Klagebefugnis und Kontrolldichte[42]. Die Århus-Konvention ermöglicht den Unterzeichnerstaaten eine alternative Umsetzungsoption je nach Rechtsschutzmodell. Deutschland hat die Umsetzungsnotwendigkeiten evident verkannt und im Trianel-Urteil hierfür die Obliegenheit zur Korrektur geerntet[43]. Auf der anderen Seite tut sich der EuGH schwer mit einer dogmatisch sauberen Begründung weiterer Ausdehnungen der umweltbezogenen Klagebefugnis. Immerhin ist der letzte Vorstoß des Generalanwalts *Wathelet,* dessen Plädoyer letztlich auf einer Schwäche im rechtsvergleichenden Arbeiten beruht, erfolglos und der deutschen Verwaltungsrechtslehre die befürchtete Abschaffung von § 113 Abs. 1 VwGO erspart geblieben[44]. Im Ergebnis ist aber hier der deutsch-französische Vergleich nicht nur bezogen auf den Teilbereich Umweltrecht sondern insgesamt gut vorangeschritten.

5. Verfahrensrecht

Rechtsvergleichende Argumente spielen zudem eine gewichtige Rolle in der Bewertung des Verfahrensrechts. Dabei ist die Debatte nicht vor überraschenden Erkenntnissen gefeit: Während man jahre-, wenn nicht jahrzehntelang von einer geringeren Gewichtung des Verfahrensrechts in der deutschen Rechtsordnung namentlich im Vergleich mit den anglo-amerikanisch geprägten Rechtsordnungen ausgegangen war, hat *Michael Fehling* dies in seinem Berliner Staatsrechtslehrervortrag eindrucksvoll widerlegt, indem er die Aufwertung des Verfahrens als gemeineuropäischen Trend ausgewiesen hat[45]. Dennoch bleibt die deutsche Verwaltungsrechtswissenschaft gut beraten, Entwicklungen im Verwaltungsverfahrensrecht des Auslands in ihr Repertoire einzubeziehen. Dies zeigt schon der Siegeszug verfahrensrechtlicher Rechtsimplantate: Informationsanspruch, Umweltverträglichkeitsprüfung, Vergabeverfahren. Auch verbleibende Schwächen – die schwache verfahrensrechtliche Ausgestaltung untergesetzlicher Normgebung außerhalb von

---

[41] *Schwerdtfeger,* Der deutsche Verwaltungsrechtsschutz unter dem Einfluß der Aarhus-Konvention, 2010.

[42] s. o. Fn. 16 und 29.

[43] EuGH, Urt. v. 12.5.2011, Rs. C-115/09, Slg. 2011, I-3673 – *Trianel,* dazu nur *Schwerdtfeger,* EuR 2012, 80.

[44] EuGH, Urt. v. 15.10.2015, Rs. C-137/14, ECLI:EU:C:2015:683, Rn. 28 ff. = NVwZ 2015, S. 1665 – *Kommission/Deutschland*; gegen GA *Wathelet,* Schlußantr. zu Rs. C-137/14, ECLI:EU:C:2015:344, Rn. 23 und 63. Dazu *Ruffert,* Die Verwaltung 48 (2015), S. 547 (565).

[45] *Fehling,* VVDStRL 70, (2011), S. 278 (289 ff., 317).

besonderen Bereichen wie der Bauleitplanung und des Erlasses bestimmter umweltrechtlicher Verwaltungsvorschriften – wurde bereits erwähnt.

6. Konstitutionalisierung

Ein Referenzgebiet der Verwaltungsrechtsvergleichung der Zukunft könnte schließlich die Konstitutionalisierung sein. Hier bestehen Erkenntnislücken, deren Auffüllung sich lohnt, denn in manche ausländischen Rechtsordnungen ist Bewegung geraten. Wissenschaftsvergleichend ist schon der Umstand zu verarbeiten, daß die gleichzeitige Erforschung von Verfassungs- und Verwaltungsrecht eine deutsche (nicht einmal eine deutschsprachige) Besonderheit ist. In vielen Ländern sind Lehrstühle, Fachgesellschaften und Publikationsorgane strikt voneinander getrennt. Das erschwert die Herstellung von Querverbindungen offensichtlich stark. Die Aufteilung prägt auch die Rechtsvergleichung: Verfassungs- und Verwaltungsrechtsvergleichung gehen selten Hand in Hand.

Die Konstitutionalisierung des einfachen Rechts, namentlich des Verwaltungsrechts, ist auch vor diesem Hintergrund ein spezifisch deutsches Phänomen. Dennoch ist im Ausland Bewegung in den Trennungs-, ja Abschottungskonzepten zu beobachten. Die *question préjudicielle de constitutionnalité* führt in Frankreich zu einer Aufwertung des Verfassungsrates und zu einer wechselseitigen Beeinflussung von einfachem Recht und Verfassungsrecht, die wissenschaftlich erfaßt werden muß[46]. Der *Human Rights Act* hat in Großbritannien ebenso einen Konstitutionalisierungsschub herbeigeführt wie die Reformen des Verwaltungsrechtsschutzes[47] – ganz abgesehen von der Frage, wie der Brexit, ein verfassungsrechtlich-politscher Vorgang – auch Verwaltungsrecht, Verwaltungsrechtslehre und Verwaltungsrechtsvergleichung beeinflussen wird. Auch das US-amerikanische Konzept des *administrative state* enthält so viele letztlich verfassungsrechtliche Gehalte, dass eine rechtsvergleichend-wissenschaftliche Aufarbeitung lohnt[48].

IV. Forschungsperspektiven

Wie läßt sich die Verwaltungsrechtsvergleichung so aufstellen, daß sie die Bereicherung der Verwaltungsrechtslehre fortsetzen und intensivieren kann? Hierzu seien abschließend drei Forschungsperspektiven aufgezeigt.

Erstens lebt die Rechtsvergleichung traditionell und auch in Zukunft vom direkten wissenschaftlichen Austausch. Eine Reihe von Forschergruppen ermögli-

---

[46] *Jouanjan,* in: Gonod/Melleray/Yolka (Hrsg.), Traité de droit administratif, Bd. 1, 2011, S. 383 (400 ff.); *Chrétien/Chifflot/Tourbe,* Droit administratif, 15. Aufl. 2016, Rn. 155.

[47] *Craig,* Administrative Law, 7. Aufl. 2012, S. 583 ff.; *Sydow,* Parlamentssuprematie und *Rule of Law*, 2005.

[48] s. nur *Strauss,* Administrative Justice (FN 26), S. 17 ff.

chen schon jetzt den Diskurs über rechtsordnungsübergreifende Themen des Verwaltungsrechts. Unter ihnen ist die Research Group on New Administrative Law (ReNEUAL) mit ihrem Entwurf eines Verwaltungsverfahrensrechts für die EU besonders prominent[49]. Auch die deutlich kleinere Dornburg Research Group on New Administrative Law leistet ihren Beitrag[50], ebenso wie die virtuelle Plattform Ius Publicum, an dem die „Verwaltung" beteiligt ist[51]. *Susan Rose-Ackerman* und *Peter Lindseth* bringen in größeren Abständen führende Verwaltungsrechtler im globalen Rahmen zur vergleichenden Diskussion zusammen[52]. Hinzu treten Forschungs- und Lehraufenthalte einzelner Wissenschaftler. Hier blüht die Verwaltungsrechtsvergleichung, hier ist die Kritik des Wissenschaftsrats an mangelnder Internationalisierung wohl in ihrer Schärfe nicht gerechtfertigt[53].

Zweitens ist die Verwaltungsrechtsvergleichung als genuin rechtswissenschaftlicher Forschungsansatz weiterzuentwickeln. Obwohl die ökonomische, historische und politische Kontextualisierung nicht außen vor bleiben müssen und sollen, findet die Bereicherung der Rechtswissenschaft hier nicht durch interdisziplinäre Information oder Irritation, sondern durch eine Erweiterung in der rechtswissenschaftlichen Methode statt. Das sollte das Selbstbewußtsein eines Faches weiter stärken, das nicht nur geringe Schwierigkeiten hat, die Studenten des dritten Fachsemesters für eine weitere Beschäftigung zu begeistern.

Drittens schließlich muß die Verwaltungsrechtsvergleichung weiter daran arbeiten, die Komparatistik insgesamt als Grundlagenfach zu etablieren. Grundlagen des Rechts leben von tragfähigen Methoden. Der Rechtsvergleich ist eine solche Methode bzw. hält einen diskussionswürdigen Methodenkanon vor. Der Gewinn eines genuin rechtswissenschaftlichen Grundlagenfachs wäre nicht der geringste.

---

[49] s. o. FN 18 und 26, sowie die Bewertungen von *S. Augsberg,* Die Verwaltung 50 (2017), S. 1; *Eberhard,* Die Verwaltung 50 (2017), S. 23, und *Schindler,* Die Verwaltung 50 (2017), S. 51.

[50] Letzte Publikation: *Ruffert (Hrsg.),* The Model Rules on EU Administrative Procedures: Adjudication, 2016.

[51] www.ius-publicum.com.

[52] *Rose-Ackerman/Lindseth (Hrsg.),* Comparative Administrative Law, 2010; 2. Aufl. im Druck.

[53] *Wissenschaftsrat,* Perspektiven der Rechtswissenschaft in Deutschland, Drs. 2558/12, S. 8 f., 29, 36 und 71.

Abstract

Comparative Law as a Perspective Extension

Reorientation(s) for Administrative Law and Administrative Law Science

Although research in comparative administrative law is by no means deficient, comparative efforts have not been the focus of the re-orientation of administrative law scholarship in Germany. Consequently, there is a need to enrich the relevant debates: EU administrative law will be in search of a new role, recalibrating unity and diversity in a crisis-stricken integration process, and global administrative law also needs a sound comparative basis. Comparative law can also be a way out of theoretical impasses. The actual and potential impact of more research in comparative administrative law can be shown in a few areas of reference: law of regulation, independent agencies, access to justice, administrative procedure and constitutionalisation. All in all, comparative legal studies are a basic subject of academic research and teaching.

IV. Abschluss

Rezensierte (Verwaltungs-)Rechtswissenschaft

Von Helmuth Schulze-Fielitz, Würzburg

I. Problemstellung: Krise des juristischen Rezensionswesens?

Befindet sich das rechtswissenschaftliche Rezensionswesen in einer Krise? Das legen einige aktuelle Stimmen nahe. Dem Wissenschaftsrat zufolge soll es „wieder geschärft und gestärkt werden"[1], weil es „seine Qualitätsbewertungs- und -sicherungsaufgaben nicht mehr hinreichend" erfülle[2]. Auch *Rolf Stürner* hat für die Jahre bis 1963 eine weit größere Bereitschaft beobachtet, gehaltvolle Rezensionen zu schreiben, sei es „aufgrund größerer Freude am sorgfältigen Lesen und Verarbeiten fremder Texte", sei es aufgrund „einer größeren Neigung zum wissenschaftlichen Diskurs"[3], und *Reinhard Zimmermann* zufolge kann für die Privatrechtsdogmatik und im exemplarischen Blick auf NJW, JZ, AcP, JR und RW „von einer lebendigen Diskussionskultur kaum die Rede sein"[4]. Auch wenn man solchen Annahmen eines Wandels zum Schlechteren nicht folgen will, so verlangt das rechtswissenschaftliche und speziell das verwaltungsrechtswissenschaftliche Rezensionswesen – zumal vor dem Hintergrund der gewachsenen Anzahl von Publikationen, der veränderten Publikationsformate und gewandelter Kommunikationsgewohnheiten – offenbar nach einer verstärkten Selbstreflexion. Zu fragen ist erstens nach den Funktionen von Buchbesprechungen einschließlich von Besprechungsabhandlungen (II.). Zweitens geht es um die denkbaren Gründe wenn auch nicht für den „Niedergang" oder die „Krise", aber doch für die Schwierigkeiten mit Rezensionen und Rezensenten (III.). Zu diesen gehört es drittens, den Sinn für sachliche Qualitätsmaßstäbe bei der Erstellung von Rezensionen zu schärfen (IV.) und personal rezensionsethische Maßstäbe zu beachten (V.). Das alles gilt letztlich für das juristische Rezensionswesen allgemein, ohne dass sich insoweit spezifisch verwaltungsrechtswissenschaftliche Besonderheiten herausdestillieren lassen; aber sie gelten eben auch für die Verwaltungsrechtswissenschaft, auf die ich mit meinen Beispielen überwiegend Bezug nehme. Dabei soll auch an dreieinhalb Jahrzehnte alte einschlägige Überlegungen von

[1] *Wissenschaftsrat*, Perspektiven in der Rechtswissenschaft in Deutschland. Situation, Analysen, Empfehlungen, Drs. 2558–12 vom 09.11.2012, S. 8.

[2] *Wissenschaftsrat* (FN 1), S. 51; zust. *Rixen*, in: Brockmann u. a. (Hrsg.), Promovieren in der Rechtswissenschaft, 2015, S. 23 (38).

[3] *Stürner*, JZ 2016, S. 1 (5).

[4] *Zimmermann*, NJW 2016, S. 3142 (3143).

Peter Häberle im Blick auf die rezensierte Verfassungsrechtswissenschaft verwaltungsrechtsspezifisch angeknüpft[5] und die eigene Erfahrung als für Rezensionen zuständiger Redakteur der Zeitschrift „Die Verwaltung“ reflektiert werden.

II. Funktionen (verwaltungs-)rechtswissenschaftlicher Rezensionen

1. Ausgangsfrage und Prämissen

Ausweislich der Umschlagseiten der Juristenzeitung, deren Vollständigkeitsanspruch offen bleiben kann, sind im Jahre 2016 auf dem Gebiet des deutschen Staats- und Verwaltungsrechts 777 Bücher erschienen; nimmt man Arbeiten zu Grundlagenthemen wie Rechtsgeschichte oder Rechtstheorie und zu Völkerrecht und öffentlichrechtlicher Rechtsvergleichung hinzu, ist die Zahl mehr als doppelt so hoch. Auch wenn man nur die öffentlich-rechtliche Literatur im engeren Sinne betrachtet, dabei die praxisbezogene Gebrauchsliteratur wie Kommentare und Lehrbücher ausklammert und nur Qualifikationsschriften (Dissertationen und Habilitationsschriften) sowie sonstige Monographien und Sammelbände ins Auge fasst, bleiben im Lichte dieser Stichprobe pro Jahr etwa 300 Neuerscheinungen zum Staats- und Verwaltungsrecht der wissenschaftlichen Beobachtung aufgegeben.

Niemand kann sie alle selbst lesen. Wir alle müssen auswählen und Komplexität reduzieren. Sachlich wählen wir unsere Lektüre für konkrete eigene Publikationen vor allem anhand von Vermutungen aus, die die Buchtitel generieren, ferner aus Verlags- oder sonstigen Buchanzeigen, aus Inhaltsverzeichnissen und Abschnitten des Buches, schließlich auch aufgrund der Stellungnahmen von Kollegen in den Fußnoten ihrer Veröffentlichungen. Wann jemals liest man aber auf diese Weise ein Buch vollständig? Dennoch fällen wir Urteile über die Forschungsqualität anderer nicht nur aufgrund von selbst gelesenen Zeitschriftenaufsätzen, sondern vor allem auch aufgrund von Monographien, ohne diese je ausreichend gelesen zu haben. Unser Urteil beruht wesentlich (auch) auf dem – widerleglichen – Vertrauen in die kollegiale Urteilskraft Dritter, sei es aufgrund von deren informellen mündlichen Voten, sei es aufgrund von schriftlichen Wertungen in nichtöffentlichen Gutachten oder auch in veröffentlichten Rezensionen, weil wir aufgrund eigener konkret belastbarer positiver Vorerfahrungen mit den urteilenden Personen deren Wertungen vertrauen[6]. In diesem unabgrenzbaren Netzwerk ständiger wechselseitiger Beobachtung und Beurteilung durch eine „Peer-Review“ im weitesten Sinne sind auch Rezensionen ein – zentrales – Element der Vertrauensbildung unter anderen, die das eigene Urteil begründen, verstärken oder korrigieren können: „Das meiste, was Wissenschaftler über Bücher sagen, haben sie nicht durch ausführliche Lektüre, sondern mit einem Quer-

[5] Vgl. *Häberle*, in: ders. (Hrsg.), Rezensierte Verfassungsrechtswissenschaft, 1982, S. 15 (34 ff.).

[6] Vgl. *Schulze-Fielitz*, in: ders., Staatsrechtslehre als Mikrokosmos, 2013, S. 298 (303 f.).

schnitt der Besprechungen herausgefunden“[7]. Man überlege nur einmal, es gäbe gar keine Rezensionen öffentlich-rechtlicher Bücher mehr: Würde die Wissenschaft dann nicht so unübersichtlich, dass sich die Wahrnehmung unseres – wie auch immer abgegrenzten – Faches so verändert, dass Wissenschaft sich möglicherweise nur noch auf die Begleitung von Problemlösungen gerichtlicher Institutionen durch Zeitschriftenaufsätze beschränken würde? Meine Prämisse lautet jedenfalls: Wissenschaftliche Rezensionen sind unverzichtbar. Warum?

2. Selektive Information

Es liegt nahe, als primäre Funktion rechtswissenschaftlicher Rezensionen die Information über die Existenz, die sachlichen Inhalte und die Qualität von Buchveröffentlichungen anzusehen[8]. Dafür spricht, dass Leser von Buchbesprechungen in allererster Linie vom Thema des Buches zu deren Lektüre angeregt werden[9]. Dennoch ist diese Funktion keineswegs selbstverständlich, sondern sehr voraussetzungsvoll.

Was die Existenz von Veröffentlichungen betrifft, können die Rezensionsteile von Zeitschriften stets nur eine kleine Auswahl behandeln, in der „Verwaltung“ beispielsweise 2–4 % aller oder etwa ein Zehntel der genannten, schon qualitativ gewichteten etwa 300 Neuerscheinungen zum Staats- und Verwaltungsrecht. Das Informationsniveau der Rezensionsteile muss eher niedrig, nämlich lückenhaft und sehr selektiv bleiben. Die Lektüre der Neuerscheinungen auf den Umschlagseiten der „Juristenzeitung“ ist insoweit weit wichtiger als ihr Rezensionsteil (mit 36 Einzelbesprechungen im Jahre 2016 aus allen Rechtsgebieten). Das bleibt – auf etwas höherem Niveau – auch dann so, wenn man die Besprechungen in vielen verschiedenen Zeitschriften verfolgt. Die regelmäßige Lektüre des Rezensionsteils in einzelnen wie mehreren Zeitschriften kann die eigene problembezogene Recherche niemals ersetzen; die Rolle einer Rezension für die Rezeption eines Buches, geschweige für seinen Verkauf[10], darf nicht überschätzt werden. Die informellen Tipps von Kollegen oder Mitarbeitern sind möglicherweise ebenso relevant.

Insofern ist die nähere Information über die sachlichen Inhalte der einzelnen besprochenen Bücher eine weit wichtigere Funktion. Hier gibt es eine große Bandbreite von knappen Buchanzeigen, ausführlichen Besprechungen und Rezensionsabhandlungen[11]. Insoweit ist vom Wissenschaftsrat gerade die Dominanz von Inhaltsrefera-

---

[7] Art. Rezension, in: *Leggewie/Mühlleitner*, Die akademische Hintertreppe, 2007, S. 221 (222).

[8] *Häberle*, in: Rezensierte Verfassungsrechtswissenschaft (FN 5), S. 36 ff.; *Schulze-Fielitz*, in: Staatsrechtslehre (FN 6), S. 324.

[9] Vgl. *Schimank*, SozRev 2013, S. 1 (2), für die Soziologische Revue; erst in zweiter Linie ist der Name des Rezensierten, an dritter Stelle der Name des Rezensenten für den Entschluss zur Lektüre ausschlaggebend.

[10] Anderes mag für eine Rezeption in auflagenstarken Tageszeitungen gelten.

[11] Vgl. näher *Häberle*, in: Rezensierte Verfassungsrechtswissenschaft (FN 5), S. 34 ff.

ten als prägende Entwicklung des Rezensionswesens hin zu einem „Buchanzeigenwesen“ kritisiert worden, weil dieses seine Qualitätsbewertungs- und -sicherungsaufgaben nicht mehr hinreichend erfülle[12]. Vielmehr hat Information über Ob und Inhalt von Veröffentlichungen primär eine dienende Funktion im Kontext von zwei anderen Aufgaben: der Bewertung von Forschungsqualität und der Förderung der (inner-)disziplinären Kommunikation. Rezensionen bleiben auch eher langweilig, wenn sie sich diesen beiden Aufgaben verweigern.

3. Kritische Bewertung der Forschungsqualität

Vor dem eingangs skizzierten Hintergrund, dass heute der Umfang der Kenntnis aller bedeutsamen Veröffentlichungen in der Wissenschaft des Öffentlichen Rechts immer begrenzter und spezieller wird und ihre Würdigung erst recht immer weniger angemessen beurteilt werden kann, gewinnt das Vertrauen in die Urteilskraft anderer über „gute“ Wissenschaft tendenziell zunehmende Bedeutung für die Meinungsbildung und Standardsetzung im informellen „bilateralen“ Gespräch, aber auch auf der Ebene öffentlicher (Be-)Wertungen. Rezensionen sind Instrumente der Qualitätsbeurteilung; die Plausibilität ihrer fachlichen Bewertung von Forschungsleistungen erhält so ein erhebliches Gewicht, um das Bewusstsein für die Qualität und Qualitätsmaßstäbe von Publikationen zu schärfen[13]. Insofern sind Rezensionen als Elemente eines Qualitätsdiskurses realistischerweise nicht ersetzbar.

Dabei wird durch Rezensionen gleichsam selbstreferentiell für Leser wie für Rezensenten der Sinn für die Qualität von Rezensionen selbst geschärft. Nur über eine ausgewiesene Transparenz von Beurteilungskriterien und Bewertungsstandards lassen sich gemeinsame disziplinspezifische Kriterien der Leistungsbewertung (dann auch) in der Vielzahl unveröffentlichter Gutachten oder wertenden Stellungnahmen diskutieren, wie sie subkutan im permanenten wechselbezüglichen Prozess der Peer-Review mit nachhaltiger Wirkung praktiziert werden – so sehr diese Kriterien nur sehr selten ausdrücklich diskutiert werden[14].

4. Perspektivenvielfalt und innerdisziplinäre Kommunikation

Eines der Kennzeichen qualitativ hochwertiger Forschung soll Perspektivenvielfalt sein[15]. Rezensionen können diese Vielfalt abbilden und zur innerdisziplinären Kommunikation beitragen, indem sie – ob im Detail kritisch oder affirmativ – über die bloße Information und die Bewertung der Forschungsqualität hinaus die Kernthesen des rezensierten Buches in den Stand der wissenschaftlichen Diskussion

---

[12] *Wissenschaftsrat* (FN 1), S. 50 f.

[13] *Wissenschaftsrat* (FN 1), S. 48.

[14] s. aber *Rixen*, in: Promovieren (FN 2), S. 30 ff.; *Schulze-Fielitz*, in: Staatsrechtslehre (FN 6), S. 327 ff.

[15] *Wissenschaftsrat* (FN 1), S. 8.

einzuordnen suchen. Kritische Rezensionen können idealiter dazu beitragen, verwaltungsrechtswissenschaftliche Forschung als Ort intensiver, kontroverser und gründlicher Auseinandersetzungen und Debatten über Inhalte und Problemzugänge öffentlich zu machen. Neuartige Problemzugänge oder alternative Theoreme oder Resultate können so der wissenschaftlichen Öffentlichkeit – abgesehen von informellen Gesprächen und Tagungen – auch am schnellsten bekannt gemacht werden. Rezensionen sind im besten Fall Medien innerdisziplinärer – gegebenenfalls kontroverser – Diskussionen, deren Intensität und Gründlichkeit Symptom und Indiz für die Forschungsqualität einer Disziplin sein dürften. Schon die Politiknähe (auch) der Verwaltungsrechtswissenschaft, deren verschiedene rechtsdogmatische Zugänge stets auch mit der Verteilung und Zuordnung politischer Interessen im Gefüge des gewaltenteiligen Verfassungsstaats eng verknüpft sind, lässt regelmäßig mehr oder weniger korrespondierende wissenschaftliche Kontroversen vermuten.

Die Auseinandersetzung des einzelnen Wissenschaftlers durch publizistische Arbeit am selben Gegenstand oder Problem und die (Nicht-)Berücksichtigung durch ein negatives oder positives Votum in der eigenen Publikation mag für den Spezialisten dieselbe Funktion haben. Eine solche Verarbeitung beschränkt sich aber regelmäßig auf Detailfragen und auf die stets kleine Gruppe der an diesen bestimmten Fragen als Spezialisten besonders Interessierten. Monographien reichen in ihrem Anspruch und in ihrer Problemvielfalt aber regelmäßig über solche Einzelfragen hinaus; der Kreis der an ihnen Interessierten beschränkt sich nicht auf wenige Spezialisten. Rezensionen verbreitern die Kenntnis davon über die engeren Kreise derer hinaus, die nur an der spezifischen praktischen Problemlösung oder Entscheidungsvorschlägen interessiert sind.

5. Synthetisierung der Wissenschaftsentwicklung

Eine zunehmend wichtigere Funktion von Rezensionen überschreitet deren Bedeutung für das je einzelne Buch und seinen Autor. Wie die allgemeine Wissenschaftsentwicklung wird auch die Wissenschaftsentwicklung im Öffentlichen Recht und in der Verwaltungsrechtswissenschaft durch Spezialisierungsprozesse charakterisiert – individuell durch Konzentration auf einige Gebiete, aber auch durch Ausdifferenzierung spezialisierter fachlicher Kreise, ob beispielsweise Kommunalrecht, Abfallrecht, Vergaberecht oder das Recht der Erneuerbaren Energien. Durch diese Spezialisierung geht für den einzelnen – notwendigerweise – der Blick auf das Fach oder die Disziplin als Ganzes verloren. Die Lektüre der Rezensionen von Büchern außerhalb des eigenen engeren speziellen Gesichtskreises trägt – ähnlich wie die Plenarvorträge auf der Staatsrechtslehrertagung – dazu bei, diesen Blick auf die Einheit des Öffentlichen Rechts nicht völlig zu verlieren. Rezensionen sind Instrumente, Überspezialisierung und Massenproduktion in den Griff zu bekommen[16].

---

[16] So für die Geschichtswissenschaft *Ruppert*, FAZ vom 19.12.2014, S. N 3.

Dieser intradisziplinäre Blick auf die Transfermöglichkeiten aus anderen Bereichen der Wissenschaft des Öffentlichen Rechts fördert zudem Innovationen durch alternative Problemzugänge (und entspricht auch der intra- und interdisziplinären Wissenschaftspolitik der Deutschen Forschungsgemeinschaft). Die wechselseitige Lektüre von qualitätsvollen Rezensionen aus der Weite des Faches Öffentlichen Recht oder der Verwaltungsrechtswissenschaft synthetisiert diese Vielfalt, trägt jedenfalls dazu bei, den Überblick zu wahren; Rezensionen können insoweit Medien substantieller Information und diskursiver Standardbildung sein[17]. Ohne diese (individuell-kollektiven) Synthetisierungsleistungen würde die Wissenschaft des Öffentlichen Rechts wie speziell die Verwaltungsrechtswissenschaft verarmen und ihre Leistungshöhe und Innovationskraft verlieren – zu Gunsten der Sterilität tendenziell geschlossener Netzwerke von Spezialisten. Soweit Wissenschaft immer auch ein Beitrag zur Gestaltung des Gemeinwesens ist[18], nehmen auch Rezensionen daran teil.

6. Individueller Erkenntnisgewinn

Die bisher genannten Funktionen der Rezensionen haben das System der wissenschaftlichen Kommunikation im Blick. Es gibt aber auch wichtige Funktionen für den individuellen Leser: Der Rezensent belohnt sich mit der „denkbar gründlichsten Kenntnis eines neuen Werkes, die ihm infolge der schriftlichen Auseinandersetzung auch lange erhalten bleiben wird – insbesondere im Vergleich zu einer bloßen Lektüre des Buches“[19]. Ein Transfer von vorher unbekannten Problemzugängen und Argumentationen in andere Sachzusammenhänge kann innovative Einsichten auch in den eigenen Arbeitsfeldern hervorrufen. Überdies werden Rezensionen eher gelesen als umfangreiche Zeitschriftenaufsätze und verschaffen den Rezensenten mitunter größere, wenn auch tendenziell weniger sichtbare und wohl auch weniger nachhaltige Aufmerksamkeit. Das alles gilt für Veröffentlichungen, deren Rezension sich „lohnt“, doch vergreifen sich Redaktionen, die schon vom Umfang eines Rezensionsteils stark auszuwählen gezwungen sind, bei ihrer Vorauswahl doch wohl eher selten im Angebot von Büchern. Es ist kein Zufall und durchaus rechtfertigungsfähig, wenn auf diese Weise Dissertationsverlage bei Zeitschriften nur ausnahmsweise zum Zuge kommen (und so für Rezensenten das Risiko des Zwangs zur Lektüre eines möglicherweise zu schlechten Buches stark reduzieren).

Die Wahrscheinlichkeit eines individuellen Erkenntnisgewinns gilt aber auch für die Lektüre des Rezensionsteils von Zeitschriften. In Übertragung von Erkenntnissen des Netzwerktheoretikers *Mark S. Granovetter*[20] stößt man mit größerer Wahrschein-

---

[17] *Ruppert*, FAZ vom 19. 12. 2014, S. N 3.; zust. *Schimank*, SozRev 2015, S. 175 ff.

[18] *Rixen*, in: Promovieren (FN 2), S. 28 f.; *Häberle*, in: Rezensierte Verfassungsrechtswissenschaft (FN 5), S. 19 f., 54 ff.

[19] *Vec*, ZNR 31 (2009), S. 87 (94).

[20] Übersichtlich *Bechert*, in: Kaesler (Hrsg.), Aktuelle Theorien der Soziologie, 2005, S. 286 (292 f.)

lichkeit auf interessantes Neues, wenn man den Blick nicht immer nur auf die (kognitiven „strong ties“, hier also) eigenen Arbeitsfelder und deren diskussionsbestimmende Autoren richtet, sondern die Reviergrenzen überschreitet und Rezensionen von Büchern liest, die man ohne eine solche Lektüre nie in die Hand nehmen würde. Der größte Teil dieser Lektüre von Rezensionen aus fremden Themenfeldern („weak ties“) ist zwar unergiebig, aber immer wieder einmal wird man auch für einen selbst äußerst Lohnendes finden, auf das man ohne den Blick auf das ganz Andere nie gekommen wäre[21]. Rezensionen verringern den zeitlichen Aufwand für die Suche i. S. eines lohnenden Verhältnisses von Aufwand und Ertrag, um ganz neue Themen und Perspektiven für die eigenen eher ausgetretenen Pfade zu finden[22], sofern die Qualität der Rezensionen dieses ermöglicht. Umso wichtiger sind „gute“ Rezensionen (s. u.).

III. Schwächen der gegenwärtigen Rezensionskultur

1. Niedergang?

Gibt es überhaupt einen Verfall oder gar „dramatischen Niedergang einer wissenschaftlichen Rezensionskultur in den meisten juristischen Arbeitsfeldern in Deutschland“[23], wie er eingangs angesprochen wurde, und worin besteht er? Für das 19. Jahrhundert wird eine „verstörende Gnadenlosigkeit“ juristischer Rezensionen behauptet[24], und auch für die Zeit der Weimarer Republik wird im Stilvergleich „vielleicht mehr Bereitschaft zu offener Polemik“ diagnostiziert[25], aber polemische Rezensionen zumal ad personam sind schwerlich schon als solche erstrebenswert. Wohl aber könnten – in der Staatsrechtslehre etwa auch im Vergleich zu Debatten während der Weimarer Republik beobachtbare – deutlich moderatere Erscheinungsformen der Kritik durch Rezensionen ein Symptom für tiefer liegende Ursachen einer defizitären Rezensionskultur sein, deren Tendenzen zum übertriebenen Lob auch schon früher Anlass zu ironischer Kritik gegeben hat[26].

---

[21] So *Schimank*, SozRev 2015, S. 175 (176).

[22] Ebd.

[23] So *Gutmann*, in: Hilgendorf/Schulze-Fielitz (Hrsg.), Selbstreflexion der Rechtswissenschaft, 2015, S. 93 (99, Fn. 37); gleichsinnig schon 25 Jahre vorher *Hoeren*, ZRP 1989, S. 444 f.

[24] *Vec*, FuL 2010, S. 385.

[25] *Häberle*, in: Rezensierte Verfassungsrechtswissenschaft (FN 5), S. 51.

[26] Vgl. schon *Schmalz*, KJ 1981, S. 101 ff.; *Frey*, NJW 2011, S. 731 f.; *Hoeren*, ZRP 1989, S. 444; s. neuestens *Zimmermann*, NJW 2016, S. 3142.

2. Erklärungen

a) Scheu vor öffentlicher Kritik. Die wettbewerblichen Elemente im Wissenschaftssystem sind unvermeidlich auf gutachtliche Peer-Review angewiesen – ob bei Dissertations-, Habilitations- oder Berufungsgutachten oder bei Evaluationen oder Antragsverfahren bei der Einwerbung von Drittmitteln. Das gilt auch dort, wo stärker quantifiziert auf den Impactfaktor von Zeitschriften und damit auf die Peer-Review im Rahmen von deren Annahmeverfahren zurückgegriffen wird. Rezensionen sind Teil dieser ubiquitären Prozesse wechselseitiger Bewertung mit einem wesentlichen Unterschied: Sie sind öffentlich. Die Gründe ihrer Bewertungen müssen für jedermann rational nachvollziehbar sein. Die Öffentlichkeit mit diesen gesteigerten Rationalitätszwängen scheint ein Hemmnis zu bilden, Rezensionen als Aufgabe gern zu übernehmen, und wenn, dann auch – wenn nötig – offen Kritik zu üben.

Es wäre zu einfach, diese Scheu vor offener Kritik bloß einem individuellen Hang zur Leisetreterei oder einem kollektiven kollegialen Erwartungsdruck zuzuschreiben – so sehr es sicher auch solche Motive gibt. Struktureller Grund ist die sehr enge Verknüpfung von Sache und Person einerseits, die hohe Identifikation von Wissenschaftlern (ähnlich wie auch bei Künstlern) mit den eigenen Publikationen andererseits. Kritik in der Sache wird sehr schnell als persönlicher Angriff wahrgenommen, obwohl die Dialektik von wissenschaftlicher Kritik und (Anti-)Kritik zentraler Faktor von Erkenntnisfortschritten ist. Selbst „leise" Kritik trifft auf eine hohe Empfindlichkeit des überzeugten wissenschaftlichen Engagements in der Sache. Auch bei einer relativ großen nationalen Fachgemeinschaft wie in der Verwaltungsrechtswissenschaft suchen Rezensenten in reziproker Antizipation keine potentiellen Konflikte: Niemand möchte in „Fettnäpfen" treten und „Retourkutschen" provozieren[27].

b) Geringe Bedeutung für die individuelle Reputation. Es gehört zu den Alltagserfahrungen bei der redaktionellen Vergabe von Rezensionen, dass Angesprochene ablehnen. Die geäußerten Ablehnungsgründe sind selten eine Geringschätzung von Rezensionen als solchen oder ein Desinteresse am Buch (so sehr gelegentlich ein Buch für nicht rezensionswürdig erklärt und so die Redaktionspolitik ohne deren nähere Kenntnis implizit kritisiert wird). Vorzugsweise beruft man sich auf das eigene knappe Zeitbudget. Für eine Begründung ist dabei kein Argument zu schade; selbst alltägliche Aufgaben wie die noch zu erledigende Verfertigung von Dissertationsgutachten werden hier gelegentlich angeführt. In Wahrheit ist jedes Zeitproblem eine Frage der individuellen Wertungspräferenzen im Vergleich mit anderen Aufgaben – insoweit scheinen nahezu alle anderen Aufgaben vorrangig bzw. ein Ausschlussgrund zu sein. Eine weitere Folge ist, dass auch etwaige zeitliche Fristen bei Rezensionen nahezu „beliebig" überschritten werden (oder die Rezension trotz Zusage gar

---

[27] *Schulze-Fielitz*, in: Staatsrechtslehre (FN 6), S. 304.

nicht erst verfasst wird[28] – mit der ärgerlichen Folge, dass selbst herausragende Neuerscheinungen der Aufmerksamkeit der Redaktion scheinbar entgangen sind[29]). Der tiefere Grund dafür ist offenbar eine Geringschätzung der Aufgaben des Rezensierens durch die Scientific Community im Blick auf den Erwerb individueller wissenschaftlicher Reputation; der Mühe steht „in unserer standardisierten schönen Welt der Evaluations- und Drittmittelwissenschaft ein messbarer Nutzen“ nicht gegenüber[30], eben auch weil Besprechungen andere leicht verärgern können und auch bei Bewerbungen wenn überhaupt nur eine sehr untergeordnete Rolle spielen[31]. So überlässt man diese Aufgabe – ungeachtet der Wichtigkeit der Existenz einer Rezensionskultur – individuell gern (in einer typischen free-rider-Konstellation) anderen. Hinter dieser Kosten-Nutzen-Kalkulation könnte eine tiefer gehende Wertungsverschiebung stehen – von der intrinsisch motivierten lustvollen Suche nach dem besseren Argument und nach Wahrheit in kritischer Auseinandersetzung hin zum strategisch-taktischen Verhalten im Rahmen einer Wissenschaftler-Karriere.

c) (Un-)Verhältnismäßigkeit des Zeitaufwandes. Vor allem kommt hier ein dritter wesentlicher Hinderungsgrund für eine Übernahme von Rezensionen ins Spiel: der verhältnismäßig hohe Arbeitsaufwand für die Lektüre und die Erarbeitung einer Besprechung, zumal im Blick auf einen Normalumfang von drei Druckseiten Text. Allein die vollständige Lektüre eines voluminösen Werks, namentlich bei den immer umfangreicheren Qualifikationsschriften, aber auch die notwendige Verdichtungsleistung unter Beachtung von entsprechenden Qualitätsmaßstäben (s. u.) kommt dem vorbereitenden Lektüreaufwand für die Erarbeitung eines Zeitschriftenaufsatzes nahe, ohne je dessen diskussionsbeeinflussende Kraft gewinnen zu können. Freilich können Besprechungsabhandlungen eine vergleichbare Bedeutung gewinnen, doch lässt das Rezensionswesen sich nicht einfach auf solche Abhandlungen beschränken, ohne die Aufgaben eines Besprechungsteils insgesamt zu verfehlen.

---

[28] Die „Verlustquote“ kann 40–50 % betragen, so für die Anfangsjahre von „Der Staat“ *E. Böckenförde*, in: ders., Wissenschaft, Politik, Verfassungsgericht, 2011, S. 387.

[29] So musste „Die Verwaltung“ etwa auf eine Rezension des (m. E. besonders innovativen) Bandes 2 der „Grundlagen des Verwaltungsrechts“ (2006; 2. Aufl. 2012) gleich zweimal vergeblich hoffen und es bei dem intradisziplinären „Handbuch des Regulierungsrechts“ (hrsg. von *Fehling* und *Ruffert*, 2010) verschmerzen, dass die Rezensionszusage vom 16. 11. 2009 trotz vielfachen „Nachhakens“ nicht realisiert wurde, obwohl der in Aussicht genommene Autor als intradisziplinär und fachlich unmittelbar einschlägig ausgewiesen gewesen war, vgl. nur *Säcker*, AöR 130 (2005), S. 180 ff. Das war erst recht misslich, weil meine Anregung vom 31. 05. 2012, mich um einen anderen Rezensenten bemühen zu wollen, mit fester Bestimmtheit beantwortet wurde: „Bis Ende August werden Sie einen ausführlichen Besprechungsaufsatz über das Buch von mir erhalten.“ Die Hoffnung trog, auch als er auf meine Nachfrage vom 21. 12. 2012 antwortete: „Auch ich finde die Verzögerung peinlich … Es ist durchaus ernst gemeint, wenn ich Ihnen schreibe, dass ich mich bemühen werde, Ihnen die Rezension bis Mitte Januar zu zuleiten.“ Diese erneute unerfüllte Ankündigung hat dazu geführt, dass das Buch dann gar nicht besprochen wurde. – Solche (nach Mahnung) ausführlich schriftlich formulierten „Guter Vorsatz“-Anschreiben sind kein Einzelfall.

[30] *Zimmermann*, NJW 2016, S. 3142 (3143).

[31] Vgl. schon *Schulze-Fielitz*, in: Staatsrechtslehre (FN 6), S. 187 (199).

d) Kommunikative Bedeutungsverluste des Besprechungsformats? Möglicherweise nimmt aber auch die Bedeutung von Rezensionen für den Wissenschaftsprozess ab, weil die Bedeutung speziell von monographischen Büchern (auch) für die Verwaltungsrechtswissenschaft abnimmt. Dissertationen und Habilitationsschriften scheinen weit weniger als früher rezipiert zu werden[32], die Verwaltungsrechtswissenschaft hat ihre Schwerpunkte stärker auf die Rezeption und Systematisierung der Rechtsprechung verlagert. Die Akzeleration von neuen juristischen Problemstellungen und ihren gutachterlichen Lösungen aufgrund gesellschaftlicher Entwicklungen lässt schnelle Antworten in der Zeitschriftenliteratur, wenn nicht gar in unveröffentlichten Gutachten zunehmend wichtiger erscheinen – zulasten der rechtsdogmatischen und rechtssystematischen Theoretisierung, die zunehmend der Entwicklung aktueller Problemlösungen hinterher hinkt und deshalb bedeutungsloser werden könnte. Dann aber verengt sich auch der Kreis der Interessenten an monographischer Aufarbeitung und deren Rezension; zudem könnten schnelle Kommentare in internetbasierten Publikationsformaten[33] vergleichsweise bedeutsamer werden. Auch wenn solche Tendenzen eher spekulativ erscheinen als empirisch offenkundig sind – sie könnten ein Desinteresse an Rezensionen (mit-)erklären.

3. Rezensionspolitische Therapien

Wie lässt sich diesen strukturellen Hindernissen für eine lebendige Rezensionskultur begegnen? Sicher weder durch die Gründung einer juristischen Rezensionszeitschrift (nach Vorbildern in anderen Wissenschaften[34]) oder durch wiederkehrende Sammelrezensionen über Dissertationsschriften eines Jahres[35], da das keinen der genannten Hinderungsgründe beseitigen kann, noch durch die Beschränkung auf eine Handvoll Buchempfehlungen als „Bücher des Jahres"[36]. Der Wissenschaftsrat hält im juristischen Rezensionswesen die „Auswahl der besprochenen Literatur" für „zu wenig systematisch"[37] und empfiehlt den Zeitschriften, sich zur Stärkung der Rezensionskultur „verstärkt darum zu bemühen, Rezensionen zu wichtigen rechtswissenschaftlichen Veröffentlichungen durch ausgewiesene Fachleute einzuwerben und abzudrucken"[38]. Die erste Aussage gilt sicher für einen Teil der wissenschaftlichen Zeitschriften, verzichtet aber im Rahmen des beschränkten Gutachtenauftrags auf eine nähere Analyse der Gründe; die nachfolgende Empfehlung gibt nur

---

[32] Vgl. *Schulze-Fielitz*, in: Staatsrechtslehre (FN 6), S. 87 (112 ff.).

[33] Übersichtlich *F. Knauer*, Rechtstheorie 40 (2009), S. 379 (387 ff.).

[34] Vgl. etwa Soziologische Revue. Besprechung neuer Literatur, 1. Jahrgang 1978; Arbitrium. Zeitschrift für Rezensionen zur germanistischen Literaturwissenschaft, 1. Jahrgang 1983.

[35] Vgl. den Vorschlag bei *Rixen*, in: Promovieren (FN 2), S. 38.

[36] Vgl. aber auch *Zimmermann*, NJW 2016, S. 3142 (3143).

[37] *Wissenschaftsrat* (FN 1), S. 50.

[38] *Wissenschaftsrat* (FN 1), S. 51.

den ohnehin bestehenden Anspruch der meisten Zeitschriften wieder und reflektiert nicht die erwähnten Gründe für die Schwächen der Rezensionskultur.

a) Systematisierung des Rezensionswesens? Sollte das Rezensionswesen „systematisiert" werden? Ich halte das eher für zweifelhaft: Gerade die Vielfalt unterschiedlicher Zeitschriften und ihre in einem gewissen Ausmaß anarchistische Auswahl von Literatur und Rezensenten garantiert eher, dass das Rezensionswesen nicht zugunsten einer systematischen Auswahl vereinseitigt wird, weil jede – inhaltsbezogene, die Wichtigkeit einer Veröffentlichung vorab definierende – Systematik verzerrend wirkt, einen Bias herstellt und dabei Gefahr läuft, das Rezensionswesen zu Gunsten bestimmter Perspektiven und Interessen zu vermachten oder zu instrumentalisieren. Die unsystematische Vielfalt ist ein Stück Pluralismusgarantie; auf der anderen Seite kann schon aus quantitativen Gründen nicht jedes bedeutende Buch auch in jeder Zeitschrift besprochen werden. Deshalb werden gänzlich fehlende Besprechungen von Büchern zunehmend zur Normalität auch im verwaltungsrechtswissenschaftlichen Rezensionswesen (nicht nur bei interdisziplinären Büchern, bei denen diese Tendenz schon immer ausgeprägt war).

Von diesem „Auswahlanarchismus" zu unterscheiden ist eine Redaktionspolitik der jeweiligen einzelnen Zeitschrift im Blick auf solche Rezensionen, die dem wissenschaftlichen Profil der Zeitschrift inhaltlich und formal korrespondieren. Insoweit sind angesichts der quantitativen Überfülle von Veröffentlichungen systematische Kriterien bei der Auswahl unvermeidlich; die Alternative eines Vertrauens in den Zufall entbehrt von vornherein wissenschaftlicher Rationalität.

Deshalb sind die Auswahlkriterien für eine Zeitschrift mit einem ganz bestimmten inhaltlichen Profil (zum Beispiel: Zeitschrift für Erneuerbare Energien) sicher andere als für eine allgemeiner fokussierte Quartalszeitschrift, die an übergreifender Systematik, Dogmatik oder theoretischer Innovation für das gesamte Verwaltungsrecht interessiert ist. Systematische Kriterien bei der Auswahl müssen dann eher formal sein: Monographische Qualifikationsschriften werden eher als Sammelbände oder Festschriften, theoretisch anspruchsvolle Studien eher als Gesetzeskommentare oder Lehr- und Studienbücher in den Mittelpunkt redaktioneller Aufmerksamkeit rücken. Quartalszeitschriften mit hohem Anspruchsniveau, in denen Rezensionen von Habilitationsschriften zur vergleichsweise seltenen Ausnahme werden, unterschreiten in der Konsequenz das Niveau ihres wissenschaftlichen Anspruchs.

b) Möglichkeiten der Redaktionspolitik. Grundsätzlich sollte die Vergabe von Rezensionen eine redaktionelle Entscheidung mit qualitativen Auswahlkriterien sein. Jedenfalls Quartalszeitschriften wie „Die Verwaltung" lehnen Rezensionsangebote von außen regelmäßig ab, weil eine wissenschaftlich begründete Redaktionspolitik damit unmöglich würde[39] und stattdessen wissenschaftsfremde Motive wie Rezensi-

[39] Vgl. *Häberle*, in: Rezensierte Verfassungsrechtswissenschaft (FN 5), S. 64.

onsnepotismus etwa durch befreundete Kollegen[40] oder die wirtschaftlichen Motive (von Rezensenten und Verlagen) zulasten wissenschaftlicher Kriterien Gewicht gewinnen können. Hier liegt eine erste zentrale Bedingung für eine wissenschaftliche Rezensionskultur: Rezensionen sollten stets und ausnahmslos aktiv vergeben werden; der Rezensentenkreis sollte tendenziell zulasten von immer wieder denselben „Hausrezensenten“ möglichst breit sein; auf jede nähere Beziehung zwischen dem Autor und Besprecher – soweit bekannt oder vermutet, ob in persönlicher und sachlicher Hinsicht – sollte über die formalen Inkompatibilitäten hinaus verzichtet werden. Derselbe Rezensent sollte auch nicht immer wieder denselben Autor, d. h. auch nicht eine Neuauflage rezensieren. Anfragen oder Bitten bei Zeitschriften sollten moralisch diskriminiert sein[41].

Lässt sich diese durch andere redaktionspolitische Maßnahmen stärken? Das Plädoyer für eine generelle Erhöhung der Konfliktfähigkeit und -bereitschaft in der Jurisprudenz[42] leidet darunter, dass es die Gründe für die Tendenz, wissenschaftlichen Konflikten in Rezensionen auszuweichen, schwerlich durch die moralische Forderung nach „mehr wissenschaftlichen Streit“ umstandslos beseitigen kann. Jedenfalls lässt sich ein solches Ziel, die Selbstverständlichkeit von wechselseitiger Kritik zu praktizieren und hinzunehmen, wenn überhaupt nur ganz allmählich realisieren.

Vor kurzem hat der Mitherausgeber einer Quartalszeitschrift (unter Verweis auf einen eigenen Besprechungsaufsatz gleichsam als Vorbild[43]) Autoren ad personam gebeten, Besprechungsaufsätze als kleine Aufsätze mit eigenem Titel (bis zu 12 Seiten) zu vom Rezensenten frei gewählten Büchern „aus dem eigenen Gesichtskreis“ einzureichen (verbunden mit dem Hinweis, dass der Rezensent in Deutschland auf diese Weise noch bekannter würde). Dieser Vorschlag sucht Rezensionen als kleine Aufsätze mit eigenem Titel aufzuwerten und knüpft insoweit an eine der skizzierten Ursachen des „Niedergangs“ des juristischen Rezensionswesens an; er enthält aber zugleich implizit einen partiellen Verzicht auf eine eigene aktive systematische Redaktionspolitik zu Gunsten einer dezentralen Delegation, nimmt die Gefahr eines Rezensionsnepotismus in Kauf und kann jedenfalls die herkömmlichen, weniger umfangreichen Besprechungen nicht ersetzen.

---

[40] s. näher *Hoeren*, ZRP 1989, S. 444 f.; so wurde unserer Zeitschrift schon ein Jahr vor Erscheinen des Buches die Rezension eines Kolloquiumsbandes durch eine Teilnehmerin eingereicht (und abgelehnt). Sie erschien später in einer anderen Zeitschrift, vgl. *Dauber*, DÖV 2007, S. 1068 f.

[41] Es ist ein Symptom für fehlende Rezensionskultur, wenn ein Berliner Rechtsanwalt durch erfolgreiche Anfragen bei den Zeitschriften diese mit regelmäßig nichtssagenden Rezensionen (selbst von Handbüchern und Habilitationsschriften) „bedient“, möglicherweise um sich so eine Handbibliothek aufzubauen. Aus der Vielzahl von Beispielen für nahezu lektürefrei mögliche „Rezensionen“, die über eine Aufzählung von Kapitelüberschriften oder allgemeine Bemerkungen nicht hinausgehen, vgl. etwa *Wiemers*, DVBl. 2015, S. 235; *ders.*, DVBl. 2015, S. 428; *ders.*, DVBl. 2015, S. 897 f.; *ders.*, DVBl. 2015, S. 1180.

[42] *Hoeren*, ZRP 1989, S. 444 (445).

[43] *A. von Bogdandy*, Der Staat 55 (2016), S. 103 ff.

Dem vermuteten kommunikativen Bedeutungsverlust der Rezensionen von einzelnen Monographien lässt sich allenfalls durch Besprechungsaufsätze zu bestimmten Themenfeldern begegnen, die etwa die (oft zeitlich parallel erscheinenden) Dissertationen und wichtige Zeitschriftenaufsätze miteinander verknüpft und wertend zusammenfasst[44], so wie es auch für die Judikatur analytisch zusammenfassende Rechtsprechungsanalysen gibt, die die Resultate einzelner Judikate zu überschreiten suchen. Leise Zweifel bleiben: Wer noch außer den ohnehin speziell Interessierten und Informierten hätte – anders als beim Praxisbezug von Rechtsprechungsanalysen – an solchen bereichsspezifischen Veröffentlichungsanalysen ein Interesse?

Im Übrigen verlangt eine Hebung oder Schärfung der Rezensionskultur durch eine entsprechende Redaktionspolitik, an einer Vielzahl von „Stellschrauben" zu justieren. Wichtig erschiene etwa: (1) Rezensionen sollten bei entsprechender diskursiver Qualität häufiger auch dadurch gewürdigt werden, dass ihre Wertungen im Kontext einer Verarbeitung des rezensierten Buches ebenfalls in Veröffentlichungen aufgenommen, zitiert und dadurch gewürdigt werden, d. h. auch gute Rezensionen und Rezensionsabhandlungen sollten Eingang in das Nachweisgeflecht unserer Veröffentlichungen finden[45]. (2) Rezensenten lassen sich eher gewinnen, wenn das Buch dem Umfeld ihrer spezifischen Expertise zugehört, so dass sie eher als ausgewiesene Fachleute urteilen und Standards setzen können, als wenn sie von der Redaktion mit subjektiv gänzlich neuen Fragestellungen konfrontiert werden, und sie werden dann auch aus der Tiefe der Kenntnis eher wertungssicherer und offener argumentieren. Damit soll nicht ausgeschlossen sein, potentielle Rezensenten mit völlig neuen inhaltlichen Aufgaben zu betrauen, wenn man von einer hinreichenden wissenschaftlichen Neugier ausgehen kann. (3) Eine Textpflege etwa durch konkrete Vorschläge zur Kürzung von Rezensionen auf einen vorgegebenen Höchstumfang namentlich in Form einer Befreiung von Redundanzen (nicht: in Form einer Zuspitzung der Formulierung um der Gewinnung von Aufmerksamkeit willen) kann das Niveau der Rezensionen durchaus heben[46]. (4) Sammelrezensionen der verwaltungsrechtlichen Literatur im europäischen Ausland fehlen nahezu völlig; wissenschaftliche Verbünde müssten sich gerade in solchen Rezensionen besonders niederschlagen.

---

[44] Vgl. in diesem Sinn für „Gebietskartierungen" (in der Soziologie) *Schimank*, SozRev 2011, S. 409 f.

[45] Gleichsinnig *Schimank*, SozRev 2010, S. 127 f. Vgl. z. B. *Gärditz*, in diesem Bande S. 105 ff., Fn. 7, 12, 40, 54, 235, 281, 287 u. ö.; *Fehling*, in diesem Bande S. 65 ff., Fn. 80, 89, 110, 220 f., 227, 230 und 245.

[46] Vgl. *Vec*, ZNR 31 (2009), S. 87 (91).

IV. Qualitätsmaßstäbe für Rezensionen

1. Funktionsgerechtigkeit

Auf die Freude am Rezensieren könnte vielleicht auch eine Steigerung der Qualität von Rezensionen zurückwirken. Doch wann ist eine Rezension qualitativ gut? Eine rezensionstheoretische Diskussion, wann eine Rezension gut und damit auch glaubwürdig ist, lässt sich freilich nicht nachweisen[47]. Diese Frage ist aber diskutierbar. Eine naheliegende Antwort in Orientierung an den Funktionen einer Rezension lautet: Eine Rezension ist gut, wenn sie jene oben (unter II.) skizzierten allgemeinen Funktionen erfüllt, also (1) informiert, (2) die Forschungsqualität bewertet, (3) die Perspektivenvielfalt kommuniziert und (4) die Forschungsergebnisse angemessen in den Zusammenhang des fachlichen Diskussionsstandes einordnet und auch dem Leser mit anderen Interessen und Arbeitsschwerpunkten potenziell Anschlussmöglichkeiten eröffnet. Ein solcher Qualitätsanspruch ist sehr viel voraussetzungsvoller, als diese erste Antwort nahelegt.

(1) Schon bei der Aufgabe der Information können sehr viele unterschiedliche Aspekte des Buches angesprochen werden[48]. Die stets erforderliche Darstellung des sachlichen Inhalts verlangt eine selektive Rekonstruktion, die die wesentlichen Gedankengänge (einschließlich eines „roten Fadens“) auf höchst unterschiedliche Weisen nachvollziehbar machen kann, ohne sachlich zu verkürzen oder in subjektiver Beliebigkeit nur den eigenen Interessen nachzugehen; die Aneinanderreihung von Überschriften oder Stichworten reicht dazu regelmäßig nicht aus[49]. Rezensionen dienen zunächst einmal dem Leser und dem Buch, hinter dem der Rezensent als Person stark zurücktritt[50] (so sehr es Rezensenten gibt, die zeigen wollen, dass sie klüger als der Autor sind). Auch formale Mängel in ihrer Relativität im Verhältnis zum Inhalt sollten dabei nie im Vordergrund stehen, so sehr sie Indizien für die mangelnde Einhaltung handwerklicher Standards sein können.

(2) Es gehört zur charakteristischen und unverzichtbaren Eigenart von Rezensionen, dass sie den vorgestellten Inhalt – negativ oder positiv – bewerten: Sie sind ein erster Filter wissenschaftlicher Kritik, dem sich jeder Autor stellt und stellen muss[51]. Viele Rezensionen, auch längere Rezensionsabhandlungen, halten sich mit einer kritischen Bewertung der Forschungsqualität möglicherweise aus Scheu vor öffentlicher Kritik, aber auch aus Wertungsunsicherheit zurück und lassen den Leser allein, ohne ihn – positiv oder negativ – zu motivieren. Indessen gehören neben den Inhaltsangaben Werturteile zum Wesen einer Rezension. Dazu gehört sicher auch ein in den Schlusssätzen abschließend wertendes Gesamturteil; noch wichtiger sind aber differenzierte Bewertungen, denn ein Buch ist fast nie nur „schlecht“ oder nur „gut“: Mit

---

[47] s. auch *Schimank*, SozRev 2014, S. 251 f.

[48] Vgl. *Vec*, ZNR 31 (2009), S. 87 (89 f.).

[49] Vgl. *Schulze-Fielitz*, in: Staatsrechtslehre (FN 6), S. 324.

[50] Vgl. auch *Schimank*, SozRev 2015, S. 319 (320 f.).

[51] *Häberle*, in: Rezensierte Verfassungsrechtswissenschaft (FN 5), S. 37 f.

pauschalen Verrissen ist eher eine Vermutung der Unverhältnismäßigkeit des Urteils verbunden.

Deshalb sollten auch Wertungsmaßstäbe transparent werden. Insoweit führt z.B. der starke Praxis-Bezug der (Verwaltungs-)Rechtswissenschaft dazu, ja nach Zielbestimmung einer Veröffentlichung an sie angemessene – sei es stärker theoretische, sei es praxisbezogene – Bewertungskriterien anzulegen; ein Kommentar hat insoweit andere Funktionen als eine Monographie.

(3) Jene Theorie-Praxis-Differenz in der Verwaltungsrechtswissenschaft ist selbst schon Teil der unterschiedlichen Perspektivenvielfalt, die Rezensionen kommunizieren sollten, auch um mitunter zwischen Theorie und Praxis zu vermitteln.

(4) Die Einordnung des rezensierten Buches in den Stand der Diskussion im Fach ist Ausdruck einer Verpflichtung des Rezensenten der wissenschaftlichen Öffentlichkeit gegenüber, zu deren Meinungsbildung er beiträgt. Deren Möglichkeiten sind viele – gute Beispiele können stilbildend sein[52].

Gute Rezensionen zeichnen sich oft auch dadurch aus, dass sie unabhängig vom Thema und von der Qualität des besprochenen Werkes aus sich heraus lesenswert erscheinen, sei es aus inhaltlichen, sei es aus stilistischen oder sonst aus Gründen eines gewissen Unterhaltungswerts. Umgekehrt gibt es auch Indizien für das Gegenteil fehlender Qualität: Wenn in einer Besprechung die (strukturell nahezu sinnfreie) Aussage etwa des Inhalts ausdrücklich formuliert wird, „aus Raumgründen" könne man dieses oder jenes nicht näher ausführen, dann hat ein solcher Rezensent für seinen Text offensichtlich schon zu viel Raum erhalten.

2. Besonders: Sammelbände und Festschriften

Sammelbände und Festschriften und deren Aufsätze werden deutlich häufiger als Zeitschriftenaufsätze[53] oder Zeitschriftenjahrgänge rezensiert, obwohl sie in der Ansammlung heterogener Aufsätze vergleichbar sind und die darin liegende Privilegierung von Buchaufsätzen gegenüber Zeitschriftenaufsätzen sich objektiv nicht rechtfertigen lässt, zumal Zeitschriftenaufsätze oft einer höheren Qualitätskontrolle (als etwa Festschriften) unterliegen, selbst wenn das Peer-Review-Verfahren durch externe Gutachter (etwa zugunsten einer internen Peer-Review durch ein Herausgebergremium) nicht formalisiert ist[54]. Dabei ist eine qualitativ anspruchsvolle Rezension von Sammelbänden und Festschriften ebenso schwierig wie empirisch selten. In aller Regel werden bei Festschriften einige ausgewählte Beiträge, deren Inhalt oder

---

[52] Vgl. insoweit etwa *E. Gurlit*, Die Verwaltung 47 (2014), S. 293 ff.; *Holznagel*, Die Verwaltung 47 (2014), S. 153 ff.

[53] s. aber z.B. die vierteljährliche primär berichtende Rechtspolitische Zeitschriftenumschau von *Busse*, RuP 52 (2016), S. 54 ff., 112 ff., 184 ff., 244 ff.; zuerst RuP 46 (2010), S. 54 ff.

[54] Vgl. *Vec*, ZNR 31 (2009), S. 87 (88 f.).

Autor den Rezensenten speziell interessieren, herausgepickt, referiert, positiv gewürdigt und als repräsentativ pars pro toto für die Festschrift oder den Jubilar behauptet, meist erkennbar als Ausdruck einer sehr selektiven Lektüre; ein Vollständigkeitsanspruch des Berichts führt meist zu überlangen Besprechungen, ohne zu einer Besprechungsabhandlung zu werden[55]. Sammelband-Rezensionen reihen meist Kurzreferate und Würdigung chronologisch aneinander. Beide Erscheinungsformen beschränken sich oft auf eine referierende Informationsfunktion, wobei die notwendige Kürze des Berichts deutliche Grenzen setzt, die mitunter mehr als eine Sammlung von Überschriften nicht zuzulassen scheinen. Regelmäßig wird das wissenschaftlich Verbindende, das die Zusammenfassung zwischen zwei Buchdeckeln überhaupt erst rechtfertigt, auf diese Weise gar nicht sichtbar; die (fehlende) Qualität solcher Rezension von Sammelbänden und Festschriften erscheint mir symptomatisch für den Qualitätszustand unserer Rezensionskultur.

Jedes Buch sollte indessen mehr als die Summe seiner Teile sein. Die Rezension auch eines Sammelbandes muss deshalb deutlich machen, worin seine (oder der zugrundeliegenden Tagung) wissenschaftliche Konzeption besteht, inwieweit die Beiträge dem entsprechen, wie innovativ der Band und/oder seine Beiträge im Kontext des Standes der Wissenschaft einzuordnen ist (oder ob nur irgendwelche Drittmittelzwänge abgearbeitet werden mussten), wie konsistent die verschiedenen Beiträge im Vergleich miteinander sind[56], ggf. dann auch ohne Anspruch auf Vollständigkeit der Nennung aller beteiligen Autoren[57]. Anhand der verschiedenen Beiträge lassen sich gemeinsame, verbindende Gesichtspunkte herausarbeiten und Charakteristika „hinter dem Rücken" der Beteiligten aufzeigen[58] (etwa indem der Leser oder Rezensent die Beiträge in Sammelbänden als Kapitel eines fiktiven monographischen Werkes liest). Vergleichbar können bei Festschriften die Themenstellungen und Schwerpunktbildungen im Kontext des wissenschaftlichen Profils des Jubilars zum Bezugspunkt gemacht werden, Veränderungen des Problemzugriffs der Beteiligten vor dem Hintergrund gewandelter sozialer oder rechtsdogmatischer Verhältnisse, des gewandelten Zeitgeists u. a.[59]. Das alles setzt „nur" voraus, alle Beiträge gründlich zu lesen, was ersichtlich oft nicht der Fall ist. Die dominierende Rezensionspraxis der Gegenwart ist zwar nicht völlig sinnlos; ihre Qualität könnte aber deutlich gesteigert werden.

3. Besonders: Kommentare, Hand- und Lehrbücher

Auch Gesetzeskommentare, Hand- und Lehrbücher stellen Rezensenten vor besondere Probleme. Es handelt sich oft um ebenso dickleibige wie mitunter mehrbän-

[55] Vgl. z. B. *Detterbeck*, Die Verwaltung 48 (2015), S. 373 ff.

[56] Vgl. z. B. *Schulze-Fielitz*, Die Verwaltung 44 (2011), S. 153 f.

[57] Vgl. z. B. *Cornils*, Die Verwaltung 48 (2015), S. 446 ff.

[58] Vgl. z. B. *Schulze-Fielitz*, WissR 46 (2013), S. 193 ff.

[59] Vgl. z. B. *Felix*, Die Verwaltung 48 (2015), S. 597 ff.

dige Werke, die nicht auf eine fortlaufende Lektüre angelegt sind und von Rezensenten in aller Regel auch nicht vollständig gelesen werden (müssen); deshalb (und wegen des hohen Buchpreises) werden solche Werk eher gern rezensiert. Umso wichtiger ist es, die Kriterien der Lektüreauswahl als Stichprobe und die Urteilsmaßstäbe offenzulegen, die bei Kommentaren und Handbüchern und auch Lehrbüchern andere sein müssen als bei Monographien und Sammelbänden, etwa Vollständigkeit oder Zuverlässigkeit der Literatur- oder Rechtsprechungsverarbeitung, bei Hand- und Lehrbüchern die Repräsentativität der Schwerpunktsetzung, bei Kommentaren die praxisnahe Verwert- und Handhabbarkeit, bei wesentlich veränderten Neuauflagen die Erscheinungsformen des Wandels[60]. Wenn der Rezensent eine vollständige Beschreibung aller Inhalte der Handbuchkapitel anstrebt, dann sollte – wie bei Sammelbänden – eine gute Rezension auf übergreifende gemeinsame Fragestellungen wie Konzept, Vollständigkeit, Widerspruchsfreiheit u.s.w. eingehen und die heterogenen Beiträge unter bestimmten Fragestellungen gleichsam durchdringen[61]. Leider bleibt es oft bei bloßen Nacherzählungen durch Auswahl einiger grundsätzlicher Resultate, die mit wenig substantiell unterfütterten Pauschalurteilen garniert werden. Offensichtlich besteht bei der Rezension von Kommentaren und Handbüchern generell ein großer Spielraum zur Steigerung der Qualität der Rezensionen, so sehr es viele vorbildliche Beispiele gibt, die allerdings oft auf das Format einer Rezensionsabhandlung ausweichen (müssen)[62].

V. Ethik des Rezensierens

Das Ob und das Wie des Rezensierens unterliegen spezifischen wissenschaftsethischen Maßstäben, sowohl für die einzelne Rezension wie für die Rezensionspolitik einer Zeitschrift. Solche Gebote einer „normativen Rezensionstheorie"[63] sind nirgends verbindlich festgeschrieben, werden aber schon immer als Problem diskutiert[64] und – mehr oder weniger bewusst – praktiziert. Das Bewusstsein von Existenz, Sinn und Zweckmäßigkeit droht verloren zu gehen, wenn man sie sich nicht ausdrücklich vergegenwärtigt.

[60] Beispiele: *Schulze-Fielitz*, Die Verwaltung 47 (2014), S. 595 ff.; *ders.*, Die Verwaltung 46 (2013), S. 599 ff.

[61] Vgl. *Kugelmann*, Die Verwaltung 48 (2015), S. 606 ff.

[62] Vgl. etwa *Groß*, Die Verwaltung 48 (2015), S. 581 ff.; *ders.*, Die Verwaltung 45 (2012), S. 251 ff.; *Pünder*, Die Verwaltung 48 (2015), S. 405 ff.; *Schmidt-Aßmann*, Die Verwaltung 45 (2012), S. 264 ff.; *Schuppert*, Die Verwaltung 44 (2011), S. 273 ff.

[63] *Häberle*, in: Rezensierte Verfassungsrechtswissenschaft (FN 5), S. 63 ff.

[64] Vgl. *Justinus Turicensis*, Theologische Blätter 1919, Nr. 1, zit. nach *H.-J. Schoeps*, in: ders., Gesammelte Schriften, Bd. 16, 1990, S. 220 (226 f.), aufgenommen auch bei *Häberle*, in: Rezensierte Verfassungsrechtswissenschaft (FN 5), S. 68 f.; „Google" hat eine Wiedergewinnung des dort verloren gegangenen Nachweises möglich gemacht.

1. Obliegenheiten

Wenn die kritische Auseinandersetzung mit neuer wissenschaftlicher Literatur, wenn eine Rezensionskultur in der eigenen Fachdisziplin zu den charakteristischen Eigenarten der Geistes-, Rechts- oder Sozialwissenschaften gehört, dann gehört es zu den professionellen Pflichten eines Wissenschaftlers, in seinem Fach auch einmal selbst zu rezensieren. Wer sich dieser Herausforderung von vornherein, das heißt prinzipiell versagt, verstößt gegen ein wissenschaftsethisches Gebot, weil er darauf verzichtet, zur kritischen Diskussion als einer Grundvoraussetzung wissenschaftlichen Fortschritts beizutragen. Diese Obliegenheit gilt zumal dann, wenn man – wie in aller Regel – auf die Rezension eigener Publikationen großen Wert legt, wie es selbstverständlich erscheint[65]: Schon aus Gründen der Reziprozität sollte jeder rezensieren, der eine Zurkenntnisnahme seiner eigenen Überlegungen erwartet[66] – so sehr es auch hier „Rosinenpicker" gibt, die sich in Free-Rider-Manier Pflichten entziehen, aber Vorteile fordern[67]. Diese Pflicht ist eine höchstpersönliche, die nicht einfach ohne nähere Absprache an einen Assistenten delegiert werden darf.

Das bedeutet nicht, dass jeder Wissenschaftler nun von sich aus bei Zeitschriften Rezensionen erbitten oder gar einreichen sollte, etwa weil die Verlage Autoren zur selbstständigen Suche nach Zeitschriften animieren. Wohl aber sollte die Anfrage einer Redaktion stets wohlwollend geprüft, gegebenenfalls positiv beschieden werden, wenn man eine verwaltungsrechtwissenschaftliche Rezensionskultur für wünschenswert hält.

Entgegen einer nicht seltenen Praxis sollte die Rezension bei Annahme des Auftrags erarbeitet werden, selbst wenn das Buch dem Rezensenten nicht gefällt oder er sich zur Kritik gezwungen fühlt. Der Verzicht auf eine Rezension in solchen Fällen trägt wesentlich zu einer unkritisch-positiven Rezensionskultur bei. M. E. gibt es namentlich bei Qualifikationsschriften niemals so schlechte Bücher, dass man nicht zumindest teilweise auch Gewinn aus ihnen ziehen kann und durch Schweigen auf eine Besprechung verzichten sollte[68] – noch die Warnfunktion für Dritte macht eine kritische Rezension sinnvoll.

---

[65] So *v. Münch*, Fachbuchjournal 2014, S. 42 (46).

[66] *Hettinger*, in: Asholt u. a. (Hrsg.), Strafrecht und Juristische Zeitgeschichte, 2014, S. 28 (42).

[67] So wurde mir (als Redakteur) von den Autoren eine Rezension ihres Buches unter namentlicher Benennung eines dazu bereiten Rezensenten nahegelegt, obwohl diese Autoren selbst wie auch der avisierte Rezensent mehrfach eine Rezension für „Die Verwaltung" abgelehnt bzw. eine erklärte Rezensionszusage nicht eingehalten hatten. Ich habe meine sofortige Ablehnung später aus redaktionellen Gründen rückgängig gemacht, natürlich mit einem anderen Rezensenten, vgl. *Bohne*, Die Verwaltung 48 (2015), S. 459 ff.

[68] Anders jener Honorarprofessor, der eine Habilitationsschrift so schlecht fand, dass er durch seine kritische Rezension sich über das Urteil einer Fakultät hätte hinwegsetzen müssen, was ihm nicht zustünde. Weil das Rezensionsexemplar nach seiner Lektüre zu starke Gebrauchsspuren aufwies, kaufte er ein neues Exemplar und gab es der Redaktion zurück. Es

2. Inkompatibilitäten

Es gibt auch informelle Rezensionsverbote in Form formaler Inkompatibilitäten, um verzerrte Bewertungen wissenschaftlicher Leistungen aufgrund von Befangenheiten oder Erscheinungsformen des Rezensionsnepotismus von vornherein zu unterbinden. So sollten Fakultäts- bzw. Fachbereichskollegen[69], Konhabilitanden[70] oder akademische Mentoren und ihre Schüler (und auch Schüler-Schüler?[71]) sich nicht gegenseitig rezensieren[72], auch nicht bei Handbüchern[73] oder Sammelbänden[74], oder Ko-Autoren eines umfangreicheren Sammelbandes[75]. Dabei geht es wie bei den rechtlichen Befangenheitsregeln für Gerichte und Verwaltungen nicht um die tatsächliche Befangenheit, sondern um den „bösen Schein" mit der Folge, dass diese Regeln auch nur strikt eingehalten werden können oder nicht. Deshalb ist es bestenfalls eine verfehlte „Schlaumeierei", diesen Befangenheitsverdacht als betroffener Rezensent in der Rezension ausdrücklich anzusprechen, diese mit der eigenen „Neugier" und „Interesse am Gegenstand" rechtfertigen und sich einer Würdigung der wissenschaftlichen Leistung bewusst enthalten zu wollen: Neugier kann die Verschriftlichung einer Rezension schwerlich rechtfertigen, und der erhobene Anspruch auf Zurückhaltung verstärkt erst recht die gleichwohl lobenden Epitheta („akribisch", „hilfreich", „umfassendes Bild des Genehmigungsrechts …, das so vorher kaum erkennbar war", „grundlegendes Werk"[76]) und berührt – zumal angesichts einer eher gegenläufigen Rezension derselben verwaltungsrechtlichen Habilitationsschrift[77] – eher merkwürdig.

Hinzu kommen einzelfallabhängig materielle Inkompatibilitäten, die sich nur sehr schwer in formalisierten Regeln fassen lassen. Es ist für alle Beteiligten zum Beispiel wenig hilfreich und regelmäßig unergiebig, Habilitationsschriften durch Privatdozenten rezensieren zu lassen, wenn Autor und Rezensent aktuell auf dem Stellenmarkt konkurrier(t)en; wie auch immer der Rezensent agieren mag – er kann dem Verdacht der Berücksichtigung privater Interessen nie entkommen. Ähn-

---

wurde dann durch einen anderen Rezensenten differenziert kritisch besprochen, vgl. *Ramsauer*, Die Verwaltung 41 (2008), S. 437 ff.

[69] Anders z. B. *Sachs*, DVBl. 2012, S. 1159 f.; *Rehbinder*, EurUP 2010, S. 252 ff.; *M.H.W. Möllers*, Der Staat 24 (2007), S. 475 ff.; *Hoeren*, NJW 2006, S. 2899 f.

[70] Vgl. aber z. B. *Sachs*, NJW 2001, S. 1263 f.

[71] Thematisiert bei *Bethge* (als „Doktorgroßvater"), DVBl. 2014, S. 1587 (1588).

[72] Vgl. aber auch *Scholz*, DÖV 2006, S. 85.

[73] Zu den Schwierigkeiten, das „Handbuch des Staatsrechts" zu rezensieren, *Schulze-Fielitz*, in: Staatsrechtslehre (FN 6), S. 255 (256).

[74] Vgl. aber etwa *Windoffer*, DVBl. 2016, S. 4967 f.; *Herrmann*, EuZW 2009, S. 250.

[75] Auch der Autor dieser Zeilen hat als Redakteur einmal den Koautor eines Sammelbandes und einmal den Doktorvater des Doktoranden angesprochen … Sein Spott, einmal vom AöR zur Rezension eines Werkes von *Peter Häberle* aufgefordert worden zu sein, hält sich daher in Grenzen.

[76] Vgl. *Durner*, DVBl. 2017, S. 110 f.

[77] *Böhm*, Die Verwaltung 49 (2016), S. 601 ff.

liches gilt, wenn ein kritisierter Autor zu schnell eine Veröffentlichung des Rezensierenden bespricht[78] – dem Verdacht einer „Revanche“ lässt sich nur durch einen längeren zeitlichen Abstand entkommen. Aber auch die Herausgeber oder die tragenden Autoren eines konkurrierenden Parallelwerkes sollten sich einer Rezension direkter Konkurrenzwerke enthalten[79], wollen sie Verdachtsmomenten befangener Wertungen entkommen.

Auch bei Rezensionen kann man in Analogie jenem Prinzip folgen, dass zur Abnahme von Prüfungen nur befugt sein sollte, wer eine solche Prüfung selbst einmal bestanden hat; dem liegt die Vermutung zu Grunde, dass die Anforderungen an andere Autoren durch eigene Erfahrungen im Regelfall angemessener ausfallen als ohne solche Vorerfahrungen[80]. Dann aber reduziert sich bei wissenschaftlichen Rezensionen von Qualifikationsschriften der Kreis derer, die als Rezensenten infrage kommen. Solche Faustregeln scheinen zwar dem Anspruch zu widersprechen, dass jedes Werk und jede Rezension argumentativ für sich steht und ihre Geltung unabhängig von ihren personalen Entstehungsvoraussetzung ist: Gewiss kann grundsätzlich z. B. auch ein Student oder ein sonst formal weniger Qualifizierter eine Habilitationsschrift intellektuell angemessen und fruchtbar rezensieren[81]; aber es gibt doch Indizien für die Vermutung, dass die Wahrscheinlichkeit dafür bei formal qualifizierteren und wissenschaftlich erfahreneren Rezensenten höher ist.

3. Pluralismusgebote

Auf dem Markt der wissenschaftlichen Wettbewerbe lassen sich marktstrukturelle Gefahren wiedererkennen: „Die Anreize zu Kartellen sind groß, die Verbreitung von Seilschaften erschreckend“[82]. Diese Zuspitzung mag im Bereich der Verwaltungsrechtswissenschaft nur eingeschränkt gelten, doch gibt es auch hier verschiedenartige Dominanzansprüche für traditionelle oder neue Paradigmen. Verfestigungen zu Gunsten bestimmter Richtungen oder Personen lassen sich nur durch ethische Pluralismusgebote für die Redaktionen bei Vergabe der Besprechungsaufträge hem-

---

[78] *Häberle*, in: Rezensierte Verfassungsrechtswissenschaft (FN 5), S. 64.

[79] Anders soeben *Bethge*, DVBl. 2017, S. 302 ff.

[80] Ich habe einmal übersehen, dass der fachlich und publizistisch hoch ausgewiesene Rezensent einer preisgekrönten Dissertation zur „Baukultur“ selbst nicht promoviert war. In der Rezension wurden in ungewöhnlichem Ausmaß einzelne sprachliche Ungenauigkeiten, Druckfehler oder vermeintlich missinterpretierte Zitate aufgelistet, die m. E. weder der Originalität der Arbeit auf schwierigem Neuland angemessen war noch Sinn für das Wesentliche der wissenschaftlichen Leistung erkennen ließ, wohl aber das hohe baurechtliche Fachwissen des Rezensenten (und seine Vorbehalte gegenüber den Ausgangsentscheidungen des Gesetzgebers), vgl. *Jäde*, Die Verwaltung 46 (2013), S. 460 ff. Könnte die Rezension anders ausgefallen sein, wenn der Autor als Leitender Ministerialrat einer obersten Baubehörde seine Anforderungen auf ein bei Dissertationen realistisches Maß eingestellt hätte?

[81] Vgl. etwa *Dreier*, JZ 1985, S. 570 ff.

[82] So *Vec*, FuL 2010, S. 385; gleichsinnig *Hoeren*, ZRP 1989, S. 444 (445).

men[83]: bei der Auswahl der zu rezensierenden Bücher, bei der Auswahl von Rezensenten, aber auch bei einer Zuordnung von Autor und Rezensent ist auf eine Vielfalt methodischer Ansätze, vorverständnisgeleiteter Problemzugänge oder auch nur auf eine Vertretung der unterschiedlichen Gelehrtengenerationen zu achten, schon um Claqueure und inhaltlichen Rezensionsnepotismus zu vermeiden, aber auch um Rezensionen in ihrer Funktion als Medien innerdisziplinärer Diskussion zu fördern; Perspektivenvielfalt ergibt sich vor allem aus kontroverser Diskussion. Deshalb muss es Skepsis wecken, wenn in einer Zeitschrift zu häufig immer wieder dieselben Rezensenten auftauchen, so sehr gerade deren persönliche Zuverlässigkeit einer Zeitschriftenredaktion die Arbeit erleichtert und auch Aktualität gewährleistet[84].

Das alles gilt auch für eine Vereinseitigung durch den Dominanzanspruch ökonomischer Verlagsinteressen: Zwar sind qualitativ anspruchsvolle verwaltungsrechtswissenschaftliche Arbeiten auf ein Oligopol weniger Verlage verwiesen. Es ist aber wissenschaftsethisch nicht zu rechtfertigen, wenn in Zeitschriften fast nur Bücher desselben Verlages angezeigt und rezensiert werden; darin liegt ein partieller Verzicht auf wissenschaftliche Ansprüche aller dafür Verantwortlichen. Das gilt vor allem für den Rezensionsteil der NJW[85]. Aber auch die NVwZ verzichtet in großem Umfang weithin jedenfalls auf theoretische wissenschaftliche Ansprüche zu Gunsten eines primär praxisgebrauchsbezogenen Verlagsmarketing: Im Jahrgang 2016 betreffen 41 (= 70 %) der Buchanzeigen Produkte der Beck-Verlagsgruppe (vor allem Kommentare, Hand- und Lehrbücher)[86]; von den 58 Besprechungen gelten zwei Festschriften und acht Monographien, davon immerhin einer Habilitationsschrift – von den 17 allein im Jahr 2015 bei Mohr Siebeck angekündigten Habilitationsschriften – und fünf Dissertationen, d. h. nur 10,3 % des Besprechungsteils gelten monographischen Qualifikationsschriften. Es bleiben Zweifel, ob eine solche Auswahl Anspruch auf verwaltungsrechtswissenschaftliche Repräsentativität erheben kann, auch wenn die Leserschaft der NVwZ an Gebrauchsliteratur namentlich des Beck-Verlage besonders interessiert sein dürfte.

4. Vollständigkeit der Lektüre?

Es scheint auf den ersten Blick völlig selbstverständlich zu sein, dass ein Rezensent das rezensierte Buch gründlich und das heißt eben auch vollständig gelesen haben sollte, um ein valides Urteil abgeben zu können. Das gilt jedenfalls ohne jeden Abstrich für Monographien, aber auch für Sammelbände. Der Verzicht auf die Nachzeichnung der Kernthesen des Inhalts, oft verbunden mit Pauschallob, er-

---

[83] Vgl. *Häberle*, in: Rezensierte Verfassungsrechtswissenschaft (FN 5), S. 64 ff.

[84] Auch die Zuständigkeit für die Vergabe von Rezensionen innerhalb von Zeitschriftenredaktionen sollten dementsprechend in angemessenen Zeitabständen „rotieren“; die Entscheidungen über Ob und Wer können u. U. zwischen verschiedenen Redakteuren aufgeteilt werden.

[85] Vgl. *Zimmermann*, NJW 2016, S. 3142 f.

[86] Die übrigen 17 Besprechungen verteilen sich auf 11 verschiedene Verlage.

weist sich oft als Indiz für einen Mangel an gründlicher Lektüre. Die skizzierten Qualitätsstandards von Rezensionen setzen eine genaue Lektüre voraus.

Aber wie steht es mit Kommentaren, Handbüchern oder Festschriften? Es wäre unrealistisch, eine vollständige Lektüre von voluminösen Kommentaren und Handbüchern zu erwarten – es gäbe kaum noch Rezensenten. Aber man sollte als Rezensent in ihnen doch so intensiv lesen, dass die Einlösung von Konzeptionen der Herausgeber, dass der Stellenwert des Buches im Vergleich zum Stand der Wissenschaft oder dass die Leistungshöhe ausgewählter Beiträge zumindest exemplarisch plausibel gemacht werden – und sei es nur durch die Offenlegung der eigenen Auswahlkriterien bei der selektiven Lektüre (unter Verzicht auf eine Würdigung ungelesener Beiträge); eine bewertende Wiedergabe des Inhaltsverzeichnisses reicht in keinem Falle aus. Auch Festschriften, die tatsächlich oft nur in Form von Berichten über eine ziemlich willkürliche Auswahl einzelner Beiträge rezensiert werden, lassen sich so möglicherweise selektiv besprechen, auch wenn eine jubilarbezogene Konzeptwürdigung dabei durch das Raster fällt (zumal ein Konzept oft fehlt).

5. Fairnessgebote

a) Soziale Asymmetrie als Problem. Der unvermeidliche Umstand persönlicher Nähe unter Fachkollegen, die sich immer wieder einmal persönlich begegnen (werden), dürfte sich auf den Denk- und Schreibstil des Rezensenten auswirken – doch in welchem Umfang darf oder muss er das? Auch wenn Buch und Rezensionen argumentativ je stets für sich stehen, so wäre es doch realitätsfremd, die soziale Asymmetrie von Autor und Rezensent außeracht zu lassen[87]: In den führenden (verwaltungsrechts-)wissenschaftlichen Zeitschriften überwiegen statushierarchisch unverändert Rezensionen „von oben nach unten“. Dabei kann das wissenschaftssoziale Machtgefälle zwischen Rezensent und Autor so groß sein, dass die Kritik in einem „pointierten“ Verriss sich mehr oder weniger nachhaltig als karriereschädlich erweisen und damit die Wirksamkeit einer wissenschaftlichen Innovation eine Zeit lang hemmen[88] kann. Redaktionspolitisch lässt sich folgern, dass man eine zu große soziale Asymmetrie vermeiden sollte. Speziell im Falle von herausragenden Neuerscheinungen wie von „Großen“ Lehrbüchern im Sinne eines Lebenswerks sollten diese durch Rezensenten gewürdigt werden, deren Reputation sich mit dem Autor fachlich annähernd „auf Augenhöhe“ befindet. Freilich lässt sich eine statushierarchische Asymmetrie aufgrund unterschiedlicher Lebensleistungen selten völlig vermeiden, zumal bei der Rezension von Dissertationen durch Professoren. Ähnlich können besonders sendungsbewusste Rezensenten bei gegenläufigen Werken ihre wissenschaftliche Distanz verlieren.

---

[87] Als „Statushierarchie“ thematisiert bei *Häberle*, in: Rezensierte Verfassungsrechtswissenschaft, S. 44, 48 f.

[88] *Schulze-Fielitz*, in: Staatsrechtslehre (FN 6), S. 362.

Das Gebot der Fairness wirkt sich in solchen Fällen hoher Asymmetrie bei den Rezensenten vielleicht durch gesteigerte Sorgfaltsanforderungen an Kritik aus: einerseits etwa Verzicht auf personenbezogene Werturteile, eine genaue und argumentativ offene Darstellung des rezensierten Buches, Verzicht auf latente „Stellvertreterkriege" gegen den Betreuer oder *spiritus rector* einer Monographie[89], die Wahl angemessener Urteilsmaßstäbe (etwa bei Erstlingswerken[90]), andererseits in umgekehrter Konstellation auch durch *keinen* Verzicht des noch unbekannten Rezensenten auf Kritik bei Rezensionen des Werkes etablierter „Größen" des Faches. Mehr als ein – etwa durch universitäre Sozialisation erworbenes – wissenschaftssoziales Fingerspitzengefühl im Einzelfall oder eine reflektierte wissenschaftliche Distanz lässt sich hier wohl nicht fordern. Redaktionspolitisch gilt hier wohl nur ein: „Man kennt seine Pappenheimer"[91].

b) Maßstäbe der Kritik. Jede kritische Würdigung in einer Rezension folgt – implizit oder explizit – bestimmten Maßstäben des Rezensenten; es ist Ausdruck seiner höchstpersönlichen wissenschaftlichen Freiheit, die Maßstäbe als angemessen zu wählen. „Kritik" muss keineswegs Ausdruck einer negativen Beurteilung sein, sondern ist Ausdruck von offengelegten Kriterien der Urteilskraft des Rezensenten. Es ist in diesem Sinne eine Erscheinungsform von Fairness, wenn ein Rezensent sein Vorverständnis erkennen lässt und damit seinen Eindruck intersubjektiv nachvollziehbar und auch die Relativität seines Maßstabes im Vergleich zu anderen denkbaren deutlich macht, d. h. den eigenen Maßstab nicht verabsolutiert[92], sondern als diskutierbar ansieht, als eine Ansicht unter vielen. Nur durch Beachtung dieses rezensionsethischen Fairnessgebots lässt sich auch der oben skizzierten Scheu vor öffentlicher Kritik durch Entpersonalisierung begegnen: Man sollte Kritik stets nur durch sachliche Gegenargumente und/oder durch Offenlegung des alternativen Wertungshorizonts sowie unter Verzicht auf jedes Urteil zur Person des Autors zu formulieren. Die Offenlegung der eigenen Maßstäbe ist eine Anforderung, die die gebotene Wertungssicherheit im Urteil nicht konterkarieren soll. Sie zu beachten ist umso schwieriger, als es in der Wissenschaft des Öffentlichen Recht[93] weder gesicherte konkrete Maßstäbe für die Ergebnisqualität von Studien gibt noch eine belastbare selbstreflexive Diskussion darüber in der Wissenschaft[94], die Qualitätsbestimmung vielmehr auch von gerade dominierenden Moden (mit-)bestimmt wird[95].

c) Ironie und Polemik – „Kollegialität" als Grenze? Der sprachliche Stil einer einzelnen Rezension kann deren inhaltlichen Aussagen Aufmerksamkeit erheischend so verpacken, dass sie auch den Nichtspezialisten nicht langweilt, im Wiederholungs-

[89] Vgl. aber *Isensee*, DVBl. 1986, S. 955 ff.

[90] Vgl. *Häberle*, in: Rezensierte Verfassungsrechtswissenschaft (FN 5), S. 63.

[91] Vgl. *Schimank*, SozRev 2014, S. 131 (132).

[92] *Häberle*, in: Rezensierte Verfassungsrechtswissenschaft (FN 5), S. 63 f.

[93] s. aber für die Soziologie *Bardelle*, ZfS 18 (1989), S. 54 ff.

[94] Vgl. *Rixen*, in: Promovieren (FN 2), S. 26 ff.

[95] *Rixen*, in: Promovieren (FN 2), S. 32 f.

fall dem einzelnen Rezensenten einen persönlichen Stil und Wiedererkennungswert zuschreiben kann und im Falle einer gezielten redaktionspolitischen Verallgemeinerung auch den ganzen Rezensionsteil einer Zeitschrift oder eines Jahrbuchs prägen kann. Zu diesen Mitteln stilistischer Zuspitzung gehören Ironie und (sachliche[96]) Polemik. Was für den Leser unterhaltsam sein kann, ist für einen durch die Kritik betroffenen Autor regelmäßig erst recht provozierend. Man muss als Rezensent nicht zu diesen Stilmitteln greifen; oft sind es aber gerade wertungssichere und meinungsfreudige Autoren, die dazu neigen. Muss sich eine Redaktion aus Gründen der „Kollegialität" durch Eingriffe in die Rezension schützend vor einen in diesem Sinne polemisch Rezensierten stellen, auch wenn die Kritik im Vorfeld einer (beleidigenden) „Schmähkritik" angesiedelt ist? Dagegen spricht entscheidend, dass die Maßstäbe für einen solchen ethischen Paternalismus sehr subjektiv sind[97] (und zur Kollegialität auch die deutliche Wertungsklarheit des Rezensenten gegenüber seinem Leser gehören kann), kritische Meinungsfreudigkeit in unserer Disziplin eher unterentwickelt ist und dass derartige Eingriffe in Meinungsäußerungen sich präventiv auf den Mut zur Wertungsklarheit auszuwirken drohen – und damit zum Nachteil der Rezensionskultur in unserem Fach insgesamt.

6. Duldungspflichten

Kehrseite der Einhaltung solcher ethischen Standards beim Rezensieren ist die Pflicht des Rezensierten, Kritik hinzunehmen. Das fällt oft schwer – ich kenne niemanden, der als Betroffener – selbst bei einer positiven Rezension – ohne jede Einschränkung zugestimmt hätte; wie ist das erst bei kritischen Einwänden! Auch ich selbst habe gelegentlich als Betroffener Rezensenten auf ihre vermeintlichen Fehlurteile angesprochen und mich hinterher geärgert und in Grund und Boden geschämt. Denn ohne die Hinnahme der Kritik wäre das Rezensionswesen bald durch Gegendarstellungen funktionsunfähig; gerichtliche Klagen von Autoren wegen Persönlichkeitsverletzung durch wissenschaftliche Kritik von Rezensenten[98] machen kritische Buchbesprechungen zu einem riskanten Unterfangen und entfalten wissenschaftsfeindliche (Vor-)Wirkungen. Man muss auch auf die Selbstregulierungsfähigkeit des wissenschaftlichen Diskurses in Wahrnehmung der Meinungsfreiheit vertrauen: Haltlose Fehlurteile setzen sich nicht auf Dauer durch. Sachliche Kontroversen geraten dann schnell zu persönlichen, um die es gerade nicht gehen soll. Gegendarstellungen in Form von „Rezensionsduellen", wie sie im sozialwissenschaftlichen Rezensionswesen verbreitet zu sein scheinen, haben zwar für dritte Leser oft hohen Unterhaltungswert, werten aber eine falsche Kritik regelmäßig erst auf, wirken in ihrer Rechthaberei selten gewinnend und sind nur schwer objektivierbar: Die Verdichtung

---

[96] Polemik ist keineswegs stets „unsachlich".

[97] Ist z. B. der Schlusssatz der Rezension von *Heun*, Die Verwaltung 45 (2012), S. 290 (293), so „plump und schäbig", dass die Redaktion zensierend „hätte einschreiten müssen", wie der kritisierte Autor mir schrieb?

[98] Vgl. *Zenthöfer*, FAZ vom 19. 4. 2017, S. 12, mit Beispielen.

des Inhalts eines regelmäßig mehr als hundertfach umfangreicheren Textes in einer Rezension ist eine wertende Rekonstruktion, die stets zu perspektivischen Unterschieden und Entdifferenzierungen führen muss. Ausnahmen von der Duldungspflicht mag es für Erscheinungsformen wissenschaftlicher „Schmähkritik" geben, was aber schon eine Redaktion verhindern sollte; auch insoweit dürften sich freilich die Sichtweisen von Rezensenten, Redaktionen und Rezensierten ebenfalls regelmäßig deutlich unterscheiden. Von solchen Re-Aktionen ist eine gezielte Redaktionspolitik zu unterscheiden, die zu Erwiderungen oder zu kontroversen Stellungnahmen auffordert und beide zugleich veröffentlicht[99].

VI. Fazit: Rezensionsqualität als Symptom

Im Ergebnis dürfte deutlich geworden seien, dass mit der Erarbeitung einer guten Rezension spezifische An- und Herausforderungen verbunden sind. Die Art und Weise, wie eine einzelne Rezension oder wie der Rezensionsteil einer Zeitschrift diesen Qualitätsanforderungen gerecht wird, ist insofern nur ein Symptom für die Qualitätsstandards einer wissenschaftlichen Disziplin insgesamt. Wem daher an einer hohen Qualität in seiner Wissenschaft liegt, der muss durch Rezensionen dazu beitragen – auch in der Verwaltungsrechtswissenschaft.

Abstract

Recognized (administrative) Jurisprudence

The preceding contribution addresses the functions of academic book reviews in public law scholarship, analyzes the difficulties for the reviewer, searches criteria for determining high academic quality of reviews, and formulates ethical standards of writing reviews. In light of the growing diversity and complexity of monographic publications, book reviews and the system of academic reviews in general can provide information about the content of books, assess their research quality, contribute to intradisciplinary communication, and facilitate a holistic view of the entire profession despite overspecialization and mass production – notwithstanding the particularly steep increase in knowledge for the individual reviewer. As a fruitful side effect, reviews can inspire innovative transfers into one's own work. The current culture of writing reviews in public law scholarship is characterized by an aversion to public criticism and a neglect of the task of writing reviews due to their marginal relevance for individual reputation and disproportionate demand on time. This culture can only

[99] Vgl. *Häberle*, in: Rezensierte Verfassungsrechtswissenschaft (FN 5), S. 36 mit Anm. 57; s. als Beispiel den Versuch zur Perspektivenvielfalt im Blick auf Band 1 des Handbuchs „Grundlagen des Verwaltungsrechts (2006): *Ossenbühl* und *Lange*, Die Verwaltung 40 (2007), S. 125 ff., 135 ff.

be improved through a multitude of single steps that are more conscious of the role of reviews for the process of academic development and of the quality standards for good reviews. These steps have to adhere to ethical standards of writing reviews. They especially include obligations both to write reviews and to tolerate criticism as an author, rules of incompatibility to avoid favoritism, and fairness requirements in particular regarding the criteria of criticism. But they also place demands on journals assigning the task of writing reviews in order to ensure pluralism. Ultimately, a refined culture of writing reviews is symptomatic of the quality of the science of administrative law as a discipline.

Teilnehmerverzeichnis

Prof. Dr. Matthias Bäcker, Universität Mainz
PD Dr. Ariane Berger, Freie Universität Berlin
Prof. Dr. Gabriele Britz, Universität Gießen
Prof. Dr. Martin Burgi, Ludwig-Maximilians-Universität München
Prof. Dr. Horst Dreier, Universität Würzburg
PD Dr. Andreas Engels, Universität zu Köln
Prof. Dr. Michael Fehling, Bucerius Law School Hamburg
Prof. Dr. Stefan Fisch, Universität Speyer
PD Dr. Eike Michael Frenzel, Universität Freiburg i. Br.
Prof. Dr. Klaus Ferdinand Gärditz, Universität Bonn
Prof. Dr. Andreas Glaser, Universität Zürich
Prof. Dr. Anna-Bettina Kaiser, Humboldt-Universität zu Berlin
Prof. Dr. Matthias Knauff, Universität Jena
Dr. Christoph Krönke, Ludwig-Maximilians-Universität München
Prof. Dr. Julian Krüper, Universität Bochum
Dr. David Kuch, Universität Würzburg
Prof. Dr. Eva Julia Lohse, Universität Bayreuth
Dr. Jörn Lüdemann, Max-Planck-Institut zur Erforschung von Gemeinschaftsgütern, Bonn
Prof. Dr. Markus Ludwigs, Universität Würzburg
PD Dr. Anna Katharina Mangold, Universität Frankfurt a. M.
Prof. Dr. Philipp Reimer, Universität Bonn
Prof. Dr. Matthias Ruffert, Humboldt-Universität zu Berlin
Prof. Dr. Johannes Saurer, Universität Tübingen
PD Dr. Jan Philipp Schaefer, Ludwig-Maximilians-Universität München
Prof. Dr. Friedrich Schoch, Universität Freiburg i. Br.
Prof. Dr. Bettina Schöndorf-Haubold, Universität Gießen
Prof. Dr. Meinhard Schröder, Universität Passau
Prof. Dr. Helmuth Schulze-Fielitz, Universität Würzburg
PD Dr. Margit Seckelmann, Universität Speyer
Dr. Florian Simon, Verlag Duncker und Humblot, Berlin
Prof. Dr. Gernot Sydow, Universität Münster
Daniel Wolff, Ludwig-Maximilians-Universität München

Personen- und Sachverzeichnis

Bearbeiter: Marinus Pöhlmann, München

Eike Michael Frenzel (Hrsg.)

Was bleibt

»Frühvollendete« in der Wissenschaft vom Öffentlichen Recht

Der Band erinnert an zehn verstorbene Rechtswissenschaftler, deren Werke ihre ersten Fürsprecher und Kritiker früh verloren haben. Einige Namen sind wohlbekannt und werden mit ihren Werken nicht nur rezipiert, sondern auch genannt, wenn Autorität vermittelt werden soll. Andere sind weniger bekannt – die Erinnerung an sie und ihre Werke wird in fragmentierten Öffentlichkeiten gleichwohl gepflegt. Die Beiträge greifen Schriften und Wirken dieser Rechtswissenschaftler auf, um die Frage zu formulieren oder zu beantworten, ob und wie einzelne Werke für aktuelle Problemstellungen fruchtbar gemacht werden können. Der Band leistet so einen Beitrag für eine Theorie freundlicher (und bisweilen unfreundlicher) Rezeption in einem Bereich, für den das Lesen-und-gelesen-Werden notwendige Voraussetzung ist, um Wahrheiten ermitteln, hinterfragen, bekräftigen und revidieren zu können.

177 Seiten, 2017
ISBN 978-3-428-15186-8, € 59,90
Titel auch als E-Book erhältlich.

www.duncker-humblot.de

Klaus Ferdinand Gärditz

Atomausstieg ins Grundgesetz?

Zur politischen Grammatik von Verfassungsänderungen

Die vorliegende Studie geht der Frage nach, ob und ggf. inwiefern der einfachgesetzlich erfolgte Atomausstieg im Grundgesetz abgesichert werden könnte bzw. sollte, welche Regelungstechniken zu diesem Zweck zur Verfügung stünden, welche Vor- bzw. Nachteile diese hätten und wie deren Steuerungswirkungen zu bewerten wären. Hierbei sind neben politisch-praktischen Folgen auch demokratie- und verfassungstheoretische Erwägungen in eine Gesamtbetrachtung einzubeziehen, die letztlich die Frage nach der Regelungsfunktion von Verfassungsänderungen berühren.

Verfassungsänderungen stehen zudem in einem überstaatlichen Kontext. Namentlich die Vereinbarkeit einer Konstitutionalisierung des Atomausstiegs mit europäischem Unionsrecht und Völkerrecht muss in den Blick genommen und etwaige Konflikte müssen gelöst werden, soweit dies durch die unterbreiteten Regelungsvorschläge geboten erscheint. Eine Nachbetrachtung wendet sich allgemein der politischen Grammatik der Verfassungsänderung zu, um Bewegungsräume einer wissenschaftlichen Verfassungsrechtspolitik zu skizzieren.

Schriften zum Öffentlichen Recht, Band 1326
153 Seiten, 2016
ISBN 978-3-428-15051-9, € 49,90
Titel auch als E-Book erhältlich.

Vincit Veritas D&H

www.duncker-humblot.de